Ernest L. Rossi

Die Psychobiologie der Seele-Körper-Heilung

Ernest L. Rossi

Die Psychobiologie der Seele-Körper-Heilung

Neue Ansätze der therapeutischen Hypnose

Übersetzt von Bringfried Schröder

Synthesis Verlag

Dieses Buch ist den Pionieren der Psychobiologie gewidmet, deren langwierige, wenig bekannte Forschungsarbeiten heute den Anbruch einer neuen Ära möglich machen, in der wir an der Schwelle der Entdeckung der Seele-Gen-Molekularverbindung stehen; und Margarete Ryan, deren redaktioneller Beistand und sensible Gewissenhaftigkeit mir geholfen haben, das Buch auf den jetzigen Stand zu bringen.

Titel der amerikanischen Originalausgabe:
The Psychobiology of Mind-Body-Healing
erschienen im Verlag W.W. Norton & Co., New York
Übersetzung: Dr. Bringfried Schröder
Wissenschaftliche Bearbeitung: Thies Stahl und Werner Herren

Satz: Typographische Selbsthilfe Köln,
gesetzt aus der ITC Novarese

ISBN 3 – 922026 – 64 – 8

Danksagung

Ich möchte meinen Kollegen für Unterstützung und Rat während der Arbeit an diesem Buch meinen Dank aussprechen.

Jeanne Achterberg	Patrick Jichaku
Kenneth Bowers	Camillo Loriedo
Kristina Erickson	Karl Pribram
Stephen Gilligan	Joyce Mills
Melvin Gravitz	Lewis Wolberg
James Hall	Michael Yapko
Ernest Hilgard	Jeffrey Zeig

Besonderen Dank verdient Aline Lapierre für ihre klaren und informativen medizinischen Illustrationen; ebenso Susan Barrow, deren Enthusiasmus, Unterstützung und Können die schnelle Veröffentlichung dieses Buches möglich gemacht haben.

Inhalt

Verzeichnis der Kästen

Verzeichnis der Tabellen

Verzeichnis der Abbildungen

Geleitwort

Die *Psychobiologie der Seele-Körper-Heilung* liefert das fehlende Glied zwischen der Theorie, daβ die Seele[1] bei der Behandlung von Krankheiten eine wichtige Rolle spielt, und den klinischen Beobachtungen der Ärzte, daβ sich diese Theorie in so vielen Fällen bewährt hat, daβ man sie ernst nehmen muβ. Dieses Buch identifiziert das, was die Medizin „Bahnen" (*pathways*) nennt, das heiβt, die Wege, auf denen Einstellungen oder Gefühle vom Körper verarbeitet und physiologische und biochemische Veränderungen produziert werden. In den letzten zehn Jahren ist man auf dem Gebiet der Erforschung dieser Bahnen ein auβerordentliches Stück vorangekommen – so weit, daβ das Konzept einer Partnerschaft zwischen Arzt und Patient immer mehr zu einem beherrschenden Aspekt der modernen Medizin wird. In einer solchen Partnerschaft bringt der Arzt das Beste mit, was die moderne Medizin zu bieten hat, und der Patient bringt seine oder ihre Ressourcen in Form eines Heilungssystems mit und auβerdem das Vertrauen und die Entschlossenheit, aus dem, was der Arzt anzubieten hat, das Beste zu machen.

Das vorliegende Buch bietet Informationen über die Interaktion des Nervensystems, des hormonellen und des Immunsystems, die den letzten Stand der Forschung repräsentieren. Die Fakten, die in diesem Buch gesammelt und zusammengefaβt wurden, machen es unmöglich, immer noch zu behaupten, es mangele an „harten Beweisen" für die Auffassung, daβ das, was wir denken und fühlen, manchmal eine tiefgreifende Wirkung auf unsere Fähigkeit haben kann, mit gröβeren Herausforderungen fertig zu werden, sei es im Hinblick auf Krankheiten oder auf die Art und Weise, wie wir uns im Alltag verhalten.

Norman Cousins

[1] Das (unübersetzbare) englische Wort *mind* wurde hier und durchweg in diesem Buch aufgrund seiner psychobiologischen Konnotationen mit „Seele" übersetzt, gelegentlich auch mit „Psyche" oder „Geist", wenn der Kontext es erforderte. (Anm. d. Übers.)

Vorwort

Als ich vor ein paar Jahren die Arbeit an diesem Buch begann, erlebte ich das als persönliche Herausforderung. Ich wollte etwas über eine Sache erfahren, über die jeder Spekulationen anstellte, ohne sie aber offenbar wirklich zu verstehen: Sollte es tatsächlich möglich sein, die Psyche und psychologische Methoden dazu zu benutzen, Krankheiten des Körpers zu heilen? Mein Bemühen, eine Antwort auf diese Frage zu finden, hatte einen sehr persönlichen Bezug: Ich war in ein Alter gekommen, in dem ich anfing, Herzsymptome zu entwickeln, die möglicherweise eine psychosomatische Grundlage hatten. Das Unternehmen hatte außerdem aber auch einen professionellen Charakter, da ich als klinischer Psychologe mit einer Spezialausbildung in Hypnotherapie, die ich bei dem verstorbenen Milton H. Erickson absolviert hatte, immer häufiger mit Patienten konfrontiert wurde, die mit ständig wachsenden Erwartungen an mich herantraten, ich möge doch die verschiedenen Arten von Schmerzen lindern, die Krebs, Arthritis und eine Vielzahl anderer Krankheiten begleiten, von denen ich kaum jemals etwas gehört hatte. Der Zeitgeist verlangte ganz eindeutig, daß man das ganze Gebiet der Seele-Körper-Beziehung eingehender erforschte.

Inzwischen gibt es Tausende von vergleichenden Untersuchungen, die statistisch signifikante Korrelationen zwischen seelischen Einstellungen, Stimmungen und „soziokulturellen“ Faktoren mit den körperlichen Leiden aufgezeigt haben. Trotzdem stellen diese Ergebnisse viele von uns nicht ganz zufrieden: Wir wissen alle, daß Korrelationen nichts über die Ursachen aussagen können. Wir können einfach nicht verstehen, wie etwas so Immaterielles wie die „Seele“ (engl.: *mind*) eine Wirkung auf etwas so Solides wie unser eigenes Fleisch und Blut haben kann. Wo ist die Verbindung zwischen Körper und Seele? Kann man sie unter dem Mikroskop erkennen? Kann man sie in einem Reagenzglas messen?

Es war wirklich schwer und verlangte ein hohes Maß an Ausdauer, sich durch die neuen medizinischen und psychophysiologischen Veröffentlichungen durchzuarbeiten. Es war ein Wust von Arbeiten über die Beziehung zwischen Körper und Seele, über Streß, Psychoneuroimmunologie, Neuroendokrinologie, Molekulargenetik und über die Neurobiologie des Gedächtnisses und des Lernens. Alle diese Gebiete behandeln Konzepte und Daten, von denen die meisten von uns, die die Universität vor mehr als zehn Jahren verlassen haben, noch nie etwas gehört haben.

Am meisten hat mich bei meinen Untersuchungen die Erkenntnis irritiert, daß keiner dieser Spezialisten, der etwas zu wissen schien, bereit war, dieses Wissen mit anderen außerhalb seines engen Fachgebiets zu teilen. Als ich die Tatsachen und die sich aus ihnen ergebenden Folgerungen dieser verschiedenen Fachgebiete zusammentrug, gelangte ich zu überraschenden Gedanken und Vorstellungen, die ganz offensichtlich auf soliden Forschungsergebnissen beruhten. Trotzdem war niemand bereit, sie zu akzeptieren.

Ein Beispiel: Gibt es eine Verbindung zwischen der Seele und den Genen? Beeinflußt unsere Seele nicht nur unsere Gefühle und unseren Blutdruck, sondern sogar die Gene und Moleküle, die in den mikroskopisch kleinen Zellen unseres Körpers gebildet werden? Gibt es dafür substantielle Beweise? Wenn man einen Endokrinologen hart genug bedrängt, wird er das zugeben und sagen: „Ja, das stimmt tatsächlich!" Unter der Einwirkung von „seelischem" Streß verwandelt das limbisch-hypothalamische System im Gehirn die Nervenimpulse der seelischen Botschaften in neurohormonale „Boten-Moleküle" des Körpers. Diese wiederum sind in der Lage, das Hormonsystem zu veranlassen, Steroidhormone zu produzieren, die in den Kern verschiedener Zellen des Körpers eindringen können, um die Ausbildung der Gene zu beeinflussen. Diese Gene veranlassen dann ihrerseits direkt die Zelle, die verschiedenen Moleküle zu produzieren, die den Stoffwechsel, das Wachstum, den Grad der Aktivität, die Sexualität und die Abwehrreaktionen bei Krankheit und Gesundheit regulieren. Es gibt also tatsächlich eine Verbindung zwischen der Seele und den Genen. Die Seele beeinflußt letztlich die Produktion und Ausformung der Moleküle des Lebens.

Da wir nun wissen, daß die Seele-Körper-Kommunikation und -Heilung reale Prozesse sind, die man sehen und messen kann, lautet die nächste Frage: Wie können wir lernen, diese natürlichen Prozesse der Kommunikation zwischen Körper und Seele auszunutzen, um unser seelisches und körperliches Wohlbefinden zu erhöhen? Normalerweise laufen diese Prozesse autonom und unbewußt ab. Wenn es uns gutgeht, vollzieht sich die Seele-Körper-Heilung automatisch, ohne daß wir darüber einen Gedanken verlieren müssen. Aber wenn es uns schlechtgeht, laufen auch die Kommunikationsstörungen zwischen Körper und Seele – also Krankheiten und ihre Symptome – automatisch ab!

Können wir, wenn es uns schlechtgeht, lernen, diese Fehlfunktionen der Seele-Körper-Struktur so zu korrigieren, daß wir uns selbst wieder gesund machen können? Ich hoffe, daß die Forschungsergebnisse und Ansätze, die in diesem Buch dargestellt werden, ein entscheidender Schritt in die richtige Richtung sind und daß wir lernen, die natürlichen Prozesse der Kommunikation zwischen Körper und Seele auszunutzen, um uns selbst zu heilen, wenn es nötig sein sollte.

Ein großer Teil des Materials dieses Buches bezieht sich auf historische und moderne Methoden der therapeutischen Hypnose, trotzdem darf nicht übersehen werden, daß die neuen Ansätze der Seele-Körper-Heilung, die hier entwickelt wurden, nicht auf die formale Induktion der Hypnose oder Trance beschränkt sind. Seit den Anfängen der Hypnose vor über 200 Jahren ist es den Fachleuten noch nicht gelungen, sich grundsätzlich darüber zu einigen, was Hypnose eigentlich ist. Es gibt bis jetzt noch keine Definition, und es ist auch noch kein empirischer Test entwickelt worden, um genau festzustellen, ob es so etwas wie einen hypnotischen Zustand überhaupt gibt! Es kann durchaus sein, daß unser Verständnis der Heilkraft, die dem, was wir „Hypnose" oder „therapeutische Trance" nennen, innewohnt, sich fortwährend weiter verändern wird, so wie sich auch unsere Vorstellung von Bewußtsein und vom Wesen der Seele ständig weiterentwickelt. Diese Heilungsprozesse sind eine natürliche Funktion der Seele, der Phantasie und des Lebens, was auch immer wir darunter verstehen mögen.

Das bedeutet, daß die psychobiologischen Perspektiven und Methoden der Seele-Körper-Heilung, die in diesem Buch entwickelt werden, von Therapeuten aller Schulen und aller Theorien benutzt werden können. Die Methoden sind entwickelt worden, um die therapeutischen Ansätze aller medizinisch Tätigen zu ergänzen, ganz gleich, auf welchem Fachgebiet sie arbeiten. Dieses Buch bietet einen breiteren Bezugsrahmen und eine effektivere Sprache zur Erkennung und Unterstützung der natürlichen Gesundungsprozesse an, die ein Merkmal des natürlichen Lebens sind. Es gibt also bei diesen Methoden nichts Fixiertes oder Endgültiges; sie sind nur Schritte auf einem Weg, der zur besseren Gesundheit und Förderung des Selbst führt und der nicht enden wird, solange wir noch hier sind, um ihn weiter zu verfolgen.

Ernest L. Rossi

TEIL I

Die Psychobiologie der Kommunikation zwischen Seele und Körper

1

Der Placeboeffekt: ein verschmähter Eckpfeiler der Seele-Körper Heilung

Es gibt ein paar interessante Geschichten, die immer wieder erzählt werden, weil sie Wahrheiten zum Ausdruck bringen, die unser Verstand auf andere Weise gar nicht begreifen könnte. Das trifft mit Sicherheit auf die vielen volkstümlichen Geschichten von verblüffenden „Wunderheilungen" zu, ganz gleich, ob sie aus der Antike oder aus heutiger Zeit stammen. Die moderne Wissenschaft neigt dazu, solche Anekdoten entweder als unzuverlässig abzulehnen oder sie als bloße Beispiele für den „Placeboeffekt" hinzustellen: daß es dem Betroffenen bessergehe, hänge ausschließlich mit einem in seiner Kultur verwurzelten Glauben oder mit einer Suggestion zusammen, durch die aller Welt eine Heilung vorgetäuscht werde. Der Placeboeffekt wird als ein „Störfaktor" abgelehnt, den niemand so recht versteht; er sei unzuverlässig und deshalb nicht real. Ich möchte dieses Kapitel damit beginnen, ein paar von diesen Heilungsgeschichten zu erzählen – und zwar diejenigen, die uns von hochangesehenen medizinischen Experten mitgeteilt wurden –, um festzustellen, ob es bei ihnen einen gemeinsamen Nenner gibt. Es wird sich womöglich herausstellen, daß der Placeboeffekt tatsächlich der verschmähte Eckpfeiler einer praktikablen Methode ist, mit der man zu einem neuen Verständnis der Leib-Seele-Kommunikation bei der Heilung kommen könnte.

Der liebenswerte Mr. Wright: Krebs und das Immunsystem

Einer meiner ersten Lehrer, die mich in die Geheimnisse von Seele und Körper eingeführt haben, war der alte Bruno Klopfer, ein kleiner, kräftig gebauter Gnom, der so kurzsichtig war, daß er sich ein Buch direkt vor die Nase halten mußte, um überhaupt etwas lesen zu können. Die Gläser seiner Brille vergrößerten seine Augen so sehr, daß ich gewöhnlich völlig verblüfft war und nichts mehr sagen konnte, wenn ich ihn ansah. Bruno hatte den Ruf, ein kleines Genie des Rorschach-Tests zu sein, und hatte ein dreibändiges Standardwerk darüber geschrieben. Sein bescheidenes Wesen ließ allerdings nicht ahnen, daß er wirklich eine Art Zauberer war, wenn es um die Interpretation dieses Tests ging. Bei dieser Arbeit wuchs er weit über das hinaus, was er beim Schreiben oder Lesen leistete.

Brunos Höflichkeit und seine tadellosen Manieren stammten noch aus seiner europäischen Vergangenheit; er war immer bereit, aufmerksam zuzuhören, vor allem wenn ein Student etwas sagte. Bei unseren Seminaren am Kamin, die er Anfang der sechziger Jahre in Asilomar an der kalifornischen Küste für auszubildende C.G.-Jung-Analytiker organisiert hatte, blickte ich manchmal längere Zeit verstohlen zu ihm hinüber. Hinter der Fassade seiner offensichtlichen Aufmerksamkeit schien ein Teil von ihm weit, weit weg zu sein und mit weiß Gott welchen Ebenen der Phantasie und der Weisheit in Verbindung zu stehen. Wenn er merkte, daß man ihn ansah, kam er sofort „zurück", blinzelte nur ganz kurz und bedachte den Beobachter mit einem flüchtigen, kollegialen Lächeln.

Eine von Brunos herausragenden Eigenschaften, und das ist protokollarisch festgehalten worden, war seine Fähigkeit, die Rorschachprotokolle von Patienten mit schnell fortschreitendem von denen mit langsam fortschreitendem Krebs zu unterscheiden. 1957 versuchte er in seiner Antrittsrede als Vorsitzender der „Society of Projective Techniques", etwas von seinen Fähigkeiten auf diesem Gebiet weiterzugeben, indem er seine Ansichten über die psychologischen Variablen bei der Krebserkrankung des Menschen darlegte. Da er, wie schon erwähnt, ein bescheidener Mann war, berichtete er nicht über seine Erfolge, sondern wählte die detaillierte Fallgeschichte eines seiner Mißerfolge aus. Das war der Fall des liebenswerten Mr. Wright, der Bruno so fasziniert hat, daß er oft von ihm sprach. Ich glaube, dieser Fall hatte für den weisen Anteil von Bruno, der so oft ganz weit weg war, eine besondere Bedeutung. Ich möchte ihn deshalb hier genauso präsentieren, wie er ihn veröffentlicht hat. Der Originalbericht über Mr. Wright wurde von Dr. Philip West, einem seiner persönlichen Ärzte, geschrieben, der ein zuverlässiger Beobachter ist und eine wichtige Rolle in der Geschichte spielt (Klopfer, 1957, S. 337-339).

> Mr. Wright hatte einen bösartigen Krebs in fortgeschrittenem Stadium, der die Lymphknoten befallen hatte, ein Lymphosarkom. Nach einer gewissen Zeit sprach er auf keine palliative Behandlung mehr an. Dazu kam, daß seine zunehmende Anämie jedwede intensive Behandlung mit Röntgenstrahlen oder Stickstofflost-

Derivaten ausschloß, die man sonst versucht hätte. An seinem Hals, in den Achselhöhlen, in der Leistengegend, in der Brust und im Unterleib fanden sich riesige, apfelsinengroße Tumormassen. Milz und Leber waren enorm geschwollen. Der Brustlymphgang war verstopft, und jeden zweiten Tag mußten ihm ein bis zwei Liter einer milchigen Flüssigkeit aus dem Brustraum abgepumpt werden. Er atmete häufig durch die Sauerstoffmaske und war unserer Meinung nach in einem hoffnungslosen Zustand, der auf keine Behandlung mehr ansprach, außer daß man ihm Sedativa gab, um ihm das Sterben etwas leichter zu machen.

Trotzdem war Mr. Wright nicht ohne Hoffnung, obwohl seine Ärzte ihn definitiv aufgegeben hatten. Der Grund dafür war, daß das neue Medikament, auf das er schon lange wartete und von dem er sich seine Rettung erhoffte, inzwischen in den Zeitungen angekündigt worden war! Es hieß „Krebiozen" (es sollte sich später als wirkungslos erweisen).

Dann kam ihm auf irgendeine Weise zu Ohren, daß unsere Klinik zu den hundert Anstalten gehörte, die von der Medical Association ausgewählt worden waren, die Wirksamkeit dieses Medikaments zu überprüfen. Man stellte uns genügend Medikamente zur Verfügung, um sie an zwölf ausgesuchten Fällen zu testen. Mr. Wright gehörte nicht dazu, weil eine der Bedingungen war, daß der Patient zwar an einem Punkt angelangt sein mußte, an dem herkömmliche Behandlungsmethoden keine Wirkung mehr hatten, aber trotzdem noch eine Lebenserwartung von mindestens drei, besser sechs Monaten bestand. Was diesen zweiten Punkt anbetraf, konnte er sich nicht qualifizieren. Eine Prognose von zwei Wochen schien schon das Äußerste zu sein.

Als das Medikament nach ein paar Tagen eintraf, stellten wir unser Testprogramm zusammen, zu dem Mr. Wright natürlich *nicht* gehörte. Als er erfuhr, daß wir mit der Krebiozen-Behandlung beginnen würden, kannte seine Begeisterung keine Grenzen, und so sehr ich mich auch bemühte, ihn umzustimmen, bat er doch so inständig um diese „goldene Chance", daß ich mich wider besseres Wissen und gegen die Regeln des Krebiozen-Komitees entschloß, ihn mit in das Programm zu nehmen.

Die Injektionen sollten dreimal wöchentlich gegeben werden, und ich kann mich noch genau erinnern, daß er seine erste an einem Freitag bekam. Ich sah ihn erst am Montag wieder, und als ich in die Klinik kam, erwartete ich, ihn sterbend oder schon tot vorzufinden, so daß ich sein Medikamentenkontingent einem anderen Patienten zugute kommen lassen könnte.

Aber ich sollte eine große Überraschung erleben! Ich hatte ihn fiebrig, schwach, nach Luft schnappend und absolut bettlägerig verlassen. Jetzt lief er auf der Station herum, plauderte glücklich mit den Schwestern und teilte jedem, der es wissen wollte, die gute Nachricht mit. Ich ging sofort zu den anderen Patienten, die die erste Injektion zur gleichen Zeit bekommen hatten. Ich konnte bei keinem eine Besserung, sondern eher eine Verschlechterung feststellen. Nur bei Mr. Wright gab es diese sensationelle Besserung. Die Tumormassen waren geschmolzen wie Schneebälle auf einer heißen Herdplatte. In den wenigen Tagen waren sie auf die Hälfte ihrer ursprünglichen Größe geschrumpft! Das ist natürlich eine weit schnellere Rückbildung, als sie selbst bei dem strahlenempfindlichsten Tumor bei intensivster täglicher Bestrahlung zu beobachten gewesen wäre. Und wir wußten, daß sein Tumor nicht mehr auf Bestrahlungen ansprach. Außer dieser einzigen, nutzlosen „Spritze" hatte er keinerlei Behandlung erfahren.

Das Phänomen verlangte eine Erklärung, und nicht nur das, es zwang uns fast, offener zu werden, um wirklich etwas zu lernen und nicht nur nach Erklärungen zu suchen. Zur Freude des Patienten wurden die Injektionen also wie geplant dreimal die Woche gegeben, und wir waren völlig verblüfft. Innerhalb von zehn Tagen konnte er sein „Sterbebett" verlassen. Alle Symptome seiner Krankheit waren in dieser kurzen Zeit verschwunden. So unglaublich es klingt, dieser „moribunde" Patient, der unter der Sauerstoffmaske seine letzten Atemzüge zu tun schien, atmete jetzt nicht nur wieder normal und war vollständig aktiv, sondern setzte sich in sein Flugzeug und flog in 4000 Meter Höhe, ohne irgendwelche Beschwerden zu haben!

Diese unglaubliche Geschichte ereignete sich zu Beginn der „Krebiozen"-Testphase. Nach zwei Monaten erschienen in den Zeitungen widersprüchliche Berichte: Keine der Kliniken, die an dem Test teilnahmen, konnte positive Ergebnisse melden. Gleichzeitig widersprachen die Hersteller hartnäckig den entmutigenden Ergebnissen, die sich abzeichneten.

Mr. Wright wurde durch diese Berichte im Laufe der folgenden Wochen ziemlich verunsichert. Obwohl er keine besondere Ausbildung hatte, konnte er manchmal recht logisch und wissenschaftlich denken. Er begann, den Glauben an seine letzte Hoffnung zu verlieren, die ihm bis jetzt das Leben gerettet und wunschlos glücklich gemacht hatte. Als die Berichte immer trostloser wurden, verlor er seinen Glauben ganz. Nach zwei Monaten, in denen er praktisch völlig gesund war, fiel er wieder in den ursprünglichen Zustand zurück und war niedergeschlagen und unglücklich.

Hier sah ich jetzt eine Möglichkeit, das Medikament noch einmal zu überprüfen und zugleich dahinterzukommen, wie die Wunderheiler zu den von ihnen behaupteten Ergebnissen kommen (und viele ihrer Behauptungen sind ja tatsächlich erhärtet). Da ich inzwischen den angeborenen Optimismus meines Patienten kannte, machte ich mir dieses Wissen bewußt zunutze. Ich tat das ausschließlich aus wissenschaftlichen Gründen, denn jetzt konnte ich ein perfektes Kontrollexperiment durchführen, durch das all die verblüffenden Fragen beantwortet werden könnten, die sein Fall aufgeworfen hatte. Außerdem war ich sicher, daß er dabei keinen Schaden erleiden würde, und es gab meines Wissens sonst nichts, was ihm noch hätte helfen können.

Als Mr. Wright fast völlig verzweifelt aufgeben wollte, weil seine Krankheit trotz der „Wunderpille“, die zuerst so gut geholfen hatte, wieder ausgebrochen war, beschloß ich, die Gelegenheit beim Schopf zu ergreifen und selbst den „Wunderdoktor“ zu spielen. Ich belog ihn absichtlich und sagte ihm, er solle nicht glauben, was in den Zeitungen stünde, das Medikament wäre in Wirklichkeit außerordentlich vielversprechend. „Warum hatte ich dann diesen Rückfall?“ fragte er. „Weil das Mittel beim Lagern schlecht geworden war“, erwiderte ich. „Morgen bekommen wir ein neues, doppelt-raffiniertes Produkt, das noch eine stärkere positive Wirkung hat als die ursprünglichen Injektionen.“

Die Nachricht war für ihn eine Offenbarung, und so krank, wie er war, gewann Mr. Wright seinen alten Optimismus wieder zurück und war begierig, noch einmal neu anzufangen. Indem ich die Ankunft der „Lieferung“ um ein paar Tage verzögerte, steigerte sich seine Heilserwartung ins Unermeßliche. Als ich ihm mitteilte, daß die neue Serie von Injektionen jetzt beginnen könnte, war er fast in Ekstase, und sein Glaube war wieder sehr stark.

Mit großem Elan gab ich ihm in einem ziemlich theatralischen

Auftritt (der mir unter den Umständen verzeihlich erschien) die erste Injektion mit dem doppelt starken, *frischen* Medikament – das nur aus *klarem Wasser* und sonst nichts bestand. Wir konnten die Ergebnisse dieses Experiments damals selbst kaum glauben, obwohl wir ganz entfernt an eine solche Möglichkeit gedacht haben müssen, denn sonst hätten wir es gar nicht erst durchgeführt.

Sein Erholungsprozeß aus einem fast moribunden Zustand vollzog sich beim zweiten Mal noch dramatischer. Die Tumormassen schmolzen dahin, die Flüssigkeit im Brustraum verschwand, er konnte aufstehen und flog sogar wieder. Zu der Zeit sah er wie das blühende Leben aus. Da die Wasserinjektionen solche Wunder wirkten, wurden sie fortgesetzt. Über zwei Monate lang war er symptomfrei. Zu der Zeit erschien in der Presse der abschließende Bericht der amerikanischen Ärztekammer: „Tests in allen Staaten der USA haben ergeben, daß Krebiozen bei der Behandlung des Krebses wirkungslos ist."

Ein paar Tage nach diesem Bericht wurde Mr. Wright in außerordentlich schlechtem Zustand in die Klinik eingeliefert. Er hatte seinen Glauben endgültig verloren, seine letzte Hoffnung war dahin, und er starb nach weniger als zwei Tagen.

Bruno Klopfer faßt Mr. Wrights Persönlichkeit, wie sie sich in seinem Rorschachprotokoll darstellt, folgendermaßen zusammen:

Mr. Wrights Rorschachprotokoll stammt aus der Zeit, bevor sein Optimismus sich in Pessimismus verwandelte. Es spiegelt eine Persönlichkeit mit einer „frei flottierenden Ichstruktur". Das beweist sein Verhalten und die große Leichtigkeit, mit der er zuerst der Suggestion der Zeitungsanzeigen über das Medikament und später der bewußten, durch das Experiment motivierten Suggestion des Arztes gefolgt ist, und das alles ohne ein einziges Zeichen von Widerstand oder gar Kritik. Sein Ich befand sich einfach in einem Schwebezustand. Deshalb war alle zur Verfügung stehende Vitalenergie frei, um die Reaktionen auf die Krebsbehandlung zu produzieren, die uns als ein Wunder erschienen.

Leider konnte dieser Zustand nicht andauern, da er nicht durch das tiefverankerte Zentrum einer Persönlichkeit verstärkt wurde, die über genügend Weitblick verfügte, um der katastrophalen

> Wirkung der Enttäuschung über das Medikament entgegenzuwirken. Um es bildlich auszudrücken: Unter dem Einfluß seiner Autosuggestion oder der Fremdsuggestion schwebte er an der Wasseroberfläche. In dem Augenblick aber, in dem die Kräfte dieser Suggestion nachließen, sank er widerstandslos wie ein Stein auf den Grund.

Der Fall des Mr. Wright spiegelt nur zu eindrucksvoll die Hoffnung und das Versagen unserer heutigen Versuche wider, eine Kommunikation zwischen Seele und Körper herzustellen, um den Menschen zu heilen. Wir sind noch nicht in der Lage, alle wichtigen Faktoren einer individuellen Situation zu verstehen, und wir haben nur eine blasse Ahnung, wie wir die psychosomatische Heilung auf *verläßliche* Weise fördern können. Trotzdem wissen wir heute schon erheblich mehr darüber als noch vor 30 Jahren, als Mr. Wright den Ärzten die Kraft des Optimismus demonstriert hat.

Heute wissen wir zum Beispiel, daß das Krebswachstum durch das Immunsystem des Menschen kontrolliert werden kann; wenn es gelingt, das Immunsystem zu stärken, kann es den Krebs besiegen. Mr. Wrights Immunsystem muß offensichtlich durch seinen Glauben an die Therapie aktiviert worden sein. Die unglaubliche Schnelligkeit seiner Gesundung legt nahe, daß sowohl sein autonomes Nervensystem als auch sein endokrines System auf die Suggestion reagiert haben, wodurch er in die Lage versetzt wurde, seinen Blutkreislauf in einem so erstaunlich hohen Grad zu mobilisieren, daß er die toxischen Flüssigkeiten und Abfallstoffe des schnell schwindenden Krebses ausscheiden konnte. Wie wir später in diesem Buch erfahren werden, wissen wir inzwischen auch bedeutend mehr über das limbisch-hypothalamische System des Gehirns als wichtigste Schaltstelle der Verbindung zwischen Seele und Körper, die die biologischen Aktivitäten des autonomen Nervensystems, des endokrinen und des Immunsystems als Reaktion auf geistige Suggestionen und feste Überzeugungen moduliert. Zusammenfassend kann gesagt werden, daß Mr. Wrights Erfahrung uns lehrt, daß sein absoluter *Glaube an die Wirksamkeit* der wertlosen Droge Krebiozen einen heilenden Placeboeffekt ausgelöst hat, der *alle* diese wichtigen Systeme, die für die Kommunikation zwischen Seele und Körper und die Heilung der Ganzheit zuständig sind, mobilisiert hat. Aber wir greifen vor. Zuerst möchte ich Ihnen jetzt noch eine Geschichte von einem anderen meiner Lehrer erzählen.

Franz Alexanders positive Interpretationen: das Bewußtsein, der Hypothalamus und das endokrine System

Franz Alexander, einer der führenden Männer der psychosomatischen Medizin der Welt, hat Pionierarbeit geleistet, indem er die Psychoanalyse auf die Physiologie des Körpers bezog (Alexander 1939/1984). Er lehrte diejenigen, die das Glück hatten, seine Schüler zu sein, daß es einfach nicht genüge, die Patienten nur zu analysieren und zu verstehen. Er hatte eine begnadete Art, Freudsche Interpretationen positiv zu formulieren, um auf diese Weise Vertrauen, Glauben und den Placeboeffekt als natürliche Form der Seele-Körper-Heilung wachzurufen.

Alexander war ein wahrer Meister, wenn es um das Verständnis der Zusammenhänge zwischen Persönlichkeit, seelischem Konflikt und dem hormonellem System ging. Ähnlich wie Klopfer war er in der klassischen intellektuellen Tradition Europas ausgebildet worden und deshalb für Amerika ein Geschenk des Himmels. Er war ein aristokratischer Typ, mit eleganten, maßgeschneiderten Anzügen und manikürten Fingernägeln. Mit diesen Fingernägeln trommelte er manchmal leise auf den Konferenztisch, während ein Kollege irgendwo im Raum monoton etwas herunterleierte. Das machte Alexander nichts aus; auch er hatte die Gabe, sich ganz ruhig auf seine innere visionäre Suche zu konzentrieren, während er äußerlich scheinbar bei uns war, die wir in der Außenwelt herumstolperten.

Alexanders Erkenntnisse über die positiven Aspekte der leibseelischen Anpassung an selbst die schwierigsten Streßfaktoren der Umwelt werden durch die folgenden klinischen Beispiele von Thyreotoxikose (Hyperthyreoidismus oder Überfunktion der Schilddrüse) anschaulich gemacht. Die Schilddrüse ist der Teil des endokrinen Systems, der die Hormone produziert, die den Stoffwechsel und das Wachstum regulieren. Die kurzen Fallgeschichten, die er zitiert, zeigen, wie früh Streß im Leben eines Menschen die Wachstumsfunktionen überstimuliert, die durch die Schilddrüse reguliert werden. Die Folge ist eine gewisse labile seelische Frühreife (Alexander, 1950, S. 178-181):

> Bedrohung der Sicherheit in der Kindheit ist eine weitverbreitete Erscheinung, ob nun bei Neurotikern oder bei gesunden Individuen. Patienten mit Thyreotoxikose kann man an der Art erkennen, wie sie mit dieser Unsicherheit umgehen. Wegen der äußeren Umstände, die weiter oben beschrieben worden sind, können

diese Patienten ihre Ängste nicht dadurch überwinden, daß sie Hilfe bei ihren Eltern suchen. Die Bedürfnisse, von denen sie abhängig sind, bleiben ständig unbefriedigt, entweder weil das ihr Schicksal ist oder weil die Einstellung der Eltern der Befriedigung im Wege steht, sei es daß sie einen oder beide Elternteile verloren haben oder daß sie von ihren Eltern zurückgewiesen werden. Außerdem können Konflikte komplexerer Art, die mit Schuldgefühlen zusammenhängen, eine Rolle spielen. Da ihre dringenden Bedürfnisse nicht befriedigt werden, machen sie den verzweifelten Versuch, sich viel zu früh mit einem der beiden Elternteile zu identifizieren, gewöhnlich mit der Mutter. („Wenn ich sie schon nicht haben kann, muß ich so werden wie sie, dann brauche ich sie nicht mehr.") Diese frühreife Identifikation überfordert ihre physiologischen und psychologischen Möglichkeiten und führt zu dem ständigen Bemühen, die Ängste und die Unsicherheit durch ein vorgetäuschtes Selbstbewußtsein zu überwinden.

... Beispiele für das frühreife Bedürfnis nach Selbständigkeit, wie sie sich in der aktiven Teilnahme an der Versorgung der Familie oder durch die Sorge um ein kleineres Geschwister ausdrücken, folgen:

B.R., ein dreizehnjähriges Mädchen, wird von der Mutter als „kleine alte Dame" bezeichnet, weil sie schon so früh erwachsen wirkt und gehorsam und zuverlässig ist. Sie hat mit sechs Jahren Kochen gelernt und kocht und hilft seitdem im Haushalt. Wenn ihre Mutter krank war, fegte und putzte sie das Haus und sorgte für die ganze Familie. Für ihren jüngeren Bruder war sie wie eine zweite Mutter.

H.D., ein unverheirateter 35jähriger Mann, jüngstes von acht Kindern, ist das einzige überlebende männliche Kind. Zwei seiner Brüder starben im Alter von zehn bzw. drei Jahren, und ein Bruder starb eine Woche nach seiner Geburt, als der Patient zwei Jahre alt war. Sein Vater war ein puritanischer Mann, der seine eigene Schwäche und Unsicherheit hinter Strenge und unpersönlichem Verhalten verbarg. Er war seinen Kindern gegenüber offenbar nur so lange liebevoll und zärtlich gewesen, wie sie noch hilflose Kleinkinder waren, aber als sie gerade laufen und sprechen konnten, sollten sie sich schon wie Erwachsene verhalten. Die Mutter wurde vom Vater geringschätzig behandelt, weil sie als Heranwachsende ein uneheliches Kind (die älteste Schwester des Patienten) bekommen hatte und vom Vater des Patienten „aus Mitleid" geheiratet worden war. Sie war nicht in der Lage, sich gegen den Vater durchzusetzen, und arbeitete während der frühen Kindheit des Patienten mehrere Jahre lang im häuslichen Geschäft. Der Vater hinderte sowohl die Mutter als auch die älteren Schwestern daran, sich um den Patienten zu kümmern. Als er in die Schule kam, bestand sein Vater darauf, daß keiner ihm mehr die Comics vorlas, weil er jetzt selbst lesen lernen sollte. Er wurde ständig unter Druck gesetzt, sich wie ein Erwachsener zu benehmen, wurde andererseits aber an der aktiven Verfolgung seiner eigenen Interessen gehindert.

E.B., eine 24jährige, unverheiratete Farbige, war eine Art Wunderkind und machte in der Schule schnelle Fortschritte. Sie war außerordentlich gewissenhaft und schwänzte nie die Schule. Ihre Mutter war Lehrerin und eine „sehr intelligente, schöne Frau". Die Patientin konkurrierte offenbar mit ihr, drückte ihre Feindseligkeit aber nie offen aus. Als die Mutter krank wurde, versorgte die Patientin die beiden jüngeren Schwestern und übernahm ihnen gegenüber die Mutterrolle. Sie unterstützte sie sogar noch während ihres Studiums finanziell. Sie war immer selbständig und außergewöhnlich ehrgeizig gewesen und hielt die meisten ihrer weiblichen Wünsche und Sehnsüchte unter Kontrolle oder unterdrückte sie, da sie hoffte, so ihre intellektuellen Ziele erreichen zu können.

Alexander erkannte, daß seelischer Streß in irgendeiner Wechselbeziehung zum Hypothalamus steht, der seinerseits das gesamte Hormonsystem über die Hypophyse und die Schilddrüse anregt. Der Hypothalamus war die Brücke zwischen *Psyche* und *Soma*, womöglich sogar der Sitz des eigentlichen Bewußtseins. In dem von Alexander und French herausgegebenen Buch (1948, S. 70) bestätigt Grinker die Auffassung Inghams (1938):

> Das neurologische Konzept sieht das Bewußtsein als einen Zustand, in dem das gesamte Nervensystem, vor allem das Gehirn, aktiviert ist. Quantitativ reicht dieser Zustand von einem Höchstmaß an geistiger Aktivität bis zu völliger Passivität, wie es im Koma oder bei einer Vollnarkose der Fall ist. Obwohl möglicherweise alle Teile des Gehirns im bewußten Zustand zu den see-

lischen Prozessen beitragen, hängen alle möglichen mentalen Aktivitäten vom normalen Funktionieren von Neuronengruppen im primitiven Zwischenhirn (das heißt im Hypothalamus) ab. Die normalen Schlafzyklen sind ein Beweis für die physiologischen Aktivitäten dieses Mechanismus. Da es so aussieht, als ob Energie, die im Zwischenhirn freigesetzt wird, für die Aktivierung des gesamten restlichen Nervensystems notwendig ist, soweit es psychische Erscheinungen betrifft, kann man davon ausgehen, daß das „Zentrum" des Bewußtseins in dieser Region anzusiedeln ist. Zahlreiche klinische und experimentelle Beweise stützen diese Auffassung. Es ist mit Sicherheit kein Zufall, daß andere primitive Funktionen des Nervensystems, die sich auf vegetative Prozesse, Instinkte und Gefühle beziehen, offenbar von Strukturen in der basalen Region des Gehirns abhängen, ganz in der Nähe der Strukturen, von denen wir behaupten, daß sie das Zentrum des Bewußtseins darstellen. Die Anwendung dieses Konzepts auf die Psychiatrie liegt auf der Hand, denn quantitative Schwankungen des Bewußtseins manifestieren sich bei Störungen des Verhaltens, das sich auf Intelligenz, Gefühle und Instinkthandlungen bezieht.

Auch wenn diese Ansicht für unser modernes Ohr etwas merkwürdig klingt, kann man sie doch als einen ersten psychobiologischen Weg zum Konzept einer Kommunikation zwischen Körper und Seele und einem entsprechenden Bewußtsein betrachten. Ich werde diese Auffassung im nächsten Kapitel auf den heutigen Stand bringen. Dort spreche ich vom Bewußtsein als einem „Prozeß der selbstreflektierten Informationsumsetzung". Alexander schätzte die Arbeiten des Physiologen Walter Cannon sehr, der als Forscher auf dem Gebiet der psychosomatischen Medizin Pionierarbeit geleistet hat, vor allem, was die psychobiologischen Grundlagen solcher scheinbar seltsamen und bizarren Vorfälle anbetrifft, wie ein Voodoo-Tod es ist.

Voodoo-Tod und -Leben
Der Komplex des „Aufgebens" und das vegetative Nervensystem

Walter Cannon, der als einer der schöpferischsten und maßgeblichen Physiologen seiner Zeit gilt, erzählt die folgende Geschichte eines „Voodoo-Tods" und der anschließenden Genesung (1957, S. 183-184):

> Dr. S.M. Lambert vom Western Pacific Health Service der Rokkefeller-Stiftung schrieb mir, daß er bei verschiedenen Gelegenheiten Beweise für Angst als Todesursache festgestellt hatte. In einem Fall gab es eine überraschende Genesung. In einer Mission in Mona Mona, North Queensland, lebten viele Eingeborene, die zum Christentum übergetreten waren. Am Rand der Mission gab es aber noch eine Gruppe, die nicht konvertiert war, zu der ein gewisser Nebo, ein berühmter Hexendoktor, gehörte. Die wichtigste Hilfskraft des Missionars war ein Eingeborener namens Rob, der konvertiert war. Als Dr. Lambert in der Mission ankam, erfuhr er, daß Rob sich in einem elenden Zustand befand, und der Missionar wünschte, daß er untersucht würde. Dr. Lambert führte die Untersuchung durch und fand weder Fieber noch schmerzhafte Beschwerden, keine Anzeichen oder Symptome einer Erkrankung. Er hatte allerdings trotzdem den Eindruck, daß Rob ziemlich krank und völlig erschöpft war. Von dem Missionar erfuhr er, daß Nebo mit einem Knochen auf Rob gezeigt hatte, woraufhin er überzeugt war, aus diesem Grund sterben zu müssen. Dr. Lambert und der Missionar gingen deshalb zu Nebo und drohten ihm damit, daß sie seine Versorgung mit Lebensmitteln abschneiden würden, wenn Rob irgend etwas passierte, und daß er und seine Leute aus der Mission gejagt würden. Nebo war sofort bereit mitzugehen und sich Rob anzusehen. Er beugte sich über Robs Bett und sagte dem kranken Mann, alles sei ein Mißverständnis gewesen, nur ein Witz – er hätte in Wirklichkeit gar nicht mit einem Knochen auf ihn gezeigt. Wie Dr. Lambert bezeugt, stellte sich die Gesundung fast augenblicklich ein; am gleichen Abend nahm Rob seine Arbeit wieder auf, war wieder glücklich und im Vollbesitz seiner Körperkräfte.

Eine andere Begebenheit endete weniger glücklich:

> Dr. Lambert ... schrieb mir über die Erlebnisse, die Dr. P.S. Clarke mit Kanaken hatte, die auf den Zuckerplantagen in North Queensland arbeiteten. Eines Tages kam ein Kanake in sein Krankenhaus und sagte ihm, er müsse in ein paar Tagen sterben, weil man einen Zauber über ihn ausgesprochen habe, gegen den es kein Mittel gebe. Dr. Clarke kannte den Mann seit einiger Zeit. Er untersuchte ihn gründlich, unter anderem auch den Stuhl und den

> Urin. Alles war normal, aber als er im Bett lag, wurde er nach und nach immer schwächer. Dr. Clarke ließ den Vorarbeiter der Kanaken ins Krankenhaus kommen, der dem Mann ein bißchen Mut machen sollte, aber als der Vorarbeiter an das Bett trat, beugte er sich vor, sah den Patienten an und sagte dann zu Dr. Clarke: „Yes, Doctor, close up him, he die" (was bedeutete: Er wird bald sterben). Am nächsten Tag um elf Uhr morgens starb er.

Cannon (1942, 1963) kam zu dem Schluß, daß der Voodoo-Tod auf einen erhöhten und längere Zeit andauernden seelischen Streß zurückzuführen ist, der dadurch verursacht wird, daß der Betroffene glaubt, er stände unter dem Zauber eines Hexendoktors. Die wirkliche physiologische Ursache lag in einer Überaktivität des sympathischen Nervensystems. Cannon glaubte, daß ein Voodoo-Tod nur wegen der „abgrundtiefen Ignoranz und Unsicherheit" der eingeborenen Bevölkerung möglich sei, die in einer Welt voller Hexenkraft und Zauberei lebe. In einer neueren Studie aus unserer eigenen Gesellschaft zur Problematik des „plötzlichen und schnellen Todes unter seelischem Streß" kam Engel (1971) zu einem ähnlichen Schluß und führte den Tod auf den „schnellen Wechsel zwischen sympathischen und parasympathischen kardiovaskulären Effekten" zurück. Engel glaubte, daß dieses „biologische Notprogramm" (1968) dann tödlich wirkt, wenn sich der Betroffene nicht imstande sieht, damit fertig zu werden, und keine Hoffnung mehr hat, daß sich daran etwas ändern wird oder er aus irgendeiner anderen Quelle Hilfe bekommt. Die Person stirbt als Folge eines akuten „Aufgabe"-Komplexes. In einem kürzlich erschienenen Referat über dieses Gebiet beschreibt Hahn (1985) die Beziehung zwischen dem Voodoo-Tod, dem vegetativen Nervensystem und der Auswahl der eingeborenen Wunderheiler (S. 182):

> Lex (1974) erklärt die Pathogenese des Voodoo-Todes und die Therapie der Heilrituale auf eine ähnliche Weise. Er sieht drei Stufen der „Einstimmung" der sympathischen und parasympathischen Prozesse des vegetativen Nervensystems. Eine „Suggestion" passiert die Schwelle des analytischen Urteilsvermögens, die niedriger geworden ist, und bewirkt das, was suggeriert wurde. Lex erklärt auch, warum in den traditionellen medizinischen Systemen die Heiler selbst die Krankheit gehabt haben müssen, die sie behandeln wollen: Das vorausgegangene eigene Erleben der Er-

krankung verschafft diesen Heilern eine unmittelbare Erfahrung mit den Launen des vegetativen Nervensystems und erhöht auf diese Weise ihre Sensibilität.

Wir werden in den folgenden Kapiteln dieses Buches erkennen, daβ das vegetative Nervensystem mit seinen beiden Ästen, dem Sympathikus (der Pulsfrequenz, Atmung, Blutdruck, Spannung usw. steuert) und dem Parasympathikus (der eine allgemein spannungslösende Wirkung hat und Gegenspieler des Sympathikus ist), in der Tat eines der wichtigsten Kommunikationssysteme zwischen Seele und Körper ist, also für den Placeboeffekt bei Krankheit und Genesung zuständig ist.

Heilendes Herz, heilende Seele und Norman Cousins' positive Gefühle

Bis jetzt haben wir in diesem Kapitel dargestellt, wie negative Lebensumstände und Einstellungen durch die seelische Beeinflussung des vegetativen, des hormonellen und des Immunsystems zu Krankheit und Tod führen können. Sensible Ärzte haben immer schon gewuβt, daβ das Gegenteil ebenfalls zutrifft, und in allen Kulturen haben kluge Beobachter erkannt, daβ eine positive Lebenseinstellung eine heilsame Wirkung bei der Behandlung der schwersten Krankheiten hat.

Niemand hat in der neueren medizinischen Literatur mehr dazu beigetragen, diese Erkenntnis mit wohldokumentierten und ergreifenden Beispielen aus seinem eigenen Leben zu illustrieren, als Norman Cousins mit seinen Büchern.

Cousins' eigene Erfahrungen mit der Seele-Körper-Heilung begannen, als er mit zehn Jahren aufgrund einer Fehldiagnose für sechs Monate in ein Tuberkulosesanatorium geschickt wurde. Da man die Patienten dort sich selbst überlieβ, fanden er und ein paar seiner Mitpatienten einen Weg zu einer positiven Einstellung und zur Genesung, den Cousins folgendermaβen beschreibt (1979, S. 155-156):

> Am interessantesten fand ich meine erste Erfahrung, daβ sich die Patienten in zwei Gruppen unterteilen lieβen: in diejenigen, die fest davon überzeugt waren, daβ sie die Krankheit besiegen und wieder in ein normales Leben zurückkehren würden, und diejenigen, die resignierten und sich mit einer langen oder sogar tödli-

chen Krankheit abgefunden hatten. Die Optimisten unter uns wurden gute Freunde, beschäftigten sich mit schöpferischen Dingen und hatten wenig mit den Patienten zu tun, die sich mit dem Schlimmsten abgefunden hatten. Wenn neue Patienten kamen, taten wir unser Bestes, um sie in unseren Kreis aufzunehmen, bevor die düstere Brigade sie bearbeiten konnte.

Ich war sehr beeindruckt von der Tatsache, daß bei den Jungen meiner Gruppe die Quote der „als geheilt Entlassenen" prozentual bedeutend höher lag als bei den Jungen der anderen Gruppe. Obwohl ich erst zehn Jahre alt war, war ich irgendwie schon philosophisch orientiert. Ich erkannte die Kraft der Seele im Kampf gegen die Krankheit. Die Lektionen über Hoffnung, die ich damals gelernt habe, spielten bei meiner völligen Genesung (als Erwachsener) und bei den Gefühlen, die ich seitdem im Hinblick auf den hohen Wert des Lebens habe, eine entscheidende Rolle.

Diese frühe Lebenserfahrung mit dem therapeutischen Wert einer optimistischen Lebenseinstellung und eines schöpferischen Tuns haben ihn zum erfolgreichen Herausgeber einer der führenden Zeitschriften Amerikas gemacht, der *Saturday Review*, und zum außerordentlichen Professor an der „UCLA's School of Medicine". Cousins' sorgfältig dokumentierte Genesung (1979) von einer schweren arthritischen Kollagenose der Bindegewebe (die als Spondylitis ankylosans diagnostiziert wurde), bei der seine Behandlung aus einer reichlichen Dosis Humor bestand (hauptsächlich in Form von alten Marx-Brothers-Filmen und Wiederholungen alter *Candid-Camera*-Sendungen von Allen Funt) kann schon als klassischer Fall der modernen Volksmedizin gelten. Seine kürzliche Genesung von einem Herzanfall, bei dem es sich sowohl um einen Myokardinfarkt als auch um ein generelles Herzversagen gehandelt hatte (Cousins, 1983), ist von den vier Herzspezialisten und Ärzten dargestellt worden, die direkt mit dem Fall zu tun hatten. Zu den Faktoren, die sie innerhalb von Cousins' Selbstbehandlungsmethode für entscheidend hielten, zählen:

1. Die Abwesenheit von Panik angesichts der offensichtlich ernsten Symptome seines Herzanfalls. (Eine derartige Panik ist Teil des seelischen Syndroms, das die Opfer des Voodoo-Kults tötet.)
2. Sein unerschütterliches Vertrauen in die Fähigkeit seines Körpers, seine eigene Weisheit in den Dienst der Genesung zu stellen.

3. Eine unerschütterliche gute Laune und Fröhlichkeit, mit der er für sich selbst und das gesamte Krankenhauspersonal eine wohltuende, heilsame Atmosphäre schuf.
4. Die völlige Übernahme der Verantwortung für seine eigene Gesundung durch eine enge „Partnerschaft" mit seinen behandelnden Ärzten.
5. Sein Blick auf schöpferische und bedeutsame Ziele, die den Kampf um die Genesung sinnvoll und das Leben lebenswert erscheinen ließen.

Cousins faßt seine Erfahrungen mit der eigenen Genesung zusammen, indem er betont, daß positive Einstellungen und Gefühle die Biochemie des Körpers beeinflussen und eine Verjüngung und die Gesundheit fördern können. Positive Einstellungen und Gefühle sind das Wesen des Wohlbefindens und des Placeboeffekts. Wie er so treffend bemerkt: „Das Placebo ist der Arzt, der im Inneren wohnt" (Cousins, 1979, S. 69). Diese Aussage spiegelt wider, wie tiefgreifend sich die Meinung über den Placeboeffekt gewandelt hat, der für die konservativen Mediziner noch ein „Störfaktor" war.

Wir wollen uns nun einmal näher ansehen, was uns die jüngsten Forschungsergebnisse über den Placeboeffekt zum Thema Seele-Körper-Heilung sagen können.

Der 55-%-Placeboeffekt

Während der gleichen Zeit, in der die oben beschriebenen anekdotischen Berichte über Seele-Körper-Heilungen von den Pionieren auf dem Feld der psychosomatischen Medizin zusammengestellt wurden, wurden wissenschaftlichere objektive Doppelblindversuche auf klinischem Niveau durchgeführt. (Bei Doppelblindversuchen wissen weder die Ärzte noch die Patienten, wer das richtige Medikament und wer das Placebo bekommt.) Beechers kam in seinem Bericht (1959) über die Analyse von 15 Doppelblindversuchen zu dem Ergebnis, daß 35 % der Patienten mit den verschiedenartigsten postoperativen Schmerzen durch die Placebos (wirkungslose Medikamente oder „Zuckerpillen") eine signifikante Linderung ihrer Schmerzen erlebten. In einer Untersuchung aus jüngerer Zeit (Evans, 1985) wurden diese Ergebnisse durch elf weitere Doppelblindversuche bestätigt, bei denen 36 % der Patienten eine zumindest 50-

prozentige Schmerzlinderung durch die Placebos erfuhren. Außerordentlich exakte klinische Untersuchungen des Placeboeffekts kommen also übereinstimmend zu dem Ergebnis, daß ein Drittel der Patienten mehr als 50 % Schmerzlinderung erleben. Auf irgendeine Art und Weise ist das medizinisch unwirksame Placebo in der Lage, Glauben und Erwartung auf der psychischen Ebene zu fördern. Das schafft einen Zugang zu sehr realen Seele-Körper-Heilungsmechanismen und aktiviert sie, Mechanismen, die einige Leute inzwischen „Placeboeffekt" nennen.

Der Placeboeffekt beschränkt sich nicht auf die Linderung von Schmerzen. Es hat sich herausgestellt, daß er ein Seele-Körper-Heilfaktor bei allen im folgenden aufgeführten Krankheiten war (Punkt 1 bis 3), bei therapeutischen Prozessen (Punkt 4 bis 6) und sogar bei der Erwartung, Hilfe zu bekommen (Punkt 7).

1. Bluthochdruck, Streß, Herzschmerzen, Zahl der Blutkörperchen, Kopfschmerzen, Pupillenerweiterung (*betreffen das vegetative Nervensystem*)
2. Adrenalinausschüttung, Diabetes, Magengeschwüre und Magenbewegung, Kolitis, orale Empfängnisverhütung, Menstruationsschmerzen, Schilddrüsenüberfunktion (*betreffen das hormonelle System*)
3. gewöhnliche Erkältung, Fieber, Impfungen, Asthma, multiple Sklerose, rheumatische Arthritis, Warzen, Krebs (betreffen das Immunsystem)
4. Operationen (z.B. bei Angina Pectoris oder „Herzschmerzen")
5. Biofeedback-Ausrüstungen und alle möglichen ärztlichen Apparaturen
6. psychologische Behandlungen wie Konditionierungen (systematische Desensibilisierung) und möglicherweise alle Arten der Psychotherapie
7. Terminabsprache mit dem Arzt.

In einem Überblick über diese Untersuchungen kommen die meisten Forscher (White, Tursky & Schwartz, 1985) zu dem Schluß, daß der Placeboeffekt, der sich bei einer solchen Vielzahl von Störungen und Behandlungsarten gezeigt hatte, ein „echter *allgemeiner* Bestandteil aller *klinischen* Situationen sein muß" (Wickramasekera, 1985). Eine der informativsten neueren Studien wurde von Frederick Evans geschrieben, einem Psychologen, der viele originelle experimentelle Arbeiten auf diesem Gebiet durchgeführt hat. Um zwei grundsätzliche Fragen nach der Wirkungsweise des Placeboeffekts in einer Vielzahl medizinischer Situationen zu beantworten, sammelte er eine Menge Daten (1985, S. 215):

1. Wie stark ist der Effekt im Hinblick auf seine klinische Wirksamkeit?
2. Bis zu welchem Grad wird der Placeboeffekt durch verbale und nichtverbale Erwartungsfaktoren vermittelt?

Um sich mit der ersten Frage der klinischen Wirksamkeit des Placeboeffekts beschäftigen zu können, überprüfte Evans die Daten der Doppelblindversuche, bei denen Medikamente zur Schmerzlinderung verabreicht worden waren, da diese Versuche am zahlreichsten und unter den am sorgfältigsten kontrollierten experimentellen Bedingungen durchgeführt worden waren. Wie aus der Tabelle in dem nachstehenden Kasten zu ersehen ist, wird die Wirksamkeit eines unbekannten Schmerzmittels dadurch bestimmt, daß man einen Index der Drogenwirksamkeit berechnet. *Es zeigt sich ein außerordentlich stabiler Grad an Placebowirkung von durchschnittlich 55% der therapeutischen Wirkung aller Schmerzmittel, die in der Untersuchung verwendet wurden.*

Das heißt, wenn Morphium auch ganz offensichtlich eine stärkere analgetische Wirkung hat als Aspirin, so sind doch 55 % der Stärke *beider* Medikamente auf die Placebowirkung zurückzuführen. Evans schreibt (1985, S. 223):

> Das heißt, daß die Wirksamkeit eines Placebos im Vergleich zur Standarddosis verschiedener Schmerzmittel unter den Bedingungen eines Doppelblindversuchs relativ konstant bleibt. Das ist in der Tat eine einmalige Eigenschaft eines Medikaments! Die Wirksamkeit eines Placebos entspricht der offensichtlichen Wirksamkeit des aktiven Schmerzmittels.
>
> Es ist erwähnenswert, daß dieser Wert von 56 % Wirksamkeit sich nicht nur auf den Vergleich von Placebos mit Schmerzmitteln beschränkt, sondern auch in Doppelblindversuchen nichtpharmakologischer Behandlungsmethoden von Schlaflosigkeit (58 % aus 13 Untersuchungen) und bei psychotropen Medikamenten zur Behandlung von Depressionen wie zum Beispiel Tricyclics (59 % aus 93 Untersuchungen, die von Morris & Beck, 1974, berichtet wurden) und Lithium (62 % aus 13 Untersuchungen, bei Marini, Sheard, Bridges & Wagner, 1976) ermittelt wurde. Es sieht also so aus, als ob das Placebo ungefähr 55-60 % der Wirksamkeit eines

aktiven Medikaments hat, ganz gleich wie hoch der Wirkungsgrad des jeweiligen Medikaments ist.

KASTEN 1

Vergleich der Wirksamkeit von Placebos und Schmerzmitteln

Indexberechnung der Medikamentenwirksamkeit zur Bewertung der Wirksamkeit von Placebos im Vergleich zu Schmerzmitteln

Index der Wirksamkeit des Schmerzmittels:

$$\frac{\text{Schmerzlinderung bei unbekanntem Medikament}}{\text{Schmerzlinderung bei bekanntem Medikament (z.B. Morphium)}}$$

Schmerzkriterium:

Reduzierung der Schmerzen um 50 % des Anfangsniveaus im Verhältnis zum Niveau des Medikaments.

oder

50 % Veränderung der Schmerzen auf einer Beurteilungsskala (Normalerweise 10 oder 5 Punkte)

Index der Placebowirksamkeit von Morphium:

(Durchschnittswerte aus sechs Doppelblindversuchen nach dem Non-Crossover-Design)

$$\frac{\text{Schmerzreduktion mit Placebo}}{\text{Schmerzreduktion mit Morphium}} = 56\ \%$$

Index der Wirksamkeit von Placebos beim Vergleich von Placebos mit Morphium, Aspirin, Darvon und Zomax (aus den verfügbaren Einzel-Doppelblindversuchen, die veröffentlicht wurden).

Anzahl der Doppelblindversuche	Placebowirksamkeit des Mittels in %	%
6	Morphium	56
9	Aspirin	54
2	Darvon	54
2	Kodein	56
3	Zomax	55

Mit freundlicher Genehmigung von Evans (1985)

Aus diesen Ergebnissen läßt sich der Schluß ableiten, *daß womöglich in vielen, wenn nicht sogar in allen Heilmethoden ein 55-%-Placeboeffekt enthalten ist.* Ein derart konstanter Wert legt auch nahe, *daß es einen gemeinsamen zugrundeliegenden Mechanismus oder Prozeß gibt, der die Kommunikation zwischen Seele und Körper und die psychosomatische Heilung erklärt, ganz gleich, um welche Störung, welches Symptom oder welche Krankheit es sich handeln mag.*

Das führt uns zu Evans zweiter Frage nach dem Ausmaß, in dem der Placeboeffekt durch verbale und nichtverbale Erwartungsfaktoren vermittelt wird. Er stellt drei Faktoren zur Diskussion, die von den Wissenschaftlern als Vermittler des Placeboeffekts gefunden wurden: 1. Suggestion (oder Hypnose), 2. Angstverminderung und 3. die Erwartung, die durch die Kultur oder durch die Medizin geweckt wurde. Man war bisher davon ausgegangen, daß *Placebo* und *Suggestion* grundsätzlich das gleiche Phänomen wären. Überraschenderweise führte eine Anzahl gut kontrollierter, experimenteller Untersuchungen, die den Placeboeffekt mit der hypnotischen Suggestion verglichen, zu dem Schluß, daß zwischen beiden keine Korrelation oder Beziehung besteht (Evans 1977, 1981; McGlashan, Evans & Orne, 1969; Orne, 1974). Unter experimentellen Bedingungen im Labor schienen die hypnotische Suggestion und der Placeboeffekt nach verschiedenen Mechanismen beziehungsweise auf verschiedenen Reaktionsebenen zu funktionieren. Eine Möglichkeit, diesen Unterschied zu erklären, besteht darin, daß man die Reaktionsbereitschaft für hypnotische Suggestionen als eine spezielle angeborene Fähigkeit ansieht, mit der man Zugang zu den Strukturen der eigenen Seele-Körper-Kommunikation finden und sie verändern kann, und zwar nur durch eine psychologische Suggestion. Der Placeboeffekt ist dagegen eine allgemeinere, automatische Seele-Körper-Kommunikation, die sich besonderer körperlicher Behandlungsmethoden bedient, um Angst zu vermindern und die Gesundung zu fördern, indem sie mächtige kulturell bedingte Erwartungen und einen intensiven Glauben an die Behandlungsmethode ins Feld führt. Andere Forscher, deren Ergebnisse im nächsten Kapitel besprochen werden, glauben, daß die hypnotische Reaktion und der Placeboeffekt sich zwar nach außen hin durch die Art und Weise unterscheiden, wie sie auf der soziokulturellen Ebene gefördert werden, daß sie aber grundsätzlich ähnliche Funktionsweisen des schöpferischen Geistes auf der psychobiologischen Ebene seien, wo sie durch die rechte Hirnhälfte des Patienten vermittelt werden.

Die Probleme, die in diesem Abschnitt angeschnitten wurden, sind komplexer Natur. Trotzdem werden wir nach und nach mit jedem Kapitel dieses Buches zu einem besseren Verständnis ihrer Bedeutung für eine allgemeine Theorie der Seele-Körper-Kommunikation und -Heilung kommen. Zunächst genügt es festzustellen, daß für mindestens ein Drittel der Bevölkerung ein „55-%-Placeboeffekt" ein konstanter Faktor bei einer Vielzahl von Medikamenten, ärztlichen Verrichtungen und psychobiologischen Symptomen und Problemen ist. Die Konstanz dieser Heilungsreaktion unter so vielen verschiedenen Bedingungen legt die Vermutung nahe, daß sie von einem gemeinsamen Mechanismus oder einem gemeinsamen Kommunikationsbindeglied zwischen Seele und Körper vermittelt wird. In den nächsten beiden Kapiteln werden wir erfahren, daß das „limbisch-hypothalamische System" des Gehirns der offensichtliche Kandidat in unserer Anatomie für die Rolle des Bindeglieds zwischen Seele und Körper ist. Es ist in der Tat ein einmaliger psychophysischer Kommunikationskanal zwischen den Erwartungen und den schöpferischen Prozessen der Seele und der emotionalen Physiologie des Körpers. Es ist der gemeinsame Nenner, der die Placeboeffekte unter so offensichtlich unterschiedlichen Umständen verbindet wie bei Mr. Wright und seinem naiven Glauben, bei den negativen Erwartungen der Voodoo-Opfer und bei den sehr realistischen Heilungen unter dem Einfluß der positiven Interpretationen Franz Alexanders und der positiven Gefühle Norman Cousins'.

2

Informationsumwandlung bei der Seele-Körper-Heilung und der Hypnose

Der Begriff Umwandlung soll hier die Konversion und Transformation von Energie oder Information von einer Form in eine andere bezeichnen. Eine Windmühle wandelt Windenergie in mechanische Energie um, die die Flügel antreibt. Wenn man die mechanische Energie der rotierenden Windmühlenflügel mit einem Generator verbindet, wird sie in elektrische Energie umgewandelt, die man wiederum mit Hilfe von Glühbirnen in Lichtenergie verwandeln kann. Biofeedbackgeräte wandeln die biologische „Energie" der Muskelspannungen des Körpers in die sichtbare „Information" eines Meßgeräts um; dies ermöglicht es dem Getesteten, seinen Muskeltonus zu verändern. Auf dieser Grundlage ist in Verbindung mit den Grundkonzepten der Informatik, Kybernetik und Kommunikationstheorie die Auffassung entstanden, daß biologisches Leben immer ein System von Informationsumwandlungen ist.

Die Entwicklungsgeschichte des Konzepts der Informationsumwandlung als Grundproblem der Psychobiologie und Hypnose wird in Tabelle 1 zusammengefaßt. Im Rahmen dieses Buches ist es sinnvoll, unsere Darstellung mit den Gedanken Bernheims zu beginnen, der allgemein als einer der Väter der Hypnosetherapie angesehen wird. Im folgenden Zitat beschreibt Bernheim seine Auffassung vom Wesen der hypnotischen Suggestion. Für ihn ist sie ein Prozeß, bei dem „die empfangene Idee in einen Akt umgewandelt wird" (Bernheim, 1886, S. 137-138):

> Es ist mit Sicherheit so, daß hypnotisierte Menschen, die empfänglich für Suggestionen sind, über die *besondere Fähigkeit verfügen, empfangene Ideen in Akte umzuwandeln*. Unter normalen Bedingungen wird jede formulierte Idee vom Geist in Frage gestellt. Nachdem sie von den kortikalen Zentren aufgenommen worden ist, breitet sich ihr Eindruck auf die Zellen der benachbarten Hirnwindungen aus; deren spezielle Aktivität wird erregt; die verschiedenen Fähigkeiten, die durch die graue Substanz im Gehirn erzeugt werden, kommen ins Spiel; der Eindruck wird mit Hilfe komplizierter geisti-

TABELLE 1 **Entwicklung des Konzepts einer Informationsumsetzung als Grundproblem der Psychobiologie und der Seele-Körper-Heilung**

Forscher	*Konzept*
Bernheim (1886)	Ideosensorische und ideomotorische Reflexe verwandeln hypnotische Suggestionen in Körperprozesse.
Selye (1936, 1982)	Die Umwandlung von Informationen über die „Streß"-Hormone der Achse *Hypothalamus-Hypophyse-Nebennieren* ist der entscheidende Mechanismus bei psychosomatischen Störungen.
Papez (1937)	Das seelische Erleben wird durch das *limbisch-hypothalamische System* und damit verwandte Strukturen in die Psychophysiologie der Gefühle umgewandelt.
Scharrer & Scharrer (1940), Harris (1948)	Das zentrale Nervensystem kontrolliert die hormonelle Nachrichtenübermittlung des Hormonsystems über den *Hypothalamus*.
Moruzzi & Magoun (1949)	Das aufsteigende retikuläre Aktivierungssystem des Hirnstamms (ARAS) wirkt auf das *limbisch-hypothalamische System*, um Wachheit zu stimulieren.
Shannon & Weaver (1949)	Mathematische Theorie der Kommunikation.
Wiener (1948)	Kybernetische Sicht des Lebens als System der Informationsumsetzung.
Meyers & Sperry (1953), Sperry (1964)	Bewußtsein im Zusammenhang mit der linken und rechten Hirnhälfte, die unabhängig voneinander funktionieren, wenn die Nervenverbindungen zwischen ihnen durchtrennt werden.
Olds & Milner (1954), Delgado, Roberts & Miller (1954)	Entdeckung des Belohnung-Bestrafungs-Zentrums im *limbisch-hypothalamischen System*.
Jouvet (1973, 1975)	„Paradoxer Schlaf" oder Träumen als Prozeß der Integration von Verhalten über das kortikale und das *limbisch-hypothalamische System*.
Black (1963, 1969)	Hypnose kann psychophysiologische Mechanismen des Immunsystems modulieren.

Fortsetzung TABELLE 1

Forscher	*Konzept*
Nauta (1964)	„Frontal-limbische" Systeme verbinden „planende" Funktionen der präfrontalen Großhirnrinde mit dem *limbisch-hypothalamischen System*.
Delbruck (1970)	Informationsumsetzung ist das grundlegende Problem der Psychobiologie.
Weiner (1972, 1977)	Psychosomatische Störungen sind eine Funktion der Seele-Körper-Informationsumsetzung, die das *limbisch-hypothalamisch*-hypophysäre System miteinbezieht.
Bowers (1977)	Wenn man die Hypnose informationstheoretisch betrachtet, handelt es sich dabei um die „Umsetzung semantischer Informationen in eine Form, die somatisch kodierbar ist."
Ader (1981)	Untersuchungen auf dem Gebiet der Psychoneuroimmunologie zeigen, daß der *Hypothalamus* die Seele-Körper-Kommunikation mit dem Immunsystem vermittelt.
Mishkin (1982)	Sensorische Informationen werden gespeichert und in „Cross-modal association"-Bereiche des *limbisch-hypothalamischen Systems* integriert.

ger Prozesse bearbeitet, registriert und analysiert und schließlich akzeptiert oder neutralisiert; wenn es einen Grund dafür gibt, legt der Geist sein Veto ein. Bei einem Menschen in Hypnose läuft dagegen die Umwandlung vom Gedanken zur Handlung, zum Gefühlseindruck oder zur Vorstellung so schnell und aktiv ab, daß die intellektuelle Hemmung keine Zeit hat einzugreifen. Wenn der Geist sich dazwischenschaltet, ist es bereits eine vollendete Tatsache, die sich als real herausstellt, was oft mit Überraschung registriert wird und jetzt durch keine Intervention mehr behindert werden kann. Wenn ich zu einer hypnotisierten Versuchsperson sage: „Ihre Hand bleibt geschlossen", setzt das Gehirn diesen Gedanken um, sobald er ausgesprochen worden ist. Sofort wird vom kortikalen Zentrum, in dem dieser Gedanke über den Hörnerv empfangen worden ist, ein Reflex zu dem motorischen Zentrum übermittelt, das dem zentralen Ursprung der Nerven entspricht, die für das Beugen der Hand zuständig sind – durch die Beugung zieht sich die Hand zusammen. Es *findet also eine Exaltation der ideomotorischen Reflexerregbarkeit statt, die die unbewußte, dem Willen verborgene Transformation des Gedankens in eine Bewegung auslöst.*

Dasselbe geschieht, wenn ich zu der hypnotisierten Versuchsperson sage: „Sie spüren ein Kitzeln in der Nase." Der Gedanke wird durch das Hören zum Zentrum der olfaktorischen Sensibilität weitergeleitet. Dort weckt es das sensible Erinnerungsbild eines Kitzelns in der Nase, das bei früheren Anlässen gebildet und dort als Prägung latent hinterlassen worden ist. Dieses Gefühl der Erinnerung, das auf diese Weise wiederbelebt wird, kann so intensiv sein, daß die Versuchsperson niesen muß. Auch hier findet also wieder eine *Exaltation der ideo-sensorischen Erregbarkeit der Reflexe statt, die die unbewußte Transformation eines Gedankens in ein Gefühl oder eine sinnliche Vorstellung bewirkt.*

In der gleichen Weise folgen die visuellen, akustischen und Geschmacksvorstellungen den suggerierten Gedanken.

Man kann den Mechanismus der Suggestion ganz allgemein durch die folgende Formel darstellen: *Steigerung der ideomotorischen und ideosensorischen Reflexe und der Ideoerregbarkeit.*

Bernheims Worte mögen heute ein wenig antiquiert klingen, aber er beschreibt die Informationsumsetzung, die die Grundlage der therapeutischen Hypnose ist, sehr treffend. Es ist in der Tat so, daß praktisch alle modernen Methoden der Seele-Körper-Kommunikation versuchen, den Prozeß der Umwandlung von Wörtern, Vorstellungen, Gefühlen, Gedanken, Überzeugungen und Erwartungen in heilende, physiologische Körperprozesse zu fördern.

Nach einer Latenzperiode wurden wissenschaftliche Untersuchungen der Hypnose zuerst von Hull (1933), Erickson[1] und Hilgard (1977) wieder aufgegriffen, durch deren Arbeiten eine neue Forschergeneration angeregt wurde (Fromm & Shor, 1979; Sheehan & Perry, 1976). Diese Forscher entwickelten eine Methodologie für objektive Untersuchungen, die zu einer informationstheoretisch orientierten Methode führten, die die

[1] In den vier Bänden der *Collected Papers of Milton H. Erickson on Hypnosis* findet sich eine ausführliche Darstellung der Hypnoseforschung Ericksons, die fünf Jahrzehnte umfaßt (Erickson, 1980).

Phänomene der Hypnosetherapie verständlich machte. Stephen Black benutzt zum Beispiel in seinem bahnbrechenden Buch *Mind and Body* (1969) eine sehr breite sowohl philosophisch als auch experimentell orientierte Methode. Bei seinen Untersuchungen darüber, wie die Hypnose psychophysiologische Mechanismen des Immunsystems beeinflussen kann, ließ er sich von der Informationstheorie leiten. Bowers hat diese informationstheoretische Sicht der Hypnose folgendermaßen zusammengefaßt (1977, S. 231):

> Die Tendenz, ätiologische Faktoren der Krankheit alternativ in psychische oder somatische Komponenten aufzuteilen, mag für viele Zwecke einen heuristischen Wert haben, trotzdem schreibt eine solche Auffassung zumindest implizit den Dualismus zwischen Seele und Körper fest, der nun schon Jahrhunderte lang jeder rationalen Lösung Widerstand entgegensetzt. Wir müssen dieses uralte Problem möglicherweise neu formulieren und uns dabei von dem Vorurteil trennen, diese beiden „Realitäten" Seele und Körper wären durch eine ungeheure Kluft voneinander getrennt.
>
> Eine Möglichkeit, diese Frage neu zu formulieren, bietet sich an, wenn man die Informationstheorie einbezieht. Man kann den ganzen menschlichen Körper als ein miteinander verbundenes Netzwerk von Informationssystemen betrachten – genetische, immunologische, hormonelle usw. Jedes System verfügt über einen eigenen Code, und zur Übertragung von Informationen von einem System auf das andere bedarf es einer Art von Umwandler, der es ermöglicht, daß der Code eines Systems, sagen wir des genetischen, in den Code des anderen Systems übersetzt wird – zum Beispiel in den des Immunsystems.
>
> Nun kann man die Seele mit ihrer Fähigkeit zur Symbolbildung – sei es in linguistischer oder in nicht-linguistischer Form – als Mittel zur Kodierung, Verarbeitung und Übermittlung von Informationen sowohl intra- als auch interpersoneller Natur betrachten. Wenn also die Verarbeitung und Übermittlung von Informationen sowohl der Psyche als auch dem Soma gemein ist, läßt sich das Seele-Körper-Problem folgendermaßen neu formulieren: Wie wird eine Information, die auf einer semantischen Ebene empfangen und verarbeitet wurde, in eine Information umgewandelt, die auf einer somatischen Ebene empfangen und verarbeitet werden kann, und umgekehrt? Diese Frage klingt vernünftiger als die, die sie

ersetzen soll. Und ein paar intelligente Leute stellen sie auch schon. Zum Beispiel kommentierte Jonas Salk im Verlauf einer Diskussion im Rahmen der zweiten Konferenz über die psychophysiologischen Aspekte der Krebserkrankungen in der New York Academy of Science eine interessante Arbeit von Shands (1969) folgendermaßen: „Die menschliche Sprache ist eine spezielle Form der Kommunikation. Sie haben sich dann auf die Ebene der Moleküle begeben, und darüber war ich froh, denn es gibt zwischen beiden Ebenen Parallelen, da beide Ausdruck von Kommunikationsformen sind. Der Code muß übersetzt werden..."

Leider sind wir noch weit davon entfernt, die komplexen Mechanismen verstehen zu können, die die Umwandlung von Informationen von der semantischen zur somatischen Ebene unterstützen, es muß irgendeinen derartigen Mechanismus geben, denn, wie wir gesehen haben, ist die selektive und spezifische Wirkung der Suggestion auf Struktur und Funktionen des Körpers in der Tat ziemlich gut bewiesen. Und ich möchte behaupten, daß die Fähigkeit zur Tiefenhypnose bei diesem Umsetzungsprozeß eine wichtige Variable ist. Wir haben bereits nachgewiesen, daß das Heilpotential einer Suggestion bei den Personen am größten ist, die zur Tiefenhypnose fähig sind.

Seit diese Worte vor zehn Jahren geschrieben wurden, hat es große Fortschritte gegeben. In den folgenden Abschnitten dieses Kapitels werden wir einen Überblick über die Versuche geben, die sich mit der Beantwortung der Frage befassen, wie die Hypnose den Prozeß der Umwandlung von Seele-Körper-Informationen fördern kann. Zunächst werden wir uns mit den Beweisen für die These befassen, das limbisch-hypothalamische System sei der wichtigste Seele-Körper-Umwandler. Dann wollen wir zeigen, wie viele der wichtigsten Bahnen der Hirntätigkeit, die für das Gedächtnis, das Lernen und das Verhalten zuständig sind, das limbisch-hypothalamische System bei dem Prozeß der Umwandlung der Seele-Körper-Informationen unterstützen.

Das limbisch-hypothalamische System: der wichtigste Umwandler der Seele-Körper-Informationen

Die bedeutsamste Entwicklung auf dem Gebiet der Seele-Körper-Forschung begann, als der junge Hans Selye sich über die Vorurteile des medizinischen Establishments seiner Zeit hinwegsetzte und den Begriff des psychischen *Streß* einführte, den er für einen lohnenden Untersuchungsgegenstand hielt (Selye, 1936, 1976). Selyes lebenslange und epochemachenden Forschungen gipfelten in einer Theorie, wie seelischer und/oder körperlicher Streß durch die Hormone der „Achse Hypothalamus-Hypophyse-Nebennieren" des Hormonsystems in „psychosomatische Störungen" umgewandelt wird. Selye nannte diesen Umwandlungsprozeß das „allgemeine Adaptationssyndrom" (general adaptation syndrome). Abbildung 1 zeigt Selyes allgemeines Adapatationssyndrom, wobei die Darstellung auf den neuesten Stand gebracht wurde, um die Rolle zu betonen, die das limbisch-hypothalamische System bei der seelischen Umsetzung für das vegetative, das hormonelle und das Immunsystem spielt. (Außerdem bietet Abbildung 1 auch eine Übersicht über den gesamten Prozeß der Umwandlung der Seele-Körper-Information, der in weiteren Einzelheiten in diesem Buch dargestellt werden wird.)

Selye fand sich mit seinen Arbeiten in Übereinstimmung mit den anatomischen Untersuchungen von Papez (1937), der zeigte, daß seelische Erlebnisse in einem Bahnbereich von Hirnstrukturen, die größtenteils aus dem bestehen, was wir heute das *limbisch-hypothalamische System* nennen, in physiologische Reaktionen umgewandelt werden, die charakteristisch für Gefühle sind. Die Scharrers (1940) und Harris (1948) begannen dann eine außergewöhnlich ausführliche Arbeit, die zu der Entdeckung führte, daß „sekretorische Zellen im Inneren des Hypothalamus" als molekulare Informationsumwandler fungieren können, weil sie die Nervenimpulse, die die Kodierung von „Seele" darstellen, in hormonelle Botenmoleküle des endokrinen Systems umwandeln, das den „Körper" reguliert. Die Umwandlung dieser Neuronensignale der Seele in Botenmoleküle des Körpers wurde von Wurtmann und Anton-Tay (1969) „neuroendokrine Umwandlung" genannt.

Der nächste entscheidende Durchbruch zum Verständnis der Rolle des limbisch-hypothalamischen Systems bei der Vermittlung und Modulierung der Seele-Körper-Kommunikation und des Verhaltens fand statt, als die *Lustzentren* (*Belohnung*) und *Schmerzzentren* (*Bestrafung*) entdeckt wurden. Wenn man bei Versuchstieren winzige Elektroden vorsichtig in bestimmte Gebiete des Hypothalamus einbringt (vor allem in das mediale Vorderhirnbündel und die lateralen und ventromedialen Nuclei[1]), betätigen die Tiere bis zu 15.000mal in der Stunde einen Hebel, um sich ein Lustge-

[1] Siehe Abbildung 2 im 6. Kapitel.

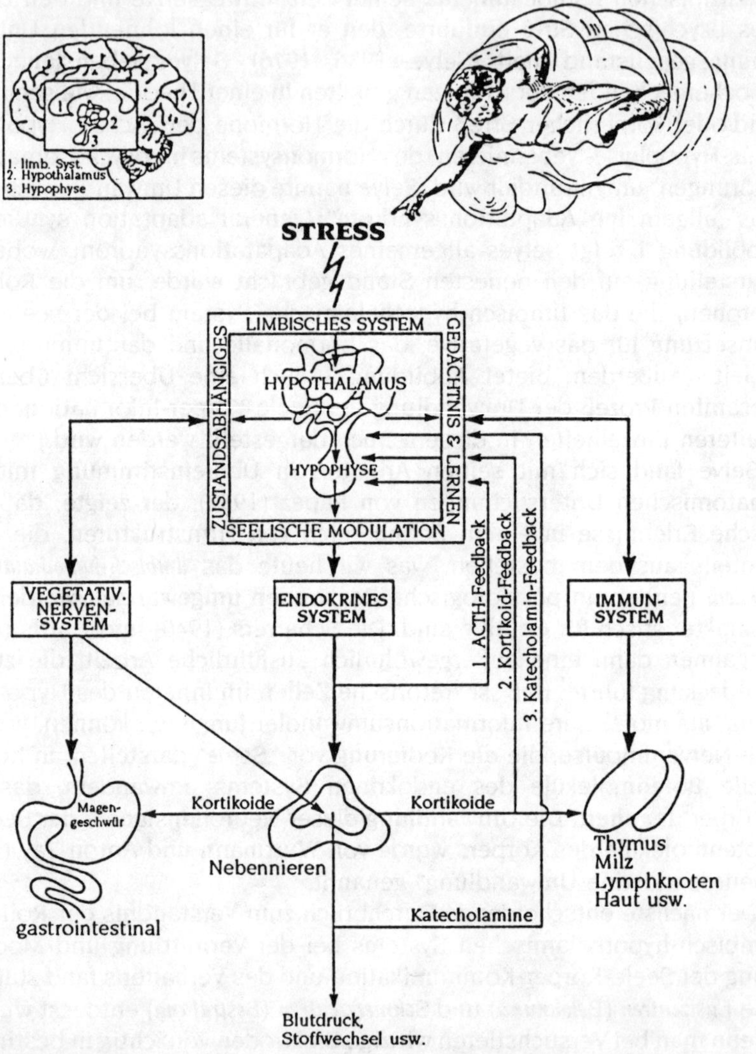

ABBILDUNG 1 Neufassung von Selyes „allgemeinem Adaptationssyndrom" und Darstellung der Rolle, die das limbisch-hypothalamische System für das vegetative Nervensystem, das endokrine und das Immunsystem spielt. Die Theorie des zustandsabhängigen Erinnerns und Lernens der therapeutischen Hypnose wird durch den „Filter" des limbischen Systems (viereckiger Kasten), der den Hypothalamus umgibt, illustriert.

fühl zu verschaffen (Olds, 1977; Olds & Milner, 1954). Tatsächlich betätigten die Tiere lieber den Hebel, der ihnen ein gutes Gefühl verschaffte, als daß sie aßen! Wenn man die Elektroden dagegen in dicht benachbarten Gebieten plazierte, wie zum Beispiel unter anderem in den periventrikularen Strukturen des Hypothalamus und des Thalamus, wurden die Zentren für Schmerz und Bestrafung berührt (Delgado, 1969; Delgado, Roberts & Miller, 1954). Um die Stärke der Bestrafungs- und Hemmzentren für das Schmerzverhalten zu demonstrieren, stellte sich Delgado – mit einem unnachahmlichen Elan, den man bis zu diesem Zeitpunkt bei Neurophysiologen noch nie erlebt hatte – allein zu einem aggressiven Kampfstier in die Arena. In dem Augenblick, in dem der Stier ihn angreifen wollte, aktivierte Delgado durch Knopfdruck eine Elektrode, die im Schmerzzentrum im Gehirn des Stiers implantiert worden war. Der Stier blieb auf der Stelle stehen, und die Menge jubelte über diese außerordentlich dramatische öffentliche wissenschaftliche Demonstration von der Beziehung zwischen Körper und Seele. Solche Demonstrationen der Belohnungs- und Bestrafungszentren im limbisch-hypothalamischen System zeigen wieder einmal mehr, warum dieses System das wichtigste Zentrum der Informationsumwandlung zwischen Körper und Seele ist: Lust und Schmerz sind die großen Verstärker des Lernens, des Verhaltens und der Art, wie wir uns erleben und ausdrücken.

Da bekannt war, daß die Kortikoide aus den Nebennieren das Immunsystem hemmen können, nahm man an, daß das die psychobiologische Route war, über die die psychischen Mechanismen der Hypnose das Immunsystem des Körpers beeinflussen konnten. Black (1963, 1969; Black & Friedmann, 1965) gelang es jedoch in einer Reihe von entscheidenden Untersuchungen nachzuweisen, daß das nicht der Fall war. Die Hypnose wirkte, indem sie das Immunsystem beeinflußte, vor allem wenn es um die Hemmung von allergischen Hautreaktionen ging, aber diese therapeutische Reaktion wurde durch einen leibseelischen Prozeß vermittelt, über den man bisher noch nichts wußte. Erst jetzt beginnt man, das Geheimnis durch psychoneuroimmunologische Untersuchungen (Ader, 1981) zu lüften. Ader zeigt, auf welche Weise das Immunsystem direkt mit dem Hypothalamus in Verbindung treten kann, und zwar über seine eigenen „Botenmoleküle", die „Immuntransmitter" genannt werden.

1970 konnte der Physiker Delbruck die Aussage machen, daß das Verständnis der Mechanismen der Informationsumsetzung das zentrale Problem der Neurobiologie sei. In seiner monumentalen Untersuchung der Psychobiologie und der Krankheit des Menschen ließ sich Weiner

(1972, 1977) von Delbruck inspirieren und untersuchte eine Reihe von Modellen der Informationsumsetzung, um festzustellen, welches von ihnen das Verständnis der psychosomatischen Störungen am besten darstellen könnte. Weiner erkannte die Bedeutung, die der therapeutischen Hypnose bei einer Vielzahl von psychosomatischen Störungen zukam, die er untersucht hatte, aber er gelangte dennoch zu dem Schluß, daß wir immer noch nicht genug über die spezifischen biologischen Zusammenhänge der einzelnen Krankheiten wissen, um die exakten psychobiologischen Wege zu bestimmen, auf denen die Gesundung sich vollzieht. Um untersuchen zu können, was diese Wege eigentlich sind, wollen wir in den nächsten vier Abschnitten einmal die Bereiche des Gehirns betrachten, deren Reize und Informationsverarbeitungsprozesse gebündelt und in das limbisch-hypothalamische System geleitet werden.

Die Formatio reticularis: die erwachte, Neues suchende, träumende Seele

Ein anderer Ansatz für bedeutsame Untersuchungen zum Verständnis der Umsetzung der Seele-Körper-Informationen begann mit den Forschungsarbeiten von Moruzzi und Magoun (1949). Sie entdeckten die im Hirnstamm aufsteigende *Formatio reticularis* (Retikulärformation), die ihre Nervenverbindungen bis zum limbisch-hypothalamischen System, zum Thalamus und weit durch den Kortex ausdehnt und für die Aufrechterhaltung des Bewußtseins verantwortlich ist. Sie wurde als eine zustandsabhängige Struktur (*state-level-structure*) im Inneren des Pons und des Hirnstamms" beschrieben (Bloom, Lazerson & Hofstadter, 1985), die eine wichtige Rolle bei der Umsetzung der Informationen zwischen Körper und Seele spielt: Sie empfängt sensorische Informationen von allen Nervenbahnen und hat die Funktion eines „Filters", der nur die Informationen an das Gehirn weitergibt, die entweder Neuigkeitswert haben oder sehr hartnäckig sind.

Diese Fähigkeit des Gehirns, wach, aufmerksam und aufnahmebereit für neue sensorische Reizmuster und Informationen zu sein, versetzt es in die Lage, sich auf das Erlernen neuer Inhalte zu konzentrieren und schöpferisch zu sein. Die Fähigkeit der Seele, sich mit Neuem auseinanderzusetzen, hat ihre psychobiologische Basis in der Aktivität eines Neuronenfilzes, der aus norepinephrinhaltigen Neuronen im Locus coeruleus im Bereich des Pons im Hirnstamm besteht. Wenn neuartige

Reize im *Locus coeruleus* empfangen werden, regen dessen Nervenverbindungen in den höheren kortikalen Zentren des Gehirns und im limbisch-hypothalamischen Zentrum, in dem sich das Gedächtnis und die Belohnungsmechanismen oder das Glückszentrum befinden, eine kurzzeitige Erhöhung der Reaktionsbereitschaft an. Mit anderen Worten: Der Locus coeruleus verwandelt neue Reize in einen intensiveren psychobiologischen Zustand. Eintönige, sich wiederholende Situationen vermindern andererseits die Aktivität des Locus coereulus und führen zu Entspannung, Müdigkeit und Schlaf. Die Tatsache, daß Neues und Faszinierendes die Aktivität des Gehirns tatsächlich steigert, ist sehr bedeutsam, obwohl sie allgemein immer noch nicht gewürdigt wird. Sie ist eine Vorbedingung für alle möglichen schöpferisch orientierten Psychotherapiemethoden und psychosomatischen Behandlungsarten. Sie stellt eines der fundamentalen Prinzipien dar, welches in der Sprache der Förderung des Menschen (*human facilitation*), die wir im 5. Kapitel untersuchen werden, verwendet wird.

Die Beziehung zwischen der Aktivität des Locus coeruleus und dem Träumen wurde von Jouvet (1975) entdeckt. Wenn er den Teil des Nucleus Locus coeruleus zerstörte, der normalerweise die motorische Aktivität während des Träumens hemmt, stellte er fest, daß Katzen ihre Träume in „pseudohalluzinatorischem" Verhalten ausagierten. Von diesen Beobachtungen leitete er die interessante Theorie ab, daß Träumen ein Prozeß der Integration genetischen oder angeborenen Verhaltens ist (Jouvet, 1973, 1975). Diese Theorie stellt inzwischen die psychobiologische Grundlage neuerer Theorien dar, wonach das Träumen ein Experimentierfeld ist, auf dem eine Vielzahl verschiedener Muster der Seele-Körper-Kommunikation und des -Heilens erprobt werden können (Dement, 1965, 1972; LaBerge, 1985: Mindell, 1985a, b; Rossi, 1972/1985).

Was ist der Unterschied zwischen der Aktivität der träumenden und der wachen Seele? Eine Antwort auf diese Frage liegt in der willentlichen Gesamtorganisation seelischer Aktivitäten. Es mag in einem Traum sehr enthüllende symbolträchtige Bilder geben, aber sie unterliegen gewöhnlich nicht der Kontrolle durch den Willen. LaBerge (1985) hat in jüngster Zeit Experimente beschrieben, in denen speziell trainierte (und begabte) Versuchspersonen offenbar in der Lage waren, den Inhalt einiger ihrer Traumzustände unter Kontrolle zu bringen. Es gelang ihnen außerdem, selbst an einige ihrer psychophysiologischen Funktionen heranzukommen (zum Beispiel sexuelle Erregung, Atmung). Diese verhältnismäßig seltene Fähigkeit, die „luzides Träumen" (*lucid dreaming*) genannt wird, scheint allerdings die Ausnahme zu sein, die die Regel bestätigt. Der erfolgreiche luzide Träumer ist ein Mensch, der ein gewisses Maß an bewußter Planung und Willenskontrolle dazu benutzen kann, Seelisches in physiologische Reaktionen umzuwandeln. Wir wollen unsere Aufmerksamkeit jetzt auf die bedeutsamen Bereiche des Gehirns richten, die bei diesem Prozeß der Planung und Willenskontrolle eine Rolle spielen.

Die frontale Großhirnrinde: der organisierende und planende Verstand

Die frontale (oder präfrontale) Großhirnrinde mit ihren spezialisierten Planungsfunktionen wird als das entwicklungsgeschichtlich jüngste Gebiet des menschlichen Gehirns bezeichnet. Sie ist im Verhältnis größer als bei allen anderen Tieren und macht ein Viertel der Hirnmasse einer Hemisphäre aus. Die Großhirnrinde ist erst im Alter von etwa sieben Jahren ausgewachsen. Sie hat eine Vielzahl von Verbindungen sowohl zur Formatio reticularis als auch zum limbisch-hypothalamischen System, das wir in den beiden vorigen Abschnitten behandelt haben. Die Integration der Informationen, die durch die organisierende Tätigkeit der frontalen Großhirnrinde in diese beiden Gebiete übertragen werden, ist das Hauptthema dieses Abschnitts.

Die wachmachenden und Aufmerksamkeit erregenden neuen Reize, die durch die Formatio reticularis und ihre spezialisierten Kerne (zum Beispiel durch den Nucleus coeruleus) dem Gehirn vermittelt werden, werden durch die planvollen und geordneten Funktionen der frontalen Großhirnrinde in die Ausdrucksformen normaler menschlicher Reaktionen verwandelt. Die frontale Großhirnrinde hat so umfangreiche Verbindungen zum hypothalamischen System, daß einige Forscher sie als ein einziges „frontal-limbisches System" betrachten (Nauta, 1964, 1972; Nauta & Domesick, 1980; Nauta & Feirtag, 1979). Luria hat die Funktion der frontalen Großhirnrinde, die für die gesamte Planung und Organisation zuständig ist, folgendermaßen beschrieben (1966, S. 233):

> Die Tatsache, daß die Frontalregion in enger Verbindung mit den darunterliegenden Strukturen des limbischen Lappens und dadurch mit anderen propriozeptiven Nervensystemen steht, legt die Vermutung nahe, daß sie die Signale empfängt, die sich auf die verschiedenen Veränderungen beziehen, die im Organismus statt-

finden, und daß sie in direkter Weise an der *Regulierung der Körperzustände* beteiligt ist. Veränderungen des Körperzustands treten nicht nur beim Erscheinen neuer Reize auf, die zu einem Erregungseffekt führen (Verschwinden der Alphawellen im EEG), sondern auch wegen der Aktivität des Körpers, der auf den Reiz reagiert. Man kann sagen, daß diese Veränderungen zu entsprechenden weiteren Veränderungen der Körperaktivitäten führen. Es gibt deshalb wichtige Gründe für die Annahme, daß *die Frontallappen die Informationen über die Außenwelt synthetisieren, die sie durch die Oberflächennervenenden und durch die Informationen über den inneren Zustand des Körpers bekommen*, und daß sie *das Mittel sind, durch das das Verhalten des Organismus reguliert wird, und zwar in Übereinstimmung mit den Wirkungen, die seine Aktionen hervorrufen.*

Die Organisation und Synthese der externen und internen Informationen zum Zweck der „*Regulierung der Körperzustände*" ist wichtig für unser Verständnis der Seele-Körper-Kommunikation und -Heilung. Diese Regulierung der Körperzustände findet statt, wenn die organisierten Reize der externen und internen Welten durch das limbisch-hypothalamische System geschleust worden sind. Psychophysiologen wie Achterberg (1985; Achterberg & Lawlis, 1980, 1984) haben Beweise für die Auffassung gesammelt, daß die Seele-Körper-Kommunikation und -Heilung durch ein „Körperschema" (*body image*) vermittelt werden. Dieses Körperschema ist eine visuelle Bildvorstellung, die offenbar im frontal-limbischen System mit Hilfe der rechten Hirnhälfte produziert wird. Um diesen Gedanken verstehen zu können, wollen wir jetzt einen Blick auf den Prozeß der Informationsumwandlung durch die rechte und linke Hirnhälfte und deren Beitrag zur Förderung der Seele-Körper-Kommunikation werfen.

Die Hirnhälften: der logische und der metaphorische Teil der Seele

In den fünfziger und sechziger Jahren begann eine neue Ära der Entdeckungen auf dem Gebiet der Informationsumwandlung im Gehirn, die von Meyers und Sperry (1953) eingeleitet wurde. Sie machten die Entdeckung, daß bei einer Katze, der man die Nervenverbindungen zwischen der rechten und linken Hirnhälfte (das Corpus callosum) durchtrennt hatte, offenbar beide Hälften zum Teil unabhängig voneinander funktionierten. Da dieser chirurgische Eingriff die geistigen Fähigkeiten nicht zu beeinträchtigen schien, führten Sperry (1964) und seine Kollegen diese Operation bei sorgfältig ausgewählten Versuchspersonen durch, die unter schweren, unkontrollierbaren epileptischen Anfällen litten. Sollte sich die Ursache für die Anfälle in einer der beiden Hirnhälften befinden, so ihre Überlegungen, würde die Operation zumindest eine Ausbreitung der Anfallstätigkeit auf die andere Hirnhälfte verhindern. Die Operation hatte beachtliche Erfolge bei der Behandlung der Epilepsie. Als Psychologen jedoch diese Patienten mit dem „gespaltenen Gehirn" genauer untersuchten, machten sie eine Reihe von faszinierenden Entdeckungen, die sich auf die unterschiedlichen Arten der Umwandlung oder Verarbeitung von Informationen in der rechten und linken Hirnhälfte bezog (Gazzaniga, 1967, 1985). Im Zusammenhang mit unserer Untersuchung der Seele-Körper-Kommunikation und -Heilung ist es außerordentlich wichtig zu beachten, daß die linke Hirnhälfte auf die verbal-linguistische Umsetzung von Sprache und auf analytisches Denken spezialisiert ist, während die rechte im wesentlichen für ganzheitliche, analog-metaphorische Informationen zuständig ist, wie sie für die Gefühle, bildhafte Vorstellungen und vor allem für das Körperschema – die bildhafte Vorstellung des eigenen Körpers – charakteristisch ist (Achterberg, 1985). Die Grundhypothese, die sich herauskristallisiert hat, besagt, daß die Art und Weise der Informationsumsetzung der rechten Hirnhälfte enger mit dem limbisch-hypothalamischen System und der Seele-Körper-Kommunikation beim Placeboeffekt und in der Hypnosetherapie verbunden ist. Ian Wickramasekera hat diesen Gedanken vor kurzer Zeit folgendermaßen zusammengefaßt (1985, S. 274-275):

> Menschen, die positiv auf Placebos reagieren, hemmen ähnlich wie Menschen, die gut zu hypnotisieren sind, die kritisch-analytische Informationsverarbeitung, die für die dominante verbale Hirnhälfte charakteristisch ist. Menschen, die positiv auf Placebos reagieren, neigen dazu, zwischen Ereignissen, die für andere zufällig auftreten, abstrakte oder andere Zusammenhänge zu sehen. Sie hemmen Signale, die Zweifel und Skepsis auslösen könnten und Folgen der eher analytischen Informationsverarbeitung der dominanten (linken) Hirnhälfte sind. Ähnlich wie die Menschen, die leicht zu hypnotisieren sind, können sie die Wirkung eines Medikaments aus ihrem eigenen reichhaltigen subjektiven Repertoire verstärken, indem sie die objektiv gegebenen Stimuluseigen-

schaften ausschmücken und steigern. Auf der anderen Seite können sie aber auch die Wirkungen eines ... Medikaments dadurch entkräften oder vermindern, daß sie ihm negative Eigenschaften zuschreiben.

Shapiro (1971) beschreibt Menschen, die nicht auf Placebos reagieren, als „starr, stereotyp und psychologisch desinteressiert" (S. 445). Zwischen dieser Beschreibung und der einer Person, die schlecht zu hypnotisieren ist, besteht eine auffallende Ähnlichkeit. Es gibt inzwischen immer mehr Beweise dafür (Bakan, 1969; Graham & Pernicano, 1976; Gur & Gur, 1974; Lachmann & Goode, 1976), daß Hypnotisierbarkeit oder Suggestibilität bei Rechtshändern vorwiegend eine Funktion der rechten Hirnhälfte (der nicht-dominanten Hälfte) ist. Zu den Funktionen dieser nicht-dominanten Hemisphäre gehören ganzheitliche und imaginative geistige Tätigkeiten, die sich mit diffusen und beziehungsvollen Informationen beschäftigen und sie gleichzeitig verarbeiten (Ornstein, 1973; Sperry, 1964). Die Tendenz, Beziehungen oder „Bedeutungen" in Daten zu „erkennen", ganz gleich, wie zufällig sie zustande gekommen sein mögen (zum Beispiel ein Tintenklecks im Rorschachtest), scheint ein Aspekt der schöpferischen Tätigkeit des Geistes zu sein, der offensichtlich eine Eigenschaft der nicht-dominanten Hemisphäre ist. Das würde auch die Gemeinsamkeiten zwischen den Menschen, die auf Placebos reagieren, und denen, die leicht zu hypnotisieren sind, erklären.

Das intensive Interesse der Psychotherapeuten aller Schulen daran, wie man das schöpferische psychophysische Heilpotential der rechten Hirnhälfte fördern kann, hat zu vielen kontroversen Bemühungen geführt, am Gesichtsausdruck ablesbare oder durch die Körpersprache ausgedrückte sichtbare Hinweise auf diesen Prozeß zu finden. Teitlebaum (1954) und Day (1964) haben unabhängig voneinander Augenbewegungen beschrieben, die bei bestimmten Arten des Denkens oder Reflektierens auftreten. Bakan war der erste, der die Erklärung anbot, daß eine Dominanz der rechten oder linken Hemisphäre die Grundlage einer Tendenz der Augen sein könnte, sich nach rechts beziehungsweise nach links zu bewegen, je nachdem ob es sich um eine Informationsumwandlung logischer oder analoger Natur handelt.

In neueren Besprechungen der vielen Untersuchungen, die auf diesem Gebiet durchgeführt worden sind, kam Bakan (1980) zu dem Schluß, daß die rechte Hemisphäre tatsächlich die Hauptrolle bei der Produktion des Rohmaterials der bildlichen Vorstellungen (*raw imagery*) spielt. Diese „rohen" Bilder treten vornehmlich im Schlaf, im Traum, bei Entspannung der Muskulatur, freier Assoziation, Tagträumen und unter der Einwirkung von Drogen auf, die die Kommunikation zwischen den Hirnhälften blokkieren. Wenn jedoch die Kommunikation zwischen den beiden Hemisphären in Ordnung ist, wird das Rohmaterial der bildhaften Vorstellungen von der linken Hemisphäre verarbeitet oder umgewandelt. Das hat zu dem „paradoxen" Untersuchungsergebnis geführt, daβ Versuchspersonen, die in Tests gut abschneiden, bei denen bildliches und räumliches Vorstellungsvermögen gemessen wird, die Neigung haben, die Augen nach rechts zu bewegen, was eine Erhöhung der Aktivität der linken Hirnhälfte anzeigt. Beobachtungen von Augenbewegungen als Hinweis darauf, welche Hirnhälfte aktiver ist, müssen deshalb berücksichtigen, in welchem Ausmaβ eine bildhafte Vorstellung durch einen primären („rohen") oder sekundären (verarbeiteten) Prozeβ umgesetzt wird.

Der Unterschied zwischen der zerebralen Umsetzung von „rohen" und verarbeiteten Bildvorstellungen kann als typisch für alle anderen Sinne angesehen werden. Man hat zum Beispiel festgestellt, daβ Musik bei einem musikalisch nicht gebildeten Zuhörer, der sie einfach nur genieβt, die rechte Hirnhälfte aktiviert, während beim professionellen Musiker, der die gleiche Musik analysiert, die linke Hirnhälfte in Aktion tritt (Maziotta, Phelps, Carson & Kuhl, 1982). Diese Unterschiede bei der Umsetzung von Informationen durch die rechte und linke Hemisphäre (Rossi, 1977) stellen die Grundlage für viele Ansätze dar, die sich mit der Förderung der Seele-Körper-Kommunikation befassen, die wir in den späteren Kapiteln untersuchen werden.

Gedächtnis und Lernen, Seele und Bewuβtsein

Die neueren Forschungsergebnisse der Psychobiologie auf dem Gebiet des Lernens und Behaltens bestätigen, wie wichtig die Umsetzung der Seele-Körper-Kommunikation im limbisch-hypothalamischen System des Gehirns ist, um verstehen zu können, wie Gefühle und Sinneswahrnehmungen mit dem Denken und Verhalten in Einklang gebracht werden. In diesem Abschnitt werden wir nur zwei Gebiete behandeln, die für unser Thema von gröβter Bedeutung sind. Sie betreffen 1. die Rolle der Hormone beim Lernen und Behalten und 2. die Art, wie Gefühle und Sinneswahrnehmungen mit dem Lernen und dem Gedächtnis im limbisch-hypothalamischen System integriert werden. McGaugh, ein Psychophysiologe hat die Rolle der Hormone für Lernen und Gedächtnis wie folgt zusammengefaßt (1983, S. 163-164):

> Es ist allgemein bekannt, daß Sinnesreize nichtspezifische Hirnsysteme über das ARAS-System aktivieren (wie wir oben gesehen haben). Sinnesreize können auch eine Ausschüttung von Hormonen auslösen, zu denen ACTH, Adrenalin, Vasopressin und die Opioidpeptide Enkephalin und Endorphin gehören. Viele Untersuchungen aus jüngster Zeit weisen darauf hin, daß das Gedächtnis und das Lernen von diesen Hormonen beeinflußt werden... Die Ergebnisse werfen zwei wichtige Fragen auf. Erstens: Ist die Ausschüttung dieser Hormone, die im Zusammenhang mit Streß stehen, Teil der normalen ... Prozesse, die die endogene Modulation der Gedächtnisspeicherung begleiten? Zweitens: Spielen Hormone auch bei der Wirkung von Behandlungen eine Rolle, die retrograde Amnesie oder retrograde Intensivierung der Erinnerung hervorrufen? Wenn man diese Fragen bejahen kann, und das legen viele Untersuchungen der letzten Zeit nahe, dann stellt sich die entscheidende Frage: Was ist die Grundlage der Wirkung dieser endogenen Hormone auf die Hirnaktivität, die mit der Speicherung der Erinnerungen zusammenhängt? ... Sowohl unsere Ergebnisse als auch die anderer Forschungsinstitute lassen darauf schließen, daß die Retention durch Epinephrin beeinflußt wird, das von der Marksubstanz der Nebenniere ausgeschüttet wird (McGaugh et al., 1982). Wir haben außerdem mehrere Jahre lang untersucht, welche Wirkung elektrische Hirnreizungen, die nach dem Lerntraining stattfanden, auf das Gedächtnis haben. Unsere neuesten Ergebnisse ... weisen darauf hin, daß eine Reizung der Amygdala (eines Teils des limbischen Systems), die sich auf das Gedächtnis auswirkt, die Ausschüttung peripheren Adrenalins einschließen kann. Die Konvergenz dieser beiden Forschungsrichtungen hat Beweise erbracht, die in hohem Maße die Auffassung stützen, daß *Hormone, die unter dem Eindruck von Erlebnissen ausgeschüttet werden, die Intensität der Erinnerung an dieses Erlebnis modulieren und daß zentrale modulierende Einflüsse auf die Erinnerung (im limbisch-hypothalamischen System) in einer Wechselbeziehung zu den peripheren Hormonen stehen.*

McGaughs Untersuchungen geben uns etwas an die Hand, das möglicherweise Grundlage vieler nützlicher Therapiemethoden zur Förderung der Seele-Körper-Kommunikation und -Heilung werden kann. Obwohl wir uns, was unser Verständnis dieser außerordentlich komplizierten Prozesse anbetrifft, noch in den Anfängen befinden, kann man doch jetzt schon eine Integration der Arbeiten von Hans Selye und Milton Erickson auf dem Gebiet der psychosomatischen Medizin ins Auge fassen, wie wir im 4. Kapitel sehen werden.

Die Arbeiten von Mortimer Mishkin und seinen Kollegen am National Institute of Mental Health verfolgen den Weg, auf dem sensorische Informationen vom visuellen Teil des Kortex zum limbischen System übertragen werden, wo sie mit Hilfe der Lern- und Gedächtnisprozesse gespeichert und integriert werden. Das limbische System (vor allem seine Unterstrukturen, die Amygdala und der Hippocampus) ist der Bereich, in dem Informationen, die von vielen verschiedenen sensorischen Systemen gespeichert werden, kombiniert und integriert werden können. Diese Art der intermodalen Assoziation (*cross-modal association*) versorgt den Hypothalamus mit sensorischen und perzeptiven Informationen in Form von flexiblen Strukturen zur Informationsumsetzung in die psychophysiologischen Reaktionen des Körpers (Murry & Mishkin, 1985).

Wir können diese Ergebnisse der Erforschung der intermodalen Assoziation als die letzte Ausformulierung von Bernheims ursprünglichem Konzept der *Ideodynamik* als der psychophysiologischen Grundlage der therapeutischen Hypnose betrachten. Mishkins Arbeiten stellen eine neue Grundlage für die Untersuchungen der Seele-Körper-Kommunikation und -Heilung in der Hypnosetherapie dar. Seine Arbeiten über die Beziehung zwischen den visuellen Modalitäten und dem limbischen System müssen auf alle anderen Sinnesgebiete ausgedehnt werden.

In einer früheren Arbeit (Rossi, 1972/1985) war ich nach einer Untersuchung der phänomenologischen Trauminhalte und Traumprozesse zu dem Schluß gekommen, daß intermodale Verschiebungen zwischen Sinnesempfindungen, Wahrnehmungen, Gefühlen, bildhaften Vorstellungen, Erkennen, Identität und Verhalten ein Kennzeichen für den Prozeß psychischen Wachstums und seelischer Veränderung sind. Mishkins Arbeiten sind die experimentelle Grundlage für derartige psychologische Untersuchungen der schöpferischen Entwicklung und für die Renaissance neuer Methoden, die zur Zeit in der Psychotherapie entwikkelt werden, um solche Prozesse zu fördern (Mills & Crowley, 1986). Wir werden die Untersuchung dieser Prozesse der Informationsumsetzung im

Kapitel über die „neue Sprache der Kommunikation zwischen Seele und Körper" fortsetzen (5. Kapitel).

Mishkins Arbeiten bringen Klarheit in die Debatte zwischen den Vertretern der *behavioristischen* und der *kognitiven* Ansätze, die zu ergründen suchen, wie Lernen und Behalten vor sich gehen, und welche Rolle Denken, Wachheit und Bewußtsein bei dem Vorgang spielen. Mishkin (Mishkin, Malamut & Bachevalier, 1984; Mishkin & Petri, 1984) hat eine psychobiologische Theorie auf zwei Ebenen entwickelt, in der sowohl die behavioristischen als auch die kognitiven Ansätze Platz haben. Gewohnheiten (*habits*), die von den Behavioristen als automatisch ablaufende Reiz-Reaktions-Verknüpfungen beschrieben werden, die immer dann ablaufen, wenn eine angemessene Belohnung winkt, werden von Mishkin als ein mehr grundlegender Prozeß gesehen, der auf allen Ebenen des Lebens vom primitivsten Einzeller bis zum Menschen abläuft. Für die Ausbildung solcher Gewohnheiten ist ein kognitiver Prozeß der Selbstreflexion und des Denkens nicht erforderlich. Informationsaufnahme, Wissen und ein seiner selbst bewußtes und selbstgesteuertes Gedächtnissystem, wie es von den Anhängern der kognitiven Lerntheorien beschrieben wird, bedürfen der Entwicklung „kortikal-limbisch-thalamischer" Leitungsbahnen, wie sie für alle hochentwickelten Lebensformen wie die Säugetiere und den Menschen charakteristisch sind.

Aus der erweiterten Perspektive, die in diesem Kapitel entwickelt wurde, *können wir Bewußtsein oder Seele als einen Prozeß selbstreflektierter Informationsumsetzung definieren*. Möglicherweise vermag diese Definition einen Philosophen nicht zufriedenzustellen, aber sie genügt uns als praktische Anleitung zum Verständnis der Seele-Körper-Kommunikation und hilft uns dabei, neue Ansätze für die Seele-Körper-Heilung zu finden. Die wichtigen Prozesse und Leitungsbahnen der selbstreflektierten Informationsumsetzung, die in diesem Kapitel beschrieben wurden, entwickeln sich langsam zur psychobiologischen Grundlage des selbstbewegten Bewußtseins und der Seele-Körper-Kommunikation. Alle diese Leitungsbahnen konzentrieren sich auf das limbisch-hypothalamische System[1], das Hauptzentrum der Informationsumsetzung im Seele-Körper-System.

[1] Wir möchten den Leser, der sich in der Anatomie auskennt, darauf hinweisen, daß wir die Bezeichnung "limbisch-hypothalamisches System" in diesem Buch in einem weiter gefaßten Sinn verwenden, es umfaßt Amygdala, Hippocampus, Gyrus cinguli, Fornix, Septum und bestimmte Kerne des Thalamus und die "Papez circuits".

Wenn unser Verständnis der Psychobiologie weiter fortgeschritten wäre, wüßten wir, welche spezifischen psychischen Methoden jede dieser Leitungsbahnen zur Seele-Körper-Kommunikation fördern. Welcher Prozeß würde zum Beispiel die ARAS am wirksamsten dazu anregen, eine Steigerung der kortikalen Aktivität zu veranlassen, um bei einem bestimmten Individuum die Lernfähigkeit zu fördern? Wie können wir den Patienten dabei unterstützen, durch bildhafte Vorstellungen auf dem Weg über okzipitale, temporale oder limbisch-hypothalamische Leitungsbahnen Zugang zu Gedächtnisspeichern oder Habitsystemen zu bekommen? Bei welchen Fragen, die sich auf die Lebensplanung beziehen, würde das frontal-limbische System eines Heranwachsenden, der Schwierigkeiten mit der Definition seiner Lebensziele hat, am effektivsten eingesetzt werden können? Welche Kombination von logisch-verbalen und analog-metaphorischen Arten der Informationsumsetzung würde die linke und die rechte Hirnhälfte optimal integrieren, so daß in einer bestimmten Situation eine schöpferische Problemlösung gefunden werden kann?

Obwohl wir noch weit davon entfernt sind, diese Fragen beantworten zu können, ist allein die Tatsache, daß wir sie stellen, ein Schritt in Richtung auf ihre Lösung. Gegenwärtige Experimentaltechniken wie zum Beispiel das PET (Positronenemissionstomographie) und die Kernspinresonanz geben uns Möglichkeiten an die Hand, eine Vielzahl von Ideen und Hypothesen auf diesem Gebiet zu überprüfen. In den nachfolgenden Kapiteln dieses Buches werden wir eine Anzahl von Möglichkeiten untersuchen, wie man einen Zugang zu den einzelnen Leitungsbahnen der Seele-Körper-Kommunikation und -Heilung gewinnen und sie fördern kann.

3

Zustandsabhängiges Lernen bei der Seele-Körper-Heilung und der Hypnose

Um die ganze Spannbreite der zustandsabhängigen Theorie der Seele-Körper-Heilung und Hypnose würdigen zu können, muß man ihre Entwicklung in den letzten 200 Jahren (wie sie in Tabelle 2 dargestellt ist) betrachten. Im 1. Kapitel haben wir gesehen, wie Bernheim als erster das Konzept von der Informationsumsetzung mit Bezug auf die Seele-Körper-Heilung und die Hypnose entwickelt hat. Dieses Kapitel beginnen wir mit den Worten von James Braid (1795-1860), von dem das Konzept der zustandsveränderten oder -abhängigen Theorie der Seele-Körper-Heilung und Hypnose stammt. Braid empfahl folgende Definition der Hypnose (zitiert nach Tinterow, 1970, S. 370-372):

> Wir wollen die Bezeichnung *Hypnose* auf Fälle beschränken, bei denen ... die Versuchsperson nach dem Aufwachen nicht mehr weiß, was während des Schlafs passiert ist, an das sie sich aber absolut genau erinnern kann, wenn sie anschließend wieder in einen ähnlichen hypnotischen Zustand gerät. Nach dieser Definition *umfaßt der Begriff Hypnose nur solche Fälle, in denen das geschieht, was man bis jetzt einen Zustand des doppelten Bewußtseins genannt hat*. Und schließlich glaube ich, daß man keinen treffenderen allgemeinen Begriff finden kann, der alle diese Phänomene einschließt, die das Ergebnis der Wechselwirkung zwischen Geist und Materie sind, als *Psychophysiologie*.

Im ersten Teil dieses Zitats definiert Braid die Hypnose als einen Prozeß der Dissoziation oder reversiblen Amnesie, der „einen Zustand des doppelten Bewußtseins“ verursacht. Moderne Forscher würden so etwas als einen Prozeß „zustandsabhängigen Lernens und Behaltens“ bezeichnen: Was gelernt und behalten wird, hängt vom psychophysiologischen Zustand des Individuums während dieses Vorgangs ab. Erinnerungen, die in der Hypnose gespeichert worden sind, werden im Wachzustand vergessen, sind aber wieder greifbar, wenn eine neue Hypnose stattfindet,

TABELLE 2 *Entwicklung einer Theorie des zustandsabhängigen Erinnerns, Lernens und Verhaltens bei der Seele-Körper-Heilung und Hypnosetherapie*

Forscher	*Konzept*
Braid (1855)	Der Zustand eines Doppelbewußtseins, der sich als „reversible Amnesie" manifestiert, ist die „psychophysiologische" Grundlage der Hypnose.
Janet (1889,1907)	Die Dissoziation, die sich als Blockierung oder reversible Amnesie zwischen dem Bewußtsein und dem Unbewußten manifestiert, ist eine Ursache für psychopathologische Erscheinungen, die durch Hypnose zu behandeln und zu heilen sind.
Freud (1896), Jung (1910), Rank (1924)	Die Wurzel der Psychoanalyse: Ein seelisches Trauma führt zur Abspaltung, Verdrängung, zu Komplexen und Amnesie, die die Grundlage von Neurosen und funktionellen Psychosen sind.
Erickson (1932, 1943 a, b, c, d, 1948)	Er wies nach, daß traumatische Amnesie und psychosomatische Symptome psychoneurophysiologische Abspaltungen sind, die in der Hypnosetherapie durch „innere Re-Synthese" wieder aufgehoben werden können.
Cheek (Veröffentlichungen von 1957 bis 1981)	Hypnose tritt spontan in Streßsituationen auf, was darauf schließen läßt, daß sie ein zustandsabhängiges Phänomen ist.
Overton (1968, 1972, 1973)	Verfaßte eine Übersicht über die Literatur von 40 Jahren und bewies, daß zustandsabhängiges Lernen und Behalten eine gute Grundlage für Experimente auf dem Gebiet der Dissoziation ist, wie sie in der psychophysiologischen Forschung und bei Modellversuchen mit Drogen durchgeführt werden.
Fischer (1971a, b. c)	Zustandsgebundene Informationen und zustandsgebundenes Verhalten werden als psychophysiologische Grundlage „veränderter Zustände", von Dissoziationen, Stimmungen, multipler Persönlichkeit, von Träumen, Trancezuständen, religiösen, psychotischen, schöpferischen, künstlerischen und narkoanalytischen Phänomenen betrachtet.
Rossi (1972, 1973)	Psychologische Schocks und schöpferische Momente treten auf, wenn die Gewohnheitsmuster der zustandsabhängigen Erinnerungen und Assoziationen unterbrochen werden.
Erickson & Rossi (1974)	Untersuchungen zustandsabhängigen Lernens liefern allgemeine Hinweise darauf, daß alle Amnesien und psychologischen Erfahrungen zustandsgebunden sind.

Fortsetzung TABELLE 2

Forscher	***Konzept***
Hilgard & Hilgard (1975), Hilgard (1977)	Formulierten die *Neodissoziationstheorie der Hypnose*, nach der zustandsabhängiges Lernen und Behalten in dieselbe Klasse psychophysiologischer Phänomene einzuordnen ist wie die hypnotische Dissoziation.
Rossi (1981, 1982)	Formulierte die *ultradiane Theorie der hypnotherapeutischen Heilung*: (1) Die Ursache psychosomatischer Störungen sind durch Streß hervorgerufene Verzerrungen zustandsgebundener ultradianer psychobiologischer Rhythmen in den über dem Chiasma liegenden Kernen des Hypothalamus; (2) Ericksons „Utilisations-Ansatz" (*utilization hypnotherapy*) normalisiert diese ultradianen Rhythmen durch Herstellung eines Gleichgewichtszustandes des vegetativen Systems.
Werntz (1981), Werntz et al. (1981)	Die Korrelation der ultradianen Rhythmen bei der nasalen und zerebralen Hirnhälftendominanz wird zentral vom Hypothalamus gesteuert, der das Gleichgewicht des autonomen Systems vermittelt.
Benson (1983a, b)	Die „Entspannungsreaktion" beim Yoga und in der Meditation rührt her von einer „integrierten Reaktion des Hypothalamus, die zu einer generalisierten Verminderung der Aktivität des sympathischen Nervensystems führt."
Zornetzer (1978), McGaugh (1983), Izquierdo (1984)	Die Hypothese von der endogenen zustandsabhängigen Gedächtnisbildung; „periphere Hormone" der Nebennieren modulieren Gedächtnis und Lernen im limbisch-hypothalamischen System.

da die Erinnerung sich auf den Zustand beschränkt und von ihm abhängt, in dem sie gespeichert wurde. Deshalb nennen wir sie „zustandsabhängige Information".

Im zweiten Teil des Zitats führte Braid den Terminus *psychophysiologisch* ein, um damit alle Erscheinungen der „Wechselwirkung zwischen Geist und Materie" zu beschreiben. Mit dem Wort psychophysiologisch drückte er schon damals seine Auffassung vom Prozeß der Informationsumsetzung zwischen Körper und Seele bei der Heilung und in der Hypnose aus.

Pierre Janet (1859-1947) war die nächste wichtige Persönlichkeit in der Geschichte der Hypnose, die das Phänomen der reversiblen Amnesie zur

Grundlage einer „Dissoziationstheorie" der psychosomatischen Störungen machte. Eine Dissoziation (Spaltung) oder ein „Block" zwischen dem Bewußten und dem Unbewußten wurde als Ursache psychopathologischer Erscheinungen angesehen. Die Hypnose eröffnet einen Zugang zu diesem Block und ermöglicht so die Heilung.

Freud machte sich diese Auffassung zu eigen und benutzte die „freie Assoziation" anstelle der formalen Induktion der Hypnose, um an die abgespaltenen oder verdrängten Erinnerungen heranzukommen, die zur Grundlage der psychologischen und psychosomatischen Störungen geworden waren.

Die Psychoanalyse beschäftigte sich in ihren ersten Anfängen damit, die notwendigen und hinreichenden Bedingungen für derartige reversible Amnesien und Abspaltungen zu untersuchen. In seinem bahnbrechenden Referat über „die Entstehung der Hysterie" behandelte Freud (1896) die Rolle des Traumas wie folgt (zitiert nach Freud, 1956, S. 186):

> Wir wollen uns nämlich klarmachen, daß die Zurückführung eines hysterischen Symptoms auf eine traumatische Szene nur dann einen Gewinn für unser Verständnis mit sich bringt, wenn diese Szene zwei Bedingungen genügt, wenn sie die erforderlichen *determinierende Qualität* hat, und wenn ihr die nötige *traumatische Kraft* zuerkannt werden muß.

Lebensumstände, die die erforderliche „determinierende Qualität" und „traumatische Kraft" hatten, führten zur Ausbildung von Komplexen. Die Auswirkung solcher Komplexe auf die Erinnerung und das Verhalten untersuchte C.G. Jung in seinen Assoziationsexperimenten, die er folgendermaßen beschreibt (Jung, 1910, S. 363):

> Am Ende des (Assoziations-)Experiments wird die Versuchsperson gefragt, ob sie sich noch genau an ihre Reaktionen auf die einzelnen Reizwörter erinnern kann; es stellt sich dann heraus, daß das Vergessen gewöhnlich bei oder direkt nach Störungen auftritt, die durch den Komplex verursacht wurden. Wir haben es hier tatsächlich mit einer Art von „Freudschem Vergessen" (das heißt Verdrängung) zu tun. Die Prozedur gibt uns komplexe Hinweise an die Hand, die sich als sehr praktisch erwiesen haben.

Otto Rank (1924/1952) verlagerte die mögliche Ursache der Komplexe und Neurosen auf das ursprüngliche Geburtstrauma. Man kann also sagen, daß das ganze Gebäude der Psychoanalyse aus den Versuchen bestand, zu erklären, wie ein Trauma zu seelischen Komplexen führen kann, indem es Dissoziationen, Verdrängungen und Amnesien auslöst. Milton H. Erickson (1902-1980) konnte dann nachweisen, daß Amnesien, die durch psychologische Schocks und traumatische Erlebnisse verursacht wurden, psycho-neurophysiologische Dissoziationen sind, die durch eine „innere Re-Synthese" in der Hypnose wieder aufgehoben werden können (Erickson, 1948/1980). Einer von Ericksons ersten Schülern, David Cheek, M.D., systematisierte einen Ansatz, der von ideomotorischen Signalen ausging, um seelische Traumata, Streß und psychosomatische Störungen zu untersuchen. Im Laufe von 25 Jahren entwickelte Cheek auf der Grundlage seiner klinischen Fälle die Theorie, daß intensiver Streß unweigerlich einen veränderten Zustand auslöst, den man als eine Art spontane Hypnose bezeichnen kann, durch die zustandsgebundene Störungen und Symptome chiffriert werden. In neuerer Zeit beschrieb er seine Auffassung wie folgt (Cheek, 1981, S. 88):

> Hypnose tritt spontan in Streßsituationen auf (Cheek, 1960). Das legt den Gedanken nahe, daß dieses Phänomen eine zustandsabhängige Störung ist, die Informationen mobilisiert, die schon vorher durch ähnlichen Streß konditioniert worden sind (Cheek, 1962b).
>
> Bei solchen Gelegenheiten zeigt das Individuum die Tendenz, sich im Hinblick auf sein Gedächtnis und sein physiologisches Verhalten auf frühere intensive Streßsituationen zurückzuziehen. Die formelle Induktion der Hypnose kann unter Umständen plötzlich beunruhigende Erinnerungen an Erlebnisse hervorrufen, die mit spontanen hypnotischen Zuständen im Zusammenhang stehen. Das kann bei der Suche nach den Ursachen für das schlechtangepaßte Verhalten hilfreich sein, aber es kann einen unerfahrenen Hypnotiseur in Verlegenheit bringen, wenn er feststellen muß, daß sein Patient ihn mit irgendeiner üblen Person seiner Vergangenheit identifiziert. Dieses Rückblendenphänomen ist unspezifisch. Der Auslösemechanismus kann eine völlig unangemessene Reaktion hervorrufen, wie ich es häufig bei der Auswertung von Anästhesieerlebnissen feststellen konnte.

Cheeks zahlreiche klinische Veröffentlichungen stellen die umfassendste

Dokumentation der Methoden der Seele-Körper-Kommunikation und -Heilung dar, die es zur Zeit in der Literatur der Hypnosetherapie gibt. Seine Methode wird im 5. Kapitel genauer beschrieben und illustriert.

Als Erickson und ich die Geschichte der Hypnose auf den neusten Stand brachten und dabei die theoretischen Grundlagen und die neusten Forschungsergebnisse der Psychologie berücksichtigten, gingen wir von Fischers Auffassung von der Beziehung zwischen dem zustandsabhängigen Lernen und der Amnesie aus (Erickson & Rossi, 1974/1980, S. 71-90).

> Wenn man diese Untersuchungen aus klinischer und normaler Umgebung zusammenfaßt, sind die Hinweise unübersehbar, daß die hypnotische Trance ein *veränderter* Zustand des Bewußtseins und der Amnesie und im besonderen eine natürliche Konsequenz dieses veränderten Zustands ist. Neuere Untersuchungen auf dem Gebiet des „zustandsabhängigen Lernens" unterstützen experimentell die allgemeine Auffassung, daß alle Amnesien „zustandsabhängig" sind. Danach betrachten wir die hypnotische Amnesie nur als *einen* Fall innerhalb einer allgemeinen Kategorie verifizierbarer Phänomene und nicht als Sonderfall. Fischer (1971c) hat kürzlich die Beziehung zwischen zustandsabhängigem Lernen und Amnesie folgendermaßen zusammengefaßt:
>
> > Soweit ein Erlebnis durch die Verbindung oder das Aneinanderkoppeln eines besonderen Erregungszustandes oder Erregungsniveaus mit einer speziellen symbolischen Interpretation dieser Erregung entsteht, ist dieses Erlebnis zustandsgebunden; es kann deshalb entweder durch die Induzierung des bestimmten Erregungsniveaus oder durch die Präsentation eines Symbols seiner Deutung, zum Beispiel eines Bildes, einer Melodie oder eines Geschmacks wieder geweckt werden.
> >
> > Vor kurzem ließen einige Forscher 48 Versuchspersonen im betrunkenen Zustand sinnlose Silben auswendig lernen. Als sie wieder nüchtern waren, fiel es ihnen schwer, sich an das zu erinnern, was sie gelernt hatten, aber als sie wieder betrunken waren, konnten sie sich in signifikanter Weise wieder besser erinnern. Ein anderer Forscher beobachtete durch Amphetamine hervorgerufene Erregungszustände und durch Amobarbital ausgelöste „inhibitorische", zustandsabhängige

Erinnerungen an geometrische Figuren. Seine freiwilligen Versuchspersonen standen sowohl beim Einprägen der Figuren als auch bei der Erinnerung daran unter einer der beiden Drogen. Wenn man sich in einem Zustand befindet und sich an etwas aus einem anderen Zustand erinnert, so nennt man das normalerweise „zustandsabhängiges Lernen", trotzdem sind ausgedehntes Üben, Lernen oder eine Konditionierung nicht *unbedingt* notwendig, um „Zustandsgebundenheit" zu erzeugen. Es ist im Gegenteil so, daß manchmal ein einziges Erlebnis genügen kann, um eine solche Zustandsgebundenheit zu erzeugen.

Déjà-vu-Erlebnisse und die sogenannten LSD-Flashbacks (Rückblenden) sind spezielle Fälle des allgemeinen Phänomens der Zustandsgebundenheit. Man beachte, daß weder zentrale Läsionen noch Moleküle einer halluzinogenen Droge nötig sind, um ein Flashback herbeizuführen – ein Symbol, das an ein vergangenes Drogenerlebnis erinnert, kann ausreichen, um ein LSD-Flashback hervorzurufen.

Es ergibt sich aus dem zustandsgebundenen Wesen eines Erlebnisses und aus der Tatsache, daß Amnesien zwischen dem Zustand des Alltagslebens und allen anderen Zuständen hoher oder niedriger Erregung vorkommen, daß das, was wir das „Unbewußte" nennen, nur eine andere Bezeichnung für diese Amnesie ist. Deshalb gehe ich nicht von *einem* Unbewußten aus, sondern von so vielen Schichten der Bewußtheit, wie es Ebenen der Erregung und entsprechende symbolische Deutungen im Interpretationsrepertoire des Individuums gibt. So werden multiple Existenzen ermöglicht: Sie leben von einem Wachzustand bis zum nächsten; von einem Traum bis zum nächsten; vom LSD zum LSD; von einer schöpferischen, künstlerischen, religiösen oder psychotischen Inspiration oder Besessenheit zur nächsten; von einer Trance zur nächsten; und von Tagtraum zu Tagtraum (S. 904).

Wir stimmen zu, daß die hypnotische Trance sehr gut als nur ein besonders lebendiges von vielen Beispielen dafür angesehen werden kann, daß *alle phänomenologischen Erfahrungen ihrem Wesen nach „zustandsgebunden" sind*. Die scheinbare Kontinuität des Bewußtseins, wie wir sie in der alltäglichen normalen Bewußtheit erleben,

> ist tatsächlich eine fragwürdige Illusion, die nur durch die assoziativen Verbindungen möglich gemacht wird, die zwischen miteinander in Beziehung stehenden Gesprächsfetzen oder Teilen einer Aufgabe bestehen. Wir haben alle schon einmal diese plötzliche Amnesie erlebt, wenn wir uns auf irgendeiner Tangente zu weit hinausgewagt und dadurch den „Faden verloren haben" oder „vergessen haben, was wir gerade tun wollten" etc. Ohne die überbrückenden assoziativen Verbindungen, würde sich das Bewußtsein in eine Reihe von separaten Zuständen auflösen, die wenig Verbindung miteinander hätten, so wie es sich in unserem Traumleben offenbart.

Nach dieser Auffassung ist das, was wir gewöhnlich als unser normales Alltagsbewußtsein oder als Bewußtheit erleben, in Wirklichkeit ein Muster von habituellen zustandsabhängigen Erinnerungen, Assoziationen und Verhaltensweisen. Ich habe „schöpferische Momente" in Träumen, in künstlerischer oder kreativer wissenschaftlicher Arbeit und im Alltag als Durchbrechen dieser Gewohnheitsmuster bezeichnet (1972/ 1985). Die neue Erfahrung, die während der kreativen Augenblicke gemacht wird, wird als die *„Basiseinheit des ursprünglichen Gedankens, der Einsicht und der Persönlichkeitsveränderung"* betrachtet. Ich habe die mögliche psychobiologische Grundlage der schöpferischen Momente wie folgt beschrieben (Rossi, 1972/1985, S. 158):

> Das Erleben eines schöpferischen Moments ist möglicherweise das Korrelat einer kritischen Veränderung in der Molekularstruktur der Proteine im Gehirn, die mit dem Lernen assoziiert sind (Kimble, 1965), oder der Bildung neuer Zellverbände und Phasensequenzen (Hebb, 1963).

Ericksons Verwendung psychologischer Schocks (Rossi, 1973/ 1980) zur Auslösung schöpferischer Momente während der Hypnosetherapie, um dadurch einen Ausbruch aus den fehlangepaßten Mustern zustandsabhängigen Lernens zu bewirken, werden im 4. und 5. Kapitel untersucht.

In der Zwischenzeit haben die Untersuchungen der Hilgards über die Anwendung von Hypnose zur Schmerzlinderung (Hilgard & Hilgard, 1975) experimentelle Belege für die grundsätzliche Identität der Prozesse der psychologischen Dissoziation mit dem zustandsabhängigen Lernen geliefert. Die Hilgards drückten ihre Auffassung folgendermaßen aus (S. 183):

> Eine andere Möglichkeit, dissoziierte Erlebnisse zu betrachten, wird durch die eigenartige Wirkung bestimmter Drogen auf das Behalten und Aktualisieren gelernter Erfahrungen, das schließlich zum sogenannten zustandsabhängigen Lernen führt, nahegelegt. Wenn sich Lernen unter der Wirkung einer geeigneten Droge vollzieht, ist die Erinnerung an diese Lerninhalte möglicherweise ohne Drogen nicht zugänglich, sie kehrt aber unter erneutem Drogeneinfluß wieder zurück. Das geschieht gelegentlich bei Alkohol: Der Trinker vergißt, was er im Rausch gesagt oder getan hat, und erinnert sich erst dann wieder daran, wenn er erneut betrunken ist. Da die Erinnerung gespeichert, aber nur unter bestimmten Umständen verfügbar ist, zeigt dieses Phänomen einige Merkmale der hypnotischen Amnesie. Wenn der Ort und das Wesen dieser Wirkungen bekannt werden, dürfte sich das in gewisser Weise auf das physiologische Substrat der Hypnose auswirken.

In seiner Neo-Dissoziations-Theorie der Hypnose hat Ernest Hilgard historische und moderne, experimentelle und klinische Daten verarbeitet, um zu dokumentieren, daß man die wichtigsten klassischen Phänomene der Hypnose als Formen eines „gespaltenen Bewußtseins" betrachten kann (Hilgard, 1977, S. 244-245):

> Wenn eine Information, die in einem bestimmten Zustand aufgenommen worden ist, wie zum Beispiel unter dem Einfluß einer Droge, in einem Zustand ohne Drogen vergessen wird, unter dem erneuten Einfluß von Drogen aber wieder in die Erinnerung zurückkehrt, dann ist das eine experimentelle Illustration einer reversiblen Amnesie. Dieses Arrangement ist natürlich ein Modell *zustandsabhängigen Lernens*. Die entsprechende Literatur ist von Overton rezensiert worden, der auch einer der führenden Wissenschaftler auf diesem Gebiet ist (Overton, 1972, 1973)... Nach Overton (1973) kann der Nachteil der Drogen darin bestehen ...„daß die dissoziative Schranke die Lernübertragung (*transfer of training*) vom Drogenzustand zum Nicht-Drogenzustand behindert." *Das Konzept der Dissoziation, wie es Overton anwendet, verträgt sich gut mit der Neo-Dissoziations-Theorie. Das heißt, zwei Arten von Verhalten können von-*

einander durch die verschiedenen zur Verfügung stehenden Informationen isoliert werden.

Der nächste Entwicklungsschritt in meinem Verständnis der Beziehung zwischen der Hypnose und dem zustandsabhängigen Lernen kam Anfang der achtziger Jahre, als ich erlebte, wie sehr sich die psychobiologischen Eigenschaften der ultradianen Rhythmen und die „gewöhnliche Alltagstrance" ähneln, die Erickson bei seiner Hypnosetherapie benutzte (Rossi, 1972/1985, 1981, 1982, 1986a). Das führte zur Ausformulierung der ultradianen Theorie der Heilung durch Hypnose, die folgendermaßen zusammengefaßt wurde (Rossi, 1982, S. 23):

> Die Ähnlichkeiten zwischen den Verhaltensmerkmalen der ultradianen Zyklen (eines multioszillatorischen Systems psychophysiologischer Prozesse, an dem viele parasympathische und rechtshemisphärische Funktionen beteiligt sind, die eine 90minütige Periodizität im Laufe eines 24-Stunden-Tags haben), und denen der „gewöhnlichen Alltagstrance" führten den Autor dazu, eine neue Zustands-Theorie der Hypnose vorzuschlagen. Die Grundlage für diesen Vorschlag war in einer über achtjährigen Beobachtung der klinischen, hypnosetherapeutischen Techniken von Milton H. Erickson entwickelt worden, der bei seiner Arbeit offensichtlich auch eine ähnliche Periodizität von 90 Minuten benutzte. Die ultradiane Theorie der Heilung durch Hypnose besagt, daß 1. die Ursache für die psychosomatischen Reaktionen in den durch Streß vermittelten Verzerrungen der normalen Periodizität der ultradianen Zyklen liegt und 2. der naturalistische Ansatz der Hypnosetherapie die Heilung fördert, indem er eine Normalisierung dieser ultradianen Prozesse unterstützt.

Ausführliche Überprüfungen der Forschungsergebnisse (Kripke, 1982) wiesen darauf hin, daß der über dem *Chiasma opticum gelegene Kern im Hypothalamus wahrscheinlich der Hauptregulator dieser Rhythmen ist, die im Hinblick auf Lernen und Konditionieren sowohl auf psychologische als auch auf physiologische Faktoren sensibel reagieren.* Auf eine davon unabhängige Bestätigung dieser Befunde traf ich, als ich zufällig über die beachtlichen Arbeiten von Werntz (1981; Werntz, Bickford, Bloom & Shannahoff-Khalsa, 1981) stolperte. Er fand zusätzliche experimentelle Beweise für die Rolle des Hypothalamus als Quelle und Vermittler der ultradianen Rhythmen in der zerebralen Dominanz, der nasalen Dominanz und in der Integration des vegetativen Nervensystems. Die außerordentlich interessante theoretische Implikation der Arbeiten von Werntz war die Darstellung eines empirischen Bindeglieds zwischen der psychophysiologischen Forschung des Westens über veränderte Bewußtseinszustände und den uralten fernöstlichen Yogapraktiken (Rossi, 1986a). Die Entwicklung dieser Annäherung zwischen östlichen und westlichen Konzeptionen der Beziehung zwischen Körper und Seele wurde durch Bensons davon unabhängige Forschungsarbeit (1983a, b) unterstützt, der der „Entspannungsreaktion" beim Yoga, in der Meditation und beim Gebet eine heilende Kraft zuschreibt, die ihren Ursprung in einer integrierten *hypothalamischen* Reaktion hat und zu einer allgemeinen Senkung der Aktivität des sympathischen Nervensystems führt.

Der nächste Durchbruch zu meinem Verständnis dieser Zusammenhänge fand ein Jahr später statt, als ich McGaughs Referat über die jüngsten Forschungsergebnisse auf dem Gebiet der Neurobiologie des Lernens und Behaltens las. Hier wurde berichtet, daß Hormone, die während der Streßperioden ausgeschüttet werden, das Lernen und Behalten im limbischen System modulierten (vor allem in der Amygdala und im Hippokampus). Mir war sofort klar, 1. daß es sich um die gleichen Hormone des hypothalamisch-hypophysären Hormonsystems handelte, die Selye als Quelle der psychosomatischen Störungen im Zusammenhang mit Streß bezeichnet hatte; und 2. daß die neuen neurobiologischen Untersuchungen über das Lernen und Behalten und Selyes klassische psychosomatische Forschung beide im Grunde zustandsabhängige Lern- und Gedächtnisphänomene waren.

Unabhängig davon hat Izquierdo (1984) vor kurzem über experimentelle Arbeiten zum Thema „endogene Zustandsabhängigkeit" berichtet; er bestätigt, daß das Gedächtnis von der Beziehung zwischen neurohormonellen und hormonellen Zuständen abhängt. Nach Izquierdo wurde die erste explizite Aussage über die Hypothese von den endogenen Zustandsabhängigkeiten 1978 von Zornetzer gemacht (S. 646):

> Bei der normalen Gedächtnisbildung kann das spezifische Erregungsmuster im Gehirn zur Zeit des Trainings ein integraler Bestandteil der gespeicherten Informationen werden. Die neurale Repräsentation dieses spezifischen Erregungsmusters kann von dem Aktivitätsmuster abhängen, das durch Hirnstamm-Azetylcholin-, Katecholamin- und Serotoninsysteme produziert wird.

Dieser idiosynkratische und einmalig strukturierte Zustand des Gehirns, der zum Zeitpunkt der Gedächtnisbildung herrschte, müßte zur Wiedergewinnung reproduziert oder wenigstens annäherungsweise erreicht werden, damit die gespeicherten Informationen bearbeitet werden können.

Zornetzers psychobiologische Hypothese scheint am ehesten ein Vorläufer dessen zu sein, was ich hier als „Theorie der zustandsabhängigen Seele-Körper-Heilung und Hypnosetherapie" bezeichnet habe.

Obwohl zustandsabhängiges Erinnern, Lernen und Verhalten (SDMLB = *state-dependent memory, learning and behavior*) seit 40 Jahren Gegenstand kontrollierter experimenteller Forschungsarbeiten ist (Overton, 1978, Rossi & Ryan, 1986), ist es doch nicht so bekannt wie die klassische operante Konditionierung von Pawlow und Skinner. Deshalb sieht es auf den ersten Blick so aus, als sei SDMLB eine exotische und hochspezialisierte Form eines Lernprozesses, der eine weniger wichtige Variante der klassischen oder operanten Konditionierung darstellt. Tatsächlich trifft das Gegenteil zu: SDMLB bezeichnet eine umfassende, allgemeine Art des Lernens, wie es sich in allen komplexen Organismen abspielt, die einen zentralen Kortex und ein limbisch-hypothalamisches System haben; Pawlows und Skinners Konditionierungen sind spezifische Varianten des SDMLB. Die Pioniere der Lernforschung und ihre Schüler haben zumeist nicht erkannt, welche Rolle die limbisch-hypothalamischen SDMLB-Faktoren in ihren frühen Lernexperimenten spielten.

Pawlow war zum Beispiel nicht in der Lage, alle subtilen *inneren* Streßreaktionen seiner Hunde zu berücksichtigen, die so konditioniert worden waren, daß ihr Speichelfluß einsetzte, wenn sie mit der *äußerlich* gekoppelten Assoziation von Fleischmehl und einem Geräusch konfrontiert wurden. Die meisten der heutigen psychobiologisch orientierten Forscher und Lerntheoretiker (Lynch, McGaugh & Weinberger, 1984) stimmen darin überein (wenn auch mit unterschiedlichen Formulierungen), daß beim Lernen und Behalten bei allen höheren Organismen mindestens zwei Klassen von *inneren* Reaktionen beteiligt sind: 1. Es gibt einen bestimmten Platz auf der molekular-zellulär-synaptischen Ebene für eine Gedächtnisspur (Hawkins & Kandel, 1984; Rosenzweig und Bennet, 1984). 2. Die Amygdala und der Hippokampus im limbisch-hypothalamischen System sind an der Verarbeitung, Kodierung und Erinnerung einer bestimmten Gedächtnisspur beteiligt, die womöglich an einer anderen Stelle des Gehirns lokalisiert werden kann (Mishkin &

Petri, 1984; Thompson et al., 1984). An diesem zweiten Faktor ist das limbisch-hypothalamische System beteiligt, das Erinnerung, Lernen und Verhalten mit den subtilen zustandsabhängigen Faktoren verbindet, die psychosomatische Störungen verschlüsseln. Diese Faktoren sind durch Hypnosetherapie und andere Seele-Körper-Heilmethoden aufzulösen.

Ein sorgfältiger Vergleich der Arbeiten von Selye und Erickson weist darauf hin, daß beide sich mit dem gleichen grundsätzlichen Phänomen des *zustandsabhängigen Erinnerns und Lernens* beschäftigt haben, das nach ihrer Ansicht für die Entstehung und Auflösung psychosomatischer Störungen verantwortlich war: Selye aus der Sicht der physiologischen Forschung; Erickson vom Standpunkt des Psychologen. Offenbar war sich aber keiner von beiden des Konzepts des zustandsabhängigen Lernens und Behaltens bewußt, so daß sie auch nicht sehen konnten, wie beides als gemeinsamer Nenner dienen könnte.

Ich werde die Arbeiten von Selye und Erickson im nächsten Kapitel detaillierter besprechen. Vorher wollen wir aber unser Verständnis der zustandsabhängigen Theorie der Seele-Körper-Heilung und Hypnosetherapie mit Hilfe von zwei anschaulichen klinischen Störungen festigen: traumatische Amnesie und multiple Persönlichkeit.

Anschauliche Fallbeispiele

Traumatische Amnesie

In einer neueren Dissertation über „stimmungs-zustandsabhängige Erinnerung und Lateralisation von Gefühlen" hat Gage (1983) Ericksons Rolle als Pionier bei der Entwicklung von Methoden beschrieben, die zustandsabhängige Erinnerung im Zusammenhang mit der Hypnosetherapie behandeln. Er schreibt (S. 14-15):

> Milton H. Erickson, der Gedächtnisphänomene wie zum Beispiel hypnotische Hypermnesie, posthypnotische Amnesie und posthypnotische Suggestion untersucht hat, war einer der Pioniere auf dem Gebiet der Stimmungs-SDM (*State-Dependent Memory* = zustandsabhängige Erinnerung). Obwohl er in seiner Arbeit nie die Bezeichnung „zustandsabhängige Erinnerung" benutzt hat, war das doch eindeutig das Hauptthema einiger seiner Untersuchungen. Er perfektionierte eine Methode, durch die Menschen, die im Hin-

> blick auf klinisch relevante Vorgänge unter Amnesie litten, sich bis ins Detail wieder an diese Vorgänge erinnern konnten. Seine Methode basierte auf einem Prozeß der Reorientierung, bei dem visuelle und akustische Aspekte sowie Empfindungen, Gedanken und Gefühle, die mit dem vergessenen Ereignis verbunden waren, wiedererzeugt wurden (Erickson, 1937, 1939). Seine „Reorientierung" ist eindeutig der gleiche Prozeß wie der, der als „Mood SDM" beschrieben wird.

Ein direktes Zitat aus Ericksons Bericht über die „Entwicklung der augenscheinlichen Bewußtlosigkeit während des hypnotischen Durchlebens eines traumatischen Erlebnisses" soll diesen Punkt veranschaulichen. In diesem speziellen Fall verwendete Erickson die Methode der Altersregression, um die „psychische Entwicklung" eines jungen Mannes zu untersuchen, der kurze Zeit zuvor von einem psychotischen Schub genesen war (Erickson, 1937/1980, S. 45-59):

> Die experimentelle Prozedur bestand darin, dem Patienten zunächst einmal beizubringen, in tiefe somnambule hypnotische Trance zu gelangen. Während dieser Trance wurde er dann mit Hilfe einer Reihe von hypnotischen Suggestionen in einen Zustand völliger Desorientiertheit gebracht und dann in einer früheren Periode seines Lebens reorientiert. Auf diese Weise reorientiert, wurde er dann durch sorgfältig formulierte systematische Suggestionen und Fragen dazu gebracht, vergangene Ereignisse in einer chronologisch fortschreitenden Art wiederzuerleben, die er dem Versuchsleiter in allen Einzelheiten schildern konnte, so als würden sie sich tatsächlich in der unmittelbaren Gegenwart ereignen. Ein anwesender Stenograf protokollierte den gesamten Ablauf des Experiments einschließlich des deskriptiven Materials. Wo immer es möglich war, die entsprechenden Daten aus einer anderen Quelle zu bekommen als vom Patienten selbst, stellte sich heraus, daß längst vergangene Ereignisse vom Patienten mit beachtlicher Farbigkeit und zahlreichen genauen Einzelheiten wiedererlebt und berichtet worden waren.
>
> Eine Analyse der Ergebnisse dieses Experiments offenbarte einen besonders interessanten Vorfall, der auf eine ungewöhnliche Weise psychosomatische Wechselbeziehungen deutlich macht. Der Vorfall betraf die Entwicklung von etwas, das wie ein Zustand der

Bewußtlosigkeit aussah, als der Patient noch einmal einen Überfall durchlebte, der sich zwei Jahre zuvor ereignet hatte, als er 17 Jahre war. Alle vorangegangenen Informationen, die sich auf diesen Überfall bezogen, bestanden aus der Aussage, daß man ihn in einem Auto entführt und so schlimm zusammengeschlagen habe, daß er anschließend stationär behandelt werden mußte. Im Hinblick auf alle anderen informativen Einzelheiten dieses Vorfalls schien er eine völlige Amnesie zu haben, er konnte sich nicht einmal an den Namen des Krankenhauses erinnern. Obwohl er bis an die Grenzen seiner Möglichkeiten mitarbeitete, konnten umfangreiche, hartnäckige Befragungen sowohl in gewöhnlicher tiefer hypnotischer Trance als auch im normalen Wachzustand nur unwichtige Dinge zutage fördern.

Als der Patient dann im hypnotischen Zustand bei seiner Reise in die Vergangenheit an diesem Tag anlangte, wurden seine Äußerungen angstvoll. Er sagte, er sei von der Polizei als Informant eingesetzt worden, und beschrieb sehr lebendig die Angst, die ihn erfüllte, weil er sich vor der Rache der Kriminellen fürchtete. Sein ganzes Verhalten und sein Äußeres ließen dabei auf einen Zustand höchster Besorgnis schließen. Als es bei seinem Wiedererleben der Ereignisse dieses Tages vier Uhr nachmittags geworden war, erlebte er mit ausgeprägter Gefühlsintensität noch einmal die Szene, wie er von zwei Männern, von denen er wußte, daß sie Kriminelle waren, in ein Auto gezerrt wurde. Er erlebte sein angstvolles Verhalten während der langen Fahrt, und wie er seine Entführer in panischer Angst angefleht hatte. Schließlich spielte er noch einmal die Szene durch, in der er eine Flasche Limonade von den Kriminellen angenommen hatte. Er trank ängstlich und zögernd aus der imaginären Flasche, schluckte, verzog das Gesicht und klagte murmelnd über den bitteren Geschmack. Dann fragte er, ob die Limonade vergiftet gewesen sei, und duckte sich, als wiche er einem Schlag aus. Sein gesamtes Äußeres drückte immer noch panische Angst aus. Kurz nachdem er die imaginäre Limonade getrunken hatte, stieß er auf und sah plötzlich verwirrt aus. Seine Pupillen, die vorher ständig ihre Größe verändert hatten, wurden ganz weit, und ein feiner lateraler Nystagmus entwickelte sich. Dann rieb er sich die Augen, beschwerte sich darüber, daß er nicht richtig sehen könne, sagte, daß alles dunkel werde, daß er schwindelig sei, und fing an, den Kopf hin und herzuschütteln, so als wolle er etwas abschütteln oder sich auf diese Weise wachmachen. Auf die Frage des Versuchsleiters antwortete der Patient, daß er immer schläfriger würde. Man konnte feststellen, daß seine Stimme, die vorher deutlich und klar gewesen war, jetzt belegt und undeutlich klang, und er drückte jetzt keine Panik, sondern Schläfrigkeit aus.

Zu dem Zeitpunkt saß der Patient auf der Couch, und der Versuchsleiter hatte ihn alle paar Sekunden getestet, ob die Katalepsie und damit die Hypnose andauerte. Nachdem seine Aktivität ungefähr zwei Minuten lang abgenommen hatte und er den Kopf immer langsamer hin und her bewegte, wobei sein Murmeln immer undeutlicher wurde, fielen ihm die Augen zu, obwohl er sich sichtlich bemühte, sie offenzuhalten. Plötzlich stieß er einen kurzen, keuchenden Grunzlaut aus, kollabierte und lag dann leblos ausgestreckt auf der Couch. Eine sofortige Untersuchung durch den Versuchsleiter zeigte, daß absolut kein hypnotischer Rapport mehr vorhanden war und auch die Katalepsie, die bis zu diesem Augenblick ständig gegenwärtig gewesen war, verschwunden war. Körperlich ließ sich ein herunterhängender Unterkiefer und eine deutliche Schlaffheit der Arm- und Beinmuskulatur feststellen. Auch Pupillenreflex und Patellarreflex, die im Zustand der Hypnose ständig vorhanden gewesen waren, waren verschwunden. Atmung und Puls, die während der Panik außerordentlich erhöht waren, waren während der Schläfrigkeit etwas zurückgegangen. Jetzt waren beide in der Frequenz deutlich reduziert und so schwach, daß man sie kaum wahrnehmen konnte. Kurz gesagt, der Patient zeigte alle Symptome einer Bewußtlosigkeit. Bevor jedoch eine Blutdruckmessung und ein genaues Auszählen des Pulses und der Atemfrequenz durchgeführt werden konnten, schien er sich wieder zu erholen. Er bewegte sich ein wenig und stöhnte, und langsam kehrte auch die Katalepsie wieder zurück. Er öffnete kurz seine Augen, starrte mit leerem Blick umher und schloß die Augen erschöpft wieder. Man konnte feststellen, daß die Pupillen immer noch weitgestellt waren, daß der feine Nystagmus noch gegenwärtig war und daß er die Augen nicht scharf einstellen konnte. Er leckte sich wiederholt die Lippen, stöhnte und bat um Wasser, rieb sich erschöpft die Stirn und verzog dabei das Gesicht vor Schmerzen. Er reagierte nicht auf die hartnäckigen Fragen des Versuchsleiters: „Was ist los? Was ist passiert?“ Er sagte nur: „Es ist dunkel, dunkel." Dann folgte ein zweiter Kollaps, der langsamer ablief als der erste, aber offensichtlich von gleicher Art war, denn es zeigten sich die gleichen körperlichen Symptome, nur die Atmung war tiefer und mühevoller, und der Puls langsam, aber stabil. Der Versuchsleiter machte verschiedene Versuche, den Patienten aufzuwecken, aber ein paar Minuten lang reagierte er nicht. Schließlich kehrte die Katalepsie zurück, und der Patient öffnete seine Augen und starrte, ohne etwas zu sehen, in die Gegend. Es gab keinen Nystagmus, und die Pupillen waren etwas geweitet, reagierten aber auf Licht. Er warf seinen Kopf hin und her, stöhnte, rieb sich den Nacken, als ob er ihm weh täte, rieb sich vorsichtig über die Stirn, verzog schmerzverzerrt das Gesicht und zitterte ständig. Dann leckte er sich wieder ein paarmal die Lippen und bat noch einmal stöhnend um Wasser. Auf die eindringlichen Fragen des Versuchsleiters gab er nur einsilbige Antworten: „Licht" und „Wald". Hin und wieder legte er sich die Hände an die Ohren, rieb sie schwach und murmelte „Es summt."

Bald danach schien sich der Patient ziemlich gut zu erholen und reagierte auch in etwa wieder auf die Fragen des Versuchsleiters, die sich auf die Ereignisse bezogen, die er gerade noch einmal durchlebte. Dann folgte ein im Vergleich zu seiner anfänglichen Mitteilsamkeit recht unvollständiger Bericht über die Zeit, die er in einem Graben neben einer Straße gelegen hatte, die durch einen Wald führte. Ihm war kalt, er war durchnäßt, hatte fürchterlichen Durst, ein tosendes Geräusch in den Ohren, Kopfschmerzen und eine schmerzhafte, blutende Wunde an der Stirn, von der er sich ganz vorsichtig das (imaginäre) Blut abwischte. Er stellte außerdem fest, daß es Morgen sei.

Anschließend berichtete er bruchstückhaft, daß er von ein paar Männern aufgehoben und in ein Krankenhaus gebracht worden sei. Das Wiederdurchleben der nächsten zwei Tage war ebenfalls bruchstückhaft und unvollständig, aber das der folgenden Ereignisse war wieder vollständig, und er nannte dann auch den Namen des Krankenhauses.

Das Wiedererleben eines solchen Überfalls veranschaulicht, wie zustandsgebundene Informationen durch einen veränderten psychophysiologischen Zustand erzeugt werden (vor allem die Alarmreaktion des vegetativen Nervensystems und des hormonellen Systems, die zu einer

Erhöhung der Atemfrequenz, des Pulses und des Blutdrucks führt), zu denen man mit Hilfe der therapeutischen Hypnose Zugang finden kann. Durch sorgfältiges Aufspüren der Zusammenhänge und Bezüge, in die sie eingebettet waren, fand Erickson Zugang zu diesen zustandsgebundenen Informationen (Erickson & Rossi, 1979). Er drückte es im oben erwähnten Fall so aus: „Die Anwendung sorgfältig formulierter systematischer Suggestionen und Fragen ... um Ereignisse, die in der Vergangenheit liegen, in chronologisch fortschreitender Folge wieder zu durchleben", war ein wichtiger Schlüssel zum Erfolg seiner Vorgehensweise. Durch diese systematischen Fragen und Suggestionen fand er Zugang zu den Gedächtnisspeichern, die es dem Patienten ermöglichten, die traumatisch isolierten (amnestischen) zustandsgebundenen Erinnerungen wieder zu durchleben.

Ericksons Methode, Zugang zu den zustandsgebundenen Erinnerungen durch ein Wiederholen der Zusammenhänge und sensorisch-perzeptiven Signale zu finden, die bei ihrer ursprünglichen Akquisition gegenwärtig waren, unterschied sich grundsätzlich von der Art der traditionellen, autoritären Hypnose, bei der direkte Suggestionen gegeben wurden. Zum Beispiel verließ man sich bei der traditionellen Prozedur, bei der die Versuchsperson aufgefordert wurde: „Erinnern Sie sich!", auf die angebliche „Hypersuggestibilität" des hypnotischen Zustands.

Erickson (1932/1980) entdeckte bei seinen ersten Untersuchungen jedoch, daß *Hypersuggestibilität kein charakteristisches Merkmal der Hypnose ist.* Er beschrieb sie wie folgt (S. 495):

> Nach den eigenen Erfahrungen des Autors ... *war keine Hypersuggestibilität festzustellen, obwohl die Liste der individuellen Versuchspersonen ungefähr 300 Namen enthält und die Anzahl der Trancen in die Tausende geht.* Außerdem wurde eine beträchtliche Anzahl von ihnen im Laufe der Jahre 300- bis 500mal hypnotisiert. Hinzu kommt, daß mehrere Versuchspersonen enge Verwandte waren, mit denen infolgedessen ein intimer täglicher Kontakt bestand und die darauf trainiert waren, im Experiment schnell und bereitwillig auf die kleinste Suggestion zu reagieren. *Weit davon entfernt, sie hypersuggestibel zu machen, mußte man sehr sanft und vorsichtig mit ihnen umgehen, um nicht ihre Kooperationsbereitschaft zu verlieren, und man hatte häufig das Gefühl, daß sie jegliche Erhöhung der Suggestibilität mit der Entwicklung einer negativen Einstellung dem Hypnotiseur gegenüber kompensierten. Versuchspersonen, die gelernt hatten, auf ein Fingerschnippen hin sofort in eine*

> *tiefe Trance zu fallen, leisteten erfolgreich Widerstand, wenn sie keine Lust hatten oder an anderen Projekten interessiert waren.* Selbst als sie überredet worden waren, trotz ihrer eigenen Wünsche einzuwilligen, war die Induktion der Trance unmöglich. Diese Versuchspersonen waren andererseits aber auch anderen Leuten gegenüber nicht suggestibler, wie sich herausstellte, als sie an Kollegen des Autors „ausgeliehen" wurden. Die Einleitung der Hypnose war trotz ihres ausgedehnten Trainings genauso schwer, wie sie es ursprünglich für den Autor gewesen war. Das gleiche traf zu, als der Autor sich seinerseits Versuchspersonen „auslieh". Kurz gesagt, *auch wenn es wahrscheinlich ist, daß sich eine erhöhte Suggestibiltät entwickelt, ist ihr Ausmaß doch so gering, daß man sie vernachlässigen kann.*

Der Satz „... mußte man sehr sanft und vorsichtig mit ihnen umgehen" ist der Schlüssel zu einer treffenderen Interpretation der therapeutischen Hypnose, als Erickson sie entwickelt hat. Hypnotische Versuchspersonen sind *hypersensibel*, nicht hypersuggestibel (Ellenberger, 1970, S. 115). Man könnte sagen, daß gute hypnotische Versuchspersonen wegen ihrer Sensibilität leichten Zugang zu ihren zustandsabhängigen Erlebnissen haben. Diese Sensibilität ist eine Eigenschaft, die sie für die Akzeptanz und Ausführung der Suggestionen zugänglich macht, wenn sie eine kooperative Beziehung zum Hypnosetherapeuten haben. Diese Eigenschaft ermöglicht es ihnen auch, empfänglicher für die subtilen und häufig nicht erkannten Nuancen der hypnotischen Kommunikation zu sein, die als „demand characteristics" (Forderungsmerkmale) (Orne, 1962) oder „minimal cues" (Minimalsignale) (Erickson, 1964/1980, 1980 b) der hypnotischen Situation bezeichnet worden sind. Einige besonders begabte Versuchspersonen können ihre Sensibilität dazu benutzen, ihre sensorisch-perzeptiven und geistigen Prozesse in einer Weise auszurichten, die es ihnen ermöglicht, die klassischen Phänomene der Hypnose und eine Vielzahl von ungewöhnlichen und innovativen zustandsabhängigen Mustern der Seele-Körper-Interaktion zu erleben.

Multiple Persönlichkeit und zustandsabhängige Erinnerung

In ihrer Dissertation hat Jody Lienhart (1983) eine zustandsabhängige Theorie der multiplen Persönlichkeit formuliert und durch fünf wohldokumentierte Fälle dargestellt (Sybil [Schreiber, 1973]; Chris Sizemore [Thigpen & Cleckleys *The Three Faces of Eve*, 1957: Sizemore, 1977]; Christina Peters [Peters, 1978]; Betsy [Brassfield, 1980, 1983]: und sie selbst, Jody Lienhart [Brassfield, 1983; Putnam, 1982]). Lienhart konnte eine ungewöhnlich gründliche Analyse sowohl der objektiven als auch der subjektiven Fakten eines jeden Falles vorlegen, da sie selbst einer von ihnen war. Sie beschrieb das Thema ihrer Arbeit und einige der theoretischen Annahmen, für die sie Belege fand, mit den folgenden Worten (1983, S. 6-7):

> In jeder Untersuchung eines Kindheitstraumas findet sich das alles durchdringende Wesen der paradoxen Kommunikation. Häufig taucht dieser von „Double-bind"-Konflikten geprägte Kommunikationsstil während der formenden, präverbalen Stufen der Kindheit auf, in denen die Interpretationen der Botschaften durcheinandergebracht werden. Daraus resultiert ein ungenügendes experimentelles Lernen, mit dessen Hilfe eine angemessene Übersetzung der konfusen Botschaften möglich wäre (Hilgard & Marquis, 1961).
>
> Gewöhnlich wird Hypnose durch paradoxe Aussagen eingeleitet, in denen die einzelnen Botschaften nicht kongruent sind (Haley, 1963). Es hat sich in zahlreichen Untersuchungen gezeigt, daß Lernprozesse und das Erinnern im hypnotischen Zustand anders sind als beim normalen „Vergessen" (Hilgard, 1977).
>
> Diese Arbeit präsentiert die theoretische Annahme, daß die multiple Persönlichkeit sich durch zustandsabhängiges Lernen während der frühen Kindheit entwickelt. Außerdem wird die Hypothese aufgestellt, daß dieser Lernprozeß das Ergebnis hypnoseähnlicher Effekte im Zusammenhang mit Kindheitstraumata wie zum Beispiel sexuellem Mißbrauch ist. Da das Kind nicht in der Lage ist, die ihrem Wesen nach paradoxen Botschaften, die es empfängt, zu entschlüsseln, fällt es in einen tranceähnlichen Zustand. Es liegt außerdem nahe, daß die Erinnerungen, die mit jedem einzelnen dieser hypnoseähnlichen Erlebnisse verbunden sind, dem Wissen ähneln, das während des zustandsabhängigen Lernens erworben wird.

In Hypnose konnte Lienhart sich an einen kritischen Vorfall ihrer eigenen traumatischen Dissoziation und an die Bildung einer neuen Persönlichkeit noch vor ihrem vierten Geburtstag erinnern. Damals war sie von ihrem „Onkel Bulen" verführt worden. Sie beschreibt in ungewöhnlich lebendiger Weise ihren subjektiven Zustand der Verwirrung und „hypnotischen Betäubung“ bei diesem traumatischen Vorfall (1983, S. 74-75):

> Der eigentliche Vorfall, der die erste Persönlichkeitsabspaltung auslöste, war ein Versuch von Bulen, das Kind zur Fellatio zu zwingen. Jo Ella hatte mit Sicherheit keine Ahnung, warum der erigierte Penis in ihren Mund gesteckt wurde. Sie konnte nur auf die Drohungen des Mannes reagieren und hatte das Gefühl, an dem riesigen „Ding“ zu ersticken. Sie war weder in der Lage, mit der fürchterlichen Angst fertigzuwerden, noch konnte sie fliehen. An diesem Punkt blendete Jo Ellas Seele das schreckliche Erlebnis einfach aus. Es war so, als hätte sie sich völlig von ihrem Körper getrennt und wäre verschwunden.
>
> Augenblicke später – es waren womöglich auch Stunden – konnte man die Gestalt des kleinen Kindes vor dem großen Stuckgebäude kauern sehen. Es war später Nachmittag, und die Kühle des frühen Herbstes wehte durch das Kleid, das ihre Mutter ihr genäht hatte. Aber das war nicht mehr dieselbe Jo Ella, die sich zuvor gegen die übermächtige Umklammerung ihres „Lieblingsonkels“ Bulen gewehrt hatte. Das neue Kind, Ella II, bekam später den Spitznamen „the Kid“. Alle Erinnerungsspuren des vorangegangenen Vorfalls waren verschwunden.
>
> Das „Kid“ war ein perfekter Schauspieler und konnte die Originalpersönlichkeit genau imitieren. Aber dieses Kind war fast in jedem Aspekt eine völlig neue Persönlichkeit. Ihre Weltsicht war in einer Weise verändert, die nicht wieder rückgängig gemacht werden konnte. Der vorangegangene Vorfall hatte eine absolute Verwirrung in der Seele des Kindes verursacht, und diese „verlorene Zeit“ konnte nicht mehr in den ursprünglichen Zusammenhang gebracht werden. Genauso unmöglich war es, mit dem Vorfall umzugehen, da es keine Erfahrungswerte gab, mit denen man ihn hätte vergleichen können. Jo Ella befand sich in einem Zustand der hypnotischen Betäubung und war nicht in der Lage, Worte zu finden, die ihr geholfen hätten, mit dem Erlebnis fertig zu werden, sei es in sich selbst oder indem sie es anderen erzählt hätte.

Lienhart analysiert ihren eigenen Fall wie folgt (S. 89-90):

> Jodys Fall ist vollgepfropft mit den Widersprüchen, durch die Kin-

> der immer wieder in einen unlösbaren Konfliktzustand geraten. Aus dem guten, großzügigen und lieben Onkel wird eine Person, die grausam und sexuell ausbeuterisch ist. Da die kleine Jo Ella diese extremen Pole nicht miteinander vereinen kann, fällt sie in eine Art Trance, die es ihr möglich macht, sich seelisch vom Ort des Geschehens zu entfernen. Die neue Person, die nun auftaucht, Ella II, hat im Hinblick auf den Vorfall eine Amnesie. Der einzige Zugang zu diesem abgekapselten Erlebnis führt über die Hypnose; es kann ansonsten nur durch eine Situation unter ähnlichen Bedingungen und in einem vergleichbaren Umfeld wieder ins Bewußtsein gebracht werden.

Bei dieser Beschreibung der Entstehung einer multiplen Persönlichkeit werden wir mit den entscheidenden Merkmalen der *zustandsabhängigen Theorie der therapeutischen Hypnose konfrontiert: Eine Situation, die durch psychophysiologischen Streß gekennzeichnet ist, führt zur Amnesie im Hinblick auf den Streßvorfall, die durch Hypnose aufzuheben ist.* Jodys Fall und andere Fälle in Lienharts Dissertation weisen auf ein anderes wichtiges Merkmal der zustandsabhängigen Theorie der therapeutischen Hypnose hin: Sie erhellen den *Prozeß, der unter der Einwirkung von traumatischem Streß zu spontanen hypnotischen Zuständen führt* (Cheek, 1960); sie beleuchten außerdem die Rolle des „Double-bind"-Konflikts oder der paradoxen Kommunikation bei der Herbeiführung und Aufrechterhaltung des dissoziierten Zustands. Lienharts Fall veranschaulicht die Rolle der therapeutischen Hypnose, die einen Zugang zu den abgekapselten Erinnerungen findet, die sich während des traumatischen Vorgangs des zustandsabhängigen Lernens abgekapselt haben und die mit Hilfe der Therapie wieder in die Gesamtpersönlichkeit integriert werden sollen.

Lienhart schließt ihre Analyse mit der Beschreibung der Rolle, die Situation, Kontext und seelische Befindlichkeit spielen, wenn es darum geht, warum das Wissen in einem Zustand dem Bewußtsein zugänglich ist und in einem anderen nicht. Wir wollen einen Teil ihrer Auffassung darüber zitieren, weil es als Brücke zum Verständnis der Sprache der „Erinnerungshinweise" (*memory cues*) dient, die von Experimentalpsychologen auf dem Forschungsgebiet der zustandsabhängigen Erinnerungen benutzt werden. Lienharts Erkenntnis, daß das Wissen in intellektuelle und seelische Aspekte zerfällt, ist von besonderer Bedeutung, weil sie Ericksons therapeutischen Ansatz stützt, emotionale und intellektuelle Erinnerungen unabhängig voneinander zugänglich zu machen, wenn er vermutete, daß der Patient traumatische Prozesse erlebt hatte (Erickson & Rossi, 1979). Lienhart zieht daraus folgenden Schluß (1983, S. 88-89):

> So wie die Hypnose eine intensive Konzentration erfordert und nicht etwa „Schlafen", hat die multiple Persönlichkeit gelernt, sich völlig auf bestimmte Erinnerungen aus der Vergangenheit zu konzentrieren. Das grundlegende Problem scheint darin zu bestehen, etwas aus einer unendlichen Zahl von Erinnerungsgruppen wieder ans Licht zu bringen. Bei diesem Wiedergewinnungsprozeß findet eine Verzerrung der Wahrnehmung statt. Das schafft eine chaotische Verwirrung, weil die einzelnen Erinnerungseinheiten nicht ordentlich in den richtigen „Gruppen" (*sets*) eingekapselt sind. So wird zum Beispiel ein Erinnerungshinweis aus einem Lebensabschnitt in der falschen „Erinnerungsgruppe" (*memory set*) gespeichert. Die Folge ist, daß bestimmte Reize eine Reaktionsgruppe im falschen Zusammenhang oder in der falschen Abfolge auslösen können. Der Vorgang ähnelt im weitesten Sinne den Verzerrungen, Verdichtungen und symbolischen Verbindungen, die im Traumzustand ablaufen. Wissen, das in einem Zustand zugänglich ist, ist in einem veränderten Zustand nicht mehr greifbar, weil es schlecht integriert ist und eher willkürlich im Bereich des Gedächtnisses der dominanten Persönlichkeit verteilt ist.
>
> Eine weitere interessante Eigenschaft, die von den multiplen Persönlichkeiten demonstriert und von den Forschern nicht gut verstanden wird, ist die seelische Distanz von der zugehörigen „intellektuellen" Einstellung. Es sieht so aus, als ob einige affektive Erlebnisse getrennt von ihrem intellektuellen Gegenstück gespeichert werden. Das kann dazu führen, daß eine emotionale Einheit aus einem Set sich an eine andere Konstellation von Auslösereizen anhängt, die einen völlig anderen kognitiven Set bilden.

Die „unendliche Anzahl von Erinnerungs-Sets", von denen jeder mehr oder weniger zustandsabhängig ist, ist der Grund für die scheinbar willkürlichen Assoziationsstrukturen, die wir im Alltag als subjektives Bewußtsein erleben (Erickson, Rossi & Rossi, 1976). Die Hypnosetherapie schafft auf systematische Weise einen Zugang zu diesen Erinnerungs-Sets, um genau diejenigen zu reaktivieren, die für die Heilung benötigt werden (Erickson & Rossi, 1979).

Neuere Theorien und Untersuchungen über das Phänomen der multiplen Persönlichkeit weisen darauf hin, daβ die Sub-Persönlichkeiten auch über verschiedene kognitive (Silbermann, Putnam, Weingartner, Braun & Post, 1985) und psychophysiologische Reaktionsmuster verfügen können. Braun (1983a, b) hat das Konzept des zustandsabhängigen Lernens als Erklärung für die verschiedenen Gedächtnissysteme der multiplen Persönlichkeit verwendet, weil „Informationen, die unter einer bestimmten psychophysiologischen Bedingung kodiert wurden, am leichtesten unter derselben psychophysiologischen Bedingung wiedergewonnen werden können" (1983a, S. 133).

Im Rahmen einer objektiven Untersuchung der multiplen Persönlichkeit haben Ludwig et al. (1972) herausgefunden, daβ „sich die einzigen dissoziierten Funktionen unter den verschiedenen Bewuβtseinszuständen auf *emotional geladene* Informationen, Fähigkeiten und Aktivitäten bezogen, die mit der spezifischen Persönlichkeit assoziiert waren" (Ludwig, 1983, S. 94). Neutrale Informationen, Fähigkeiten und Aktivitäten, die keine Beziehung zu seelischen Sachverhalten irgendeines Aspekts der multiplen Persönlichkeit hatten, waren nicht dissoziiert. Dieser emotional geladene Aspekt der dissoziierten oder zustandsgebundenen Informationen sowohl in der multiplen Persönlichkeit als auch in der Hypnose weist wieder einmal auf die funktionale Beteiligung des limbisch-hypothalamischen Systems als der wichtigsten Seele-Körper-Verbindung (-Umwandlung) bei emotionalen Prozessen hin.

Eine psychobiologische Lösung des Seele-Körper-Problems

Wenn wir diese neueren Auffassungen der psychobiologischen Forschung zu ihrer letzten logischen Konsequenz führen, haben wir eine pragmatische Lösung des jahrhundertealten Seele-Körper Problems – ja, die Aufhebung des Seele-Körper-Dualismus eines Descartes. Körper und Seele sind keine voneinander getrennten Erscheinungen wie Geist und Materie. Das Leben ist ein Informationssystem. Die Biologie ist ein Prozeβ der Informationsumwandlung. *Seele* und *Körper* sind nur zwei Aspekte oder Arten, dieses *eine Informationssystem* zu betrachten.

Die meisten Theorien über die Beziehung zwischen Körper und Seele kommen nur bis zu diesem Punkt, ohne etwas Definitives darüber sagen zu können, *wie* Körper und Seele miteinander verbunden sind und *wie* sie miteinander kommunizieren. Wir werden in diesem Buch weder dieser Grundsatzfrage ausweichen noch uns mit philosophischen Patentrezepten zufriedengeben. Die zustandsgebundene Theorie der Seele-Körper-Kommunikation und -Heilung kann in vier miteinander verbundenen Hypothesen ausgedrückt werden:

1. Das limbisch-hypothalamische System ist die anatomische Hauptverbindung zwischen Körper und Seele.
2. Zustandsabhängige Gedächtnis-, Lern- und Verhaltensprozesse, die im limbisch-hypothalamischen und eng damit verwandten Systemen verschüsselt sind, stellen die Hauptinformationsumwandler zwischen Körper und Seele dar.
3. Alle Methoden der Seele-Körper-Heilung und der Hypnosetherapie wirken, indem sie Zugang zu den zustandsabhängigen Gedächtnis- und Lernsystemen finden, die die Symptome und Störungen verschlüsseln und sie neu ordnen.
4. Die zustandsabhängige Kodierung von psychosomatischen *Symptomen und Störungen kann sowohl durch psychologische als auch durch physiologische Methoden (zum Beispiel Drogen) angegangen werden – und der Placeboeffekt stellt eine synergistische Interaktion beider dar.*

Das Hauptgewicht dieser Hypothesen liegt darauf, daß *die Informationsumwandlung zwischen Körper und Seele* und *zustandsabhängiges Erinnern, Lernen und Verhalten*, die durch das limbisch-hypothalamische System vermittelt werden, zwei elementare Prozesse der Kommunikation zwischen Körper und Seele und des Heilens sind. Die medizinische Wissenschaft hat sich auf alle möglichen anatomischen, physiologischen und pharmakologischen Methoden spezialisiert, um Zugang zum Heilungsprozeß zu bekommen und ihn unterstützen zu können; das heißt, sie hat sich fast ausschließlich auf die „Körperseite" der Seele-Körper-Gleichung konzentriert. In diesem Kapitel haben wir eine experimentell fundierte psychophysiologische Grundlage entwickelt, die uns verstehen läßt, wie auch *psychologische* Faktoren die Heilung unterstützen können. Die Phänomene des zustandsabhängigen Erinnerns, Lernens und Verhaltens liefern das „fehlende Bindeglied" aller früheren Theorien über die Beziehungen zwischen Körper und Seele. Sie überbrücken die geheimnisvolle Kluft zwischen Körper und Seele; sie sind der gemeinsame Nenner der westlichen Schulmedizin und all der holistischen (ganzheitlichen), schamanistischen und spiritualistischen Heilmethoden, die von hochspezialisierten kulturellen Glaubenssystemen, Weltanschauungen und Bezugssystemen abhängig sind.

Wir sind jetzt in der Lage, viele Formen iatrogener (durch den Arzt verursachter) Krankheiten und Heilungen zu erklären, die für die westliche Medizin und Psychologie so schwer zu verstehen waren. Die Theorie der zustandsabhängigen Seele-Körper-Heilung kann zum Beispiel Klarheit darüber verschaffen, wieso selbst in unserer modernen Zeit Forscher (Dunlap, Henderson & Inch, 1952) entdecken konnten, daß 30 % der 17.000 ärztlichen Verordnungen, die sie in England untersuchten, in dem Sinne Placebos waren, daß diese Medikamente keine spezifische Wirkung auf die Erkrankungen hatten, gegen die sie verschrieben worden waren. Wir verstehen jetzt, daß *jede Droge, die irgendeinen Aspekt der sensorisch-perzeptiven oder physiologischen Reaktivität auf irgendeiner Ebene verändert, die mehr oder weniger zerbrechliche zustandsabhängige Verschlüsselung der Symptome unterbrechen und dadurch die „nichtspezifische", aber sehr reale Heilwirkung hervorrufen kann, die wir „Placeboeffekt" nennen.*

Wir wollen unsere Aufmerksamkeit jetzt auf eine detaillierte Untersuchung der Beziehung zwischen Seele-Körper-Symptomen, zustandsabhängigem Lernen und der Hypnosetherapie lenken, indem wir die bahnbrechenden Arbeiten Hans Selyes und Milton Ericksons vergleichen.

4

Streß und psychosomatische Phänomene: die Arbeit von Selye und Erickson

Während des vergangenen halben Jahrhunderts stellten Untersuchungen über Streß und psychosomatische Phänomene den wichtigsten Anreiz für Forschungsarbeiten auf dem Gebiet der Kommunikation zwischen Körper und Seele und Heilung dar. Wir werden im folgenden die Arbeiten zweier wichtiger Pioniere auf diesem Gebiet in unsere Überlegungen einbeziehen und auf den letzten Stand bringen: die des Physiologen Hans Selye und die des Psychiaters und klinischen Hypnotherapeuten Milton Erickson. Diese beiden Forscher haben durch ihre ungewöhnlich kreativen Beobachtungen einen außerordentlich wichtigen Beitrag zum besseren Verständnis der psychosomatischen Phänomene geleistet: Selye hauptsächlich durch seine innovativen physiologischen Experimente über Streß; Erickson im wesentlichen wegen seiner naturalistischen Untersuchungen psychosomatischer Funktionsstörungen in der Hypnose, die nicht endgültig waren, sondern zu weiteren Forschungen anregen sollten. Wenn man die Arbeiten der beiden Forscher zusammenfaßt, gelangt man zu einem besseren Verständnis der Probleme zwischen Körper und Seele und kommt ihrer Lösung näher.

In diesem Kapitel werden wir Selyes Definition des „allgemeinen Adaptationssyndroms – AAS" (*general adaptation syndrome* – GAS) betrachten, das zu Recht als Grundlage der psychosomatischen Medizin bezeichnet wird. Wir werden das Konzept des *zustandsabhängigen Erinnerns und Lernens* und das sich daraus natürlich ableitende Konzept der *zustandsgebundenen Informationen und Verhaltensweisen* benutzen, um Selyes Sicht des AAS auf den letzten Stand zu bringen. Die neuen Forschungsergebnisse ermöglichen uns ein besseres Verständnis der Funktionen des Hypothalamus. Wir werden diese neuen Erkenntnisse dazu benutzen, Selyes Konzept des AAS mit Ericksons Auffassung der empirischen und psycho-neurophysiologischen Grundlage der Hypnotherapie zu verbinden.

Selyes Konzept des allgemeinen Adaptationssyndroms (AAS)

Selye erkannte den Einfluß an, den der große französische Physiologe Claude Bernard auf ihn gehabt hatte, als er das Konzept des Allgemeinen Adaptationssyndroms (1974) entwickelte. Bernard hatte festgestellt, daß eines der charakteristischsten Merkmale allen Lebens die Fähigkeit ist, die *Konstanz seines inneren Milieus*, dieser Welt unter seiner Haut, aufrechtzuerhalten. Walter Cannon (1932, 1953) nannte diese Eigenschaft später *Homöostase*: die Eigenschaft, trotz Veränderungen in der äußeren Umwelt einen gleichmäßigen physiologischen Zustand aufrechtzuerhalten. Die Reaktionen alles Lebendigen auf Verletzungen oder Krankheiten können als Versuche betrachtet werden, das homöostatische Gleichgewicht trotz äußerer Einflüsse oder Veränderungen in der Umgebungwelt aufrechtzuerhalten. Selyes erster origineller Beitrag bestand in dem Nachweis, daß der Organismus unabhängig von der jeweiligen Ursache des *biologischen Streß*, der auf ihn einwirkt, immer auf die gleiche Weise reagiert: Er versucht seine innere Homöostase wiederherzustellen. Selye beschrieb seinen Entdeckungsprozeß folgendermaßen (1974, S. 67-71):

> 1926, im zweiten Jahr meines Medizinstudiums, stieß ich zum ersten Mal auf dieses Problem einer stereotypen Reaktion auf alles, was große Anforderungen an den Körper stellt. Ich machte mir Gedanken darüber, warum Patienten mit den verschiedenartigsten Krankheiten, durch die ihre Homöostase bedroht wird, so viele einheitliche Anzeichen und Symptome zeigen. Ganz gleich, ob jemand sehr viel Blut verloren, eine Infektionskrankheit oder gar fortgeschrittenen Krebs hat, er verliert in jedem Fall seinen Appetit, seine Muskelkraft und seinen Tatendrang; gewöhnlich nimmt der Patient auch rapide ab, und selbst sein Gesichtsausdruck verrät, daß er krank ist. Was ist die wissenschaftliche Grundlage dieses (wie ich es damals bezeichnete) „Syndrom des Krankseins schlechthin"?
> ... *Wie ist es möglich, daß unterschiedliche Reize zu ein und demselben Resultat führen*? Im Jahre 1936 tauchte dieses Problem erneut auf, allerdings unter Bedingungen, die sich schon besser für eine exakte Analyse im Laboratorium eigneten. Im Verlauf meiner Experimente, bei denen Ratten verschieden unreine und toxische Drüsenextrakte injiziert wurden, stellte sich heraus, daß unabhängig, von welchem Gewebe sie stammten oder welchen Hormongehalt sie hatten, diese Injektionen ein stereotypes Syndrom – eine Reihe gleichzeitig auftretender

> Organveränderungen – erzeugten, dessen charakteristische Merkmale Vergrößerung und übermäßige Tätigkeit der Nebennierenrinde sowie Schrumpfen (Atrophie) der Thymusdrüse und der Lymphknoten und schließlich das Auftreten von Magen- und Darmgeschwüren waren. ... Bald danach erwies sich anhand von Tierversuchen, daß dieselbe Folge von Organveränderungen, durch Drüsenextrakte verursacht, auch durch Kälte, Hitze, Infektion, Trauma, Blutungen, Reizung des Nervensystems und viele andere Einwirkungen erzeugt werden kann... Diese Reaktion wurde 1936 in einer ersten Veröffentlichung als „ein durch verschiedene schädliche Ursachen hervorgerufenes Syndrom" beschrieben und wurde später als *„das allgemeine Anpassungssyndrom"* (AAS – engl: *General Adaptation Syndrome* = GAS) oder das *„biologische Stress-Syndrom"* bekannt. Seine drei Stadien sind: 1. Alarmreaktion, 2. Stadium des Widerstands, 3. Stadium der Erschöpfung.

Die ersten beiden Stadien von Selyes AAS – die *Alarmreaktion* und das *Stadium des Widerstands* – gewinnen im Licht der jüngeren Forschung auf dem Gebiet des zustandsabhängigen Erinnerns und Lernens eine außerordentlich wichtige neue Bedeutung. Die Alarmreaktion ist durch die Aktivierung des sympathischen Nervensystems gekennzeichnet, das die Ausschüttung von Adrenalin und Noradrenalin aus dem Mark der Nebennierenrinde anregt. Wie wir schon früher festgestellt haben, zeigen McGaughs Untersuchungen (1983), daß das die gleichen Hormone (neben anderen) sind, die das Gedächtnis beeinflussen. *Lernen und Erinnern, das während Selyes Alarmreaktion stattfindet, hat daher die Tendenz, zustandsabhängig zu sein*! Bei einem traumatischen Autounfall erlebt der Betroffene eine intensive plötzliche Ausschüttung der Alarmreaktionshormone. Die Einzelheiten des Unfalls werden in der Erinnerung mit dem komplexen psychophysiologischen Zustand vermischt, den diese Hormone auslösen. Wenn er ein paar Stunden oder Tage später in seinen gewöhnlichen, „normalen" psychophysiologischen Bewußtseinszustand zurückkehrt, verschwimmt die Erinnerung an den Unfall oder fällt in wirklich schlimmen Fällen völlig einer Amnesie zum Opfer. Im vorigen Kapitel wurde das an dem Fall einer traumatischen Amnesie dargestellt. Die Erinnerungen an den Unfall werden „zustandsgebunden" – das heißt, sie sind an genau den psychophysiologischen Zustand gebunden, der zusammen mit den sinnlich wahrgenommenen Eindrücken, die mit dem Unfall in Verbindung standen, durch die Alarmreaktion erzeugt wurde. Gold (1984) hat vor kurzem diese Überlegungen experimentell bewiesen, als er entdeckte, daß „eine einzige Adrenalin-Injektion ausreicht, um dauerhafte Veränderungen der Hirnfunktionen zu bewirken... Diese Ergebnisse weisen darauf hin, daß einige hormonelle Reaktionen nicht nur den Austausch zwischen den Neuronen regeln, der für das Speichern von Erinnerungen zuständig ist, sondern auch eine langandauernde Veränderung der Funktion der Neuronen auslösen" (S. 379).

Selyes nächstes Stadium, das Stadium des Widerstands, betrifft die Phase, in der die psychosomatischen Symptome besonders auffällig und unangenehm werden. In unserem Beispiel des Autounfalls könnte die psychosomatische Reaktion aus jedem Teil der Alarmreaktion bestehen, die ursprünglich erlebt worden war – Angst, Schmerzen, hysterische Lähmungen, Kopfschmerzen, Magengeschwüre usw. Das Opfer ist jetzt mit einem subtilen „Adaptationsproblem" konfrontiert, mit dem die Schulmedizin häufig nicht fertig wird. Das ist vor allem dann der Fall, wenn der ursprüngliche Grund für den Streß (wie zum Beispiel der Autounfall) nicht mehr existiert, obwohl die Seele-Körper-Einheit – die eine neue defensive (psychosomatische) Art der Anpassung gelernt hat – ihn weiter fortführt. *Die psychosomatische Art der Anpassung wurde unter besonderen (in der Regel traumatischen) zustandsabhängigen psychophysiologischen Bedingungen gelernt; sie wird fortgesetzt, weil sie zustandsgebunden beziehungsweise mit diesem besonderen psychophysiologischen Zustand verkettet ist, auch wenn der Patient offensichtlich wieder in seinen normalen Funktionsmodus zurückgekehrt ist.*

Selye bot eine Anzahl von Lösungsmöglichkeiten für diese psychosomatischen Probleme an, die im Widerstandsstadium auftreten. Man kann den Streßhormonen mit bestimmten Medikationen begegnen oder in Extremfällen die Nebennieren, die diese Hormone produzieren, operativ entfernen. Selye beschrieb dieses Stadium häufig als „in der Klemme sitzen". So beschrieb er das, was wir heute zustandsgebundenes psychophysiologisches Verhalten nennen. Selye ging von folgender Überlegung aus: Wenn ein Schock jemanden in eine solche Klemme bringen kann, könnte ein erneuter Schock ihn womöglich wieder herausbringen, das heißt, die Person könnte buchstäblich aus der „Krankheit herausspringen" (Selye, 1976, S. 9). Er glaubte daran, daß die verschiedenen Methoden der Schockbehandlung (Elektro- oder Insulinschockbehandlung bei Geisteskranken, psychische Schocks usw.) zu den *unspezifischen Therapieformen* gehörten, die vielen der *unspezifischen Aspekte* des AAS entgegenwirkten. Wir werden weiter unten sehen, daß dieses Verständnis der Beziehung zwischen dem Schock und der unspezifischen Behandlung psychosomatischer Störungen beinahe exakt mit Ericksons Verwendung des psychischen Schocks als allgemeine (unspezifische) Methode bei einer Vielzahl von seelischen Störungen übereinstimmt.

Zustandsabhängige Erinnerung, Stimmung und die Ermordung Robert Kennedys

Ein ungewöhnlich gutes Beispiel, wie eine traumatische Situation, die Selyes Alarmreaktion auslöst, zu zustandsgebundenen Informationen führen kann, zu denen man durch Hypnose Zugang gewinnt, liefert der nun folgende Bericht über die Ermordung Robert Kennedys (Bower, 1981, S. 12):

> [Dies] bezieht sich auf ein Gespräch, das ich kürzlich mit Vernon Diamond hatte, einem forensischen Psychologen, der in der Bay Area wohnt. Es ging um einen prominenten Kriminalfall, mit dem er zu tun hatte – um den Fall des Sirhan Sirhan, der 1968 Bobby Kennedy in Los Angeles ermordet hatte...
>
> Interessanterweise konnte sich Sirhan an den eigentlichen Mord, der in der kleinen Küche des Ambassador Hotels geschah, in der er mehrere Schüsse auf Kennedy abfeuerte, überhaupt nicht erinnern. *Sirhan beging den Mord in einem extremen Erregungszustand und litt im Hinblick auf das Ereignis unter völliger Amnesie.* Diamond, der von Sirhans Anwälten zugezogen worden war, hypnotisierte Sirhan und half ihm, die Ereignisse dieses schicksalhaften Tages aus dem Gedächtnis zu rekonstruieren. *In der Hypnose wurde Sirhan immer erregter und erinnerte sich nach und nach an immer mehr Einzelheiten. Seine Erinnerungen sprudelten nur so aus ihm heraus, während sich seine Erregung gleichzeitig zu einem Crescendo steigerte, das seinen Höhepunkt in dem Abfeuern der Schüsse fand.* In diesem Augenblick stieß Sirhan Todeswünsche aus, „schoß" und rang dann nach Luft, als er wiedererlebte, wie ihn der Leibwächter des Secret Service beinahe erwürgte, nachdem man ihn gefangen hatte. Sirhan konnte sich in Trance bei verschiedenen Gelegenheiten an die entscheidenden Ereignisse erinnern. Manchmal sprach er in diesen Situationen, manchmal schrieb er seine Erinnerungen mit automatischen Bewegungen auf, aber die Erinnerungen waren immer mit großer Erregung verbunden.
>
> Das Eigenartige an diesem Fall war, daß Sirhan das Material, das durch die Hypnose aufgedeckt worden war, im Wachzustand nicht verfügbar war und daß er abstritt, den Mord begangen zu haben.

> Er stritt außerdem auch ab, jemals von Diamond hypnotisiert worden zu sein, verleugnete seine eigene Stimme auf dem Tonband und seine Handschrift – statt dessen behauptete er, Diamond müßte einen Schauspieler oder einen Graphologen engagiert haben, der ihn imitiert habe. Schließlich aber akzeptierte Sirhan die Theorie, daß er Bobby Kennedy umgebracht haben müsse, und rationalisierte das Ganze als einen heroischen Akt im Interesse des arabischen Nationalismus. Aber sein Glaube basierte auf „Hörensagen", so wie mein eigener Glaube, daß ich an einem Mittwochabend auf die Welt gekommen bin – ich muß dabeigewesen sein, aber ich kann mich nicht erinnern. (Kursiv nachträglich hinzugefügt.)

Die Erzeugung von zustandsgebundenen Informationen in einem extremen psychophysiologischen Zustand des Schrecks wird an diesem Beispiel deutlich: „Sirhan beging den Mord in einem *extremen Erregungszustand* und litt im Hinblick auf das Ereignis unter völliger *Amnesie*... In der Hypnose wurde Sirhan immer erregter und erinnerte sich nach und nach an immer mehr Einzelheiten... Erinnerungen sprudelten nur so aus ihm heraus, während sich seine Erregung gleichzeitig zu einem Crescendo steigerte, das seinen Höhepunkt im Abfeuern der Schüsse fand." Der „extreme Erregungszustand" war eine übersteigerte psychophysiologische Schreckreaktion, die so extrem war, daß Sirhans Erinnerungen zustandsgebunden wurden: Sie wurden vom normalen wachen Bewußtsein *abgespalten*, so daß er im Hinblick auf die Schüsse unter völliger Amnesie litt. Die Hypnose versetzte Sirhan in die Lage, diesen extrem veränderten psychophysiologischen Zustand wiederzuerleben, und seine Erinnerungen „sprudelten aus ihm heraus, während sich seine Erregung gleichzeitig zu einem Crescendo steigerte". Dieser wohldokumentierte Fall einer engen Verbindung zwischen dem endokrinen System, der Schreckreaktion und den zustandsgebundenen Informationen in Form einer Amnesie, die mit Hilfe der Hypnose rückgängig gemacht werden kann, ist typisch für viele Beispiele. Die Hypnose schuf einen Zugang zu den seelischen Erregungszuständen, in denen die Erinnerungen zustandsgebunden waren; auf diese Weise ließen sie sich wieder auffinden.

Man könnte dagegen einwenden, daß der extreme Streß, unter dem Sirhan gestanden hatte, eine Ausnahme bei der Erzeugung zustandsgebundener Informationen sein könnte; schließlich ist die Situation des Alltagslebens, in der Gefühle und Stimmungen bedeutend weniger intensiv sind, doch ganz anders. Bower (1981; Gilligan & Bower, 1984) hat eine Reihe von experimentellen Untersuchungen durchgeführt und die Produktion zustandsgebundener Informationen durch Gefühle und Stimmungen im typischen Alltag untersucht. Er benutzte „hypnotisch induzierte Stimmungen... um im Experiment ein Analogon des affektzustandsabhängigen Lernens" zu schaffen, mit dem Gedächtnis und Erinnerungsvermögen sich messen ließen (Bower, 1981, S. 131). Er stellte fest, daß die Versuchspersonen dann, wenn sie in einer durch die Hypnose induzierten glücklichen Stimmung lernten, sich besser an das Gelernte erinnern konnten, wenn sie wieder in einer glücklichen Stimmung waren. Das gleiche affektzustandsabhängige Lernen fand statt, wenn das Lernen in einer hypnotisch induzierten traurigen Stimmung stattfand.

Seelische Zustände hatten auch bei der Erinnerung an Kindheitserlebnisse eine große Bedeutung: In einer glücklichen Stimmung konnten sich die Versuchspersonen an mehr glückliche Erlebnisse ihrer Kindheit erinnern, in trauriger Stimmung hatten sie mehr traurige Erinnerungen. Bowers Arbeiten zeigen, auf welche Weise Gefühle zustandsgebundene Informationen erzeugen können, zu denen man durch hypnotisch induzierte Stimmungen, die denen bei der ursprünglichen Kodierung der Informationen entsprechen, einen Zugang bekommen kann. Bowers formulierte eine „Theorie der assoziativen Netzwerke von Gedächtnis und Gefühl", um die „stimmungsabhängige Wiedergewinnung" zu erklären, die durch physiologische oder symbolische verbale Prozesse aktiviert werden kann. Gazzaniga (1985) diskutiert neuere Forschungsergebnisse über Prozesse der linken und rechten Hirnhälfte, die die Anschauung stützen, daß diese assoziativen „Netzwerke der Seele" als halbautonome „Module" wirken können, die viele der funktionalen Eigenschaften des „Unbewußten" haben und die wir hier „zustandsgebundene Informationen und Verhaltensweisen" nennen.

Und es sind genau diese Interaktionen zwischem dem Physiologischen und dem Symbolischen, wie sie in den Arbeiten von Bowers und Gazzaniga dargestellt werden, in denen wir den Typus der Seele-Körper-Verbindungen erkennen, zu dem am ehesten die Hypnose einen Zugang schaffen kann. Diese experimentellen Arbeiten liefern uns zusammen mit denen anderer Wissenschaftler (Blum, 1967, 1972; Gage, 1983) eine gesicherte Grundlage für eine wirksame therapeutische Hypnose, in deren Verlauf wir uns vorsichtig einen Zugang zu den assoziativen Netzwerken und Bezugssystemen der Patienten verschaffen können, um sie zur

Auflösung von Störungen der Seele-Körper-Einheit zu benutzen (Erickson & Rossi, 1979; Erickson, 1985).

Ericksons hypnotische Untersuchungen psychosomatischer Phänomene

Ericksons ursprüngliche Beiträge zur psychosomatischen Medizin sind in vier Veröffentlichungen enthalten, die 1943 in der Januarausgabe der Zeitschrift *Psychosomatic Medicine* (1943a, b, c, d/1980) gleichzeitig erschienen sind. Diese Veröffentlichungen über die *psychologischen* Komponenten der psychosomatischen Erscheinungen faßten die Ergebnisse eines Jahrzehnts umfassender experimenteller und klinischer Hypnosearbeit zusammen, die in der gleichen Periode stattfand, in der Selye seine grundlegende Entdeckung der *physiologischen* Komponenten machte. In gewissem Sinne ergänzten sich Ericksons und Selyes Forschungsarbeiten, auf der anderen Seite waren sie aber auch einander entgegengesetzt: Selye entdeckte, daß unterschiedliche Streßfaktoren zur gleichen physiologischen Reaktion führten und prägte den Begriff „allgemeines Adaptationssyndrom"; Erickson entdeckte psychologisch unterschiedliche Reaktionen auf den gleichen Streßfaktor und nannte diese Erscheinungen „Zufallsphänomene". Gemeinsam betrachtet geben ihre Arbeiten ein umfassendes Bild der Genese psychosomatischer Störungen und der Methoden zu ihrer Auflösung.

Einzeln betrachtet würde Selyes Arbeit folgenden Schluß nahelegen: Da unterschiedliche Streßfaktoren das gleiche physiologische Syndrom erzeugen (Vergrößerung der Nebennierenrinde, Hemmung des Immunsystems und Geschwürbildung im Magendarmtrakt), müßte eigentlich jeder die gleichen physiologischen Funktionsstörungen haben, ganz gleich, welche Ursache der Streß hat (seelisch oder körperlich). Die Tatsache, daß in Wirklichkeit jedes Individuum unterschiedliche physiologische Veränderungen zeigt, weist darauf hin, daß die Streßreaktion noch eine andere Komponente haben muß. Selye nannte sie die „spezifische Komponente": Dazu gehörten die Besonderheiten des physiologischen Traumas (eine Messerwunde und eine Verbrennung lösten das gleiche AAS aus, beide hatten aber ganz offensichtlich unterschiedliche physikalische und physiologische Eigenschaften) und die psychologischen Varianten der erlernten konditionierten Reaktionen, die das Individuum im Laufe seines Lebens angesammelt hatte. Selye äußerte sich allerdings nicht über die Dynamik dieser konditionierten psychologischen Komponenten. Erickson erforschte dagegen bei seinen Untersuchungen psychosomatischer Phänomene gerade diese individuellen Muster psychologisch konditionierter Reaktionen jedes einzelnen Menschen (aus denen sich der zustandsabhängige Filter in Abb 1. S. 46 zusammensetzt).

Erickson beschreibt am Anfang einer seiner frühen Arbeiten mit dem Titel „Hypnotische Untersuchungen psychosomatischer Phänomene" diese „Zufallsphänomene" (1943c/1980):

> Dieser Aufsatz will über die verschiedenen psychosomatischen Wechselbeziehungen und Abhängigkeiten berichten, denen man häufig im Verlauf eines hypnotischen Experiments an normalen Versuchspersonen in Form von *Zufallsphänomenen* begegnet... Bei diesen *Zufallsphänomenen* handelt es sich nicht um die üblichen zu erwartenden Veränderungen im psychologischen, physiologischen und körperlichen Verhalten, die das Kennzeichen aller hypnotisierten Versuchspersonen sind, die sich in tiefer Trance befinden, wie zum Beipiel Veränderungen der Reaktionszeit, der sensorischen Schwellen, des Muskeltonus und ähnlicher Verhaltensaspekte. Sie sind von solchen psychosomatischen Erscheinungen hypnotischer Trance ziemlich weit entfernt und *aller Wahrscheinlichkeit nach nicht Ausdruck des eigentlichen Hypnosezustands, sondern sie kennzeichnen eher die Wechselbeziehungen zwischen den durch die Hypnose induzierten Verhaltensweisen und Bedingungen im Trancezustand*. Das heißt, sobald man sicher ist, daß ein tiefer Trancezustand erreicht ist, kann man der Versuchsperson spezielle hypnotische Anweisungen geben, um bestimmte Reaktionen innerhalb eines ausgewählten Verhaltensmodus auszulösen. Es *kann allerdings auch zusätzlich zu dem Verhalten, das suggeriert wurde*, zu einer deutlichen Veränderung irgendeines anderen Verhaltensmodus kommen, die offensichtlich in keiner Beziehung dazu steht und *den Charakter einer anscheinend zufälligen Manifestation hat* (S. 145-146).
>
> ... So kann zum Beispiel eine Versuchsperson, die hypnotisch taub gemacht wurde, viele Veränderungen des visuellen, motorischen und anderen Verhaltens zeigen... während eine andere Versuchsperson, die hypnotisch farbenblind gemacht wurde, womöglich viele motorische Verhaltensstörungen an den Tag legt, aber keine Veränderung im Hörbereich aufweist... Bei einer bestimmten Versuchsperson traten immer dann, wenn Taubheit erfolgreich

> suggeriert worden war, Übelkeitsgefühle und Schwindel auf... Sie hatte außerdem Nystagmusbewegungen und Pupillenerweiterungen... Eine andere Versuchsperson ... [erlebte] beim Einsetzen der hypnotischen Taubheit eine ausgedehnte Anästhesie. Erst wenn diese Anästhesie korrigiert worden war, konnte sie wieder hören ...
>
> Verschiedene andere Versuchspersonen zeigten eine vergleichbare Unfähigkeit, sich von den suggerierten Verhaltensveränderungen wieder zu trennen, solange die *Zufallsentwicklungen* nicht korrigiert worden waren (S. 148-149; Kursiv hinzugefügt).
>
> ... Diese [zufälligen Entwicklungen] stellen wesentliche individuelle Manifestationen dar, die unter einer Vielzahl von Umständen und im Zusammenhang mit vielen verschiedenen Assoziationen auftreten können. Sie sind außerdem, was ihr Auftreten in der gleichen Situation anbetrifft, nicht bei allen Versuchspersonen konstant... Die Ergebnisse sind allerdings innerhalb eines bestimmten Verhaltensmodus bei der Untersuchung einer einzelnen Versuchsperson weitgehend konstant, obwohl *wiederholte hypnotische Erlebnisse Ausmaß und Dauer der Phänomene, die für die Versuchsperson unangenehm sind, immer mehr verringern* (S. 146, Kursiv hinzugefügt).

Wenn man von den Überlegungen ausgeht, die in diesem Abschnitt entwickelt wurden, könnte man Ericksons „Zufallserscheinungen" als Manifestationen der einzigartigen individuellen zustandsgebundenen Informations- und Verhaltensmuster bezeichnen, die jeder im Laufe seiner individuellen Lebensgeschichte durch empirisches Lernen erwirbt. Diese individuellen Muster sind die Grundlage des unverwechselbaren Repertoires an hypnotischen Reaktionen des Individuums, das therapeutisch genutzt werden kann. (Diese individuellen Muster können auch als Manifestationen des „schöpferischen Unbewußten" eines jeden Menschen bezeichnet werden.) Wenn jemand eine gewisse Zeitlang übermäßigem Streß ausgesetzt ist, werden diese „Zufallserscheinungen" zur Grundlage der psychosomatischen Symptome, die die empirischen Lerninhalte ausdrücken, die in den Gedächtnisfiltern des limbischen Systems in Kodeform gespeichert sind.

Ericksons Entdeckung, daß „wiederholte hypnotische Erlebnisse Ausmaß und Dauer der [Zufalls-]Phänomene, die für die Versuchsperson unangenehm sind, immer mehr verringern", bildet die Grundlage seiner hypnotherapeutischen Methode zur Behandlung psychosomatischer Störungen. Ein Beispiel für Ericksons frühe Anwendung dieser Methode ist in seinem Aufsatz „Hypnotische Untersuchungen psychosomatischer Phänomene: eine experimentelle Anwendung hypnotischer Regression unter kontrollierten Bedingungen bei der Behandlung einer Lebensmittelunverträglichkeit“ enthalten. Diese Fallstudie liefert uns ein klares Beispiel, wie das zustandsabhängige Erlernen eines psychosomatischen Symptoms und eine phobische Reaktion (die möglicherweise das vegetative Nervensystem und vor allem die Magen-Darm-Komponente aus Selyes AAS einbezog) hypnotherapeutisch aufgelöst werden können (Erickson, 1943b/1980, S. 170):

> Eine Versuchsperson Anfang Zwanzig hatte eine außergewöhnliche Vorliebe für Orangensaft und trank ihn bei jeder Gelegenheit. Eines Tages entwickelte sie eine Magenstörung und beschloß, sich selbst zu behandeln, und nahm Rizinusöl, das sie mit Orangensaft mischte, um den Geschmack zu verbessern. Unglücklicherweise verursachte dieses Getränk eine akute Magenverstimmung: Ihr wurde fürchterlich schlecht, und sie mußte sich mehrmals übergeben. Anschließend legte sie sich ins Bett. Am nächsten Morgen ging es ihr wieder viel besser, und sie hatte großen Hunger. Sie ging in die Küche, um sich ihr gewohntes Glas Orangensaft zu holen. Völlig unerwartet mußte sie feststellen, daß ihr beim Anblick, Geruch und Geschmack des Orangensafts sofort übel wurde und sie sich übergeben mußte. Sie konnte den Saft nicht trinken.
>
> Anstatt sich spontan von diesem akuten heftigen Widerwillen gegen Orangen zu erholen, mußte sie erleben, daß er sich fast zu einer Phobie entwickelte. Sie konnte den Gedanken an die Orangen im Kühlschrank nicht ertragen, und ihre Familie mußte aufhören, sie zu verwenden. Der bloße Anblick von Orangen auf dem Markt löste bei ihr Übelkeitsgefühle aus.

Erickson berichtete, daß die Gründe für diese konditionierte Magendarmstörung eine andere, intensiv emotionsgeladene Determinante hatten, die innerhalb von ein paar Tagen verschwand und deren Einzelheiten er in seinem Aufsatz nicht erwähnt. Der konditionierte Widerwille der Versuchsperson gegen Orangensaft blieb jedoch bestehen. Das ist ganz typisch für psychosomatische Störungen und trifft den Kern des Dilemmas, das sie darstellen. Die Störungsursachen eines zustandsgebundenen Erinnerungs- und Lernmusters sind häufig leicht aufzulösen; die psychosomatischen Symptome aber, die durch sie entstehen, bestehen fort. Das neue Störungsmuster ist „funktionell autonom" geworden: Es überlebt in Form zustandsgebundener Informationen und Verhaltensweisen, die sich unabhängig und ziemlich häufig äußern und dabei offensichtlich dem bewußten Willen oder dem Ich trotzen.

Da es jetzt isoliert existierte, lehnte Erickson es ab, das Symptom mit direkter hypnotischer Suggestion zu behandeln, obwohl die Versuchsperson ihn inständig darum bat. Statt dessen wählte er eine indirekte Methode. Bei einem geselligen Beisammensein wurde die Versuchsperson von den Gästen überredet, sich als hypnotische Versuchsperson zur Verfügung zu stellen. Erickson demonstrierte an ihr die Altersregression und versetzte sie in eine Zeit zurück, die zwei Jahre vor dem Tag lag, an dem sie ihre unglückselige Assoziation zwischen Orangensaft, Rizinusöl und dem intensiv emotional geladenen Problem begonnen hatte. Als sie sich etwa zwanzig Minuten lang in dem regressiven Stadium befand (eine Zeitspanne, die Erickson immer nutzte, um eine tiefe somnambule Trance zu „setzen"), war sie in der Lage, mit den anderen Gästen Orangensaft zu trinken, ohne Widerwillen dabei zu empfinden. Erickson hatte ihr zu keiner Zeit irgendwelche direkten Suggestionen gegeben, um das Symptom zu mildern oder aufzulösen. Man hatte ihr nur eine Gelegenheit geboten, Orangensaft zu trinken, und sie hatte ihn mit Genuß getrunken. Dann wurde sie aus der Trance geweckt, nachdem sie vorher die Suggestion bekommen hatte, alles zu vergessen, was in der Trance vorgefallen war. Während des restlichen Abends „hatte sie häufig einen nachdenklichen, fragenden Gesichtsausdruck und bewegte ihre Zunge im Mund hin und her, so als versuche sie einem flüchtigen Geschmack nachzuspüren". Einige Tage später berichtete die Versuchsperson, daß sie irgendwie selbst „die Konditionierung spontan aufgehoben habe" und ihre ursprüngliche Vorliebe für Orangensaft wieder zurückgekehrt sei.

Der springende Punkt bei diesem Fall ist, daß Ericksons indirekte Methode die Versuchsperson in die Lage versetzt hat, ihre ursprüngliche Vorliebe für Orangensaft im Rahmen einer Altersregression ohne den störenden Einfluß ihrer gelernten negativen gastrointestinalen Reaktion wieder zu erleben. Aus der Sicht des zustandsgebundenen Erinnerns und Lernens könnte man sagen, daß ihr altersregredierter Zustand das Magendarmsymptom umgangen hat, das erst in einem späteren Alter gelernt worden war. Als sie dann wieder mit ihrer ursprünglichen Vorliebe für Orangensaft konfrontiert wurde, verlor das Symptom seine Kraft, und die Konditionierung wurde aufgehoben (Rossi, 1973/1980; Erickson &

Rossi, 1976/1980), ohne daß eine negative Erwartung ihres Bewußtseins störend eingreifen konnte.

Diese Art der Hypnotherapie unterscheidet sich außerordentlich von der klassischen Methode, die mit direkten Suggestionen arbeitet, um ein Symptom „wegzukommandieren“ oder zu hemmen. Ericksons indirekter Ansatz macht sich die natürliche Selbstheilungstendenz der Seele zunutze, er verzichtet auf direkte Suggestionen, die nur die begrenzte Auffassung des Therapeuten ausdrücken können, wie die Heilung sich vollziehen „solle“. Die Therapie vollzieht sich nicht aufgrund eines hypnotischen Kommandos, das der Seele der Versuchsperson aufgedrängt wird, sondern indem der Therapeut die „erlernten Einschränkungen“ – wie Erickson sie nannte – umgeht und sich einen Zugang zu den therapeutischen Reaktionspotentialen verschafft, die bereits in der Versuchsperson vorhanden sind. Im vorliegenden Fall war die erlernte Einschränkung ein eindeutiges Beispiel für ein „zustandsgebundenes Muster von Informationen und Verhalten“, das ein Störungssymptom kodierte, das mit der ursprünglichen Vorliebe der Versuchsperson für Orangensaft im Widerspruch stand. Ericksons indirekte Methode, sich über die Altersregression in permissiver Weise einen Zugang zu ihrem zustandsgebundenen Symptom zu verschaffen, erlaubte es ihren eigenen schöpferischen Kräften, die eigentliche Heilung zu bewirken. Ich werde später in weiteren Fallstudien zeigen, daß diese Art der therapeutischen Hypnose aus unserer psychobiologischen Perspektive besser zu verstehen ist als aus der traditionellen, aber irrigen Meinung, die Hypnose sei ein Programmieren der Seele und des Verhaltens. Erickson bezeichnete dann auch das Programmieren als einen „sehr uninformierten“ Versuch, Hypnotherapie zu betreiben (Erickson & Rossi, 1979, S. 288).

In einem kaum bekannten und wenig beachteten Aufsatz über das Wesen der hypnotischen Psychotherapie umriß Erickson (1948/1980) seine Vorstellung eines radikal neuen Konzepts der „Trance“ als einer Periode der schöpferischen Reorganisation. Er beschreibt sie folgendermaßen (S. 38):

> Die Einleitung und Aufrechterhaltung einer Trance dient dazu, einen *besonderen psychischen Zustand hervorzurufen, in dem der* Patient *seine innerseelischen* Komplexitäten *reassoziieren und reorganisieren* und seine eigenen Fähigkeiten in einer Weise nutzen kann, die in Übereinstimmung mit seinen Lebenserfahrungen steht... Die Heilung vollzieht sich als eine *innere Resynthese* des Verhaltens, die vom Patien-

ten selbst geschaffen wird. Eine direkte Suggestion kann zwar eine Veränderung im Verhalten des Patienten bewirken und zumindest vorübergehend zur Beseitigung eines Symptoms führen. Eine solche „Heilung" ist allerdings nur eine Reaktion auf die Suggestion und führt nicht zu einer Reassoziation und Reorganisation von Ideen, Gedanken und Erinnerungen, wie sie für eine wirkliche Heilung so wichtig sind. *Das Erleben der Reassoziation und Reorganisation des eigenen empirischen Lebens ist entscheidend für die Heilung,* nicht die Manifestation eines reaktiven Verhaltens, das bestenfalls den Beobachter befriedigen kann.

Wir wollen uns jetzt einer detaillierteren Darstellung dieses kreativen Ansatzes zuwenden, der sich mit der Reassoziation und Reorganisation von Seele-Körper-Problemen befaßt und den ich als eine neue Sprache der Kommunikation zwischen Körper und Seele und der therapeutischen Hypnose beschrieben habe (Rossi, 1987).

5

Die neue Sprache der Kommunikation zwischen Seele und Körper

In diesem Kapitel werden wir uns auf wirksame Methoden zur Förderung der Kommunikation zwischen Seele und Körper konzentrieren. Wir werden lernen, wie man sich mit Worten, Sätzen, Fragen und einer Vielzahl von Suchstrategien einen Zugang zu den Problemen verschaffen kann, die in der zustandsgebundenen Erinnerung verschlüsselt sind, um Informationen zur Selbsthilfe zugänglich zu machen. Es geht bei diesen Forschungsansätzen darum, das Potential des Menschen auf die bestmögliche Weise zu aktualisieren, und nicht um Manipulation oder Verhaltenskontrolle. Unsere Arbeit umfaßt *keine* offene oder verdeckte Konditionierung, „Kommunikationsbeeinflussung" oder Programmierung. Wir benutzen nicht einmal „Suggestionen" in dem herkömmlichen Sinn, daß wir einem anderen Menschen eine Idee in den Kopf setzen. Wir verschaffen uns nur einen Zugang zu Systemen zustandsgebundenen Erinnerns, Lernens und Verhaltens und sorgen dafür, daß ihre verschlüsselten Informationen für die Problemlösung greifbar sind. Der Ort, an dem der Heilungsprozeß kontrolliert wird, lag schon immer im Inneren des Patienten. Der Therapeut ist nur ein Förderer, Führer und Berater.

Wir verwenden dabei soweit wie möglich die eigenen Worte des Patienten, seine Einstellungen und seine Weltanschauung, weil das der beste Zugang zu den Problemfeldern ist. Unsere Methoden sind in der Regel problemorientiert, weil „Probleme" Wege zur „Wachstumsperipherie" eines Menschen sind. Symptome signalisieren häufig das Bedürfnis eines Menschen nach persönlicher Entwicklung. Alle unsere therapeutischen Methoden lassen den Patienten schon in der ersten Sitzung aktiv am Geschehen teilnehmen, weil er auf diese Weise lernt, besser mit seinen Problemen umzugehen, und sich selbst als leistungsfähig erlebt.

Jeder Zugang ist ein Neuordnen

Die Grundvoraussetzung für alle Methoden, die in diesem Buch dargestellt werden, heißt: „*Jeder Zugang ist ein* Neuordnen (*reframe*)." Jedesmal, wenn wir uns einen Zugang zu zustandsgebundenen Prozessen des Lernens, Erinnerns und Verhaltens verschaffen, die ein Problem verschlüsseln, haben wir eine Gelegenheit, zu „reassoziieren und zu reorganisieren", das heißt, das Problem so *neuzuordnen*, daß es gelöst werden kann. Diese Voraussetzung basiert auf neueren Ergebnissen der Lern- und Gedächtnisforschung, die weiter oben (3. Kapitel; Lynch, McGaugh & Weinberger, 1984) behandelt wurden. Das Gedächtnis arbeitet nicht wie ein Tonbandgerät, auf dem wir genau das wieder abspielen, was wir gelernt haben. Das Erinnern ist immer ein konstruktiver Prozeß, in dessen Verlauf wir bei jeder Erinnerung an ein vergangenes Ereignis eine neue subjektive Erfahrung synthetisieren. Pribram (1986) beschreibt diesen aktiven, synthetisierenden Prozeß des Erinnerns:

> Bildvorstellungen und andere seelische Inhalte werden als solche nicht gespeichert und haben auch keinen besonderen Platz im Gehirn. Die Vorstellungen und seelischen Ereignisse tauchen vielmehr kraft der Aktivität der lokalen Schaltkreise des Gehirns in der Regel mit Hilfe einer sensorischen Reizaufnahme aus der Umgebung auf und sind *konstruiert*. Ein ähnlicher Mechanismus, der sich auf die motorischen Aspekte des Gehirns bezieht, kann für das absichtsvolle, geplante Verhalten verantwortlich gemacht werden. Die Beweise für die Existenz solcher Mechanismen sind in *Languages of the Brain* und an anderen Stellen nachzulesen (Pribram, 1971, 1976; Pribram et al., 1981). Ein großer Teil meiner Forschungsarbeiten beschäftigte sich damit nachzuweisen, daß die *Hirnfunktion* bei ihrer Auseinandersetzung mit der Umwelt *aktiv und nicht passiv ist*, und zu erklären, wie die Prozesse in diesem aktiven Teil der Seele ablaufen. Die Untersuchungen haben gezeigt, daß die *inneren kortikalen und limbischen Formationen des Vorderhirns auf aktive Weise die sensorische Reizaufnahme organisieren* usw. (siehe Bericht von Pribram, 1980). (Kursiv nachträglich hinzugefügt.)

Seele und Natur befinden sich in einem ständigen Wechsel und dauernder schöpferischer Veränderung. Für uns ist es irritierend, wenn unsere Erinnerungen an das gleiche Ereignis sich von denen einer anderen Person unterscheiden und wenn sogar unsere eigenen Erinnerungen sich mit der Zeit verändern. Diese völlig natürlichen Differenzen und Veränderungen bringen so manches Gericht zur Verzweiflung, das von der ziemlich naiven Vorstellung einer sich nicht verändernden objektiven Realität ausgeht, in der „Tatsachen Tatsachen sind" und nicht subjektive Konstruktionen unserer eigenen Seele. Das Gesetz verlangt von einem Zeugen, daβ er eine Geschichte jedesmal in der gleichen Weise wiederholt. Im Gegensatz dazu hat der natürliche Geist die Neigung, dieselbe Geschichte jedesmal zu variieren, so als wolle er die „Realität" ständig auf den letzten Stand bringen und neuordnen, damit er mit den neuen Informationen und Ansichten, die sie spontan erzeugt, mithalten kann.

Das, was die Gerichte zur Verzweiflung treibt, ist für die Psychologen eine groβe Chance! Wenn der Geist zum Beispiel auf natürliche Weise Erinnerungen aus einer leicht veränderten Perspektive betrachtet, ist er damit beschäftigt, spontan alternative Realitäten zu konstruieren. Dieses spontane Konstruieren alternativer Realitäten hat einen besonderen Wert für das Überleben in einer Umwelt, die sich ständig verändert. Menschen, die solche spontanen Veränderungen nicht erkennen, willkommen heiβen und integrieren, sind dazu verdammt, ohne Kreativität in einer überalterten Vergangenheit zu leben (Rossi 1972/1985). Die meisten von uns sind sich nicht bewuβt, wie stark wir programmiert worden sind, so zu leben. Wir klammern uns vergeblich an unsere alte Art zu denken, zu fühlen und zu handeln, bis dann ein Symptom oder eine Störung unseren Mangel an Anpassungsfähigkeit an die Veränderungen offenbart, die sich ständig vollziehen. Das Symptom oder die Störung weist uns dann darauf hin, wo „innere Arbeit" erledigt werden muβ, damit wir uns wieder neu anpassen und gewissermaβen neu erschaffen können. Jedesmal wenn wir uns seelisch damit konfrontieren, um was es bei unserem Problem geht, können wir uns darauf verlassen, daβ unsere Seele dieses Problem bei der Suche nach der Antwort spontan in einer etwas anderen Weise neuordnet.

Das Dreistufenverfahren des Problemlösens

Auf einem Kongreβ mit dem Thema „Evolution in der Psychotherapie" in Phoenix, Arizona, schätzte man, daβ es inzwischen über 300 verschiedene Formen der Psychotherapie gibt (Rossi, 1987). Alle diese Therapien fördern bis zu einem gewissen Grad die Kommunikation zwischen Seele und Körper und Heilung. Man stünde ratlos vor der verwirrenden Vielfalt, wenn man versuchen würde, sich mit all den feinen Unterschieden zwischen ihnen zu befassen. Andererseits aber haben alle das Dreistufenverfahren des Problemlösens gemein:

1. Therapeut und Patient initiieren gemeinsam einen Kommunikationsprozeß.
2. Sie beschäftigen sich mit einer bestimmten Art von therapeutischer Arbeit.
3. Sie verfügen (hoffentlich) über Kriterien für die Problemlösung, damit sie wissen, wann sie die Interaktion beenden können.

In der traditionellen Hypnotherapie sehen diese drei Schritte folgendermaßen aus:

1. Vertrauen und Rapport schaffen.
2. Therapeutische Suggestionen für die schöpferische innere Arbeit anbieten.
3. Den Patienten „aufwecken" und die Problemlösung bestätigen (Erickson & Rossi, 1979).

Wenn das Problem nicht gelöst ist, führt man die gleichen drei Stufen noch einmal durch, wobei man möglicherweise andere Suggestionen und Muster für die innere Arbeit verwendet, die auf der Grundlage der Erfahrungen aus dem ersten Versuch verändert sind. Der Prozeß ist iterativ: Man wiederholt die drei Stufen immer wieder und lernt bei jedem Mal mehr über die innere Verfassung und die inneren Kräfte des Patienten, was zur Folge hat, daß sie beim nächsten Durchgang wirksamer gefördert werden können.

Die Beispiele für dieses Dreistufenverfahren, die in diesem Kapitel dargestellt werden, reichen vom Einfachen bis zum Komplexen. In der Reihenfolge, in der sie dargestellt sind, kann man sie leicht erlernen, da die Erfahrung mit jedem einzelnen Durchgang das therapeutische Geschick vergrößert, das zur wirksamen Durchführung des nächsten erforderlich ist. Alle diese Verfahren sind Variationen der *Grundformel für den Zugang*, auf die wir jetzt unsere Aufmerksamkeit richten wollen.

Die Grundformel für den Zugang

Das Wesen aller therapeutischen Methoden, die in diesem Kapitel behandelt werden, liegt in dem, was wir die Grundformel für den Zugang nennen. Hypnotherapeuten verwenden diese Formel seit Jahrhunderten in der einen oder anderen Weise. Sie wurde von Erickson und Rossi (1976/1980) analysiert und als „implizite Direktive" bezeichnet. Die Grundformel für den Zugang unterscheidet sich wesentlich von allen früheren Formen direktiver, autoritärer Suggestionen. Durch sie wird die Versuchsperson weder in der Weise beeindruckt noch konditioniert oder programmiert, daß sie glaubt, der Therapeut allein weiß, wie die Problemlösung aussehen muß. Die Zugangsformel liefert nur den Rahmen für den Zugang des Patienten zu der zustandsgebundenen Verschlüsselung seines oder ihres Problems und fördert die Informationsumsetzung, damit die Heilung von innen heraus stattfinden kann.

Die Grundformel für den Zugang kann auf verschiedene Weise formuliert werden, aber sie besteht in jedem Fall aus den folgenden drei Standardteilen:

1. Eine zeitbindende Einführung, bei der die innere Suche nach den zustandsgebundenen Systemen des Lernens, Erinnerns und Verhaltens initiiert wird.
2. Zugang zu den zustandsgebundenen Problemen und Symptomen und deren Umsetzung.
3. Ein von außen registrierbares reaktives Verhalten, das die erfolgreiche Beendigung des Zugangs und der therapeutischen Umsetzung anzeigt.

Wenn der Patient auf diese innere Zugangsformel reagiert, indem er ruhig wird und die Augen schließt, können wir ein reaktives Verhalten beobachten, das uns anzeigt, daß die innerseelische Arbeit stattfindet. Dies ist ein völlig natürlicher und leicht akzeptierter Ansatz für die innere Problemlösung, weil er einen typischen Prozeß des Alltags verwendet, den wir alle erleben, wenn wir vorübergehend in uns gehen, um herauszufinden, wie wir mit einem Problem umgehen sollen. Dieses Ausdrücken der Zugangsformel leitet den Prozeß der Durchsicht der Erinnerungen ein, die etwas mit dem Problem zu tun haben, und fördert ihn. Wie wir sehen werden, gibt es viele Arten, wie man diese Zugangsformel ausdrücken kann, durch die neues Lernen, das Neuordnen überholter

KASTEN 2 ***Grundformel für den Zugang***

1. *Zeitgebundene Einführung, durch die die innere Suche eingeleitet wird.*
   Sobald Ihr tiefes Selbst [das schöpferische Unbewußte, der spirituelle Führer usw.] weiß,

2. *Zugang zu den zustandsgebundenen Ursachen des Problems*
   daß Sie einige wichtige Erinnerungen, die einen Bezug zum Ursprung dieses Problems haben, noch einmal vor dem inneren Auge vorbeiziehen lassen können,

3. *Am Verhalten ablesbares Zeichen für die Problemlösung*
   werden Sie spüren, wie es Ihnen besser geht, während sich Ihre Augen schließen [das am Verhalten ablesbare Zeichen], um diese Erinnerungen Revue passieren zu lassen.

Ideen und die Kanalisierung des Selbstausdrucks in einer Weise gefördert werden, die sich für eine Problemlösung besser eignet.

Untersuchungen über schöpferisches Denken (Rossi, 1972/1985) haben gezeigt, daß etwas wesentlich Neues in der Regel auf einer unbewußten Ebene in unserem Inneren erzeugt wird. Das Bewußtsein nimmt diese neuen Ideen nur auf, unterwirft sie einer Überprüfung und integriert sie in bereits bestehende Modelle des Verstehens. Die Grundformel für den Zugang bietet eine Gelegenheit, daß etwas Neues auf der unbewußten Ebene an der Quelle der Kreativität passieren kann. Es ist eine Möglichkeit, die seelischen Kräfte des Patienten (zum Beispiel zustandsgebundene Erinnerungen, sensorisch-perzeptive Assoziationen, Gefühle, Gewohnheiten und verschiedene Lernmodelle) zu bündeln und auf den schöpferischen Zustand des Problemlösens zu richten. Neuere Untersuchungen auf dem Gebiet der Neurobiologie des Lernens (Rosenzweig & Bennett, 1984) zeigen, daß während des Lernvorgangs in den entsprechenden Gehirnzellen neue Proteine synthetisiert werden. Wir können spekulativ sagen, daß verschiedene Formen der Zugangsformel, wie sie in diesem und in dem folgenden Kapitel dargestellt sind, tatsächlich „die innere Synthese neuer Proteinstrukturen fördern, die möglicherweise die biologische Grundlage neuen Verhaltens und Erlebens darstellen" (Erickson, Rossi & Rossi, 1976).

Wir wollen uns jetzt einer detaillierten Betrachtung einiger Varianten der Grundformel für den Zugang zuwenden, die besonders bei klinischen Störungen nützlich sind.

Zugang zu zustandsgebundenen Ressourcen für die Problemlösung

Dieses allgemeine Dreistufenverfahren des Problemlösens durch den Zugang zu den inneren Ressourcen des Patienten ist zuerst von Erickson und Rossi (1979, S. 1-14) als Grundmodell der therapeutischen Hypnose beschrieben worden. Es ist hier zu einem Verfahren erweitert worden, das bei einer Vielzahl von Problemen hilfreich ist, die von den Patienten selbst während einer Periode „innerseelischer Arbeit" gelöst werden können.

Stufe 1: Bereitschaftssignal für die innerseelische Arbeit. In dieser ersten Stufe bittet der Therapeut den Patienten, die Entstehungsgeschichte und das Wesen des Problems zu überdenken. Mit dieser Rückschau beginnt die Tätigkeit *der Schaffung eines Zugangs und der spontanen Neuordnung* (*reframing*), die ein Kennzeichen aller Erinnerungsprozesse ist. Diese Rückschau leitet den eigentlichen Therapieprozeß ein, auch wenn der Patient womöglich glaubt, „man würde nur über sein Problem reden". In der positiven Atmosphäre, die durch die einfühlsame therapeutische Übertragung geschaffen wird, erlebt der Patient häufig eine spontane Teilremission des Symptoms oder gewinnt Einsichten, wie das Problem gelöst werden könnte. Diese einleitenden therapeutischen Explorationen werden natürlich durch den Therapeuten unterstützt, der dem Patienten dabei hilft zu erkennen, daß seine „inneres Selbst" (*inner mind*) oder sein „schöpferisches Unbewußtes" ständig arbeitet und sich jetzt in diesem Augenblick erfolgreich mit verschiedenen Teilen des Problemlösungsprozesses beschäftigt. Der Patient wird dann weiter ermutigt, sich an Situationen in seinem Leben zu erinnern, die noch weiter zurückliegen, in denen er selbst oder ein Bekannter ein ähnliches Problem gelöst haben.

Diese erste Stufe des Verfahrens erreicht ihren Höhepunkt, sobald ein therapeutischer Rahmen geschaffen worden ist und der Patient den Therapeuten erwartungsvoll ansieht, weil er von ihm eine „Antwort" erhofft. Diese Antwort wird gegeben, indem der Patient mit einem inneren Problemlösungprozeß ungefähr folgendermaßen vertraut gemacht wird:

„Nachdem Sie jetzt bereit sind, die Therapie auf einer noch tieferen Ebene fortzusetzen, können Sie damit anfangen, indem Sie einfach sich selbst gegenüber sensibler werden." [Pause]

„Wenn Ihr inneres Selbst weiß, daß es das Problem lösen kann [Pause], ***werden Sie spüren, wie Sie sich nach und nach immer wohler fühlen, und die Augen werden Ihnen zufallen."***

In der typischen Therapiesituation verfügt der Patient bereits über eine ausreichende Zahl kulturell geprägter Bezugssysteme, die seine Erwartung unterstützen, daß schöpferische Problemlösungen durch einen entspannten Prozeß innerseelischer Arbeit und Reflexion eingeleitet werden können. Wenn der Patient dann tatsächlich seinen Körper etwas zurechtrückt, um es sich bequem zu machen, und die Augen schließt, wie es ihm gesagt wurde, dann sind das für den Therapeuten die äußerlich sichtbaren reaktiven Verhaltensveränderungen, die anzeigen, daß die idealen psychobiologischen Bedingungen für die innere Heilung in Gang gesetzt werden.

Die Formulierung „nach und nach immer wohler fühlen" ist nicht nur ein Klischee – sie leitet innerhalb des vegetativen Nervensystems eine Verschiebung von der sympathischen zur parasympathischen Dominanz ein. Sie senkt das gesamte psychobiologische Erregungsniveau (ARAS – aufsteigendes retikuläres aktivierendes System), da sich die Wahrnehmung eigener Körperreize und die Aufnahme kinästhetischer Reize aus der gesamten Muskulatur verringert. Dadurch wird die Aufmerksamkeit von unwichtigen äußeren Reizen abgelenkt und auf die inneren zustandsgebundenen Systeme des Erinnerns, Lernens und Verhaltens gelenkt, die für die Problemlösung benötigt werden. Das Schließen der Augen fördert sofort die Produktion von Alphawellen (und nach einer gewissen Zeit auch von Thetawellen) im Gehirn, die mit schöpferischem Wahrnehmen, mit Gefühlen und bildhaftem Erleben in Verbindung gebracht werden. Das wiederum bedeutet, daß wir einen Wechsel von den rationalen, linearen Denkprozessen der linken Hirnhälfte zu den ursprünglicheren, ganzheitlichen Prozessen ermöglicht haben, die kennzeichnend für die rechte Hirnhälfte sind und in engerer Verbindung mit der Seele-Körper-Einheit zum limbisch-hypothalamischen System der Informationsumsetzung stehen.

Gelegentlich kann es allerdings auch vorkommen, daß ein Patient, statt sich zu entspannen, die Augen zu schließen und in sich zu gehen, unruhig, besorgt und alarmiert ist. Das bedeutet, daß die idealen therapeuti-

KASTEN 3 ***Zugang zu zustandsgebundenen Hilfsquellen der Problemlösung***

1. *Bereitschaftssignal für die innerseelische Arbeit*
Wenn ein Teil Ihres tieferen Selbst weiß, daß er das Problem lösen kann (Pause), werden Sie ein immer angenehmeres Gefühl bekommen, und Ihre Augen werden sich schließen.

2. *Zugang zu den zustandsgebundenen Hilfsquellen und deren Umsetzung*
Jetzt kann Ihr inneres Selbst allein weiterarbeiten und das Problem auf eine Weise lösen, die voll und ganz Ihren Bedürfnissen entspricht. [Pause]
Es gibt Erinnerungen, Lebenserfahrungen und Fähigkeiten, die Ihre Seele in mannigfacher Weise nutzen kann, die Ihnen bis jetzt womöglich noch nicht klar geworden sind.

3. *Bestätigung des Problemlösungsprozesses*
Wenn Ihr inneres Selbst weiß, daß es sich weiter wirkungsvoll mit diesem Problem befassen kann, werden Sie den Wunsch haben, sich ein wenig zu bewegen [Pause]. Und Sie werden die Augen öffnen und ganz wach sein.

schen Bedingungen für die erste Stufe noch nicht gegeben sind. Möglicherweise gibt es noch ein weiteres Problem, mit dem der Patient sich auseinandersetzen muß, bevor der schöpferische Prozeß der Problemlösung beginnen kann. In diesem Fall muß der Therapeut dem Patienten weitere Fragen stellen, zum Beispiel:

> **„Gibt es vielleicht noch andere Fragen oder Probleme, mit denen Sie sich auseinandersetzen wollen, bevor Sie mit Ihrer innerseelischen Arbeit beginnen?"**

Diese sorgfältig formulierte Frage enthält eine wichtige *Implikation*: Der Patient *wird* die innerseelische Arbeit tun, wenn er sich vorher mit dem anderen Problem auseinandergesetzt hat (Erickson & Rossi, 1979, 1980; Erickson, Rossi & Rossi, 1976). Diese Implikation stellt gleichzeitig eine Instruktion dar, die die Planungsfunktion des präfrontalen Kortex fördert. Die schöpferische innerseelische Arbeit wird sorgfältig organisiert und geordnet, damit die jeweiligen Probleme der Reihe nach bearbeitet werden können. Wenn diese Stufe erreicht ist, kann der Therapeut noch einmal das *Bereitschaftssignal für die innerseelische Arbeit* anbieten:

> **„Wenn ein Teil Ihres tieferen Selbst weiß, daß er das Problem lösen kann [Pause],** ***werden Sie spüren, wie Sie sich nach und nach immer wohler fühlen, und die Augen werden Ihnen zufallen.“***

Die erste Stufe, die zum Bereitschaftssignal für die innerseelische Arbeit führen soll, ist also eine iterative (wiederholte) therapeutische Prozedur: Sie wird mehrfach wiederholt, damit jedes Problem sofort aufgelöst wird, das den Prozeß unterbrechen könnte, bei dem der Patient sich eine gewisse Zeitlang nach innen wendet, um entspannt sein Problem zu lösen. Wenn der Patient sich dann entspannt hat und die Augen schließt, kann der Therapeut zur zweiten Stufe übergehen.

Stufe 2: Zugang zu den zustandsgebundenen Ressourcen. Nachdem der Patient die Augen geschlossen hat, kann ihn der Therapeut eine Zeitlang sich selbst überlassen, damit er seine innerseelische Arbeit ganz allein angehen kann. Es ist sehr gut, wenn man den Patienten während dieser kurzen Zeit sorgfältig beobachtet, denn es können sich viele verschiedene Reaktionsmuster zeigen. Manchmal zittern die Augenlider des Patienten ein wenig, wenn er sie schließt. Das ist ein typisches Merkmal der klassischen Hypnoseinduktion. Gelegentlich rollen die Augäpfel nach oben und/oder schielen auf die Nasenspitze, kurz bevor die Augenlider sich schließen. Einige Forscher haben über derartige Bewegungen berichtet (Spiegel & Spiegel, 1978). Sie werden als Hinweis auf die Fähigkeit zu einer tiefen Trance betrachtet. Wenn die Augen geschlossen sind, können kurzzeitig feine, schnelle, in senkrechter Richtung vibrierende Bewegungen der Augenlider auftreten, die möglicherweise auf den Zugang zu den zustandsgebundenen innerseelischen Prozessen hinweisen. Manchmal zeigen sich auch schnelle horizontale Bewegungen von links nach rechts, die darauf hinweisen, daß die innere Seelenlandschaft aktiv betrachtet wird. Gelegentlich können auch weiträumige, langsame, rollende Bewegungen der Augäpfel unter den geschlossenen Lidern beobachtet werden (Weizenhoffer, 1971), die auch auf tiefe, veränderte Zustände des Erlebens schließen lassen. Alle diese Bewegungen der Augenlider sind ein Hinweis darauf, daß der Patient mit einem Suchprozeß beschäftigt ist, der für diese Stufe der innerseelischen Arbeit ideal ist. Manchmal sind die Patienten einfach nur ruhig und bewegungslos. Es scheint tatsächlich eine umgekehrte Beziehung zwischen der Qualität der innerseelischen Arbeit und dem Ausmaß der von außen sichtbaren körperlichen Aktivitäten zu bestehen (Erickson & Rossi, 1981).

Der Therapeut kann den Patienten gelegentlich Fragen stellen, die sich auf ihre innerseelischen Erlebnisse beziehen, während sie diese verschiedenen Verhaltensmuster zeigen. Auf diesem Gebiet sind kaum experimentelle Untersuchungen durchgeführt worden, so daß wir nicht immer wissen, welche individuellen Reaktionsmuster wertvolle Informationen über den therapeutischen Prozeß liefern können. Wie dem auch sei, wenn der Patient ein paar Minuten lang mit seinen innerseelischen Prozessen beschäftigt ist, sind wir bereit, zur zweiten Stufe überzugehen, die aus dem *Zugang zu den zustandsgebundenen Ressourcen und deren Umsetzung* besteht. Diese Phase wird etwa folgendermaßen angeregt:

> **„Jetzt *kann Ihr inneres Selbst allein weiterarbeiten*, um das Problem in einer Weise zu lösen, die völlig Ihren Bedürfnissen entspricht."**
> **[Pause]**
> ***„Es gibt Erinnerungen, Lebenserfahrungen und Fähigkeiten, die Ihr Selbst auf viele Arten nutzen kann, an die Sie bisher noch nicht gedacht haben."***

Diese scheinbar beiläufigen Aussagen enthalten Implikationen, die den Problemlösungsprozeß auf subtile Weise unterstützen können. Der Satz: „Ihre Seele kann allein weiterarbeiten" suggeriert eine *Trennung* der bewußten Aktivität der linken Hirnhälfte, die für die willentliche Kontrolle über die Gedanken verantwortlich ist, von den sich selbst organisierenden, autonomen Urprozessen der rechten Hirnhälfte. Es kommt zu einer subtilen Schwächung der typischen Bezugssysteme und der gewohnheitsmäßigen Aktionsmuster des Bewußtseins (die das Problem möglicherweise verstärken) und zu einer Verstärkung der eher autonomen Urprozesse, die eine schöpferische Problemlösung in Aussicht stellen.

Der zweite Satz: „Es gibt Erinnerungen, Lebenserfahrungen und Fähigkeiten, die Ihr Selbst auf viele Arten nutzen kann, an die Sie bis jetzt noch nicht gedacht haben" hat den Zweck, einen Zugang zu den zustandsgebundenen Erinnerungs-, Lern- und Verhaltenssystemen zu bekommen, die jetzt für die Problemlösung benötigt werden, und sie umzuwandeln. Im Idealfall sollte den Patienten diese wichtigste Unterstützung in ihren eigenen Worten mitgeteilt werden und mit Begriffen, die mit ihren persönlichen Überzeugungen übereinstimmen.

TABELLE 3 ***Eine unvollständige Liste der kognitiven, emotionalen, sensorisch-perzeptiven und verhaltensspezifischen Zeichen für ein starkes Engagement des Patienten an der innerseelischen Arbeit und an den zustandsabhängigen Phänomenen***

- Bewegungen sind langsam oder Patient bewegt sich nicht
- Entspannte Gesichtszüge
- Entspannung, Wohlgefühl,
- Gähnen
- Gefühl von Distanz, Abgespaltenheit
- Gute Reaktionsbereitschaft
- Patient bewegt sich nicht
- Patient nimmt alles übertrieben wörtlich
- Phänomene, die mit einem spontan veränderten Zustand zusammenhängen:
  - Altersregression
  - Amnesie
  - Anästhesie
  - Katalepsie
  - Halluzinationen
  - Illusionen
  - Zeitverzerrung
- Pulsverlangsamung
- Pupillenveränderungen und Verlangsamung der Atmung
- Recken und Strecken
- Schlafzustand
- sensorische, muskuläre und körperliche Veränderungen
- sparsame Bewegungen
- Sprache minimal oder keine Sprache
- Tränen
- Veränderung der Stimme
- Veränderungen der Augäpfel
- Veränderungen der Augenlider und festes Schließen der Augen
- Verlangsamung der Lidschluß-, Schreck- und Schluckreflexe
- Verzerrungen der sinnlichen Wahrnehmung
- zeitliche Verzögerung der Motorik und des Wahrnehmungsverhaltens

Diese Liste ist eine Adaption der Tabelle „Indikatoren für die Entwicklung einer Trance" aus Erickson, Rossi und Rossi, 1976.

Tabelle 3 ist eine Aufstellung verschiedener kognitiver, emotionaler, sensorisch-perzeptiver und verhaltensspezifischer Anzeichen, die Hinweise auf eine deutliche Anteilnahme an der innerseelischen Arbeit geben, deren Ziel es ist, einen Zugang zu den zustandsgebundenen Erinnerungs- und Lernsystemen zu finden, von denen die Probleme verschlüsselt sind. Es ist sehr nützlich, wenn man diese Zeichen erkennt, denn sie zeigen an, wann die Patienten am ehesten einer therapeutischen Veränderung zugänglich sind. Wenn Patienten zum Beispiel Tränen vergießen, erleben sie besondere emotionale Zustände, die sie in die Lage versetzen, auf Fragen und therapeutische Maßnahmen in einer besonderen, oft heilsamen Weise zu reagieren. Eine tiefe Entspannung oder therapeutische Katalepsie (äußere körperliche Unbeweglichkeit bei entsprechend intensiver innerseelischer Arbeit) kann offenbar die Aufnahmebereitschaft einiger Patienten für jene zustandsgebundenen Gefühle, Impulse, bildhaften Vorstellungen und Ideen erhöhen, die therapeutisch wertvoll sind, weil sie ihnen dabei helfen, ihre vorherrschenden, aber von Problemen geplagten Denk- und Lebensweisen neu zu ordnen.

Stufe 3: Bestätigung („Ratifizieren") des Problemlösungsprozesses. Die dritte Stufe, bei der das Problemlösen bestätigt und die therapeutische Sitzung beendet wird, hängt wie die ersten beiden Stufen von der innerseelischen Reaktionsbereitschaft des Patienten auf die „impliziten Direktiven" des Therapeuten ab. Wenn der Therapeut schließlich das Gefühl hat, daß ein zufriedenstellender Teil der therapeutischen Arbeit geleistet worden ist, kann diese dritte Stufe beispielsweise auf die folgende Weise eingeleitet werden:

> **„Wenn Ihr inneres Selbst weiß, daß Sie das Problem dieses Mal völlig gelöst haben und daß Sie jetzt gut damit umgehen können, werden Sie feststellen, daß Sie sich ein wenig bewegen möchten." [Pause]**
> **„Sie öffnen jetzt Ihre Augen und sind völlig wach."**

In der Regel reckt der Patient sich und setzt sich zurecht, während er gleichzeitig die Augen öffnet. Diese spontane neue Körperorientierung ist zum Teil eine Reaktion auf die Worte des Therapeuten („Sie werden feststellen, daß Sie sich ein wenig bewegen möchten") und zum Teil eine völlig natürliche und spontane Orientierung an zustandsgebundenen Arten eines „normalen" Bezugs zur sozialen Umwelt. Patienten, die die Begabung haben, sehr tiefe veränderte Zustände zu erleben, wie sie gewöhnlich mit therapeutischer Hypnose in Verbindung gebracht werden, berichten häufig, sie seien „völlig weg" gewesen, „tief drin", „in Trance" oder hätten sich „unter Drogen oder hypnotisiert" gefühlt. Einen Augenblick lang kann die Welt schöner aussehen. Manche haben sogar das Gefühl eines Verlustes oder einer Steigerung der dritten Dimension: Ein paar Minuten lang scheint die Welt entweder flacher zu sein oder mehr Tiefe zu haben. Alle diese spontanen Berichte über veränderte Bewußtseinszustände werden als völlig natürliche, positive Hinweise auf eine wirkungsvolle innerseelische Arbeit betrachtet; sie sind, wie schon oben erwähnt, Hinweise auf einen tiefen Zugang zu den zustandsgebundenen

Phänomenen, die zum Zweck der therapeutischen Veränderung unter Umständen neu geordnet werden müssen.

In der Regel macht der Patient ein paar spontane Bemerkungen über seine inneren Erlebnisse und die konstruktiven Veränderungen des Symptoms oder Problems, die stattgefunden haben. Das alles gehört zur dritten Stufe der Bestätigung der therapeutischen Arbeit, die mit den Worten eingeleitet wurde: „Wenn Ihr inneres Selbst weiß, daß es sich weiter wirkungsvoll mit diesem Problem befassen kann, *werden Sie den Wunsch haben, sich ein wenig zu bewegen*. [Pause] Und Sie werden die Augen öffnen und ganz wach sein."

Diese Worte implizieren, daß der Patient keinen Impuls verspürt, sich zu bewegen, bevor er nicht das Gefühl hat, jetzt besser mit dem Problem umgehen zu können. Diese Implikation gibt wie alle anderen Implikationen den unbewußten Prozessen des Patienten die freie Wahl – in diesem Fall die Freiheit, die innerseelische Arbeit auf seine eigene Weise zu beenden und selbst zu entscheiden, wann er sich bewegen und aufwachen will.

Der Satz: „Wenn Ihr inneres Selbst weiß, daß es sich weiterhin wirkungsvoll mit diesem Problem beschäftigen kann" enthält eine schöpferische Doppeldeutigkeit, die es ebenfalls dem Unbewußten des Patienten erlaubt, sich das auszusuchen, was am besten zu seiner Arbeitsweise paßt: Vielleicht hat er das Problem „hier und jetzt" in dieser Therapiesitzung vollständig lösen können, oder aber er wird die aktive innerseelische therapeutische Arbeit vielleicht nach der Sitzung fortsetzen müssen. Schöpferische Doppeldeutigkeit fördert freie Entscheidungen! Wir alle funktionieren auf vielen verschiedenen Ebenen; während wir auf einer Ebene unser normales Leben leben und bestimmte Rollen spielen, können wir auf anderen Ebenen, die der Vorbereitung zukünftiger neuer Rollen und Aktivitäten dienen, mit intensiver schöpferischer innerseelischer Arbeit und der Reorganisation unseres Selbst beschäftigt sein.

Das Inkubieren der Seele-Körper-Heilung

Diese Variation der Grundformel für den Zugang hat sich aus verschiedenen Quellen entwickelt. Philosophen wie Vaihinger (1911) und die Konstruktivisten (Watzlawick, 1984) diskutieren die Verwendung der Phantasie im Sinne der „Als-ob"-Phänomene und der sich selbst erfüllenden Prophezeiungen bei der Ausformung unserer empirischen Realität und unseres „Schicksals". Wir sind unserem Schicksal ausgeliefert, wenn wir es unserem Unbewußten gestatten, unsere Zukunft mit Hilfe seiner autonomen schöpferischen Prozesse zu gestalten. Wenn wir kaum eine oder gar keine Beziehung zu diesen unbewußten Prozessen haben, können wir bei der Gestaltung unserer Zukunft kein Wort mitreden. Wir können aber durch unsere innerseelische Arbeit aktiv an der Gestaltung unserer Zukunft teilnehmen. Erickson hat zum Beispiel etwas entwickelt, das er „Pseudo-Orientierung in der Zeit" nannte. Mit dieser Methode konnten seine Patienten verschiedene Spielarten ihrer eigenen Zukunft gestalten, indem sie sich einen Zugang zu innerseelischen Möglichkeiten verschafften, die nur im Embryonalzustand vorhanden waren, und sie förderten. Einige Kliniker erforschen zur Zeit die Verwendung von Bildvorstellungen als wichtigstes Mittel zur Förderung der Verwirklichung positiver Sich-selbst-erfüllender-Prophezeiungen (Achterberg, 1985; Shorr, Sobel, Robin & Connella, 1980) bei der Seele-Körper-Heilung. Andere Forscher benutzen andere Methoden wie zum Beispiel den „gespürten Sinn" (*felt sense*), den Gendlin (1978) als den Kern der psychotherapeutischen Veränderung bezeichnet.

Bei unserer Methode werden alle Modalitäten der Informationsumsetzung zwischen Körper und Seele benutzt, die dem Individuum zur Verfügung stehen. Die Zugangsformel für das *Inkubieren der Seele-Körper-Heilung* ist eine Adaption der „Zeichnungen der innerseelischen Kräfte" von Mills und Crowley (1986), einem Verfahren, das bei Kindern angewendet wird. Bei dieser Methode wird das Kind aufgefordert, 1. das Problem so zu zeichnen, wie es von ihm zur Zeit erlebt wird; 2. wie das Problem nach seiner Lösung aussieht und 3. wie man von der ersten Zeichnung zur zweiten gelangt. Bei der Arbeit mit Erwachsenen habe ich dieses Verfahren so verändert, daß ich Suggestionen benutze, die zu einer inneren Suche auf diesen Gebieten anregen.

In der zweiten Hälfte dieses Buches werden wir einige der physiologischen Bahnen untersuchen, auf denen dieser leibseelische Heilungsprozeß stattfindet. Aus psychobiologischer Sicht können wir davon ausgehen, daß diese Zugangsformel die imaginativen und planenden Funktionen des Präfrontalhirns und die visuell gespeicherten Bildvorstellungen innerseelischer Hilfskräfte und Problemlösungstechniken anzapft, die womöglich in zuvor nicht zugänglichen zustandsgebundenen Systemen verschlüsselt waren. Die häufig erlebte seelische Entspannung, die das „spontane" Bewußtwerden von Einsichten und vergessenen Erinnerungen begleitet, das während dieser Dreistufenmethode stattfindet, ist ein typisches Zeichen dafür, daß ein Zugang zu den zustandsgebundenen Erinnerungs-, Lern- und Verhaltenssystemen gefunden worden ist und daß sie therapeutisch neugeordnet worden sind.

KASTEN 4 *Das Inkubieren der Seele-Körper-Heilung*

1. *Zeichen der Bereitschaft, das gegenwärtige Problem zu betrachten.*
   Wenn Ihr inneres Selbst bereit ist, alle Aspekte dieses Problems zu betrachten, so wie Sie es zur Zeit erleben [Pause], werden Sie feststellen, daß Sie sich wohler fühlen, und Ihre Augen werden sich schließen. [Pause]
   Betrachten Sie vor allem diejenigen Teile des Problems, von denen Sie bisher noch nicht wissen, wie Sie mit ihnen umgehen sollen.

2. *Das Inkubieren der laufenden und zukünftigen Heilung*
   Erforschen Sie jetzt die zukünftigen Heilungsmöglichkeiten. Wie sehen Sie sich selbst? Wie fühlen Sie sich? Was machen Sie jetzt, nachdem die Störung völlig geheilt ist? [Pause]
   Lassen Sie Ihr Selbst jetzt überlegen, wie Sie mit dem gegenwärtigen Problem fertig werden [Pause] und in die Zukunft gelangen, in der Sie geheilt sind. [Pause]
   Welche Schritte werden Sie unternehmen, um Ihre Heilung zu fördern? [Pause]

3. *Bestätigung der Seele-Körper-Heilung*
   Wenn Ihr Selbst weiß, daß es den Heilungsprozeß ohne fremde Hilfe fortsetzen kann, und wenn Ihr Bewußtsein weiß, daß es mit dieser Heilung zusammenarbeiten kann [Pause], werden Sie merken, daß Sie sich recken, die Augen öffnen, völlig wach sind und sich erfrischt fühlen.

psychologische Neuorientierung auf eine Zukunft hin, in der das Problem gelöst ist, schafft offensichtlich einen neuartigen Reiz und ein therapeutisches Bezugssystem, das es dem Patienten möglich macht, aus dem „gegenwärtigen Problemrahmen" auszubrechen, der den Zugang zu seinen inneren Ressourcen erschwert hat.

Skalierung und Verordnung des Symptoms

Diese Variation der Grundformel für den Zugang stellt zwei neue Ansätze vor: 1. die *Skalierung* der Intensität eines Problems, so wie es gegenwärtig erlebt wird, indem man ihm einen numerischen Wert zuordnet; und

2. die *Verordnung des Symptoms oder Problems*, bei der der Patient aufgefordert wird, die scheinbar paradoxe Aufgabe durchzuführen, seine Störung freiwillig zu verschlimmern. Unsere psychobiologische Orientierung sagt uns, daß man mit der Skalierung die Sprachen und Aktivitäten der rechten und linken Hirnhälfte im Hinblick auf ein Problem koordinieren kann. Die rechte Hirnhälfte kann möglicherweise ein Problem mit Hilfe analog-metaphorischer Prozesse verschlüsseln, wie sie für Gefühle, Körpersprache und Träume typisch sind. In dieser Form ist das Problem womöglich den eher linearen, logischen und rationalen Lösungswegen der linken Hirnhälfte nicht zugänglich. Diese Prozesse der linken Hemisphäre können durch eine Skalierung des Problems zugänglich gemacht und mit ihm verbunden werden, da die linke Hirnhälfte sowohl mit Zahlen als auch mit Worten wie „stärker oder weniger stark, besser oder schlechter" leichter umgehen kann.

Indem wir den Patienten dazu auffordern, das Problem zu *erleben*, aktivieren wir wahrscheinlich die Prozesse der rechten Hirnhälfte, die leichter einen Zugang zu der zustandsgebundenen Kodierung finden. Indem wir den Patienten gleichzeitig auffordern, das Problem zu *skalieren*, aktivieren wir vermutlich die Fähigkeiten der linken Hirnhälfte und bringen sie dazu, sich bewußt auf das Problem zu konzentrieren. Wenn wir dann den Patienten mehrmals ziemlich schnell hintereinander auffordern, „das Problem schlimmer oder besser zu machen", dann verlangen wir wahrscheinlich von ihm, daß er die Aktivitäten seiner rechten und linken Hirnhälfte koordiniert, um dadurch zunehmend größere Erfahrung zu bekommen, wie man sich einen Zugang zu dem Problem verschafft und lernt, seine Auswirkungen auf das Verhalten zu steuern.

Zur Zeit zeichnet sich ein Prinzip der Interaktion der Hirnhälften ab, das besagt, daß manche Funktionen, die offensichtlich von Natur aus ihren Ursprung in der rechten Hemisphäre haben, nach und nach eine übergeordnete Kontrolle in der linken Hemisphäre übernehmen. Der Durchschnittsmensch, der einfach nur gerne Musik hört, benutzt dabei zum Beispiel vorwiegend die rechte Hirnhälfte. Bei einem professionellen Musiker dominiert dagegen die linke Hirnhälfte, wenn er sich mit Musik beschäftigt (Maziotta, Phelps, Carson & Kuhl, 1982; Phelps & Maziotta, 1985). Wir könnten die Hypothese aufstellen, daß ein Patient, der ein Symptom skaliert und einübt, das ursprünglich in der rechten Hirnhälfte verschlüsselt war, durch die erworbene Routine im An- und Abstellen des Symptoms mit seiner linken Hirnhälfte Kontrolle darüber gewinnt. Das würde die Voraussage erlauben, daß eine Positronenemissions-Tomografie eine Verlagerung der Dominanz von der rechten zur linken

KASTEN 5 ***Skalierung des Symptoms oder Problems***

1. *Skalierung und Verordnung des Symptoms*

Wenn Sie sich eine Skala von 1 bis 100 vorstellen, bei der 100 der schlechteste Wert ist, wie erleben Sie dann zur Zeit Ihre Störung? Geben Sie jetzt eine Bewertung ab.

2. *Verordnung des Problems*

Lassen Sie Ihre Störung jetzt schlimmer werden. Bewerten Sie sie. Und jetzt sollen Sie Ihre Störung besser werden lassen. Bewerten Sie sie. Etc.

3. *Bestätigung der therapeutischen Reaktion*

[Diese Übung ist beendet, wenn der Patient einen offensichtlichen therapeutischen Gewinn hat und den ursprünglichen Wert seiner Störung senken konnte und sich vertrauensvoll darüber äußert, daß er auch in Zukunft diese Problemlösungstechnik anwenden wird, um allmählich eine immer bessere Lösung zu erreichen.]

Hirnhälfte anzeigen würde, während der Patient das problematische Verhalten durch seine Übungen allmählich unter Kontrolle bringen würde. Man kann davon ausgehen, daß es auch bei Patienten, die gelernt haben, Symptome mit Hilfe von Biofeedback unter Kontrolle zu bekommen, zu einer Verlagerung von rechts nach links kommt.

Paradoxe Therapie. Da diese sogenannten paradoxen Aspekte der Symptomverordnung als neue Therapieform in der letzten Zeit viel Interesse erregt haben (Seltzer, 1985; Weeks & L'Abate, 1982; Zeig, 1980a, b), wollen wir sie etwas näher betrachten. Aus psychobiologischer Sicht ist die paradoxe Therapie keineswegs paradox: Wie wir gesehen haben, kann man über die Verordnung einer Störung oder eines Symptoms tatsächlich einen direkten Zugang zu den psychobiologischen Ursprüngen finden, die in den zustandsgebundenen Systemen des Erinnerns, Lernens und Verhaltens im Gehirn verschlüsselt sind. Die paradoxe Therapie erscheint nur von dem logischen Standpunkt aus paradox, daß die Patienten versuchen, das Erleben und Ausdrücken einer Störung zu vermeiden und hoffen, sie würde dadurch „weggehen". Wenn man aber versucht, eine Störung zu vermeiden, zu blockieren oder ihr Widerstand entgegenzusetzen, blockiert das nur den Zugang und verhindert seine therapeutische Neuordnung. Wenn eine Störung einen Patienten „verfolgt", dann geschieht das nur, weil seine Seele und seine Natur versuchen, sie ins Bewußtsein zu bringen, damit sie aufgelöst werden kann.

Wie schon früher erwähnt, weisen neurobiologische Untersuchungen des Lernens und Erinnerns darauf hin, daß es nicht nur einfach um den Prozeß der Schaffung eines Zugangs und des Erinnerns geht – die Schaffung des Zugangs und das Erinnern sind immer Rekonstruktionsprozesse. In diesem Licht führt die Verordnung eines Symptoms in Wirklichkeit zu seiner Rekonstruktion. Wenn wir jemanden auffordern, ein Symptom freiwillig zu erleben, statt ihm Widerstand entgegenzusetzen, verändern wir auf drastische Weise die innere Dynamik und die zustandsgebundenen Systeme des Erinnerns und Lernens, die es dem Symptom erlauben, sich zu entwickeln. Wir haben aus der abgespaltenen und unfreiwilligen Aktion eine freiwillige gemacht; wir heben den zustandsgebundenen Charakter auf. Wenn wir einen Patienten auffordern, die Intensität eines Symptoms auf einer Skala zu bewerten, verändern wir es noch mehr, indem wir eine *neuartige, bewußte, bewertende Orientierung* hinzufügen. Diese neue Orientierung verleiht den Problemlösungsprozessen sofort mehr Kraft; sie fördert Strategien und das Selbstbild; das Ich des Patienten wird hinsichtlich des vorher abgespaltenen Symptoms gestärkt.

Die klinische Wirksamkeit dieser paradoxen Methode wird durch die Tatsache belegt, daß sie (wenn auch unter anderen Namen) inzwischen von sehr vielen Psychotherapieschulen verwendet wird. Die meisten Theoretiker dieser verschiedenen Schulen standen allerdings vor einem Rätsel, da sie nicht wußten, warum diese Methode funktioniert. Da die paradoxe Methode aus unserer psychobiologischen Perspektive völlig einleuchtend ist, dürfte es sich lohnen, die vielen Namen und Formulierungen zu betrachten, die ihr gegeben worden sind. Man kann unsere psychobiologische Methode als gemeinsamen Nenner aller im folgenden aufgeführten Ansätze betrachten (Seltzer, 1985, S. 20):

> Aus den psychoanalytischen Schulen, wozu wir auch die paradigmatischen Psychotherapeuten zählen, kennen wir Bezeichnungen wie „Gegensuggestion", „mit dem Widerstand gehen", „den Widerstand widerspiegeln", „gemeinsame Sache mit dem Widerstand machen", „paradigmatische Übertreibung", „Unterstützung der Abwehrmechanismen", „Reductio ad absurdum", „Durchspielen eines Aspekts der Psychose", „Widerspiegelung der Verzerrungen

des Patienten", „Teilnahme an den Phantasien des Patienten" und „Nutzung des Patienten als Berater". Aus der Verhaltenstherapie kennen wir paradoxe Elemente wie „Blow-up", „Implosion", „Überfluten", „instruierte Hilflosigkeit", „massiertes Üben", „negatives Üben", „paradoxe Intention", „Reizsättigung" und „Symptomplanung". In der Gestalttherapie, in der die Bezeichnung „paradox" selten vorkommt, kann man im Verhalten des Therapeuten, der in freundlicher Absicht grausam ist und dem Patienten suggeriert, er solle „das [negative] Erlebnis ausleben" oder „das Gefühl" (Empfinden, Erleben, Sprache, Bewegung etc.) übertreiben, den Versuch zur Förderung einer paradoxen Veränderung erkennen. Schließlich finden wir dann in den verschiedenen Schulen der Kommunikationstherapie – die nachdrücklich paradoxe Strategien empfehlen und theoretisch begründen – folgende Anhäufung von Namen und Bezeichnungen: „Technik der Verwirrung", „Erklärung der Hoffnungslosigkeit", „Übertreiben der Position", „paradoxer Befehl", „paradoxe Instruktion", „paradoxe Rituale und Aufgaben", „paradoxe schriftliche Mitteilungen", „Zurückhalten (oder Behindern) einer Veränderung", „Prophezeiung eines Rückfalls", „Verordnung eines Rückfalls", „positive Konnotation" (oder „Interpretation"), „Neuordnen", „Neudefinieren", „Neuetikettieren", „Symptomverordnung" (oder „Verordnung des Widerstands, des Symptoms oder Systems"), „therapeutisches Paradoxon" und die „therapeutische Doppelbindung". R. P. Greenberg, der einen Artikel mit dem interessanten Titel „Die Kraft des negativen Denkens" (1973) geschrieben hat, nennt einige der oben erwähnten Methoden allgemein „Anti-Erwartungstechniken", was daran erinnern soll, daß der paradoxe Charakter dieser Methoden aus ihrer offensichtlichen Irrationalität im *Hinblick auf die Erwartungen des Patienten* besteht.

Unsere vereinfachte Methode der „Skalierung und Verordnung des Problems" kann durch die einzelnen Gesichtspunkte und das Vokabular all dieser Methoden bereichert werden, mit denen man einen Zugang zu den Symptomen und Störungen gewinnen kann, um sie dann therapeutisch neuzuordnen.

Kanalisieren und Umsetzen von Informationen

Die Psychoanalyse versucht, Symptome und Störungen durch Analyse aufzulösen; die Verhaltenstherapeuten arbeiten mit Konditionieren und

KASTEN 6 *Zustandsabhängige Modalitäten der Seele-Körper-Kommunikation*

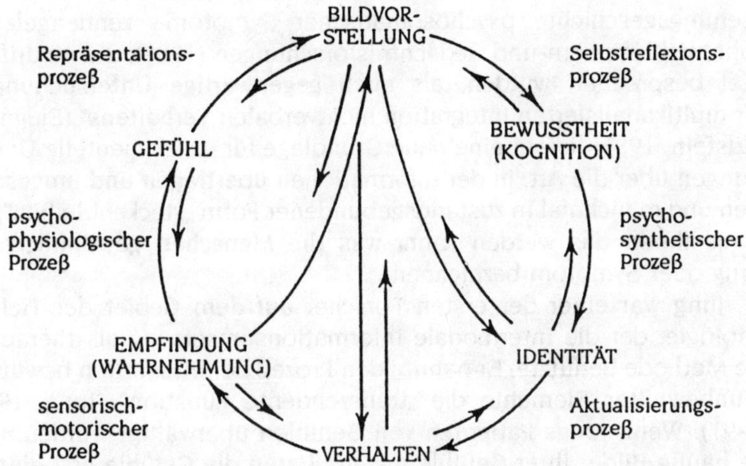

Einige Grundprozesse psychologischer Veränderungen, wie sie in Träumen und in der Psychotherapie zu beobachten sind. Jede einzelne dieser Modalitäten menschlichen Erlebens hat zustandsgebundene Eigenschaften. Sie alle sind an dem Prozeß der Informationsumsetzung beteiligt, der das Wesen der Auflösung von Symptomen und Störungen ausmacht.

(Aus Rossi, 1972/1985)

Löschen. Unsere psychobiologische Methode versucht, Symptome und Störungen zu kanalisieren und in Kreativität umzusetzen. Über die ideodynamische Kanalisierung und Umsetzung der Symptome und Störungen kann eine unendliche Spielbreite therapeutischer Kreativität und Heilungsmöglichkeiten entwickelt werden. Alle Modalitäten der sinnlichen Wahrnehmung sind daran beteiligt: Visionen und Bildvorstellungen, akustische Erlebnisse, propriozeptive Bewegungswahrnehmungen, Geruch, Geschmack und alle möglichen Kombinationen, wie sie sich in den bedeutsamen Aspekten der Seele-Körper-Kommunikation und der Identität des Menschen ausdrükken. Kasten 6 veranschaulicht einige der Grundkanäle für die Umsetzung einer Anzahl dieser zustandsgebundenen Modalitäten.

Im zweiten Kapitel haben wir Bernheims ursprüngliche Definition der *Ideodynamik* als des grundlegenden Mechanismus für die Informationsumsetzung bei der Hypnose kurz erwähnt. Im vierten Kapitel haben wir Ericksons hypnotische Untersuchungen der „Zufallsphänomene" als spontan auftretende intermodale sensorische Transformationen in der Entstehungsgeschichte psychosomatischer Symptome kennengelernt. Sowohl Mishkins Lern-und Gedächtnisforschungen (1982), die im dritten Kapitel besprochen wurden, als auch gegenwärtige Untersuchungen „einer multikanalisierten Integration nichtverbalen Verhaltens" (Siegman & Feldstein, 1985) liefern eine neue Grundlage für experimentelle Untersuchungen über die Art, in der Informationen übertragen und umgesetzt werden und manchmal in zustandsgebundener Form „steckenbleiben", so daß aus ihnen das werden kann, was die Menschen gewöhnlich als Störung oder Symptom bezeichnen.

C.G. Jung war einer der ersten Forscher auf dem Gebiet der Tiefenpsychologie, der die intermodale Informationsumsetzung als therapeutische Methode benutzte. Er nannte den Prozeß der Integration bewußter und unbewußter Elemente die „transzendente Funktion" (Jung, 1960, S. 67-91). Wenn Jungs Patienten von Gefühlen überwältigt wurden, ließ er sie häufig Bilder ihrer Gefühle malen. Waren die Gefühle erst einmal bildlich ausgedrückt worden, konnte man die Bilder miteinander reden lassen. Sobald dieser Dialog stattfand, befand sich der Patient auf dem besten Weg, die verschiedenen Aspekte seiner gespaltenen Psyche wieder miteinander zu versöhnen. Jung beschreibt seine Methode wie folgt (Jung, 1960, GW 8, Die transzendente Funktion, S. 98-101):

> *In der Intensität der affektiven Störung liegt der Wert, das heißt die Energie, welche der Leidende disponibel haben sollte, um den Zustand der verminderten Anpassung zu beheben.* Dadurch, daß man diesen Zustand verdrängt oder rational entwertet, ist nichts gewonnen.
>
> Um der an falscher Stelle befindlichen Energie habhaft zu werden, nimmt man den affektiven Zustand als Basis oder Ausgangspunkt der Prozedur. Man macht sich die Stimmungslage möglichst bewußt, indem man sich rückhaltlos darin versenkt und alle auftauchenden Phantasien und sonstige Assoziationen schriftlich fixiert. Der Phantasie muß freiester Spielraum gelassen werden...
>
> Die Prozedur stellt eine Art von Anreicherung und Verdeutlichung des Affekts dar, und dadurch nähert sich dieser mit seinen Inhalten dem Bewußtsein an. Er wird eindrücklich und dadurch auch verständlich. Diese Arbeitsleistung allein schon kann einen

günstigen und belebenden Einfluß ausüben. Jedensfalls aber ist damit eine neue Situation geschaffen, indem der vorher beziehungslose Affekt zu einer mehr oder weniger deutlichen und artikulierten Vorstellung geworden ist, und zwar dank dem Entgegenkommen und der Kooperation von seiten des Bewußtseins. Es ist somit ein Anfang der transzendenten Funktion gemacht, nämlich der Zusammenwirkung unbewußter und bewußter Daten.

Die affektive Störung kann auch in anderer Weise zwar nicht intellektuell erleuchtet, aber wenigstens anschaulich gestaltet werden. Patienten, die etwelche malerische oder zeichnerische Begabung haben, können dem Affekt durch ein *Bild* Ausdruck verleihen... Visuell Begabte haben ihre *Erwartung* darauf zu richten, daß sich ein inneres Bild herstellen werde. In der Regel wird sich auch ein solches (vielleicht hypnagogisches) Phantasiebild anbieten, das sorgfältig zu beobachten und schriftlich zu fixieren ist. Akustisch-sprachlich Begabte pflegen innere Worte zu hören. Anfangs sind es vielleicht bloß Fragmente von anscheinend sinnlosen Sätzen, die aber ebenfalls sorgfältig zu fixieren sind... Solchen Personen fällt es natürlich nicht schwer, die Beziehung zum unbewußten Material und damit die Vorbedingung zur transzendenten Funktion herzustellen.

Es gibt wiederum andere Menschen, die innerlich weder sehen noch hören, aber ihre *Hände* haben die Fähigkeit, Inhalte des Unbewußten auszudrücken. Solche Patienten bedienen sich mit Vorteil plastischer Materialien. Relativ selten sind solche, deren motorische Begabung einen Ausdruck des Unbewußten durch *Bewegung*, beziehungsweise Tanz, ermöglicht. Dem Nachteil, daß Bewegungen nicht fixiert werden können, muß dadurch begegnet werden, daß die Bewegungen nachher sorgfältig nachgezeichnet werden, damit sie dem Gedächtnis nicht verlorengehen. Noch seltener, aber ebenfalls verwendbar, ist *automatisches* Schreiben, direkt oder mit der Planchette. Diese Prozedur liefert ebenfalls sehr brauchbare Resultate.

Wir gelangen nun zur weiteren Frage, was mit dem auf eine der beschriebenen Weisen gewonnen Material weiter zu geschehen habe. Für diese Frage gibt es keine apriorische Antwort, indem erst aus der Konfrontation des Bewußtseins mit den Produkten des Unbewußten eine vorläufige, aber alles Folgende bestimmende Reaktion hervorgeht. Die praktische Erfahrung allein kann uns darüber Aufschluß erteilen. Soweit meine bisherige Erfahrung

> reicht, scheinen hauptsächlich zwei verschiedene Tendenzen aufzutreten: die eine geht in der Richtung der *Gestaltung*, die andere in der des *Verstehens*. (Kursiv im Original.)

Dieses Zitat stammt aus Jungs Arbeit „Die transzendente Funktion", an der er vierzig Jahre lang arbeitete (zwischen 1916 und 1957), bevor er der Veröffentlichung zustimmte. Man könnte sagen, daß es den Kern seiner psychotherapeutischen Methodologie repräsentiert. Aus der psychobiologischen Sicht, wie sie in diesem Buch vertreten wird, würde ich sagen, daß Jung den Prozeß der Kanalisierung und Umsetzung zustandsgebundener Informationen ins Bewußtsein beschreibt, die die Symptome und Störungen kodieren, und zwar „mit Hilfe sinnlicher, perzeptiver oder expressiver Modalitäten, so wie sie dem Patienten auf natürlichste Weise entsprechen". Man kann seine Methode als eine von der Allgemeinheit nicht erkannte Vorläuferin ähnlicher Techniken betrachten, wie sie die Gestalttherapie, die Transaktionsanalyse, die kognitive und die Verhaltenstherapie, die Psychosynthese und alle neueren Formen der analogen und metaphorischen Ericksonschen Psychotherapie verwenden (Lankton & Lankton, 1983; Mills & Crowley, 1986; Zeig, 1985).

Die ideodynamische Bündelung und Umsetzung von Störungen und Symptomen stellt damit die psychobiologische Grundlage für eine Vielzahl von neueren Formen der Psychotherapie dar. Aus diesem Grund können die meisten Psychotherapieschulen ohne Schwierigkeiten die Zugangsformeln benutzen, die in diesem und in den folgenden Kapiteln dargestellt werden. Die erste Stufe dieser Methode besteht darin festzustellen, in welcher Modalität die Störung des Patienten zustandsgebunden ist. Eine sehr gehemmte Patientin öffnete und schloß ständig in einer geistesabwesenden Art ihre Hände, während sie gleichzeitig stokkend über ihr Problem sprach. Es war schwierig, von ihr einen klaren Bericht zu bekommen, aber es war offensichtlich, daß sie sich bemühte, viele komplexe innere und äußere Themen in Einklang zu bringen, die damit zusammenhingen, ob sie ein Kind bekommen sollte oder nicht. Ich benutzte ihre spontanen Handbewegungen, um die Exploration, die Umsetzung und die Integration ihrer Probleme zu kanalisieren, wie es in Kasten 7 dargestellt ist.

Dieses offensichtlich einfache Beispiel illustriert eine Anzahl bedeutsamer Punkte, die sich auf den Zugang und die Lösung von Problemen beziehen, die die Patienten selbst nur schwer ausdrücken können. In der traditionellen psychoanalytischen Theorie würde man das Verhalten dieser Patientin „Widerstand" nennen. Aus psychobiologischer Sicht han-

KASTEN 7 ***Kanalisierung und Umsetzung des Problems zur Erleichterung des Selbstausdrucks***

1. *Erkennen der gegenwärtigen empirischen Situation*
   Sie beschäftigen sich mit vielen Fragen, die nur schwer auszudrücken sind. [Pause]

2. *Kanalisierung und Umsetzung zustandsgebundener Informationen*
   Wenn Sie also spüren, daß Sie an eine wichtige Frage herankommen, schließen Sie Ihre Hände, um sie festzuhalten. Denken Sie erst einmal in Ruhe darüber nach. [Pause]

3. *Ausdrücken und Bestätigen der Problemlösung*
   Wenn Sie die Worte und Ideen gefunden haben, die Ihnen bei der Lösung dieser Frage weiterhelfen können, werden Sie bemerken, daß sich Ihre Hände öffnen. [Pause]
   Und Sie können mir gerade soviel darüber sagen, daß ich Ihnen bei der nächsten Frage weiterhelfen kann.

delt es sich bei dem sogenannten Widerstand um das Problem, einen Zugang zu den zustandsgebundenen Informationen zu bekommen und sie in eine Form zu verwandeln, in der sie zur Problemlösung benutzt werden können. Die erste Aussage „Sie beschäftigen sich mit vielen Fragen, die nur schwer auszudrücken sind" ist eine offenkundige Wahrheit, die für die Patientin leicht zu akzeptieren war. Aber diese Aussage schaffte gleichzeitig ein kooperatives therapeutisches Klima, weil die Patientin sich in ihrer gegenwärtigen Situation bestätigt fühlte. Ich benutzte dann einen weiteren Teil dieser empirischen Wirklichkeit, indem ich ihre spontane Körpersprache zur Kenntnis nahm – dieses Öffnen und Schließen der Hände (die propriozeptiv-kinästhetische Modalität), während sie sich bemühte, die richtigen Worte zu finden (die linguistisch-verbale Modalität). Diese Körpersprache war ein Kanal des Selbstausdrucks, der bereits eine gute Verbindung mit den zustandsgebundenen Informationen hatte, an die sie in der verbalen Modalität nur schwer herankommen konnte.

Ich benutzte deshalb zu Beginn der Kanalisierung und Umsetzung diese ausdrucksstarke Körpersprache, indem ich sagte: „Wenn Sie also spüren, daß Sie an eine wichtige Frage herankommen, schließen Sie Ihre Hände, um sie festzuhalten." Die Metaphern „herankommen" und „festhalten" kanalisieren ihre Körpersprache und bewirken den Wechsel in eine andere Modalität: den von der kinästhetischen in die verbale.

Die dritte Stufe, bei der es um das Ausdrücken und die Bestätigung der Problemlösung geht, wurde durch eine andere Form der Zugangsformel eingeleitet:

„Wenn Sie die Worte und Ideen gefunden haben, die Ihnen bei der Lösung dieser Frage weiterhelfen können, werden Sie bemerken, daß sich Ihre Hände öffnen."

Die Patientin hatte Gelegenheit, die innerseelische Arbeit der Schaffung eines Zugangs zu ihrem Problem und dessen Lösung völlig allein zu leisten; sie lernt und übt wirksamere Methoden, mit sich selbst zu arbeiten.

Der nächste Satz: „Und Sie können mir gerade soviel darüber sagen, daß ich Ihnen bei der nächsten Frage weiterhelfen kann", verhalf ihr zu einer konzentrierteren Form des Selbstausdrucks, damit sie dem Therapeuten im Hinblick auf das nächste Problem, das gelöst werden mußte, Hinweise geben konnte. Das ganze Verfahren ist mithin patientenzentriert und iterativ: Es gibt nur ein absolutes Minimum an Analyse und Interpretation durch den Therapeuten; der Patient entwickelt selbst Schritt für Schritt die nötigen bewußten Einsichten, die zur Förderung der zukünftigen Problemlösung notwendig sind.

Ideomotorische Signale

Eine der beliebtesten Methoden, mit denen man heute in der therapeutischen Hypnose versucht, Zugang zu den Störungen der Patienten zu gewinnen, um sie aufzulösen, arbeitet mit ideomotorischen Signalen. Es gibt zwei Grundmethoden: 1. den ursprünglichen „naturalistischen" oder praxisorientierten Ansatz Milton H. Ericksons (1961/1980) und 2. den stärker strukturierten Ansatz von Cheek und LeCron (Cheek & LeCron, 1968; LeCron, 1954). Ericksons „naturalistische" Methode bestand in der Nutzbarmachung aller möglichen ideomotorischen Manierismen, die bereits zum Verhaltensrepertoire des Patienten gehörten. Wenn ein Patient beispielsweise die Angewohnheit hatte, während einer Therapiesitzung auf eine offenbar unbewußte Weise spontan zu nicken oder den Kopf zu schütteln, erkannte Erickson in dieser Bewegung ein ideomotorisches Signal, das aus einer nichtverbalen Ebene der Seele-Körper-Reaktivität stammt. Andere ideomotorische Manierismen können durch die Augen (Blinzeln oder Schielen unter Streß) oder durch Bewegungen der Arme, Beine oder Hände ausgedrückt werden. Bei der Fallgeschichte, die ich im letzten Abschnitt beschrieben habe, nutzte ich die Angewohnheit der Patientin, ihre Hände geistesabwesend zu öffnen und zu schließen, um einen natürlichen Zugang zu den ideomotorischen Signalen zu finden, die ihr besonders entsprachen.

Der stärker strukturierte Ansatz von Cheek und LeCron nutzt im Gegensatz dazu eine Standardform der ideomotorischen Fingersignale für alle Patienten. Antworten wie „ja", „nein", „ich weiß nicht" und „ich möchte darauf nicht antworten", werden verschiedenen Fingern des Patienten zugeordnet. Dann folgt eine Reihe von Fragen, die mit diesen Fingersignalen beantwortet werden können. Die Fragen dienen der Schaffung eines Zugangs zur Ursache der Störung und ihrer Lösung. Ein typischer Ablauf sieht so aus, daß der Patient eine strukturierte Form der Altersregression durchläuft und aufgefordert wird, sich in einer Zeit zu reorientieren, in der die Störung sich noch nicht manifestiert hatte. Dann stellt der Therapeut eine Reihe von Fragen, die mit den Fingersignalen beantwortet werden können. Dadurch soll eine sorgfältige, detaillierte Überprüfung aller sensorisch-perzeptiven Lerninhalte, Einstellungen und Bezugssysteme ermöglicht werden, die die Störung verursacht haben und sie in der Gegenwart aufrechterhalten.

In Kasten 8 habe ich eine Möglichkeit dargestellt, wie man ideomotorische *Finger*signale einführen kann, die für die meisten Patienten akzeptabel sind. Wie schon erwähnt, werden alle Fragen so formuliert, daß sie mit einem einfachen Ja- oder Nein-Fingersignal beantwortet werden können. Cheek und LeCron (1968) geben noch weitere Beispiele, wie man Fragen formulieren kann, die sich auf eine Vielzahl von klinischen Störungen beziehen. Kasten 9 illustriert als interessante Variante die Einführung ideomotorischer *Kopf*signale. Auch in diesem Fall werden alle Fragen so formuliert, daß ein einfaches Nicken oder Kopfschütteln zur Beantwortung der Frage ausreicht.

In einer Reihe wohldokumentierter klinischer Aufsätze hat Cheek (1957-1981) zum kritischen Einwand Stellung genommen, sein ideomotorischer Ansatz ermutigte die Patienten, sich Antworten auszudenken, mit denen sie den Therapeuten zufriedenstellen können. Er hat drei Kriterien zur Bewertung der psychobiologischen Validität des therapeutischen Engagements der Patienten in diesem Verfahren aufgestellt (Cheek, 1981, S. 89-90):

> Neuere Hypnosetechniken, die eine wiederholte unbewußte Rückschau benutzen, die unterhalb der bewußten, verbalen Ebene stattfindet, machen es möglich, die ursächlichen Beziehungen

KASTEN 8 ***Ideomotorische Fingersignale zur Gewinnung eines Zugangs zu den Problemen und zu deren Neuordnung***

1. *Identifizieren Sie Ja- und Nein-Fingersignale*
Erinnern Sie sich an ein glückliches oder zutiefst befriedigendes Erlebnis. Wir wollen einmal sehen, welcher Finger sich sozusagen von selbst hebt, um ja zu signalisieren. [Pause, während der Patient den Ja-Finger identifiziert, indem er ihn hochhebt.] Denken Sie jetzt an ein unglückliches Erlebnis, und stellen Sie fest, welcher Finger sich jetzt hebt, um nein zu signalisieren. [Pause, bis der Patient den Nein-Finger identifiziert hat.]

2. *Zugang zur Ursache der Störung und ihrer Aufrechterhaltung*
Lassen Sie sich von Ihrem inneren Selbst in eine Zeit zurückversetzen, in der die Störung noch nicht existierte. Lassen Sie dann den Ja-Finger ein Zeichen geben, damit ich weiß, daß Sie dort angekommen sind. Sind Sie damit einverstanden, Schritt für Schritt, vom Anfang bis zum Ende, alles durchzugehen, was Ihnen widerfahren ist, als Sie zum erstenmal mit der Störung konfrontiert wurden?
[Hierauf folgen mehrere Fragen, die mit Ja- oder Nein-Fingerzeichen beantwortet werden können, um die zustandsgebundenen Erlebnisse und Gefühle zu identifizieren, die mit der ursprünglichen Entstehung der Störung in Verbindung stehen. Dann folgen Ja- oder Nein-Fragen, die die gegenwärtigen Einstellungen und Umstände identifizieren sollen, die für die Aufrechterhaltung der Störung sorgen.]

3. *Bestätigung der Bedingungen für die Problemlösung*
Wird es o.k. sein, wenn Sie jetzt von der Störung völlig befreit sind? Oder können Sie sich vorstellen, daß es einen Zeitpunkt in der Zukunft gibt, an dem Sie frei davon sind?
[Wenn nötig, folgen danach verschiedene Fragen, durch die alle Bedingungen ermittelt werden, die sich der Patient als ganze Person bewußt machen muß, um das Problem lösen zu können.

zwischen sensorischer Reizaufnahme und den daraus resultierenden Reaktionen aufzudecken. Zu diesen Schlüssen bin ich gekommen, nachdem ich mit 3000 Patienten, die sich einer Operation unterziehen mußten, und 15 Männern und Frauen, die infolge von Kopfverletzungen bewußtlos waren, gesprochen hatte ...

Können wir uns auf die Informationen verlassen, die uns mit dieser ideomotorischen Untersuchungsmethode angeboten werden? Wir wissen, daß hypnotisierte Menschen auf ganz eigenartige Weise Informationen produzieren können, sei es, daß sie dem Hypnotisieur einen Gefallen tun möchten oder vor dem Wiedererleben eines traumatischen Erlebnisses fliehen wollen. Diese Fähigkeit scheint auf höheren Ebenen des Bewußtseins angesiedelt zu sein und ist offenbar auf tieferen Bewußtseinsebenen gar nicht mehr vorhanden. Wir können uns auf die Informationen verlassen, wenn ihre allmähliche Umwandlung in einen verbalen Bericht nachstehendem Ablauf folgt:

1. Wir beobachten physiologische Zeichen von Gedrücktheit. Stirnrunzeln, beschleunigte Atmung und ein deutlich sichtbarer Puls der Blutgefäße des Halses sagen uns, daß es sich um Streß handelt, aber die hypnotisierte Versuchsperson „weiß" nicht, was vorgeht, wenn wir sie fragen.
2. Ein ideomotorisches Zeichen kennzeichnet den Anfang des Erlebnisses, *nachdem* wir die physiologischen Veränderungen beobachtet haben. Wenn man die Versuchsperson nach dem Ereignis fragt, wird sie auf der verbalen Ebene auch weiterhin nichts darüber wissen.
3. Ein verbaler Bericht ist nach einigen unbewußten, kritischen Überprüfungen des Ereignisses möglich. Wenn das Ereignis verhältnismäßig wenig bedrohlich ist, kann der Bericht sehr schnell erfolgen. [In einem Fall] waren 13 Wiederholungen der gesamten Operation erforderlich, bevor ich zum erstenmal erfolgreich eine Erinnerung ans Licht befördern konnte.

Wenn die Validität eines Berichts in irgendeiner Weise in Frage steht, können wir um eine Antwort auf die Frage bitten: „Ist Ihre Seele mit dem einverstanden, was Sie mir gerade erzählt haben?" Ich würde wenig Gewicht auf Aussagen legen, die mir ein Alkoholiker, Rauschgiftsüchtiger oder pathologischer Lügner im Rahmen der ideomotorischen Methode anbietet. Das gleiche gilt für Angaben eines Menschen, der im Verdacht steht, ein Verbrechen begangen zu haben. An meinen Untersuchungen über Anästhesie-Erlebnisse waren Menschen dieser Kategorien nicht beteiligt.

KASTEN 9 ***Ideomotorische Kopfsignale zur Gewinnung eines Zugangs zu den Problemen und zu deren Neuordnung***

1. *Identifizieren Sie ideomotorische Ja- und Nein-Kopfsignale*
   Wenn Ihr Unbewußtes bereit ist, die Ursachen dieser Störung zu betrachten, werden Sie bemerken, *daß Sie „ja" nicken.* Wenn Sie einige der negativen Folgen dieser Störung betrachten, kann *Ihr Kopf „nein" sagen.*

2. *Zugang zur Ursache der Störung und ihrer Aufrechterhaltung*
   Wenn Sie in die Zeit kurz vor der Entstehung der Störung zurückgekehrt sind, kann Ihr Kopf „ja" nicken.
   [Pause]
   Und ist es o.k., wenn Sie im Rückblick betrachten, wie Sie es beim ersten Mal erlebt haben? [Darauf folgen verschiedene Fragen zur Identifikation der zustandsgebundenen Erlebnisse, die mit der ursprünglichen Entstehung der Störung und den gegenwärtigen Umständen und Einstellungen zusammenhängen, die für ihre Aufrechterhaltung verantwortlich sind.

3. *Bestätigung der Bedingungen für die Problemlösung*
   Wird es o.k. sein, wenn Sie jetzt von der Störung befreit sind [oder im Kalender ein Datum sehen, an dem Sie das Problem zu Ihrer Zufriedenheit gelöst haben]? [Danach folgen verschiedene Fragen, durch die alle Bedingungen ermittelt werden, die sich der Patient in seiner Ganzheit zur Problemlösung bewußt machen muß.]

Von dem Standpunkt aus, den wir in diesem Buch entwickelt haben, würde ich sagen, daß Cheeks physiologische, ideomotorische und verbale Ebenen Beispiele für zustandsgebundene Informationsmuster darstellen, die voneinander getrennt (abgespalten) worden sind. Psychosomatische Symptome sind Ausdruck derartiger Abspaltungen; man kann sie erfolgreich therapieren, indem man die Informationsumsetzung zwischen ihnen fördert. Aus Cheeks Darstellung geht klar hervor, daß seine wiederholten Befragungen immer wieder die innere Suche nach „tieferen", zustandsgebundenen psychobiologischen Ebenen anregen, bis das gesuchte

Material in die verbale Ebene umgesetzt worden ist. Da diese Methode speziell der Förderung sich wiederholender Prozesse dient, eignet sie sich in idealer Weise zur Behandlung traumatischer Zustände. Wie wir gesehen haben, führt das Trauma zu einem veränderten Zustand, in dem Erinnerungen in zustandsgebundener Form kodiert und dem gewöhnlichen Ichbewußtsein meist nicht mehr zugänglich sind. Cheek hat eine Anzahl von traumatischen Situationen oder veränderten Zuständen untersucht, die solche zustandsgebundenen Effekte erzeugen: schwere Erkrankungen (1969), Geburten (1975, 1976), Vollnarkose (1981), Unfälle (1960), Traumzustände (1965), angstauslösende sexuelle Erlebnisse wie Vergewaltigungen (1960) und der Tod oder die schwere Verletzung eines geliebten Menschen (1960). Cheeks Methode läßt sich besonders gut in Situationen anwenden, in denen sehr direktive, kurzzeitige und exploratorische Anstrengungen erforderlich sind, um schnell einen Zugang zu den Symptomen und Auswirkungen eines Traumas zu gewinnen, die tief in die psychophysiologischen Ebenen der Gedächtnisspeicher, der Prägungen und des Lernens hinabreichen. Die intensiven emotionalen Reaktionen, mit denen man häufig konfrontiert wird, wenn das traumatische Material mit dieser Methode zutage gefördert wird, erfordern eine sorgfältige klinische Behandlung durch gut ausgebildete Therapeuten. Im siebten Kapitel wird ein Beispiel für Cheeks Arbeitsweise angeführt, das ihre außerordentliche Variabilität und Kreativität bei der Gewinnung eines Zugangs zu den Seele-Körper-Störungen und bei der Umsetzung von Problemen veranschaulicht, die mit der Wirkung des Streß auf das vegetative Nervensystem und das hormonelle System verbunden sind.

Ultradiane Methoden der Heilung

Die neusten psychobiologischen Methoden der Seele-Körper-Kommunikation und -Heilung verwenden ultradiane Rhythmen. Ich habe an anderer Stelle detaillierte Angaben über die Ähnlichkeit vieler kognitiver und verhaltensbezogener Merkmale dieser Rhythmen mit der „gewöhnlichen Alltagstrance“ gemacht (Rossi, 1982, 1986a). Da ein großer Teil der Theorie und Praxis der Verwendung dieser psychobiologischen Rhythmen zur Heilung in diesen Veröffentlichungen behandelt worden ist, will ich in diesem Abschnitt nur einen Abriß der Zugangsformel geben, mit der man sich diese Rhythmen zunutze macht.

Da ultradiane Rhythmen in 90-Minuten-Intervallen auftreten, kann der aufmerksame Therapeut im Verlauf der meisten Sitzungen, die mindestens diese Länge haben, die subtilen Manifestationen beobachten, die

Kasten 10 *Die ultradiane Zugangsformel*

1. *Erkennen und Fördern der ultradianen Rhythmen*

Offenbar ist Ihr Körper in den letzten Augenblicken ruhiger geworden. Sie blicken aus dem Fenster und sagen nicht mehr viel [je nachdem, welches Rückzugsverhalten der Patient zeigt]. Ich frage mich, ob das anzeigt, daß Ihr Unbewußtes bereit ist, in eine angenehme Phase therapeutischer Heilung einzutreten? [Pause]

Wenn das so ist, werden Sie spüren, wie Sie sich immer wohler fühlen und Ihnen die Augen zufallen.

2. *Zugang zur ultradianen Heilung und ihre Nutzung*

Sie können es sich zugestehen, dieses angenehme Gefühl zu vertiefen, so wie Sie es auch tun, wenn Sie eine Pause machen oder wenn sich ein wohlverdientes Nickerchen gönnen. [Pause]

Es kann sein, es kann aber auch nicht sein, daß Ihnen bewußt ist, *wie* Ihr Unbewußtes dies tut, was es tun muß, um sich mit den Problemen zu beschäftigen, an deren Lösung es dieses Mal am besten arbeiten kann [Geben Sie 5 bis 20 Minuten Zeit für die Phase der stillen inneren Arbeit.]

3. *Bestätigung der andauernden ultradianen Heilung und Problembewältigung*

Wenn Ihr Unbewußtes weiß, daß es sich so ausgiebig wie dieses Mal möglich mit diesem Problem beschäftigt hat [Pause],

und wenn Ihr Bewußtsein weiß, daß es diesen inneren Heilungsprozeß erkennen und Ihnen zugestehen kann, mehrmals täglich mit dieser inneren Heilung fortzufahren, und wenn es sich natürlich anfühlt [Pause],

werden Sie merken, daß Sie sich recken und die Augen öffnen möchten und daß Sie völlig wach und frisch sind.

sich im Verhalten des Patienten zeigen. Wenn der Therapeut zum Beispiel bemerkt, daß der Patient spontan in eine Ruhephase eintritt oder einen in sich gekehrten Eindruck macht, kann er mit Sicherheit davon ausgehen, daß er eine ultradiane Ruhephase durchläuft. Der Therapeut kann das Heilpotential einer solchen „ultradianen Pause" fördern und nutzen, indem er einfach positive Bemerkungen dazu abgibt und dem Unbewußten des Patienten Gelegenheit bietet, sich etwa 5 bis 20 Minuten lang mit ruhiger innerseelischer Arbeit zu beschäftigen, ohne den Versuch zu machen, den äußeren Dialog aufrechtzuerhalten. Wenn die ultradiane Ruhephase nicht erkannt, sondern ignoriert wird, gerät die Therapie dadurch in eine Phase, in der der Patient den typischen „Widerstand" an den Tag legt, der aus vielen ansonsten unerklärlichen Symptomen besteht (Launenhaftigkeit, Verschlossenheit, Gereiztheit, sprachliche Fehlleistungen, Gedächtnislücken und die Art von „Fehlern", die wir alle machen, wenn wir müde sind und uns ausruhen wollen). Es ist zwar immer wertvoll, wenn man die psychodynamischen Implikationen solcher „Widerstände" versteht, aber es ist dessenungeachtet ratsam, sie als Verhaltensweisen zu erkennen, die auf die Notwendigkeit hindeuten, daß das Unbewußte Ruhe braucht, um seine innere heilende Arbeit tun zu können.

Praktische klinische Darstellungen dieser ultradianen Methode werden in der zweiten Hälfte dieses Buches präsentiert. Zunächst ist es wichtig festzuhalten, daß Therapeuten wegen der Ähnlichkeit, die diese kognitiven, emotionalen und verhaltensbezogenen Manifestationen der ultradianen Rhythmen mit den Merkmalen veränderter Bewußtseinszustände und der Hypnose haben, in die verständliche Versuchung kommen, solche Verhaltensweisen zu „suggerieren" oder zu provozieren, wo sie nicht von selbst auftreten. Tatsächlich verhalten sich die meisten Hypnotherapeuten so: Sie „suggerieren" dem Patienten, in Hypnose zu gehen, oder „konditionieren" ihn entsprechend, wenn *sie* bereit dazu sind und nicht, wenn das Unbewußte (und die Physiologie) des Patienten dazu bereit ist. Dieser sehr direktive Ansatz ist häufig erfolgreich, weil die ultradianen Rhythmen im Hinblick auf ihr Auftreten sehr flexibel sind; sie können „überschlagen" werden, und die Länge ihres Zyklus kann bei den meisten Menschen leicht verändert werden. Diese recht typische hypnotherapeutische Methode funktioniert offensichtlich meistens gut genug. Ich bin allerdings der Meinung, daß ein Hypnotherapeut, der bei der Hypnose dem Patienten zu willkürlich sein eigenes Timing aufzwingt, anstatt sich nach ihm zu richten, Widerstand und paranoide Reaktionen auslösen kann. Es ist jetzt Aufgabe der empirischen Forschung zu entscheiden, ob die Patienten insgesamt klinisch besser auf die therapeutische Hypnose reagieren, wenn man ihre natürlichen ultradianen Ruherhythmen berücksichtigt, statt sie zu ignorieren.

Ein eingehender Rückblick auf alle in den Kästen dieses Kapitels skizzierten Ansätze macht klar, daß sie sämtlich Varianten der grundsätzlichen Zugangsformel sind, die am Anfang dargestellt wurde. Alle benutzen sie die gleichen drei Stufen: eine passende Einleitung, eine Periode der innerseelischen Arbeit und eine abschließende Bestätigung des Wertes der erreichten therapeutischen Leistung. Die Varianten dieser Dreistufenmethode vergrößern den Bewegungsspielraum des Therapeuten bei der Anpassung an die besonderen Bedürfnisse jedes einzelnen Patienten. In den folgenden Kapiteln werden wir weitere Beispiele für die Verwendung dieser Varianten bei der Schaffung eines Zugangs zu einem breiten Spektrum psychobiologischer Probleme und zu deren Lösung darstellen.

TEIL II

Die Psychobiologie der Seele-Körper-Heilung

6

Ein Überblick über die Seele-Körper-Kommunikation und -Heilung

Weise Männer haben darüber debattiert, ob der Glaube Berge versetzen kann. In diesem Teil wollen wir die bescheidenere Frage stellen, ob der Geist (oder die Seele) Moleküle bewegen kann. In den vorangegangenen Kapiteln habe ich einen Überblick über die zentrale Rolle des limbisch-hypothalamischen Systems bei der Vermittlung und Modulierung emotional geladener psychobiologischer Prozesse gegeben. Ich möchte jetzt in detaillierter Form die Beziehung zwischen der Anatomie und den Funktionen des limbisch-hypothalamischen Systems einerseits und der Entstehung und Auflösung psychosomatischer Störungen andererseits darstellen. Ich werde Beweise für die Auffassung liefern, daß man psychosomatische Störungen als Funktionsstörungen betrachten kann, die im zustandsgebundenen Lernen des limbisch-hypothalamischen Systems der Seele-Körper-Informationsumsetzung verschlüsselt sind.

In diesem und den folgenden Kapiteln werden wir die vier wichtigsten Systeme der Informationsumsetzung zwischen Seele und Körper betrachten, die vom limbisch-hypothalamischen System moduliert werden: das vegetative Nervensystem, das endokrine System, das Immunsystem und das Neuropeptidsystem. Die gegenwärtige Forschung auf dem Gebiet der Psychobiologie konzentriert sich darauf zu ermitteln, wie diese vier Systeme beim Gesunden und beim Kranken miteinander kommunizieren. Wir werden die Anatomie und die Funktionen dieser vier Systeme nacheinander untersuchen und einige der psychosomatischen Symptome, Störungen und Krankheiten betrachten, die erfahrungsgemäß sehr eng mit einem dieser Systeme verbunden sind. Soweit es möglich ist, werden wir Fallstudien heranziehen, die einige der innovativen hypnotherapeutischen Methoden illustrieren, die gegenwärtig entwickelt werden und sich mit den verschiedenen Arten der Seele-Körper-Heilung, wie sie für jedes der Systeme charakteristisch sind, beschäftigen.

Anatomie und Funktionen des Hypothalamus

Man sucht vergeblich Klarheit, wenn es um Anatomie und Funktionen des Hypothalamus geht. Jedes medizinische Lehrbuch scheint etwas anderes darzustellen, je nachdem welche Funktionen behandelt und welche Methoden verwendet werden (Ganong, 1985; Guyon, 1981; Kandel & Schwartz, 1985; Ornstein & Thompson, 1984). Der Hypothalamus erscheint nicht als ein für sich alleinstehendes, leicht identifizierbares Organ wie zum Beispiel das Herz, die Lungen oder die beiden Hirnhälften. Der Hypothalamus ist vielmehr eine Region mit offenbar verschwommenen Grenzen an der Basis des Vorderhirns. Er besteht aus vie-

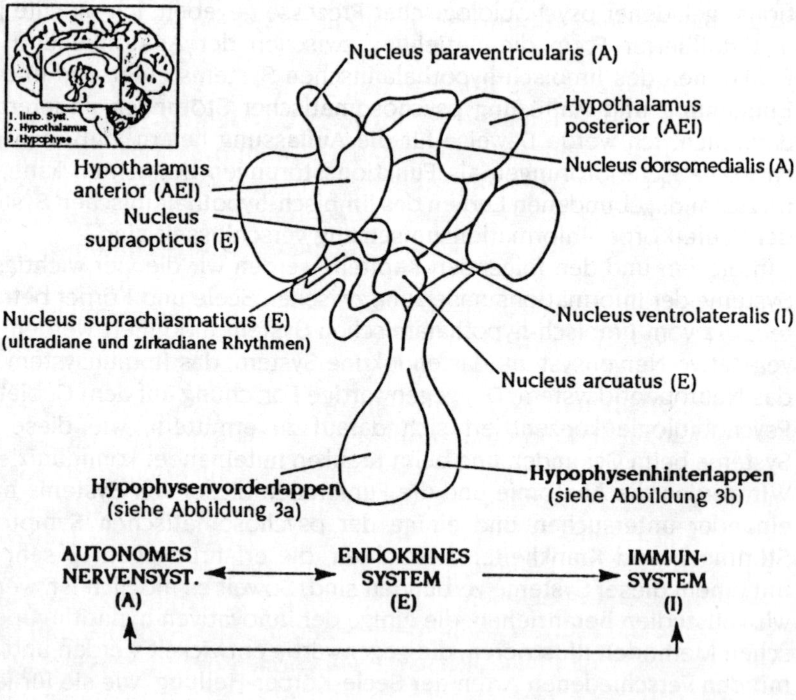

ABBILDUNG 2 Einige Funktionen des Hypothalamus als Ursprung der Umsetzung von Seelisch-Körperlichem zum Vegetativum (A), Endokrinum (E) und Immunsystem (I).

len wichtigen Kernen oder Zentren für die Umsetzungsprozesse und die Regulierung der Seele-Körper-Einheit. Die Funktionen vieler dieser Kerne, wie sie in Abbildung 2 dargestellt sind, sind so unterschiedlich, daß sie voneinander völlig unabhängige Prozesse zu sein scheinen, die nur zufällig in unmittelbarer Nähe voneinander ablaufen. Was auf den ersten Blick wie ein „Zufall" aussieht, ist allerdings mit Sicherheit nur ein Zeichen unserer Unkenntnis im Hinblick auf das Konstruktionsprinzip der Natur. Tatsächlich weist eine sorgfältige Untersuchung der Funktionen dieser Kerne darauf hin, daß alle mit der Regulierung unseres inneren Milieus beschäftigt sind, und zwar über das vegetative Nervensystem, das Hormon-, Immun- und Neuropeptidsystem.

Der Hypothalamus ist eine erstaunlich kleine Hirnregion für so viele wichtige Funktionen: Er ist ungefähr so groß wie eine Erbse und wiegt nur ein paar Gramm! Die Abbildungen 2, 3a und 3b zeigen, daß der Hypothalamus das Zentrum des limbischen Systems im Gehirn ist. Das Wort „limbisch" bedeutet soviel wie „Randgebiet"; es wurde ursprünglich verwendet, um die Grenze zwischen den „höheren" geistigen Funktionen der Hirnrinde und den „niederen" Strukturen des Gehirns zu beschreiben, die für die Steuerung der Gefühle und der Körperphysiologie verantwortlich sind. Der Hypothalamus empfängt Signale aus allen Teilen des Nervensystems und fungiert daher als Zentrale für den Austausch von Informationen, die sich auf das Wohlbefinden des gesamten Körpers beziehen.

Guyon hat die zentrale Rolle des Hypothalamus folgendermaßen beschrieben (1981, S. 700 f.):

> Der Hypothalamus liegt mitten im limbischen System. Er verfügt außerdem über Kommunikationswege zu allen Ebenen dieses Systems. Er und die eng mit ihm verbundenen Strukturen, das Septum und das Corpus mamillare, senden Output-Signale in zwei Richtungen, 1. nach unten über den Hirnstamm vor allem in die Formatio reticularis des Mittelhirns, den Pons und die Medulla und 2. nach oben in viele Hirnregionen, vor allem in den vorderen Thalamus und den limbischen Kortex. Außerdem beeinflußt der Hypothalamus indirekt auf sehr deutliche Weise die Funktionen der Hirnrinde, indem er das Aktivierungssystem in der Formatio reticularis anregt oder hemmt, das seinen Ursprung im Hirnstamm hat.

Der Hypothalamus ist mithin der wichtigste Output-Weg des limbischen

Systems. Er verbindet sensorisch-perzeptive, emotionale und kognitive Funktionen der Seele mit der Biologie des Körpers. *Da im limbisch-hypothalamischen System ständig ein Prozeß abläuft, bei dem sich psycho-neuro-physiologische Zustände verändern, ist alles Lernen, das mit ihm in Verbindung steht, notwendigerweise zustandsabhängig.*

Der Hypothalamus und das vegetative Nervensystem

Der Hypothalamus ist als „Hauptganglion" des vegetativen Nervensystems bezeichnet worden, weil er der wichtigste Integrator der elementaren Steuerungssysteme des Körpers ist (Hunger, Durst, Sexualität, Temperatur, Puls, Blutdruck usw.). Das ist für unser Konzept von zentraler Bedeutung, da das vegetative Nervensystem traditionellerweise als wichtigste Instanz angesehen wird, durch die die therapeutische Hypnose ihre biologischen Wirkungen entfaltet. Das vegetative Nervensystem selbst besteht aus zwei Teilen: 1. aus dem *sympathischen System*, das Energie bereitstellt oder Alarmreaktionen auslöst, durch die Puls, Blutdruck, Atmung usw. angeregt werden, und 2. dem *parasympathischen System*, durch das die gleichen Funktionen entspannt werden. Kürzlich haben einige Wissenschaftler (Bulloch, 1985) als dritten Zweig des vegetativen Nervensystems noch ein „enterales System" (*enteric system*) hinzugefügt (das hauptsächlich für die innere Steuerung des Magendarmtrakts zuständig ist). Dieses enterale System führt seine Funktionen in der Regel allerdings nur zum Teil in Abhängigkeit vom vegetativen Nervensystem aus. Da es im wesentlichen durch die erst vor kurzem entdeckten Botenmoleküle des *Neuropeptidsystems* gesteuert wird, werden wir es in dem entsprechenden Abschnitt besprechen.

Der Hypothalamus und das endokrine System

Den meisten von uns ist die Hypophyse als „Hauptdrüse" des endokrinen oder hormonellen Systems bekannt, die alle anderen Hormone im Körper steuert. Der Hypothalamus allerdings vermittelt Informationen, die sogar die Hypophyse steuern. Wenn ein Mensch zum Beispiel Schmerzen hat, dient der Thalamus als sensorische Übermittlungsstation, die einen Teil des Signals direkt an den Hypothalamus weiterleitet, noch bevor der Schmerz bewußt wird. Das gilt auch für alle anderen Empfindungen mit

Ausnahme der olfaktorischen Signale, die zum Hypothalamus über die Amygdala geleitet werden. Selbst Konzentrationen von Nährstoffen, Elektrolyte, Wasser, Neurotransmitter und Hormone im Blut und in der Hirnflüssigkeit können die verschiedenen Rückkoppelungskontrollzentren im Hypothalamus anregen oder hemmen, die das innere Milieu des Körpers entweder direkt oder über die Hypophyse steuern. Von der anderen Seite der limbischen Grenze her kann das Reich des Geistes oder der „Seele" den Hypothalamus durch neurale Erregungs- oder Hemmungsimpulse der Hirnrinde beeinflussn, die durch die spezialisierten Neurone des Hypothalamus in hypophysäre Steuerungsimpulse umgewandelt werden.

Wieviel wissen wir heute wirklich über diese spezialisierten Neurone des Hypothalamus – darüber, wie Seele und Körper auf der zellulären und molekularen Ebene miteinander kommunizieren? Wir wissen, daß philosophisch orientierte Menschen seit Jahrhunderten über dieses Problem debattieren, aber besitzen wir heute irgendwelche Fakten darüber? Überraschenderweise kann man diese Frage mit einem deutlichen *Ja* beantworten. Auf den Abbildungen 3a und 3b sind die Umsetzer zwischen Seele und Körper dargestellt, die auf der zellulären Ebene zwischen dem Hypothalamus und der Hypophyse fungieren.

Was immer die Seele sein mag, die meisten von uns haben die ziemlich gesicherte Vermutung, daß sie viel mit der Aktivität der $2^{100.000.000.000.000}$ Verbindungen[1] zwischen den Nervenzellen des Gehirns zu tun hat.

Was immer der Körper sein mag, die meisten von uns sehen ihn nur als eine Konstruktion aus Fleisch, Blut, Drüsen, Knochen, die durch Hormone gesteuert wird usw. Die Abbildungen 3a und 3b illustrieren zwei Typen von Nervenzellen im Hypothalamus, die sich als Seele-Körper-Umsetzer spezialisiert haben. Wie jede andere Nervenzelle des Gehirns empfangen sie an einem Ende elektrische Impulse der „Seele" (der Hirnrinde); am anderen Ende schütten sie dagegen einen „auslösenden Faktor",d.h. ein Hormon aus, mit dem verschiedene Körpergewebe gesteuert werden.

Abbildung 3a zeigt zum Beispiel, daß Nervenzellen im Nucleus arcuatus des Hypothalamus „Hormone auslösende Faktoren" produzieren, die in den lokalen Blutstrom des Hypophysenvorderlappens eingespeist wer-

[1] Das ist die Zahl 2 hundertbillionenmal mit sich selbst multipliziert. Nach Carl Sagan (1977) bedeutet dies, daß es *mehr mögliche seelisch-geistige Zustände im Gehirn jedes Menschen gibt als Atome im ganzen bekannten Universum!*

den. Aus dem Hypophysenvorderlappen wird dann das endokrine Hormon Prolaktin ausgeschüttet, das die Milchsekretion in der weiblichen Brust anregt. Abbildung 3b zeigt, wie die Zellen des Nucleus paraventricularis und des Nucleus supraopticus des Hypothalamus Nervenimpulse aus höheren Zentren der Hirnrinde umwandeln: Ihre Wirkung auf die Produktion der Hormone Vasopressin und Oxytozin führt dann zu einer psychischen Modulation. Die beiden Hormone werden in den Zellen des Hypophysenhinterlappens gespeichert, bis sie in den allgemeinen Blutkreislauf ausgeschüttet werden und für die Steuerung der Nieren und anderer Organe im Zustand des Streß sorgen. *Viele dieser spezialisierten Zellen aus den verschiedenen Kernen des Hypothalamus wandeln die neuralen Informationen der Psyche in somatische Prozesse um und benutzen dabei den Weg über das hypophysäre und endokrine System.*

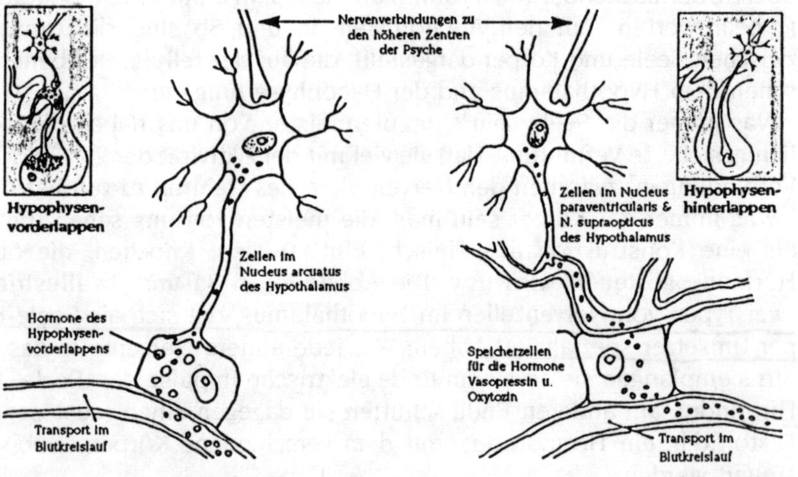

ABBILDUNG 3a
Verbindungen zwischen Seele und Körper von höheren Zentren der Seele zum Hypothalamus, Hypophysenvorderlappen und übrigen Körper.

ABBILDUNG 3b
Verbindungen zwischen Seele und Körper von höheren Zentren der Seele zum Hypothalamus, Hypophysenhinterlappen und übrigen Körper.

Diese Umwandlung von neuralen Informationen der Psyche in hormonelle Botenmoleküle des Körpers, die von den Neuronen im Hypothalamus bewirkt wird, heißt *Neurosekretion*; sie ist das zentrale Konzept der modernen Neuroendokrinologie. Die Existenz solcher neuroendokrinen Informationsumwandler ist die Grundlage für die Entwicklung einer neuen Wissenschaft namens Psychobiologie als Zweig der Informationstheorie. Ihr zentrales Konzept macht die Verbindung von Biologie und Psychologie in dem gemeinsamen Bezugssystem der Informationstheorie und die Errichtung der Seele-Körper-Kommunikation und -Heilung als empirischer Wissenschaft möglich, eine Vorstellung, die bisher nur als frommer Wunsch existierte.

Der Hypothalamus und das Immunsystem

Eine erst vor kurzer Zeit erkannte Steuerungsfunktion des Hypothalamus besteht in seinem Einfluß auf das Immunsystem. Unser Verständnis dieser zentralen Modulation des Immunsystems ist noch so neu, daß sie noch nicht in die Standardlehrbücher der Psychophysiologie und Medizin aufgenommen worden ist. Die bahnbrechenden Arbeiten von Ader (1981) und Stein, Schleifer und Keller (1981), um nur einige zu nennen, haben jedoch begonnen, die tatsächlichen psychophysiologischen Mechanismen aufzudecken, durch die der Hypothalamus in seinen vorderen und hinteren Kernen sowohl zelluläre als auch humorale Immunaktivitäten verändern kann. In einem weiter unten folgenden Abschnitt über Krebs, rheumatoide Arthritis und Asthma wollen wir uns einige gegenwärtige Auffassungen über die psychische Modulation dieser Prozesse ansehen.

Der Hypothalamus und das Neuropeptidsystem

Neuropeptide sind Botenmoleküle, die sich bilden, wenn Informationen aus Nervenimpulsen der Psyche in Hormone des Körpers umgewandelt werden (dieser Vorgang wurde weiter oben als „neuroendokrine Informationsumwandlung" bezeichnet). Dieses Konzept des Neuropeptidsystems der Seele-Körper-Kommunikation ist so neu, daß über einen Großteil seiner Anatomie und Funktionsweise bei einer verhältnismäßig kleinen Gruppe von Forschern der Avantgarde bisher nur spekuliert wird. Es ist allerdings bekannt, daß der Hypothalamus die zentrale Schaltstelle der

Neuropeptidaktivitäten ist. Das Neuropeptidsystem scheint sich mit dem vegetativen, dem endokrinen und dem Immunsystem zu überschneiden, denn alle benutzen offensichtlich Neuropeptide als „Botenmoleküle", um innerhalb des eigenen Systems oder miteinander zu kommunizieren. Weil diese Botenmoleküle auf so vielen verschiedenen Wegen durch den ganzen Körper reisen, verfügt das Neuropeptidsystem über unglaublich durchdringende und bewegliche Kommunikationsmuster. *So ist das Neuropeptidsystem womöglich der facettenreichste Kanal für die Informationsumsetzung und den Ausdruck zustandsabhängigen Erinnerns und Lernens.* Wir werden jetzt einige Spekulationen unter die Lupe nehmen, die sich mit der Rolle befassen, die das Neuropeptidsystem beim „Körperschema", bei der Sexualität, den Gefühlen und bei der Vermittlung einiger sogenannter mysteriöser Phänomene der Hypnose spielt, die bis zum heutigen Tag nicht erklärt werden konnten.

7

Psychische Modulation des vegetativen Nervensystems

Die Hypnose wurde schon immer als eine wirksame Methode zur Modulation des vegetativen Nervensystems angesehen (Braun, 1983b; Crasilneck & Hall, 1959, 1985; Gorton, 1957, 1958). Die meisten Forscher können allerdings wenig über die psychobiologischen Prozesse sagen, die dabei ablaufen. Ein erster Ansatz zur Erforschung dieser Prozesse ist in Abbildung 4 dargestellt, in der einige der wichtigen anatomischen und funktionalen Beziehungen zwischen Seele, Hypothalamus und dem vegetativen Nervensystem dargestellt sind.

Im allgemeinen erreichen Einflüsse der Seele auf die Hirnrinde den Hypothalamus über die mit ihm verbundenen Strukturen des limbischen Systems, also über den Hippocampus, die Amygdala und den Thalamus. Der Hypothalamus leitet dann diese seelischen Einflüsse über die Steuerungszentren des unteren Hirnstamms an das vegetative Nervensystem weiter, wobei diese Steuerungszentren als Relaisstationen auf dem Weg zum sympathischen und parasympathischen Nervensystem dienen. Eine Reizung der entsprechenden Gebiete des Hypothalamus kann zum Beispiel die Steuerungszentren des sympathischen Systems, die für das Herz zuständig sind, so stark aktivieren, daß der arterielle Blutdruck um mehr als hundert Prozent ansteigt. Andere Zentren im Hypothalamus können die Körpertemperatur steuern, indem sie die Durchblutung der Hautoberfläche erhöhen oder vermindern, oder sie können die Speichelsekretion und die Magendarmtätigkeit anregen oder verringern und eine Entleerung der Blase verursachen.

Die Vitalprozesse aller Organe, die vom vegetativen Nervensystem kontrolliert werden, unterliegen den Einflüssen des zustandsabhängigen Lernens über ihre Verbindung mit dem hypothalamisch-limbischen System, das ihnen die Summe unseres lebenslangen empirischen Lernens übermittelt. Mit anderen Worten: *Alle Organe, die in Abbildung 4 dargestellt sind, können psychosomatisch reagieren*. In Streßsituationen können bei der Steuerung jedes einzelnen oder einer Kombination von Organen zustandsgebundene Informationsmuster erzeugt werden. Diese Muster

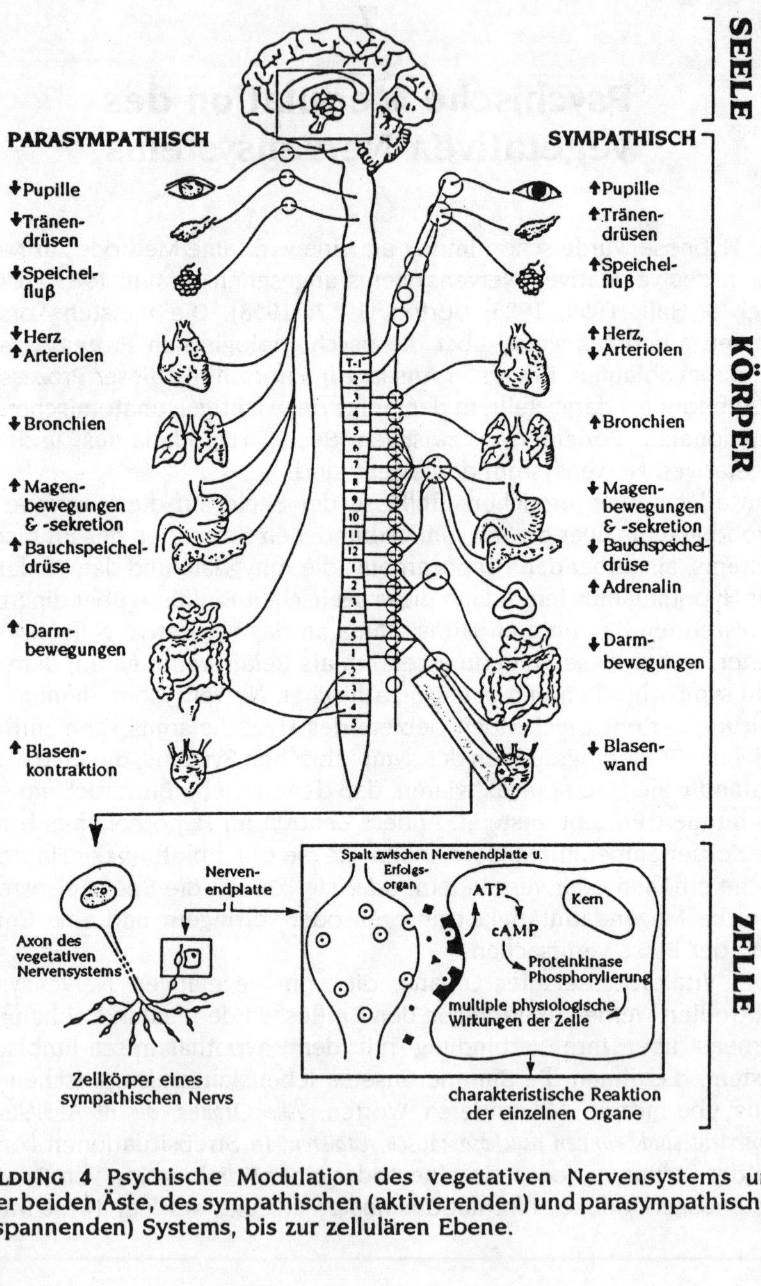

ABBILDUNG 4 Psychische Modulation des vegetativen Nervensystems und seiner beiden Äste, des sympathischen (aktivierenden) und parasympathischen (entspannenden) Systems, bis zur zellulären Ebene.

können sich dann als die unglückseligen Reaktionen manifestieren, die wir „psychosomatische Störungen“ nennen. Um zu verstehen, wie so etwas möglich ist, müssen wir uns klar machen, wie die Psyche die Biochemie im Inneren der einzelnen Zelle eines jeden Organs beeinflußt, das vom vegetativen Nervensystem gesteuert wird.

Psychische Modulation der Zellaktivität über das vegetative Nervensystem

Weiner (1977) hat sich über den allgemeinen Unglauben und die Apathie im Hinblick auf unser Wissen darüber geäußert, wie unsere Seele und unser Zentralnervensystem die komplexe chemische Maschinerie der einzelnen lebenden Körperzelle reguliert. Es hat ein paar Jahrhunderte gedauert, bis die Menschheit an die Entdeckung Kopernikus', daß die Erde sich um die Sonne dreht, geglaubt und sich ihre Implikationen zunutze gemacht hat. Genauso werden die meisten Menschen wahrscheinlich mehr als ein paar Jahrzehnte, wenn nicht Jahrhunderte brauchen, bis sie die Fähigkeit der Psyche, eine Heilung auf der zellulären und biochemischen Ebene zu bewirken, verstehen und nutzen werden.

Abbildung 4 gibt einen Überblick über den Dreistufenprozeß, durch den die Seele die Aktivität der Zellen über das vegetative Nervensystem moduliert. *Stufe eins* besteht aus Gedanken und Bildvorstellungen (Nervenimpulsen), die von der Seele im Frontalhirn erzeugt werden (Achterberg 1985). In *Stufe zwei* werden diese psychischen Impulse durch die Regionen des zustandsgebundenen Erinnerns, Lernens und Fühlens im limbisch-hypothalamischen System gefiltert und in die Neurotransmitter umgewandelt, die die Organe des vegetativen Nervensystems steuern. Das vegetative Nervensystem verzweigt sich dann in die beiden Äste des sympathischen (aktivierenden) und parasympathischen (entspannenden) Systems. An den Nervenendplatten des sympathischen Systems wird der Neurotransmitter Norepinephrin (Noradrenalin) ausgeschüttet, gewöhnlich, um die Rezeptoren der Zellen der Organe zu aktivieren, deren Funktionen sie regulieren (Herz, Lunge, Bauchspeicheldrüse, Darm usw.) An den Nervenendplatten des parasympathischen Systems wird dagegen Azetylcholin ausgeschüttet. Diese Neurotransmitter leiten die *Stufe drei* im Prozeß der Informationsumwandlung ein, durch die Gedanken, Bildvorstellungen und Gefühle der Seele in biochemische Reaktionen umgesetzt werden, die innerhalb der einzelnen Zellen des Gewebes und der Körperorgane ablaufen. Diese letzte Stufe sieht etwa folgendermaßen aus:

1. Die Neurotransmitter sind Botenmoleküle, die den Geweben der einzelnen Vitalorgane des Körpers Signale übermitteln, indem sie sich zunächst an Rezeptoren in deren Zellwänden binden. Dieser Vorgang ist im unteren Teil der Abbildung 4 dargestellt, wo man sehen kann, wie die Neurotransmitter den Spalt zwischen der Nervenendplatte und dem Erfolgsorgan überqueren und sich an die Rezeptoren der Zellwand anschmiegen. Dadurch wird die Molekularstruktur des Rezeptors verändert.
2. Da der Rezeptor ein Teil der Zellwand ist, kann diese Veränderung seiner Molekularstruktur die Permeabilität (Durchlässigkeit) der Zellwand für verschiedene Ionen verändern (Natrium, Kalium, Kalzium usw.). Diese Veränderungen der Ionenkonzentration verändern auch die elektrischen Eigenschaften der Zellen und bewirken dadurch die spezifischen Aktivitäten jeder einzelnen Zelle.
3. Der Rezeptor kann Informationen auch auf eine andere Art übermitteln, nämlich, indem er in der Zellmembran ein Enzym aktiviert wie zum Beispiel Adenylzyklase. Dieses Enzym leitet dann die Bildung von Adenosintriphosphat (ATP) und zyklischem Adenosinmonophosphat (cAMP) ein – das sogenannte zweite Botensystem –, das wiederum den für jede einzelne Zelle charakteristischen Stoffwechsel in Gang setzt und mit Energie versorgt.

Dieser Überblick über die drei Stufen kann die Hunderte von unglaublich komplexen biochemischen Reaktionen zwar nur skizzenhaft darstellen, aber er genügt, um unseren wichtigsten Punkt zu illustrieren: *Die Psyche reguliert die biochemischen Funktionen im Inneren der Zellen aller wichtigen Organsysteme und Gewebe des Körpers über das vegetative Nervensystem.* Später werden wir die entsprechenden Wege betrachten, auf denen das endokrine System, das Immunsystem und das Neuropeptidsystem ebenfalls Informationen aus der Seele in Moleküle der entsprechenden Körperzellen verwandeln können.

Die Psychobiologie des Heilens auf der zellulären Ebene: *Zellregeneration und Krebs*

Kürzlich stellte Melnechuk auf einem Kongreß für Neuroimmunologie dar, welche wichtige Rolle das vegetative Nervensystem in der Psychobiologie des Heilens spielt, da es auf der zellulären Ebene operiert (1985, S. 57-58):

Man darf nicht vergessen, daß Nerven, die direkte Quelle der Neurotransmitter, bei der Entstehung zumindest einiger Organe während des embryonalen Wachstums und der Entwicklung eine trophotrope (wachstumsfördernde) Funktion haben. Im späteren Leben spielen die Nerven dann außerdem eine Rolle bei der kontinuierlichen Entwicklung der Geschmacksknospen und bei der Regeneration der Nebennieren und anderen Gewebes. Da Nerven in alle Körperregionen führen, können die Neurotransmitter, die von ihnen freigesetzt werden, während des ganzen Lebens eine Rolle beim Stoffwechsel, bei der Biosynthese und bei der gesamten Zellteilung spielen. Einiges weist darauf hin, daß die Neurotransmittter das entweder als trophotrope Faktoren selbst leisten oder, und das ist mein Gedanke, zusätzlich die Aktivität der Wachstumsfaktoren modulieren, die in den Zellen wirksam sind, die sie innervieren.

Im zweiten Fall würden sie entweder die Wachstumsfaktoren selbst beeinflussen oder ihre Rezeptoren oder die zweiten Botenmoleküle, die durch die Wachstumsfakoren in ihren Zielzellen ausgelöst worden sind. Es lohnt sich, diesen Gedanken weiter zu verfolgen, da Onkogene, jene Gene, die Krebs verursachen können, offenbar verschiedene Wachstumsfaktoren, Rezeptoren der Wachstumsfaktoren und deren zweite Boten kodieren. Die psychoneurale Modulation der Aktivität onkogener Wachstumsfaktoren kann so dazu beitragen, sogenannte Spontanremissionen oder Wunderheilungen bei Krebs zu erklären...

Positive Gefühle scheinen spezifische biochemische Korrelate zu haben, die ihrerseits spezifische Wirkungen auf Gewebe und Krankheiten haben. Da das vegetative Nervensystem, das von Gefühlen beeinflußt wird, offenbar nicht nur die altbekannten Katecholamin-Neurotransmitter [zum Beispiel Adrenalin, Noradrenalin und Dopamin] ausschüttet, sondern auch die neu entdeckten Peptid-Neurotransmitter, kann es im Prinzip die einzelnen Gewebe mit ziemlich spezifischen Messengerprofilen versorgen. Kürzlich wurde festgestellt, daß sensorische Nerven an ihren peripheren Enden Peptid-Neurotransmitter ausscheiden und dadurch das Gewebewachstum beeinflussen können.

Wenn also das Nervensystem Neurotransmitter freisetzt, die Wachstumsfaktoren beeinflussen, ist das Gehirn als Organ der

> Gefühle und Einstellungen offenbar in der Lage, entsprechende Mischungen und Mengen wachstumsmodulierender Neurotransmitter und Hormone an bestimmte Stellen im Körper zu schicken.

Aus diesem Zitat geht deutlich hervor, daß die Psychobiologen endlich beginnen, die wirklichen biochemischen Schritte zu erkennen, mit denen die Seele Moleküle auf der zellulären und genetischen Ebene beeinflussen kann, wodurch das Geheimnis der Spontanremissionen, des Placeboeffekts und der sogenannten Wunderheilungen eine Erklärung findet. Jetzt sind die Hypnotherapeuten aufgerufen festzustellen, wie man die Heilung auf dieser spezifischen biochemischen Ebene innerhalb der Zellen fördern kann, nachdem diese Grundlagenforschung ihnen die entsprechenden Erkenntnisse vermittelt hat. Wir sind zwar noch weit davon entfernt, das leisten zu können, trotzdem wollen wir in den nächsten Abschnitten einige bahnbrechende Untersuchungen auf diesem Gebiet behandeln.

Die psychische Modulation des Blutflusses und das vegetative Nervensystem

Barber (1978, 1984) hat eine faszinierende Übersicht zusammengestellt, die zeigt, wie die therapeutische Hypnose bei der Heilung einer Vielzahl von psychosomatischen Störungen wirksam sein kann, die scheinbar keine Beziehung zueinander haben. Das läßt den Schluß zu, daß alle Phänomene wie konzentrierte Aufmerksamkeit, Bildvorstellungen, Biofeedback und therapeutische Hypnose mit einer Richtungsänderung des Blutflusses operieren. Die Veränderung des Blutflusses durch gerichtetes Denken, Vorstellen und Fühlen ist einer der allgemeinen Grundfaktoren bei der Auflösung der meisten, wenn nicht aller psychosomatischen Störungen. Die folgende dokumentarisch belegte Aufstellung weitet Barbers Arbeit aus, indem sie Einzelheiten der Heilungsprozesse auflistet, die durch die seelische Beeinflussung des Blutflusses in Richtung auf die verschiedenen Gewebe und Zellen des Körpers gefördert werden können.

1. Erwärmen und Abkühlen verschiedener Körperteile bei Kopfschmerzen (Barabasz & McGeorge, 1978; Barber, 1978, 1984; Erickson, 1943c/1980)
2. Kontrollieren von Erröten und Erbleichen der Haut (Barber, 1978, 1984; Erickson, 1980c)
3. Anregung einer Vergrößerung und offensichtliches Wachstum der Brüste bei Frauen (Barber, 1984; Erickson, 1960a/1980; Williams, 1984)
4. Stimulation der sexuellen Erregung und Erektion des Penis (Barber, 1978, 1984; Crasilneck, 1982)
5. Linderung bei Prellungen (Barber, 1984; Cheek, 1962a)
6. Kontrollieren von Blutungen während einer Operation (Banks, 1985; Cheek, 1969)
7. Zurückführen von Brandwunden auf ein Minimum und deren Heilung (Barber, 1984; Cheek, 1962a; Moore & Kaplan, 1983)
8. Hervorrufen umschriebener Hautentzündungen, die denen bei vorher erlittenen Verbrennungen ähneln (Barber, 1984)
9. Heilung von Warzen (Johnson & Barber, 1978; Ullman, 1959)
10. Hervorrufen und Heilen verschiedener Arten von Dermatitis (Barber, 1984; Ikemi & Nakagawa, 1962)
11. Linderung angeborener Ichthyosis [Fischschuppenkrankheit] (Barber, 1984; Mason, 1952, 1955)
12. Unterstützung der Blutgerinnung bei Blutern (Banks, 1985; Barber, 1984)
13. Abschwächung der Alarmreaktion (Cheek, 1960, 1969; Rossi, 1973/1980)
14. Linderung von Bluthochdruck und Herzstörungen (Benson, 1983a,b; Gruen, 1972; Schneck, 1948; Wain, Amen & Oetgen, 1984; Yanovski, 1962)
15. Linderung der Raynaud-Krankheit (Conn & Mott, 1984; Jacobson et al., 1973)
16. Verstärkung der Immunreaktion (Black, 1969; Hall, 1982-83; Lewis, 1927; Mason, 1963)

Der nächste Schritt besteht darin, die faktischen psychobiologischen Mechanismen zu bestimmen, durch die der Blutfluß so gesteuert wird, daß es der vorliegenden Hypothese zufolge zu all diesen Heilerfolgen kommen konnte. An dieser Stelle erreichen wir allerdings sehr schnell die Grenzen unserer gegenwärtigen Erkenntnismöglichkeiten. Um wenigstens diese Grenzen verstehen zu können, müssen wir uns zunächst einmal einen Überblick über das verschaffen, was wir definitiv über die Steuerung des Blutflusses wissen. Diese Steuerung wird in der Regel unter drei Stichworten behandelt: 1. vegetatives Nervensystem, 2. humorales System und 3. lokale Gewebesteuerung. Wir wollen sie nacheinander besprechen.

1. *Vegetatives Nervensystem.* Das vegetative Nervensystem, das sich in einen sympathischen und einen parasympathischen Ast verzweigt, steuert den Blutfluß durch Erweiterung oder Verengung der Blutgefäße. Die Regulierung findet vor allem über die Wirkung der Neurotransmitter an den Endplatten der sympathischen Nerven statt, die sich an den Arterien, Arteriolen, den Kapillargefäßen der Arteriolen, den Venen und den Venulae (nicht aber an den Kapillaren und ihren Sphinktern) befinden. Das parasympathische System hat im Gegensatz dazu nur eine untergeordnete Funktion bei der Steuerung des Blutflusses: Seine einzige wichtige Wirkung läuft über den Vagusnerv, der den Puls und die Kontraktionsfähigkeit senkt.

Es gibt verschiedene wichtige Merkmale der Steuerung durch das vegetative Nervensystem: Sie kann sehr schnell ablaufen (sie beginnt innerhalb einer Sekunde und kann in 5 – 30 Sekunden ihren Höhepunkt erreicht haben), und sie kann große Körperregionen gleichzeitig regulieren. Das gesamte System arbeitet automatisch auf einer unbewußten Ebene und wird vom vasomotorischen Zentrum im Hirnstamm gesteuert. Dieses automatische Steuerungszentrum unterliegt allerdings der psychischen Beeinflussung über das limbisch-hypothalamische System, das erregende oder hemmende Informationen dorthin übermitteln kann. Viele Partien der Hirnrinde können die Steuerungsfunktionen des vasomotorischen Zentrums beeinflussen, in der Regel geschieht das über das limbisch-hypothalamische System. Zu diesen Hirnpartien gehören der motorische Kortex, der temporale Vorderlappen und vor allem das Frontalhirn, das die Fähigkeit hat, den psychobiologischen Ausdruck des Lernens, das im limbischen System kodiert ist, zu nutzen und zu dirigieren. Viele Partien der Hirnrinde, die für eine Vielzahl von sensorisch-perzeptiven Prozessen (Bildvorstellungen, Kinästhesien, Hören) zuständig sind, können Wege bahnen, über die zustandsgebundenes Erinnern und Lernen durch das limbisch-hypothalamische System geschleust werden können, um den Blutfluß durch das vegetative Nervensystem zu beeinflussen.

Eine der wichtigsten Wirkungen, die das vegetative Nervensystems auf den Blutfluß hat und die durch den Hypothalamus vermittelt wird, ist die Alarmreaktion. In einer plötzlichen Gefahrensituation werden starke Reizmuster, die zum Hypothalamus führen, in eine intensive Gefäßerweiterung und/ oder Gefäßverengung umgewandelt, die die Blutversorgung der Muskeln und Drüsen betrifft. Der arterielle Blutdruck steigt, die Herzleistung wird vergrößert, und der Blutkreislauf bereitet sich darauf vor, die entsprechenden Gewebe mit den nötigen Nährstoffen und Sauerstoff zu versorgen. Diese Alarmreaktion ist ein „Massenaktions"-Effekt des vegetativen Nervensystems auf den Blutfluß. Dieser Effekt hat eine große Bedeutung, weil er den Körper auf den Notfall vorbereitet, er führt aber zu Streß und zu den damit verbundenen psychosomatischen Störungen, wenn er übermäßig lange andauert.

2. *Humorale Steuerung des Blutes.* Die humorale Steuerung bezieht sich auf Substanzen wie Hormone, Ionen und andere Faktoren in den Körperflüssigkeiten, die den Blutfluß regulieren können. Eine Anzahl von Hormonen, die zum endokrinen System gehören (das später besprochen wird), können vom vegetativen Nervensystem eingesetzt werden. Der sympathische Ast des vegetativen Nervensystems kann zum Beispiel das Nebennierenmark (das Zentrum der Nebennieren) anregen, zwei hormonelle Wirkstoffe, Adrenalin und Noradrenalin, auszuschütten, die im ganzen Körper verteilt werden und den Blutfluß durch Verengung oder Erweiterung der Blutgefäße regulieren. Noradrenalin verengt die meisten Gefäßsysteme des Körpers. Adrenalin hat auf die meisten Gewebe eine ähnliche Wirkung, abgesehen von seiner leicht gefäßerweiternden Wirkung auf die Skelettmuskulatur und den Herzmuskel, wenn an diesen Stellen Blut benötigt wird (vor allem bei der Alarmreaktion).

Diese humorale Steuerung des Blutflusses dauert länger als die schneller einsetzende, aber auch kürzer wirkende direkte Stimulation durch Freisetzung von Neurotransmittern an den Endigungen der Nerven des sympathischen Systems, die auf die wichtigeren endokrinen Organe wirken, wie in Abbildung 4 dargestellt. Wenn diese länger wirkenden humoralen Mechanismen allerdings außer Kontrolle geraten, führt das zu übermäßigem Dauerstreß, der schließlich die psychosomatischen Störungen verursacht, die mit Selyes allgemeinem Adaptationssyndrom in Verbindung gebracht werden.

3. *Lokale Geweberegulierung des Blutflusses.* Wenn wir die lokalen Kontrollsysteme näher betrachten, die entscheiden, wieviel Blut den einzelnen Zellen des Gewebes über die Arteriolen und Kapillaren zugeführt wird, wird unser Wissen über die Möglichkeiten einer psychischen Beeinflussung sogar noch verschwommener. Es wurde bereits erwähnt, daß die Arteriolen direkt über das sympathische Nervensystem und indirekt durch Adrenalin und Noradrenalin innerviert werden, das aus dem Nebennierenmark an das Blut abgegeben wird. Die Arteriolen unterliegen also einer Beeinflussung durch die Psyche über die hypothalamisch-vegetative Bahn. Die Kapillaren sind dagegen enger mit dem Sauerstoff- und Nährstoffbedarf des lokalen Gewebes verbunden und werden auf diesem Weg gesteuert. Als Kontrollmechanismus dient dabei der kleine *vorkapillare Sphinkter*, der sich am Ursprung der Kapillare befindet.

Im Hinblick auf die Steuerung dieser vorkapillaren Sphinkter gibt es zwei Theorien: die Gefäßerweiterungstheorie und die Sauerstoffbedarfstheorie (Guyon, 1981). Die Gefäßerweiterungstheorie besagt, daß die Ausschüttung gefäßerweiternder Substanzen (wie zum Beispiel Kohlendioxyd, Milchsäure und Adenosinphosphat), die die vorkapillaren Schließmuskeln, die arteriellen Kapillaren und Arteriolen öffnen, um so größer ist, je größer die Stoffwechselrate ist. Adenosin ist auf dieser Ebene ein besonders wichtiger Gefäßerweiterer, weil er von den Zellen des Herzmuskels freigesetzt wird, sobald die Durchblutung der Herzkranzgefäße zu gering wird; eine unzureichende Adenosinausschüttung könnte daher mit dem Auftreten von Herzstörungen in Verbindung gebracht werden. Die elementare Rolle, die das Adenosintriphosphat (ATP) als „zweites Botensystem" im Inneren der Körperzellen spielt, die psychische Informationen aus den kortikal-limbisch-hypothalamisch-vegetativen Bahnen umwandeln, ist in Abbildung 4 dargestellt.

Die Sauerstoffbedarfstheorie wird auch als „Nährstoffbedarfstheorie" bezeichnet, da viele Nährstoffe dabei ebenfalls eine Rolle spielen. Dieser Theorie zufolge spielt sich das Geschehen an den vorkapillaren Sphinktern ab, die den Gefäßdurchmesser ständig verändern und deren Öffnungen in etwa den Stoffwechselbedürfnissen der Gewebe entsprechen. Mir sind keine psychischen Einflüsse auf dieser Ebene bekannt, man könnte allerdings Spekulationen darüber anstellen, daß das Appetit- und Durstzentrum des Hypothalamus dabei eine Rolle spielt, obwohl wir über die Prozesse, die dabei ablaufen, noch nicht viel wissen.

Eine bahnbrechende Untersuchung der willkürlichen und hypnotischen Steuerung des Sauerstoffs in den Geweben ist kürzlich von Olness und

Conroy (1985) durchgeführt worden. Sie stellten fest, daß Kinder (im Alter zwischen 7 und 17), die Erfahrungen mit Selbsthypnose hatten, in der Lage waren, den Sauerstoff in ihren Körpergeweben zu erhöhen (die Werte wurden kontinuierlich mit Hilfe einer Novamatrix, eines transkutanen Überwachungsgeräts, gemessen). Ein Kind *senkte* sogar willkürlich seinen Sauerstoffpegel. Die Autoren dieser Untersuchung behandeln zwar nicht die psychophysiologischen Mechanismen, die daran beteiligt waren, kommen aber zu dem Schluß, daß ihre Untersuchung die Möglichkeit einer willkürlichen Kontrolle über diesen Aspekt des vegetativen Nervensystems beweist.

Hypnotherapeutische Ansätze, die das vegetative Nervensystem betreffen

Ein wichtiges Beispiel für die psychische Modulation zellulärer Aktivitäten über das vegetative Nervensystem läßt sich beobachten, wenn sein sympathischer Ast dem Nebennierenmark (Zentrum der Nebennieren) das Signal gibt, Adrenalin und Noradrenalin an das Blut abzugeben, um im gesamten Körper die Alarmreaktion auszulösen. Die Behandlung dieser Alarmreaktion hat bei Unfällen, Lebensgefahr und ärztlichen Eingriffen (zum Beispiel Operationen) eine außerordentlich große Bedeutung, da die Angst des Opfers oder Patienten zu einem noch höheren Blutverlust, Bluthochdruck, Herzstörungen und sogar physiologischem Schock beitragen kann. Eine Beruhigung des Patienten durch eine verantwortliche Person (Arzt, Krankenschwester, Sanitäter oder durch einen hilfsbereiten Zuschauer) kann diese durch Streß verursachten Aspekte der Notsituation in hohem Grade mildern, weil sie die Alarmreaktion des sympathischen Nervensystems abschwächt und durch die beruhigende Wirkung des parasympathischen Systems ersetzt. Wir werden in diesem Abschnitt einige hypnotherapeutische Ansätze betrachten, die in einer Vielzahl von klinischen Fällen, bei denen es um die Alarmreaktion ging, angewendet worden sind.

1. ***Kontrolle über Blutungen im Verlauf von Operationen und bei Blutern.*** Banks (1985) hat kürzlich über die Verwendung von hypnotischen Suggestionen zur Kontrolle von Blutungen bei akuten Magenblutungen, Angiographie (Röntgenaufnahmen der Blutgefäße) und therapeutischer Embolisation (absichtlich herbeigeführter Verschluß von arteriellen Blutgefäßen) berichtet. Banks erkannte, daß Streß und Verwirrung während dieser medi-

zinischen Prozeduren an sich schon ausreichen, um den Patienten in einen Zustand erhöhter Sensibilität zu versetzen, die ihn empfänglich für Suggestionen macht, ohne daß vorher eine formale Hypnose eingeleitet werden müßte. Zum Beispiel können übermäßige Blutungen während einer Angiographie durch folgende Suggestionen gestoppt oder wieder hervorgerufen werden (Banks, 1985, S. 80):

„Es mag Ihnen sonderbar vorkommen, aber hat Sie schon einmal jemand aufgefordert, die Blutungen zu stoppen?"

Auf den fragenden Blick und die Antwort „nein" folgt der kurze verbale Hinweis:

„Warum stoppen Sie die Blutung nicht? *Jetzt gleich*! Ich weiß, daß Ihnen das als ein ungewöhnliches Ansinnen *vorkommen* muß, aber es würde uns und Ihnen wirklich helfen; schließlich haben Sie schon Ihr ganzes Leben lang Blutungen unter Kontrolle gehalten, obwohl Ihnen das wahrscheinlich nie bewußt geworden ist. Sie verletzen sich oder haben eine Schramme, und Sie *stoppen die Blutung*, genau wie Sie Ihr Herz schneller schlagen lassen, wenn Sie Angst haben, und langsamer, wenn Sie sich entspannen – Sie *tun* das, aber Sie wissen nicht wie. Sie brauchen also nicht *bewußt* zu wissen, wie man Blutungen stoppt, aber es würde uns sehr helfen, wenn Sie es einfach *geschehen lassen...jetzt gleich*!"

Wenn die Blutung später wieder einsetzen soll, gibt der Arzt die folgenden Suggestionen:

„Bis jetzt haben Sie das gut gemacht. Sie haben Ihre Blutungen vollständig gestoppt. Aber damit ich jetzt sehen kann, *was* geblutet hat, müssen Sie das, was Sie gemacht haben, wieder *rückgängig* machen. Sie brauchen nicht zu wissen wie, lassen Sie es einfach wieder bluten, *jetzt gleich*, damit wir sehen können, ob wir die richtige Stelle gefunden haben."

Diese einfachen, aber gut formulierten Anweisungen machen sich eine Anzahl von indirekten hypnotischen Suggestionen zunutze, die von Erickson und Rossi (1980) zusammengefaßt worden sind. Der Leser wird erkennen, daß diese Anweisungen tatsächlich eine Variation unserer Grundformel für den Zugang sind: 1. Es gibt eine zeitlich gebundene Einleitung: „Warum stoppen Sie die Blutung nicht? *Jetzt gleich*!"; 2. Es wird ein Zugang zu den zustandsabhängigen unbewußten Prozessen geschaffen, die die Blutung kontrollieren: „Wenn Sie es einfach geschehen lassen." 3. Es gibt eine erkennbare Verhaltensreaktion, die die inneren Prozesse bestätigt, wenn die Blutung tatsächlich aufhört.

Banks stellt die Frage, wie es möglich ist, daß ein Bluterpatient die Blutung eines Tumors zu stoppen vermag, der normalerweise nicht auf physiologische Kontrollmechanismen reagiert (1985, S. 85):

> Erzeugt er einen Krampf in normalen Arterien? ... Aktiviert er Gerinnungsmechanismen? Weder die Bluter selbst noch die Ärzte, die sie behandeln, haben eine logische Erklärung dafür, *wie* die Bluter diese beeindruckenden Ergebnisse zustande bringen, obwohl im Blutkreislauf kein Faktor VIII [ein Blutfaktor, der für die normale Blutgerinnung benötigt wird, den Bluter aber nicht haben] zu entdecken ist: Uns geht es auch nicht besser.

Aus der theoretischen Perspektive dieses Buches könnte man zu dem Schluß kommen, daß die Bluter über das limbisch-hypothalamisch-vegetative System zu ihren Erfolgen kommen: Der sympathische Ast des vegetativen Nervensystems könnte die Blutgefäße zusammenziehen und so den Blutfluß stoppen.

2. ***Ideomotorische Signale für den Zugang zu Störungen, die im Zusammenhang mit Narkosen bei Operationen, Unfällen und kritischen Erkrankungen auftreten.*** David Cheek (1959) hat eine Anzahl von Entdeckungen gemacht, die sich auf die „unbewußte Wahrnehmung bedeutungsvoller Geräusche während der Narkose, wie sie in Hypnose aufgedeckt wurden", beziehen.

Er gibt folgenden Bericht über ein typisches Beispiel seiner Arbeit (Cheek, 1957, S. 109):

> Ein 27jähriger Dentist stellte sich freiwillig zu einer Nachuntersuchung seiner Blinddarmoperation zur Verfügung, der er sich im Alter von 15 Jahren unterzogen hatte. Er gab an, er habe sich immer gefragt, ob ein „Geisterchirurg" die Operation durchgeführt habe, aber er wisse nicht, warum er dieses Gefühl habe. Er war neugierig und wollte herausfinden, ob sein Gefühl richtig war, und der Autor hatte das Gefühl, daß seine Neugier frei von bösem Willen war.
>
> Während der Einleitung der Hypnose verglich der Patient sein leichtes Trancegefühl mit dem Gefühl, das er erlebt hatte, als er im Alter von 16 Jahren bei einem Footballspiel bewußtlos gewor-

den war. Auf die Frage, ob er sich an ein anderes, ähnliches Erlebnis erinnern könne, kam das Fingersignal „ja", und er regredierte auf den Zeitpunkt der Einleitung der Narkose bei seiner Blinddarmoperation ein Jahr davor. Diese Gleichsetzung des Hypnosezustands mit Delirien oder Bewußtlosigkeit als Folge eines diabetischen Komas oder chemischer Narkose sind in der Erfahrung des Autors schon häufig vorgekommen.

F: „Wo sind Sie jetzt?"
A: „Ich glaube, ich bin im OP (Operationssaal) – ich schlafe nicht so gut ein." (Die Atemfrequenz steigt abrupt von 14 auf 28.)
F: „Haben Sie Angst?"
A: Fingerzeichen: „Nein."
F: „Können Sie irgendwelche Geräusche hören?"
A: „Der Ventilator läuft – sie reden miteinander – aber nicht mit mir."
F: „Machen Sie sich über irgend etwas Sorgen?"
A: Finger: „Ja." Verbal: „Nein."
F: „Wäre es in Ordnung, wenn Sie das bewußt hören könnten?"
A: Finger: „Ja". Verbal nach einer Pause: „Sie machen den Schnitt am besten hier."
F: „Wo kommt das her?"
A: „Das scheint von Sobie zu kommen" (der Hausarzt der Familie). Der Patient wird jetzt aufgefordert, das Ganze noch einmal zu wiederholen und den Wortlaut genau wiederzugeben, so als würde er eine Schallplatte abspielen.
A: „Ich glaube, wir machen den Schnitt am besten hier."
F: „Gibt es irgend etwas danach, was Sie stört?"
A: „Ja" (mit dem Finger nach einer Pause von zehn Sekunden). Verbal: „Sie scheinen ihn nicht zu finden. ‚Er steckt da drunter' – das sagt der Arzt, der auf der linken Seite des Tisches steht" (Sobie). Nach einer weiteren Pause (25 Sekunden). „Los, wir müssen das da herausbekommen."
F: „Wessen Stimme ist das?"
A: „Das ist offenbar nicht Sobie. Der steht wohl auf der linken Seite, und jemand steht rechts, und dann noch jemand am Fußende."
F: „Macht diese Aussage dem tiefinneren Teil Ihres Gehirns Angst?"

A: Finger: „Nein."

F: „Fühlt der tiefinnere Teil Ihres Gehirns überhaupt etwas?"

A: Finger: „Nein." Verbal: „Nur eine geringe Hyperbewußtheit im unteren rechten Quadranten." (Bemerkenswert die aus einer späteren Zeit stammende sprachliche Orientierung.)

F: „Haben Sie ein unangenehmes Gefühl, während die Ärzte suchen?"

A: Verbal: „Nein."

Als er anschließend aufgefordert wird, die nächste Äußerung wiederzugeben, gibt er an, daß nichts mehr gesagt wird, aber er empfindet Erleichterung und weiß, daß sie jetzt den Blinddarm gefunden haben.

Wenig später sagt die Versuchsperson: „Jetzt ist die Lampe direkt über meinem Kopf. Sie war vorher nicht dort. Sie ist heller. Ich glaube, sie haben die Maske abgenommen oder so etwas."

F: „Sind Sie fertig?"

A: Finger: „Nein."

Er ist jetzt offensichtlich beunruhigt, denn obwohl sie so geredet haben, als ob die Operation beendet wäre, beschließen sie, noch eine Klammer anzusetzen.

Diese Illustration der ideomotorischen Fingersignalmethode beim Zugang zu zustandsgebundenen Informationen, die vom normalen Wachzustand durch chemische Anästhesie abgekapselt sind, enthüllt einige interessante Einzelheiten. Zunächst einmal steigt die Atemfrequenz des Patienten abrupt von 14 auf 28. Das beweist, daß die traumatischen Erinnerungen an die Operation, die durch die Hypnose zugänglich gemacht wurden, zu einer wichtigen psychobiologischen Veränderung führen. Ein anderer wichtiger Punkt bei diesem Beispiel für Fingersignale ist der Konflikt zwischen der ideomotorischen und der verbalen Ebene. So beantwortet er Cheeks Frage: „Machen Sie sich über irgend etwas Sorgen?" mit dem Fingersignal „Ja", während er verbal mit „Nein" antwortet. Solche miteinander im Konflikt liegenden Antworten sind der Grund, warum Cheek drei verschiedene psychobiologische Reaktionsebenen verwendet, um den Grad des therapeutischen Engagements und die Validität seiner klinischen Untersuchungen zu beurteilen. Wir wollen diese drei Ebenen nun noch einmal im Zusammenhang mit dem oben erwähnten Fall betrachten.

1. Auf der ersten Ebene tritt eine vermehrte Schweißabsonderung, eine Erhöhung der Atemfrequenz und des Pulses auf. Das sind typische Zeichen für eine Erregung des vegetativen Nervensystems und angesichts der Arbeiten von McGaugh (1983) über die hormonale und neuroendokrine Kodierung von Lebenserfahrungen, die weiter oben zitiert worden sind, offenbar die Basis dieser ersten Ebene psychobiologischer Reaktivität. Reaktionen auf dieser Ebene können als unwillkürlich betrachtet werden.
2. Die zweite Ebene ist das ideomotorische Fingerzeichen selbst, das in der Regel von den Versuchspersonen als autonom und unwillkürlich erlebt wird. Einige Versuchspersonen erleben die Bewegung allerdings teilweise als willentlich; andere wiederum können einfach nicht sagen, ob sie völlig unwillkürlich ist oder nicht.
3. Die dritte Ebene ist die des verbalen Rapports. Viele Versuchspersonen erleben ihn als völlig willentlich; andere sind nicht so sicher, und für einige scheint auch der verbale Rapport unwillkürlich zu sein.

Ich würde diese Ebenen als miteinander in Interaktion stehende zustandsgebundene Informationen bezeichnen. Wegen der traumatischen Bedingungen, unter denen das limbisch-hypothalamische vegetative Nervensystem diese Informationen kodiert hat, sind sie für das gewöhnliche assoziative Netzwerk des Bewußtseins der Person nicht zugänglich. Die normalen Prozesse der Informationsumsetzung sind zusammengebrochen. Cheeks Fingerzeichenmethode als Mittel eines Zugangs zu diesen zustandsgebundenen Informationen stellt einen einmaligen Weg dar, den Prozeß der Informationsumsetzung zwischen den physiologischen, ideomotorischen und verbalen Ebenen wieder in Gang zu setzen.

Cheek läßt seine Versuchspersonen die zustandsgebundenen Erinnerungen auf der ideomotorischen Ebene mehrmals überprüfen, bevor er versucht, einen verbalen Bericht zu bekommen. Es ist verführerisch, dieses Bedürfnis nach „Überprüfung" spekulativ als eine Prozedur zur Zugangsöffnung und Reaktivierung von Hebbs (1949) „Zellverbänden und Phasensequenzen" und Gazzanigas „psychischen Modulen" (1985) zu betrachten, die die zustandsgebundenen Informationen in neuralen assoziativen Netzwerken kodieren. Eine Wiederholung dieses Zugangs- und Reaktivierungsprozesses vergrößert die Wahrscheinlichkeit, daß die Umsetzung zwischen der physiologischen und der verbalen Ebene fortschreitet. Zahlreiche Forschungsprogramme bestätigen zur Zeit Cheeks allgemeine ideomotorische Methode, mit der ein Zugang zu traumatischen Erinnerungen geschaffen wird und sie neu geordnet werden. Barnett (1984) hat zum Beispiel kürzlich über Ergebnisse einer zehnjährigen Untersuchung der „Rolle des pränatalen Traumas bei der Entwicklung des negativen Geburtserlebnisses" berichtet. In dieser Untersuchung hat er die Fingersignalmethode verwendet, um einen Zugang zu den Erinnerungen zu gewinnen, die mit vielfältigen funktionalen Störungen wie Alkoholismus, Angstzuständen, Depression, Asthma, Phobien, Nägelkauen, sexuellen Störungen und Eheproblemen zusammenhingen.

Experimentell wurde Cheeks Arbeit über die unbewußte Wahrnehmung bedeutsamer Geräusche während der Narkose in Tierversuchen durch die Psychobiologen Weinberger, Gold und Sternberg (1984) bestätigt. Sie entdeckten, daß narkotisierte Versuchstiere auf ein akustisches Signal hin konditioniert werden konnten, wenn sie durch eine Dosis Adrenalin in einen Zustand erhöhter psychophysiologischer Erregbarkeit gebracht wurden. Diese Forscher gehen davon aus, daß Adrenalin als wichtiger Neurotransmitter die Funktion hat, die Gedächtnisspeicherung zu stärken. Dies ist eine eindrucksvolle Bestätigung der Arbeit von McGaugh über die psychobiologische Kodierung zustandsgebundener Informationen, die weiter oben zitiert worden ist.

In Humanuntersuchungen bestätigte Henry Bennett (1985), ein Psychologe der Kalifornischen Universität in Davis, daß unbewußtes Lernen während einer Operation das Ergebnis und die Heilungsgeschwindigkeit beeinflussen kann. Es bedarf zweifellos weiterer Humanuntersuchungen unter kontrollierten Bedingungen, um die Parameter, Grenzen und weiteren Möglichkeiten auf diesem Gebiet zu erforschen.

Die Psychobiologie der Problembewältigung: die Verwandlung negativer Bedrohungen in positive Herausforderungen

Die Fähigkeit, mit Streß fertigzuwerden, wird zunehmend zum bedeutsamsten Faktor in der Psychobiologie der Gesundheit und Krankheit (Gentry, 1984). Die meisten psychotherapeutischen Schulen betrachten eine Stärkung der Mechanismen der Problembewältigung als ein Kriterium für den Erfolg der therapeutischen Arbeit und als deren Ziel. Selyes bahnbrechende Arbeit über die Psychobiologie des Streß ist natürlich der Ursprung dieser gegenwärtigen Anerkennung der Bedeutung der Problembewältigung. In späteren Phasen seiner Arbeit differenzierte Selye (1974) zwischen dem Streß, der Krankheiten verursacht, und dem Streß – „Eustreß" – der lebensfördernd ist. Diese Unterscheidung stimmt genau mit der Betrachtungsweise Maslows (1962), des Vertreters der humanistischen Psychologie, überein, der die menschliche Motivation in zwei Arten gliedert: 1. Die *Deprivationsmotivation*, die negative Gefühle und Krankheiten verursacht, die mit einem Mangel an Lebensnotwendigem zusammenhängen, und 2. die *Seinsmotivation*, die das Leben mit den positiven Gefühlen der Liebe, Freude, Hoffnung und des Glücks erfüllt.

Die psychobiologische Grundlage für diese Unterscheidung zwischen negativen und positiven Gefühlen als Reaktion auf Streß ist kürzlich von mehreren Forschern untersucht worden (Holroyd & Lazarus, 1982; Lazarus & Folkman, 1984). Sie entdeckten einen signifikanten Unterschied zwischen den Reaktionen des Körpers auf „Bedrohung" (Streß) und „Herausforderung" (Eustreß). Bedrohung ist mit zwei Faktoren verbunden: 1. mit einer Erhöhung der Katecholamine im Blut (Adrenalin und Noradrenalin, die vom Nebennierenmark als Reaktion auf die Reizung des Sympathikus ausgeschieden werden, die weiter oben als Alarmreaktion des vegetativen Nervensystems beschrieben wurde); und 2. mit der Ausschüttung von Hydrokortison ins Blut durch die Nebennierenrinde (die von der Hypophyse in Form von ACTH – Adrenokortikotropes Hormon – das Signal bekommen hat, wie es in Abbildung 1 dargestellt wurde). Eine Herausforderung ist dagegen nur von einer Erhöhung des Katecholaminspiegels begleitet.

In einer Studie über die Biochemie der Kraft zur Problembewältigung entdeckte Bandura (1985), daß Patienten, die eine Phobie erlebten, einen erhöhten Katecholaminspiegel hatten. Er stellte fest, daß dieser Katecholaminspiegel um so niedriger war, je stärker das Gefühl der Patienten war, mit ihrer Phobie fertig werden zu können. Je stärker das Gefühl ist, es selbst schaffen zu können, um so weniger Streß wird erlebt und um so niedriger bleibt der Katecholaminspiegel. Das führt zu einem Prinzip der psychobiologischen Therapie: *Negativer Streß kann in das positive Erlebnis der Bewältigung einer Herausforderung umgewandelt werden*. Diese neue Art, das therapeutische Ziel verschiedener Formen der Grundformel für den Zugang zu definieren, ist in Kasten 11 dargestellt.

KASTEN 11 ***Umwandlung negativer Bedrohung in positive Herausforderung***

1. *Zeichen für die Bereitschaft zur innerseelischen Arbeit*

Sie werden merken, wann Sie bereit sind herauszufinden, wie Sie effektiver mit diesem Problem umgehen können. [Pause]
Sie werden dann feststellen, daß Sie sich mit jedem Atemzug wohler fühlen [Pause],
und es kann auch sein, daß sich Ihre Augen schließen, während Sie sich darauf konzentrieren.

2. *Umwandeln der Bedrohung in eine Herausforderung*

Nun können Sie in aller Ruhe die Aspekte Ihres Problems betrachten, die Sie am meisten bedrohen [Pause],
und Sie können sich fragen, ob nicht in jedem einzelnen Aspekt eine Herausforderung steckt, der Sie sich erfolgreich stellen können.

3. *Bestätigung der Problemlösung*

Und wenn Ihnen klar geworden ist, daß Sie diesen konstruktiven Weg weiterverfolgen können [Pause],
werden Sie spüren, daß Sie sich recken möchten, aufwachen,
und daß Sie nun über ein oder zwei wirksame Methoden verfügen, mit deren Hilfe Sie sich dieser Herausforderungen frohen Mutes stellen können.

Eine hypnotherapeutische Methode auf der Grundlage einer Variation unserer Grundformel für den Zugang (die ursprünglich von Erickson & Rossi, 1979, als „Dreistufen-Methode der Anwendung von Hypnotherapie" bezeichnet wurde) wurde von Nugent, Carden und Montgomery (1984) verwendet, „um die Gültigkeit der Methode und die Hypothese zu bekräftigen, daß man auf diese Weise einen Zugang zu kreativen unbewußten Prozessen gewinnen und sie therapeutisch nutzen kann". Zweck ihrer „Standardsuggestionsform" war, „einen Zugang zu den kreativen unbewußten Prozessen zu gewinnen und sie zur Herstellung und Vollendung zufriedenstellender Lösungen immer wieder auftretender Verhaltensstörungen zu benutzen" (S. 201). Sie stellten bei drei experimentellen Fällen fest, daß eine einzige hypnotherapeutische Sitzung ausreichte, um

Schlafstörungen und Phobien, die sich auf die Nadeln von Injektionsspritzen bezogen, aufzulösen. Ihr therapeutischer Ansatz bei der Behandlung der Injektionsnadelphobie einer Collegestudentin, die sie „B." nannten, wurde folgendermaßen beschrieben (Nugent, Carden & Montgomery, 1984, S. 202-203):

> Im Anschluß an unser Vorgespräch begannen wir mit der Induktion der Trance. B. reagierte auf die innere Visualisationsinduktion, indem sie schnell in eine tiefe Trance fiel. Sie wurde dann aufgefordert, die kreative Aufgabe zu erfüllen, eine Möglichkeit zu finden, wie sie bei zukünftigen Prozessen, bei denen Nadeln eine Rolle spielten, wach und bei Bewußtsein bleiben könnte. Wir gaben ihr diesen Auftrag mit Hilfe einer „Standardsuggestionsformel", die wir immer benutzten: „Jetzt kann Ihr Unbewußtes das Notwendige tun, um das ... *Ziel der Therapie* ... sicherzustellen, und zwar so, daß es all Ihren persönlichen Bedürfnissen entspricht, und sobald Ihr Unbewußtes weiß, daß ... (*das Ziel der Therapie*), kann es ein Zeichen (*entsprechendes ideomotorisches Signal*) geben."
>
> B. wurde die spezifische Suggestion gegeben: „Jetzt kann Ihr Unbewußtes das Notwendige tun, um sicherzustellen, daß *Sie sich weiterhin wohl fühlen und wachbleiben, wenn Sie in Zukunft eine Spritze bekommen*, und zwar so, daß es all Ihren persönlichen Bedürfnissen entspricht, und sobald Ihr Unbewußtes weiß, *daß Sie sich wohl fühlen und wach bleiben, wenn Sie eine Injektion bekommen*, kann es ein Zeichen geben, indem es *Ihre rechte Hand vom Stuhl hochhebt*." Mit dieser Suggestion versuchten wir, einen Zugang zu den unbewußten Prozessen zu gewinnen und sie so zu steuern, daß sie zu einer Verhaltensveränderung im Hinblick auf die Reaktion auf Injektionen führten. Drei Minuten nach dieser Suggestion hob sich B.s rechte Hand ruckartig. Sie wurde anschließend aufgeweckt und hatte im Hinblick auf die Tranceperiode eine völlige Amnesie.

Es wäre wünschenswert festzustellen, wie wirksam diese hypnotherapeutische Formel im Hinblick auf eine Senkung des Katecholaminspiegels im Vergleich zu der behavioristischen Methode ist, die Bandura beschreibt.

Ultradiane Rhythmen und das vegetative Nervensystem

Die Entdeckung der ultradianen Rhythmen, die viele Funktionen des vegetativen Nervensystems und des endokrinen Systems steuern, ist ein Meilenstein in der neueren Forschung, der wichtige Konsequenzen für die Entwicklung neuer Methoden der therapeutischen Hypnose hat (siehe Rossi, 1982, 1986a). In diesem Abschnitt werden wir einige Implikationen der Verbindung zwischen den ultradianen Rhythmen und dem Vegetativum skizzieren; im nächsten Abschnitt werden wir dann die Beziehungen zwischen den ultradianen Rhythmen und dem Hormonsystem behandeln.

In der Physiologie und in der Medizin hat das Dominanzprinzip bei den Funktionen der beiden Hirnhälften eine alte Tradition (Gazzaniga, 1985). Noch vor kurzem ging man davon aus, daß die Wirkungsweise der beiden Hirnhälften nicht nur funktional, sondern auch zeitlich fixiert sei. Eine Reihe von Untersuchungen aus der Schlafforschung (Goldstein, Stoltzfus & Gardocki, 1972; Gordon, Frooman & Lavie, 1982), wiesen darauf hin, daß natürliche, 90minütige ultradiane Rhythmen bei der Hirnhälftendominanz auftreten, die die psychischen Funktionen beeinflussen könnten. Zum Beispiel erleben die meisten Leute im Schlaf alle 90 Minuten eine Traumphase (REM-Schlaf). Klein und Armitage (1979) entdeckten dann, daß die geistige Aktivität und der kognitive Lebensstil normaler Versuchspersonen im Wachzustand natürliche 90minütige Oszillationen der ultradianen Rhythmen aufwies: Die Dominanz der rechten und linken Hirnhälfte hatte die Tendenz, sich mit diesen ultradianen Perioden zu verändern.

Der nächste experimentelle Schritt wurde von Debra Werntz (1981) getan. Sie stellte fest, daß die ultradianen Rhythmen bei der Hirnhälftendominanz kontralateral mit ähnlichen Veränderungen im nasalen Atemzyklus zusammenhingen. Das heißt, wenn das linke Nasenloch offen war und Luft einatmete, zeigte sich im EEG der rechten Hirnhälfte ein Muster, das auf eine erhöhte Aktivität hinwies, und umgekehrt. In einer weiteren Studie (Werntz et al., 1981) stellte sie fest, daß ein Wechsel der Nasenatmung von einer Seite zur anderen auch die Hirnhälftendominanz veränderte! Dieser nasale Atemrhythmus stellte nicht nur ein natürliches, nicht-invasises Fenster zur Hirnhälftenaktivität dar, sondern man konnte willkürliche Veränderungen der Atmung durch das linke oder rechte Nasenloch auch dazu benutzen, den Ort der Aktivität in der linken und rechten Hirnhälfte, in den höchsten Schichten des Gehirns und der

Ind. über r/L Nasenatmung

Psyche, zu verändern! Zusammen mit ihren Kollegen entwarf sie eine Theorie dieser Beziehungen zum vegetativen Nervensystem (Werntz et al., 1981, S. 4-6):

> Wir sind der Meinung, daß die Korrelation des nasalen Zyklus mit der Veränderung der Hirnhälftenaktivität dem Modell eines Oszillatorsystems mit einem einzelnen ultradianen Zyklus entspricht und von uns ein neues Verständnis des Nervensystems fordert... Wir schlagen vor, einen noch vollständigeren und besser integrierteren theoretischen Rahmen zu entwickeln, in dem das System aller ultradianen Rhythmen und ihrer Steuerung durch das vegetative Nervensystem Platz hat, vor allem im Hinblick auf die Integration der vegetativen und der Hirnhälftenaktivitäten. Man könnte in diesem Zusammenhang sagen, daß womöglich jede Hirnhälfte über „unterschiedliche Intelligenzformen" verfügt, die eine erhöhte Versorgung ihres Stoffwechsels von der jeweils gegenüberliegenden Seite des Körpers benötigen. *In diesem Zusammenhang kann man den nasalen Zyklus als einen leicht meßbaren Indikator oder als „Fenster" betrachten.*
>
> ... Der ganze Körper oszilliert also zwischen Ruhe und Aktivität, beziehungsweise parasympathischer und sympathischer Steuerung, während er gleichzeitig eine ständige Verschiebung von der linken Körperseite und rechten Hirnhälfte zur rechten Körperseite und linken Hirnhälfte und zurück durchläuft. Das wiederum erzeugt ultradiane Rhythmen auf allen Ebenen des Organismus, von der Pupillengröße bis zu höheren kortikalen Funktionen und Verhaltensweisen ... Es darf nicht übersehen werden, daß dies eine umfassende Integration der vegetativen und der kortikalen Aktivitäten bedeutet, eine Beziehung, die bis jetzt noch nicht definiert oder untersucht worden ist. Da der nasale Zyklus vermutlich über einen zentral kontrollierten Mechanismus gesteuert wird, möglicherweise über den Hypothalamus, der das sympathisch/parasympathische Gleichgewicht reguliert, geschieht das überall im Körper einschließlich des Gehirns. Das ist der Mechanismus, durch den die Vasomotorik die Steuerung des Blutstroms durch die Hirngefäße reguliert, wodurch dann die Hirnhälftenaktivität verändert wird.

Jahrtausendelang haben indische Yogis behauptet, sie könnten den

Zustand ihres Bewußtseins durch eine Regulierung der Atmung beeinflussen, sie nennen diese Übung *Pranayama* (Rossi, 1985, 1986a). Sie behaupten außerdem, daß die wunderbare Weise, wie sie die Physiologie ihres Körpers unter Kontrolle bringen können, auf bewußte Regulierung des Atemrhythmus zurückzuführen sei. Da diese erstaunlichen Leistungen einer psychischen Kontrolle sich hauptsächlich auf das vegetative Nervensystem beziehen, kann die Arbeit von Werntz eine theoretische und empirische Brücke zu der uralten Tradition des Yoga schlagen.

In Gesprächen mit David Shannahoff-Khalsa (1983) vom Jonas-Salk-Institut in La Jolla, Kalifornien, kristallisierte sich heraus, daß Untersuchungen psychosomatischer Zustände oder Störungen, die mit dem vegetativen Nervensystem zusammenhängen, leicht und sicher durchzuführen sind, wenn man die Hirnhälftendominanz mit Hilfe des nasalen Atemrhythmus verändert. Ich habe schon früher (Rossi, 1986a, b) verschiedene Methoden einer Verschiebung der Hirnhälftendominanz beschrieben. Meine Lieblingsmethode besteht darin, daß ich mich einfach bequem auf die eine oder die andere Körperseite lege. Wenn ich beispielsweise auf der rechten Seite liege, schließt sich das rechte Nasenloch, und das linke öffnet sich innerhalb von wenigen Minuten. Dadurch wird reflexiv die rechte Hirnhälfte aktiviert. Wenn ich dagegen auf der linken Seite liege, wird die linke Hirnhälfte aktiviert.

Voruntersuchungen mit dieser einfachen Methode, wie sie in Kasten 12 dargestellt ist, haben zu faszinierenden Ergebnissen geführt. Funktionale Kopfschmerzen, die zum Beispiel auf Streß oder Überarbeitung zurückzuführen sind, können relativ schnell gelindert oder verlagert werden, wenn man den nasalen Rhythmus von einer Seite auf die andere verlegt. Einige Patienten haben über eine ideodynamische Veränderung von Schmerzen berichtet, die sich nur durch eine Verlagerung auf die andere Seite zu einem angenehmen Wärmegefühl oder einem Gefühl angenehmer Kühle verwandelten. Wenn man vorher fünf oder sechs Minuten lang auf diese Weise die eigenen sensorischen Umwandlungen durchgespielt hat, kann man sich Stimmungen, negative Gefühle und körperliches Unwohlsein mit größerer Einsicht vorstellen und besser damit umgehen. An anderer Stelle habe ich eine Reihe persönlicher Erfahrungen mit den tiefen, autohypnotischen Zuständen eines „luziden Somnambulismus" veröffentlicht, zu denen ich einen Zugang gewonnen hatte, indem ich in ultradianen Ruhephasen die Dominanz auf die rechte Hirnhälfte verlagerte (Rossi, 1972/1985).

Kasten 12 ***Verschiebung der Hirnhälftendominanz und des psychosomatischen Zustands***

1. *Feststellen der nasalen Dominanz und des psychosomatischen Zustands*

   Wenn Sie sich in einem leibseelischen Zustand befinden, den Sie ergründen oder umwandeln wollen, so stellen Sie zunächst einmal fest, welches Ihrer beiden Nasenlöcher frei ist.

2. *Verschiebung der nasalen und der Hirnhälftendominanz*

   Legen Sie sich so auf eine Seite Ihres Körpers, daß sich Ihr freies Nasenloch unten befindet. Wenn Sie das tun, wird innerhalb weniger Minuten reflexartig die Dominanz der Hirnhälften zugunsten der unten liegenden Seite verschoben. Registrieren Sie einfach die sensorischen, perzeptiven, emotionalen und kognitiven Veränderungen oder die Symptomveränderungen, die wie von selbst innerhalb der nächsten 5 bis 20 Minuten auftreten werden.

3. *Bestätigung der Verschiebungen der Hirnhälftendominanz und des psychosomatischen Zustands*

   Richten Sie sich nun auf, und achten Sie darauf, wie das vorher geschlossene Nasenloch sich wieder öffnet und umgekehrt. Achten Sie auf die leibseelischen Veränderungen, die diese nasal-zerebrale Verschiebung begleiten, und erforschen Sie, welche Reaktionsmuster speziell für Sie charakteristisch sind, damit Sie sich später selbst weiterhelfen können.

In seinem Buch *Meditation and the Art of Dying*, 1979, (Meditation und die Kunst des Sterbens) hat Dr. Usharbudh Arya die interessante Beziehung zwischen dem Nasenzyklus, dem sexuellen Orgasmus und den Zuständen höchster Glückseligkeit im *Samadhi* beschrieben. Der klassischen Yogaliteratur zufolge sind sowohl während des Orgasmus als auch im tiefsten Meditationszustand des *Samadhi* beide Nasenlöcher geöffnet. Die Ekstase dieser Art der Meditation ist seiner Beschreibung nach eine Folge der „nach oben gerichteten Implosion ... der Kundalini ... durch die der Zölibat leichter wird und ein größerer Genuß ist als Sex". Es ist eine

Aufgabe der westlichen Wissenschaften, diese Beobachtungen zu überprüfen.

Diese einleitenden Beobachtungen über die Beziehungen zwischen dem vegetativen Nervensystem, der Hirnhälftendominanz und dem Verhalten eröffnen ein außerordentlich weites Feld interessanter Möglichkeiten für die Entwicklung neuer psychobiologischer Ansätze in bezug auf die therapeutische Hypnose, die Seele-Körper-Heilung und die Förderung menschlicher Potentiale. Wenn der Leser an dieser Stelle noch einmal einen Blick auf die Abbildung 4 wirft, wird er die enorme Reichweite der vielen Methoden, die in diesem Kapitel behandelt worden sind, erkennen: Abbildung 4 zeigt einen kompletten Weg der Informationsumwandlung, die vom vegetativen Nervensystem vermittelt wird und zwischen Körper, Seele und molekularen Prozessen im Inneren einer jeden Körperzelle stattfindet. Der Weg, den die Informationsumwandlung nimmt, wird ständig und automatisch auf einer unbewußten Ebene durch die zustandsgebundene Kodierung von Erinnern, Lernen und Verhalten innerhalb der Alltagserfahrungen unseres Lebens moduliert. Weitere Untersuchungen und klinische Erfahrungen werden uns den Weg weisen, wie wir lernen können, diese leibseelischen Kommunikationsprozesse bewußter zu fördern. Im nächsten Kapitel werden wir diese Möglichkeiten weiter ausbauen, indem wir untersuchen, was wir bereits über die psychische Modulation des endokrinen Systems wissen.

8

Psychische Modulation des endokrinen Systems

Das endokrine System besteht aus vielen Organen, die über den ganzen Körper verteilt sind und Hormone an das Blut abgeben, um so die Stoffwechselfunktionen der Zellen zu steuern. Dazu gehören die Stoffwechselrate der chemischen Reaktionen, Wachstum, Aktivitätsgrad, Sexualität und so weiter. Abbildung 5 zeigt, wie einige der wichtigen Organe und Funktionen des endokrinen Systems durch psychische Modulationsprozesse, die über das limbisch-hypothalamische System laufen, beeinflußt werden können. Praktisch alle Organe des endokrinen Systems können psychosomatische Störungen vermitteln oder deren Ort sein.

Die Hypophyse an der Basis des Gehirns ist die „Hauptdrüse" des endokrinen Systems: Sie sendet Hormone als „Botenmoleküle" aus, um alle anderen hormonproduzierenden Organe des Körpers zu steuern (siehe Abbildung 5). Die Hypophyse selbst wird vom limbisch-hypothalamischen System aus moduliert. Wie schon erwähnt, besteht der Hypothalamus aus vielen Kernen oder Nervenzentren, die als Empfangsstationen fungieren und die Informationen über das *innere Milieu* aus dem Blut und der Hirn- und Rückenmarksflüssigkeit und über das *äußere Milieu* aus den Sinnesorganen empfangen. Das limbisch-hypothalamische System ist das Hauptzentrum für die Integration dieser Informationen mit den psychischen Prozessen. Es leitet dann diese neu integrierten Informationen zur Hypophyse weiter, die ihrerseits alle anderen Organe des endokrinen Systems steuert. Die einzelnen Zellen des Hypothalamus, die die Nervenimpulse der Psyche in Sekrete (hormonfreisetzende Faktoren) umwandeln, die die Hypophyse steuern, wurden weiter oben auf Abbildung 3a und 3b dargestellt.

Während der letzten zehn Jahre hat sich unser Verständnis durch eine Reihe von revolutionierenden Entdeckungen auf dem Gebiet des Erinnerns, Lernens und Verhaltens gewandelt (Guillemin, 1978; Henry, 1982; Snyder, 1980). Die traditionelle Auffassung von der Rolle der Hormone bei der Regulierung der Stoffwechselfunktionen des Körpers

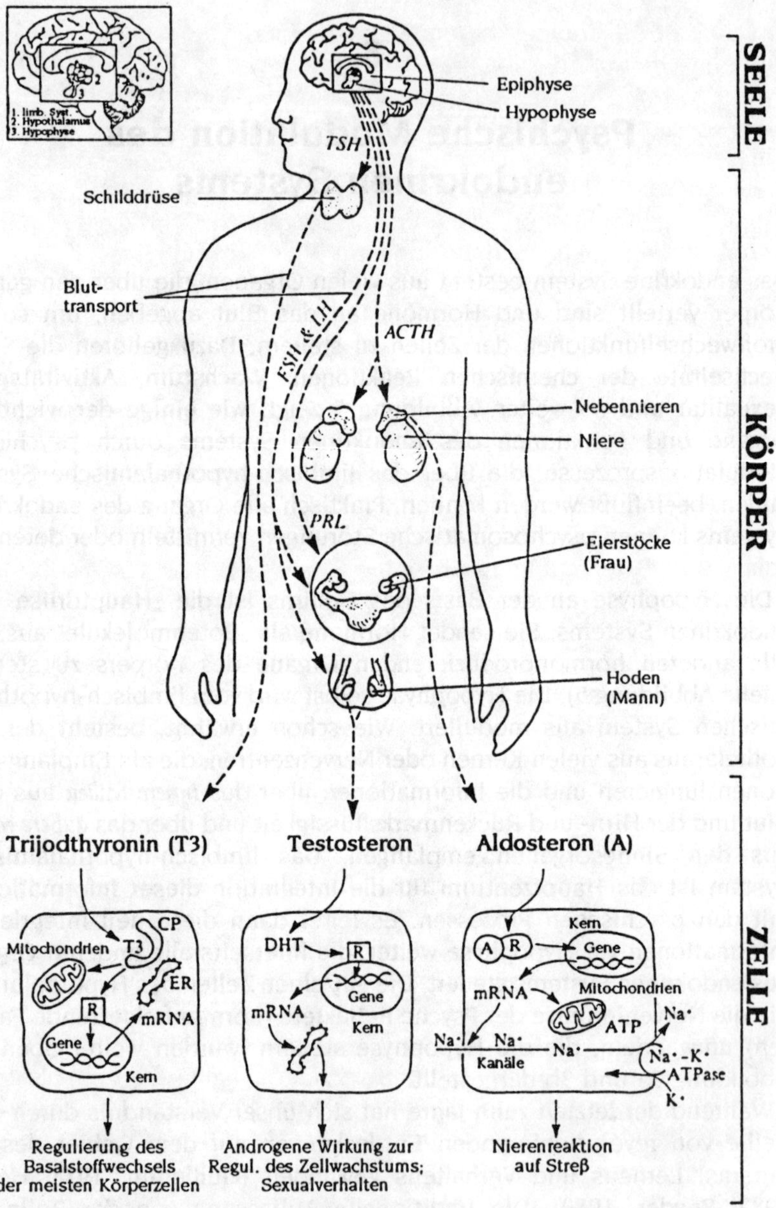

ABBILDUNG 5 Psychische Modulation des endokrinen Systems mit drei Beispielen einer möglichen Verbindung zwischen Psyche und Genen auf Zellebene

wird zur Zeit durch die wachsende Erkenntnis der Tatsache ergänzt, daß sie auch als Neurotransmitter und Neuromodulatoren fungieren können, die die Kommunikation zwischen Körper und Seele auf vielen Ebenen innerhalb des Gehirns selbst fördern können. Das ist möglich, weil die Zellrezeptoren, die durch diese Hormone aktiviert werden, sowohl im Gewebe des Gehirns als auch im Körpergewebe enthalten sind. Tabelle 4 enthält eine Anzahl der endokrinen Hormone, die auf Zellrezeptoren sowohl im Gehirn als auch im übrigen Körper wirken.

Die erstaunlichste Entwicklung, die in der letzten Zeit auf dem Gebiet der Endokrinologie stattgefunden hat, bezieht sich auf die Entdeckung einer neuen Klasse von Hypophysenhormonen, die *Endorphine* und *Enkephaline* genannt werden. Diese Hormone haben viele Steuerungsfunktionen, die für die Psyche interessant sind, dazu gehört die Modulation von Streß, Schmerz, Stimmungen, Sexualität, Appetit, Sucht und Medikamentenmißbrauch, Arbeitsfähigkeit und sportlicher Leistung und der Grundprozesse des Lernens und Behaltens (Davis, 1984).

Die Entdeckung der Endorphine ist so neu, daß es bis jetzt noch keine allgemeine Übereinstimmung über ihre physiologische Klassifikation gibt. Margules (1979) hat zum Beispiel behauptet, daß das Endorphinsystem eine neue Abteilung des vegetativen Nervensystems darstellt, die im wesentlichen für die „Energieerhaltung und den Energieverbrauch des Körpers in Erwartung von Hunger oder Überfluß" (S. 155) zuständig ist. Für diese These gibt es viele Beweise, etwa die Verteilung der Endorphine im ganzen Körper und in vielen Hirnregionen (im Hypothalamus, in der Hypophyse, im Nucleus raphe magnus und in der periaquaeduktalen grauen Hirnsubstanz) sowie im Rückenmark und im Magendarmtrakt.

Da aber eine bedeutende biosynthetische Quelle eines der wichtigen Endorphine (Beta-Endorphin) und Enkephaline (Meta-Enkephalin) aus demselben Muttermolekül stammt wie das adrenokortikotrope Hormon (ACTH) im Hypophysenvorderlappen, betrachten viele Autoritäten das gesamte System jetzt als einen Teil des Hormonsystems. Beta-Endorphin hat, was die Dynamik der Sekretion aus der Hypophyse anbetrifft, Ähnlichkeit mit dem ACTH: Es wird grundsätzlich sowohl als Reaktion auf Streß (körperlicher, seelischer, kognitiver oder imaginärer Streß) als auch als Reaktion auf natürliche Tages-Biorhythmen (zirkadiane Rhythmen) an das Blut abgegeben. Es ist wichtig, sich an den psychobiologischen Ursprung der Endorphinhormone zu erinnern, wenn man die Bedeutung und die Implikationen der vielen immer noch widersprüchlichen Behauptungen im Hinblick auf die Funktionen des Endorphinsystems beurteilen will.

TABELLE 4 ***Die multiplen Funktionen einiger Hormone, bezogen auf Körper und Seele***

1. Wie bereits erwähnt, hat Selye die Entdeckung gemacht, daß das ***Kortikotropin freisetzende Hormon*** (CRF) ein Hormon des Hypothalamus ist, das die Freisetzung von ACTH aus der Hypophyse vermittelt, die ihrerseits der Nebennierenrinde den Befehl gibt, Hydrokortison an das Blut abzugeben. Das ist die angestammte Rolle der Hormone, die auf Rezeptoren in den Zellen der Körperorgane wirken, wie es die klassische Endokrinologie beschreibt. Vor kurzem hat man allerdings entdeckt, daß es in den Zellen des Gehirns Rezeptoren für CRF und ACTH gibt, die ein streßähnliches Verhalten und psychische Variable wie Aufmerksamkeit, Gedächtnis und Lernen vermitteln können (Izquierdo, 1984; McGaugh, 1983; Rigter & Crabbe, 1979).
2. ***Cholezystokinin*** (CCK) ist ein Hormon, das von der Speiseröhre bis zum Dünndarm wirksam ist. Es beeinflußt die Kontraktion der Gallenblase, das Bauchspeicheldrüsenenzym und die Motilität des Magendarmtrakts. Es gibt allerdings auch Rezeptoren für CCK in den Gehirnzellen. Dort steuert es das Sattheitsgefühl (wahrscheinlich durch seine Wirkung auf die Steuerungszentren im Hypothalamus). Es wird deshalb möglicherweise bei der zukünftigen Behandlung von Fettleibigkeit eine wichtige Rolle spielen (Kissilef et al., 1981). Dies weist natürlich auch darauf hin, daß die Seele den Appetit über einen psychologischen Weg beeinflussen kann. Candace Pert (1986), Chef der Abteilung für Biochemie des Gehirns am „National Institute of Mental Health" äußerte die Spekulation, daß CCK womöglich auch das vermitteln kann, was man „Bauchgefühle" nennt.
3. ***Insulin*** wurde zunächst als hormonelles Sekret der Bauchspeicheldrüse bekannt, das den Kohlehydratstoffwechsel beeinflußt, indem es die Aufnahme von Glukose durch das Gewebe des Herzens, der Muskeln, der Leber und des Fettgewebes usw. erhöht. Neuere physiologische Untersuchungen seiner Rezeptoren im Gehirn und verhaltenspsychologische Forschungen weisen darauf hin, daß es das Eßverhalten durch direkte Wirkungen auf die Hirnkapillaren beeinflußt (Pert el al., 1985).
4. ***Gonadotropin freisetzende Hormone*** (GRH) aus dem Hypothalamus stimulieren die Ausschüttung von Hypophysenhormonen wie zum Beispiel das Gonadotropin, das luteinisierende Hormon (LH) und das follikelstimulierende Hormon (FSH), die ihrerseits das Wachstum anregen und die Physiologie der sexuellen Prozesse steuern. Wenn man die Rezeptoren im Gehirn von Ratten durch GRH aktiviert, zeigen sie sexuelles Verhalten.
5. ***Vasopressin oder antidiuretisches Hormon*** (ADH) wird im Hypophysenhinterlappen freigesetzt, wenn dort die entsprechenden Signale aus dem Hypothalamus empfangen werden. In der klassischen Endokrinologie untersuchte man Vasopressin wegen seiner Steuerungsfunktionen der Nierentätigkeit, des Wasserhaushalts und des Harnflusses. Inzwischen hat man auch seine gefäßverengende Wirkung bei der Regulierung des Blutflusses erkannt. Wenn Zellrezeptoren im Gehirn aktiviert werden, verbessert Vasopressin offenbar jedoch auch das Gedächtnis und das Lernen (McGaugh, 1983). Es besteht außerdem eine Beziehung zwischen den zirkadianen Rhythmen und dem ADH-Spiegel im der Zerebrospinalflüssigkeit. Alle diese Untersuchungsergebnisse weisen darauf hin, daß die verschiedenen Ebenen des Lernens und Behaltens, die während des 14-Stunden-Zyklus auftreten, womöglich etwas mit der Fluktuation des ADH und seinem Zugang zu den verschiedenen Gehirngeweben zu tun haben.

Da viele der multiplen Funktionen der Hormone entweder direkt oder indirekt durch das limbisch-hypothalamisch-hypophysäre System vermittelt werden, sind sie einer psychischen Modulation und einer hypnotherapeutischen Intervention zugänglich. Das heißt, obwohl Hormone in der Regel autonom funktionieren, wissen wir jetzt, daß ihre Aktivität durch bedeutsame Lebenserfahrungen moduliert und in der Form eines zustandsgebundenen Erinnerns, Lernens und Verhaltens kodiert werden kann. Rosenblatt (1983) hat auf Folgendes hingewiesen: Wenn im Gehirn oder an einer anderen Stelle des Körpers ein Rezeptor für eine Droge vorhanden ist, bedeutet das, daß es *endogene Substanzen* (in der Regel Hormone) gibt, die von Natur aus dazu bestimmt sind, mit diesen Rezeptoren in Interaktion zu treten. Das war die wichtige Erkenntnis, die uns die Entdeckung der Endorphine beschert hat, die erst gelang, nachdem man die Rezeptoren für Opiate (Heroin, Morphium usw.) im Gehirn identifiziert hatte.

Das vegetative Nervensystem, das Hormonsystem, das Immunsystem und das Neuropeptidsystem arbeiten so, daß sie die Rezeptoren an der Oberfläche der einzelnen Zelle des Gewebes aktivieren. Diese Rezeptoren sind wie Schlösser, die geöffnet werden müssen, um die inneren Aktivitäten des Zytoplasmas der Zelle (und sogar die ihrer Gene) anzukurbeln. Die Neurotransmitter des vegetativen Nervensystems, die Hormone des endokrinen Systems und, wie wir später sehen werden, die Immuntransmitter des Immunsystems fungieren allesamt als „Botenmoleküle" oder Schlüssel, die die Schlösser der Rezeptoren an der Oberfläche der Zellen aufschließen. *Dieses Kommunikationssystem zwischen den Botenmolekülen und den Zellrezeptoren ist die psychobiologische Grundlage der Seele-Körper-Heilung, der therapeutischen Hypnose und der ganzheitlichen Medizin im allgemeinen.* Wenn jede Körperzelle eine Miniaturfabrik ist, dann sind die Rezeptoren die Schlösser an den Türen. Das vegetative Nervensystem, das Hormonsystem, das Immunsystem und das Neuropeptidsystem sind Kommunikationskanäle, über die die Psyche Gene und die inneren Mechanismen der Zelle aktivieren kann. Die Gene sind natürlich die entscheidenden Baupläne für die Konstruktion und Organisation dieser zellulären Fabrik und ihre Steuerung.

Auch wenn es unglaublich erscheinen mag, wissen wir doch schon etwas über verschiedene psychobiologische Wege, über die die Psyche die Aktionen der Gene moduliert. Melnechuks (1985) Auffassung von der Art, wie die Seele die Aktivität der Gene über das limbisch-hypothalamisch-*vegetative* System modulieren kann, haben wir bereits im letzten

Kapitel erwähnt. Im nächsten Abschnitt wollen wir einen Weg zeigen, über den die Psyche die Aktivität der Gene modulieren kann, der noch besser dokumentiert ist. Er führt über das limbisch-hypothalamisch-*endokrine* System.

Die Verbindung zwischen der Psyche un den Genen über das endokrine System

Als ich mich zum erstenmal mit der Verbindung zwischen der Psyche und den Genen (Rossi, 1985) beschäftigte, um eine Möglichkeit zu finden, hypnotherapeutische Methoden zu entwickeln, mit denen man die Genaktivität modulieren kann, wurden meine Hypothesen als eine Art von Science-fiction angesehen. Gene erscheinen so unberührbar, wenn man daran denkt, daß 60.000 davon offensichtlich sorgfältig bewacht im mikroskopisch kleinen Kern einer jeden lebenden Körperzelle aufbewahrt sind. Wir stellen uns vor, daß die Gene ganz ruhig abwarten, bis die Chromosomen plötzlich bei der Zellteilung aktiv werden. Tatsächlich sieht das ganz anders aus: Viele Gene sind ständig damit beschäftigt, ein dynamisches Gleichgewicht mit dem Zellstoffwechsel aufrechtzuerhalten. Dieses genetisch-zelluläre Gleichgewicht wird seinerseits von den Neurotransmittern und Hormonen moduliert, die letztlich als Boten aus dem Zentralnervensystem kommen.

Ein allgemeines Modell dieser Verbindung zwischen der Seele und den Genen muß die gesamten Umsetzungsprozesse umfassen, die zwischen der Seele und den neuralen Vorgängen einerseits und dem Blut, Gewebe und den zellulären Prozessen und schließlich den Molekularaktivitäten der Gene im einzelnen Zellkern andererseits stattfinden. Abbildung 5 zeigt diesen Umsetzungsprozeß mit seinen drei Phasen.

Phase 1 besteht aus der psychischen Aktivität in der Region des vorderen Frontalkortex (Achterberg, 1985) als dem Entstehungsort der organisierten Bildvorstellungen beim Heilungsvorgang und beim Gesunden. Diese Vorderlappenprozesse werden anschließend durch das individuelle Repertoire des Individuums, durch seine Lebenserfahrungen und durch das Erlernte, die als zustandsgebundene Prozesse des Erinnerns, Lernens und Verhaltens im limbisch-hypothalamischen System kodiert sind, gefiltert.

Phase 2 besteht daraus, daß der Hypothalamus diese Lerninhalte in „hormonfreisetzende Faktoren" umwandelt, die die Hypophyse des endokrinen Systems steuern (siehe Abbildung 3a und 3b, S. 140). Die Hypophyse schüttet dann eine Anzahl von Hormonen aus, die das gesamte endokrine System des Körpers regulieren (siehe Abbildung 5).

Phase 3 findet auf der Zellebene statt, wenn diese Hormone das cAMP(Zyklo-Adenosinmonosphosphat)-System aktivieren oder direkt zum Zellkern vordringen, um dort die Genprozesse auszulösen. Die Gene liefern die Informationen, die zum Aufbau neuer Proteine benötigt werden, die ihrerseits die Bausteine der Zellen oder der Enzyme sind, die die biochemischen Prozesse der einzelnen Zellen fördern.

Diesen Dreistufenprozeß bezeichne ich als *die Verbindung zwischen der Psyche und den Genen*. Wir wollen jetzt ein Beispiel für diesen Prozeß auf der zellulären Ebene betrachten, um zu zeigen, wie Schilddrüsen- und Steroidhormone, die durch seelischen Streß moduliert werden, tatsächlich die Genaktivität steuern.

Die Psyche steuert die Genaktivität über die kortikal-limbisch-hypothalamisch-hypophysäre Achse, die, wie wir gesehen haben, die Basisroute für die Informationsumwandlung der psychosomatischen Prozesse ist. Die Hypophyse schickt Hormone zu den Drüsen, wie zum Beispiel zur Nebennierenrinde, zu den Eierstöcken oder den Hoden, die ihrerseits Steroidhormone freisetzen, die in die Zellen eindringen und den Genen die Anweisung geben, Proteine aufzubauen. Diese Proteine dienen dann als Bausteine, als Enzyme oder Vehikel, um andere Zellfunktionen zu aktivieren. Der Ablauf des Informationstransfers innerhalb der Zelle sieht ungefähr folgendermaßen aus.

1. Während die meisten Hormone einen besonderen Rezeptormechanismus auf der Zellwand benötigen, um den Transferprozeß ins Innere der Zelle einzuleiten, haben die Steroidhormone die besondere Fähigkeit, direkt ins Zytoplasma der Zelle einzudringen.
2. Wenn die Steroidhormone einmal in der Zelle sind, dringen sie in das Zytoplasma ein (die Grundmatrix der Lebenssubstanz der Zelle) und verbinden sich dort mit einem *spezifischen Rezeptorprotein*.
3. Dieser spezifische Hormonrezeptor-Proteinkomplex ist dann in der Lage, in den Zellkern einzudringen, wo sich die Gene befinden.
4. Der Hormonrezeptor-Komplex unterliegt sodann gewissen Transformationen, die eine spezifische Gruppe von strukturellen Genen der DNA-Kette aktivieren, um die „Messenger-RNA“ zu bilden.
5. Diese Messenger-RNA diffundieren durch den Zellkern in das Zytoplasma der Zelle zurück, wo sie als Informationsschablone dienen,

die den Ribosomen (den „Fabriken" der Zelle) mitteilen, in welcher Folge sie eine Kette von Aminosäuren zu neuen Peptiden und Proteinen zusammenstellen sollen. Viele der Peptide, die auf diese Weise gebildet werden, fördern sowohl die Kommunikation im Inneren der Zelle als auch zwischen den Zellen, den Geweben und dem vegetativen Nervensystem, dem endokrinen System und dem Immunsystem.

Abbildung 5 zeigt, wie Hormone, die durch die Psyche moduliert worden sind, letzten Endes die Aktivität der Gene in einer Weise beeinflussen, die auf drei Verhaltensebenen bedeutsam ist: 1. für die Regulierung des Schilddrüsenhormons unseres Basalstoffwechsels und den allgemeinen Grad der Aktivität; 2. für die hormonelle Steuerung (Androgene, Testosteron) des sexuellen und aggressiven Verhaltens und 3. für die streßvermittelnden Effekte der Nebennierenrindenhormone (zum Beispiel Aldosteron) auf die Nierenfunktion. Alle folgen den fünf Phasen, die ich oben beschrieben habe, aber jeweils mit signifikanten Abweichungen, wie sie aus Abbildung 5 ersichtlich sind.

Schilddrüsenhormone spielen bei der Steuerung der Stoffwechselprozesse praktisch aller Körpergewebe eine entscheidende Rolle. Das allgemeine Niveau körperlicher Aktivität, seelische Spannungen und die Gesundheit hängen von der Steuerung des Stoffwechselmechanismus der Zellen durch die Schilddrüse ab. Es ist bekannt, daß die Schilddrüse direkt auf das genetische Material im Inneren des Zellkerns wirkt. Einer der angenommenen Mechanismen, wie ihre Hormone in die Zelle eindringen, ist in Abbildung 5 dargestellt. Eines der Schilddrüsenhormone (Trijodthyronin oder T3) verbindet sich mit einem Zytoplasmaprotein (ZP), wodurch es konzentriert wird. T3 verbindet sich dann direkt mit den Rezeptoren der Kernmembran, um an das genetische Material zu gelangen. Messenger-RNA (mRNA) werden dann erzeugt und zum Zytoplasma befördert, wo sie von den Ribosomen-„Fabriken", die sich auf dem endoplasmatischen Retikulum (ER) befinden, als Schablone benutzt werden, um Proteine und Enzyme herzustellen, die für die einzelnen Zellfunktionen charakteristisch sind. T3 kann außerdem Rezeptoren an die Mitochondrien der Zelle binden, um Energie, Sauerstoff und andere Stoffwechselfunktionen zu vermitteln.

Androgene. Testosteron ist ein Beispiel für ein androgenes Hormon des endokrinen Systems, das die Sexuallibido steuert. Es ist mit einer großen Spielbreite menschlichen Verhaltens in Verbindung gebracht worden, von der normalen Selbstbehauptung bis zur kriminellen Aggression. Es dringt in die Zellen ein und wirkt direkt auf das genetische Material und folgt dabei dem Fünfphasenmodell, das oben beschrieben ist, mit den Abweichungen, die in Abbildung 5 zu sehen sind. Nachdem das Testosteron in die Zelle eingedrungen ist, wird es in Dihydrotestosteron (DHT) umgewandelt, das von den Rezeptoren auf der Kernmembran akzeptiert und zu der Stelle befördert wird, an der die genetischen Prozesse ablaufen. Wiederum werden mRNA produziert, die dann ins Zytoplasma eindringen und die Bildung neuer Proteine für die androgenen Aktionen des Zellwachstums usw. steuern und überwachen.

Hormone der Nebennieren. Aldosteron ist ein Hormon, das unter dem Einfluß von Streß von der Nebennierenrinde ausgeschüttet wird. Aldosteron wird an vielen Stellen des Körpers aktiv. Die Wirkung von Aldosteron auf die Zellen der Nierenkanälchen ist in Abbildung 5 dargestellt. Das Zytoplasma der Nierenkanälchen enthält ein *spezifisches Rezeptorprotein*, das das Aldosteronhormon bindet und zu den Genen befördert, um neues Protein zu erzeugen. Innerhalb von 45 Minuten setzen die neuen Proteine in den Nierenzellen die Resorption von Natrium aus den Kanälchen und die Kaliumausscheidung in Gang. Das ist ein Beispiel für die lebenswichtige „Natrium-Kalium-Pumpe", die eine Grundlage für so viele Körpersysteme ist. Ein chronischer Überschuß an Aldosteron und anderen Hormonen, die von der Nebennierenrinde ausgeschüttet werden (z.B. Hydrokortison), ist allerdings mit vielen Arten des Bluthochdrucks in Verbindung gebracht worden, und außerdem mit Selyes „Adaptationskrankheiten".

Selye (1976, S. 170f.) hat folgende Liste von „Adaptationskrankheiten" zusammengestellt, die auf Streß zurückzuführen sind: „Hoher Blutdruck, Herzkrankheiten und Gefäßerkrankungen, Nierenkrankheiten, Eklampsie, Rheuma und rheumatische Arthritis, Entzündungen der Augen und der Haut, Infektionen, Allergien und Überempfindlichkeitsreaktionen, nervöse und seelische Erkrankungen, sexuelle Störungen, Verdauungsstörungen, Stoffwechselerkrankungen, Krebs und krankhafte allgemeine Abwehrschwäche."

Es würde den Rahmen dieses Buches sprengen, wenn wir hier im einzelnen auf die unglaublich komplexen psychobiologischen Prozesse eingingen, die mit jeder dieser psychosomatischen Störungen verbunden sind. Spezialisten aus Medizin und Psychologie sind aufgerufen, sich eingehend mit den Details jeder einzelnen Krankheit zu beschäftigen, um die eigentlichen psychobiologischen Prozesse zu erhellen, die dabei ablaufen. Erst wenn über diese Prozesse Klarheit herrscht, können wir damit beginnen, die neuen hypnotherapeutischen Methoden der Zukunft zu entwickeln, mit deren Hilfe wir einen Zugang zu den spezifischen psychosomatischen Prozessen gewinnen können, um sie in den Dienst der Heilung zu stellen. Die gegenwärtigen Hypnosemethoden machen noch keinen Gebrauch von der hier kurz umrissenen Verbindung zwischen der Psyche und den Genen. Wenn wir erst einmal gelernt haben, diesen unglaublichen Fortschritt im Verständnis der Psychobiologie auszunutzen, kann es zu einer großen Renaissance der hypnotherapeutischen Methodik kommen.

Psychobiologische „Uhren" und psychosomatische Störungen

Die Steuerung des endokrinen Systems durch die Achse Hypothalamus-Hypophyse-Nebennieren hat, wie schon erwähnt, eine entscheidende Eigenschaft, die bisher im allgemeinen nicht erkannt wurde: Ihre Steuerungsprozesse laufen periodisch ab. Einige der Grundrhythmen des Lebens sind uns allen vertraut: der monatliche Zyklus der Frau, der zirkadiane (24stündige) Schlaf- und Wachrhythmus und die ultradianen (eineinhalbstündigen) Rhythmen, deren Untersuchung wir im letzten Kapitel begonnen haben. Es ist inzwischen bekannt, daß alle diese Rhythmen letztlich durch neuroendokrine Quellen im Gehirn gesteuert werden – vor allem im Hypothalamus, in der Hypophyse und in der Epiphyse. Es spricht außerdem viel dafür, daß sogar der ganze Zyklus von Leben und Tod durch hormonelle „Boten" gesteuert wird. Aus diesem Grund haben wir auch den Alterungsprozeß in unsere Diskussion miteinbezogen. Da diese Lebensrhythmen durch die gleichen Hormone gesteuert werden, die auch das Lernen und Behalten modulieren, können wir davon ausgehen, daß wir Phänomene zustandsgebundenen Lernens und Behaltens in allen interessanten Aspekten des lebens antreffen, mit denen wir uns beschäftigen.

Ultradiane Rhythmen, das endokrine System und psychosomatische Strörungen

Das endokrine System wird auf eine rhythmische Weise indirekt durch Nervenzentren im Hypothalamus gesteuert. Diese Kerne, die über dem Chiasma opticum des Hypothalamus liegen (Abbildung 2), haben die

Funktion von biologischen „Uhren" (Poirel, 1982), die sowohl die zirkadianen als auch die ultradianen Rhythmen regulieren. Diese wiederum steuern eine Anzahl von biologischen Prozessen, die über das vegetative Nervensystem und das endokrine System laufen. Im siebten Kapitel habe ich beschrieben, wie die ultradianen Rhythmen die Aktivität des vegetativen Nervensystems modulieren. An dieser Stelle will ich zeigen, wie ultradiane und zirkadiane Rhythmen die Aktivität des endokrinen Systems steuern. Da es viele leibseelische Funktionen gibt, die sowohl vom vegetativen Nervensystem als auch vom endokrinen System moduliert werden (zum Beispiel Streßreaktionen und Aktivitätsgrade), wird sich einiges in diesem Kapitel mit Konzepten überschneiden, die bereits besprochen wurden und hier weiter ausgeführt werden.

Dement und Kleitman (1957) stellten fest, daß ein 90- bis 120minütiger ultradianer Rhythmus ein Grundzyklus für Ruhe und Aktivität ist („basic-rest-activity-cycle", auch BRAC-Hypothese genannt), der sich kontinuierlich über 24 Stunden erstreckt. In seiner monumentalen Arbeit über Schlaf und Wachzustände kam Kleitman (1963) zu dem Schluß, daß dieser Grundzyklus der Ruhe und Aktivität auf eine endogene Oszillation zurückzuführen sei, die tiefgreifende Auswirkungen auf die Physiologie und das Verhalten habe. Eine Implikation kann man im typischen Ablauf unseres Arbeitstages feststellen, der sich offenbar an 90minütigen ultradianen Rhythmen orientiert: Arbeitsbeginn 9.00 Uhr; erste Pause etwa gegen 10.30 Uhr; Mittagspause 90 Minuten später um 12.00 Uhr; Wiederaufnahme der Arbeit um 13.00 Uhr und Kaffeepause um 14.30 oder 15.00 Uhr; Ende der Arbeit, dann Cocktailzeit, Abendessen und so weiter. Sogar während des Schlafs läßt die 90- bis 120minütige Periodizität der Traumphasen (REM) auf einen vorherrschenden ultradianen Rhythmus schließen. In einer kürzlich erschienen Zusammenfassung von Forschungsergebnissen auf dem Gebiet der ultradianen Rhythmen hat Kripke festgestellt, daß viele dieser Verhaltensabläufe und psychologischen Prozesse mit dem endokrinen Stoffwechsel in folgender Weise verbunden sind (1982, S. 336):

> Der Schatz an Phänomenen, die bei der Verfolgung der BRAC-Hypothese entdeckt worden sind, sollte alle Forscher über die Tatsache hinwegtrösten, daß die Hypothese selbst so kontrovers bleibt. Man hat sowohl beim Menschen als auch bei den niederen Primaten markante Verhaltenszyklen entdeckt, die möglicherweise wichtige ethologische Funktionen haben. Man hat Phantasiezyklen,

> Zyklen der Hirnhälftendominanz und der Wahrnehmungsverarbeitung beschrieben. Die Bedeutung, die diese Zyklen sowohl für die normalen als auch für die pathologischen psychischen Funktionen haben, verdient unsere Aufmerksamkeit. *Episodische Hormonausschüttungen sind offenbar eine elementare Eigenschaft des endokrinen Stoffwechsels und scheinen auf irgendeine Weise mit den REM-Zyklen zusammenzuhängen.* Der Gedanke, daß die Hypophyse nur auf die Stimulation durch die intermittierende Hormonausschüttung reagiert, ist besonders faszinierend, denn er ist ein Hinweis darauf, daß die ultradianen Rhythmen womöglich eine funktionale Notwendigkeit sind. (Kursiv nachträglich hinzugefügt)

Eine der interessantesten neueren Theorien über die Entstehung psychosomatischer Störungen besagt, daß *sie das Ergebnis von verhaltensbedingten Unterbrechungen der ultradianen Rhythmen sind, die die Funktionen des vegetativen Nervensystems und des endokrinen Systems modulieren.* Orr, Hoffman und Hegge (1974) berichteten zum Beispiel, daß die meisten Menschen unter ruhigen Bedingungen stabile ultradiane Rhythmen aufwiesen. Als sie ihre Versuchspersonen jedoch durch zeitlich ausgedehnte Aufgaben unter Druck setzten (zum Beispiel Überwachung komplizierter Armaturen), wiesen ihre ultradianen Rhythmen größere Unterbrechungen auf und zeigten Störungen der Amplitude und der Struktur. Im Zusammenhang mit anderen experimentellen Untersuchungen an Rhesusaffen kamen diese Forscher zu dem Schluß, daß die psychosomatischen Reaktionen (Pulsveränderungen, Gastritis, Magengeschwüre, Hautstörungen) eine Folge der Unterbrechungen der natürlichen ultradianen Zyklen des Körpers waren. Sie stellten außerdem fest, daß es bei diesen gestörten Prozessen außerordentlich individuelle Abläufe gab, eine Erscheinung, die typisch für psychosomatische Störungen ist, die durch Alltagsstreß entstehen: „Der gleiche Streßfaktor kann außerordentlich unterschiedliche physiologische Reaktionen und Verhaltensveränderungen bei den verschiedenen Versuchspersonen hervorrufen ... und es besteht offenbar keine einfache Beziehung zwischen einer physiologischen Reaktion und einer spezifischen Verhaltensreaktion" (S. 1000).

Arbeiten von Friedman (1972, 1978) über Rhythmen des oralen Triebs bei Fettleibigkeit und Bulimie und von Friedman, Kantor, Sobel und Miller (1978) über Neurodermatitis liefern weitere Bestätigungen für die Entstehung psychosomatischer Störungen als Folge einer Unterbrechung ultradianer Rhythmen. Die Unterbrechung wurde dadurch erreicht, daß man die Versuchstiere in einer Tretmühle ständig in Bewegung hielt – was beim Menschen dadurch hervorgerufen wird, daß er nicht etwa alle 90 Minuten eine Pause machen kann.

Der Mangel an Determinismus und Spezifizität der psychosomatischen Erkrankungen war ein Grundproblem, das Forscher und Kliniker in gleicher Weise vor ein Rätsel gestellt hat (Weiner 1977). Im allgemeinen werden individuelle Unterschiede bei den psychosomatischen Reaktionen auf den gleichen Stressor auf vage genetische und konstitutionelle Faktoren zurückgeführt oder als Folge einer Konditionierung angesehen (Selye, 1976). Wenn wir unseren Blick auf die Rolle des zustandsgebundenen Lernens und Erinnerns richten, können wir unter Umständen eine genauere Antwort auf die Frage nach der sogenannten „Undeterminiertheit" der psychosomatischen Erkrankungen geben. So wie alle Verbindungen zwischen Körper und Seele sind auch psychosomatische Störungen in hohem Grade individuelle Ausdrucksformen des Lernens und der Lebenserfahrungen eines jeden Menschen, die als zustandsgebundene Informationen und zustandsgebundenes Verhalten kodiert sind. Da die Quellen dieser zustandsgebundenen Informationen den Assoziationen und Bezugssystemen unserer gewohnten Bewußtseinsmuster nicht leicht zugänglich sind, neigen wir im Hinblick auf den Grund der Störung zu einer Amnesie.

Die Untersuchungen der ultradianen Rhythmen des endokrinen Systems legen eine weitere nichtspezifische Methode zur Behandlung psychosomatischer Störungen nahe, die womöglich jetzt schon der gemeinsame Nenner vieler weitverbreiteter und häufig wirksamer psychotherapeutischer Methoden ist, die allgemein als Hypnose, Autogenes Training, Meditation, Entspannungsübungen und Entspannungreaktion bezeichnet werden (Benson, 1975, 1983a, b). An anderer Stelle (Rossi, 1982, 1986a) habe ich beschrieben, daß viele Verhaltensweisen, die mit den Ruhephasen der ultradianen Rhythmen zusammenhängen, mit den Verhaltensbeobachtungen Ericksons identisch sind, die sich auf die Bereitschaft zur „gewöhnlichen Alltagstrance" beziehen. Das führte zu den Hypothesen, daß 1. Erickson tatsächlich die ultradianen Ruhephasen ausgenutzt hat, um eine tiefe therapeutische Trance zu erreichen, und 2. daß vor allem Selbsthypnose in dieser Phase besonders wirksam ist (Rossi & Ryan, 1986).

Ich habe die Beziehung zwischen der Entstehung psychosomatischer Störungen durch streßinduzierte Unterbrechung der natürlichen ultradianen Rhythmen des Körpers und ihre Auflösung mit Hilfe der Hypnose in einem meiner anderen Bücher auf folgende Weise beschrieben (Rossi, 1982, S. 26):

> Die Implikationen dieses Zusammenhangs zwischen der Unterbrechung der ultradianen Zyklen durch Streß und den psychosomatischen Erkrankungen sind tiefgreifend. Wenn der Hauptgedanke dieses Abschnitts korrekt ist – daß die therapeutische Hypnose, die physiologische Prozesse miteinbezieht, tatsächlich ein Ausnutzen der ultradianen Zyklen ist –, dann können wir endlich verstehen und in psychophysiologischen Begriffen ausdrücken, warum die Hypnose immer schon eine wirksame therapeutische Methode zur Behandlung psychosomatischer Störungen gewesen ist: *Menschen, die sich immer wieder über ihre eigenen ultradianen Rhythmen hinwegsetzen und sie abrupt unterbrechen (indem sie ihr natürliches periodisch auftretendes Bedürfnis nach Ruhe ignorieren – zum Beispiel bei ausgedehnten Arbeitsprojekten), setzen dadurch die grundlegenden physiologischen Mechanismen der psychosomatischen Erkrankungen in Gang.* Man könnte den größten Teil dieses selbstinduzierten Streß als Prozesse der linken Hirnhälfte definieren, die sich über das im Idealfalle bestehende Gleichgewicht mit den Prozessen der rechten Hirnhälfte und den damit verbundenen parasympathischen Funktionen hinwegsetzen. *Die „naturalistische" therapeutische Hypnose stellt einen angenehmen Zustand her, in dem die ultradianen Zyklen sich einfach wieder normalisieren und auf diese Weise die Prozesse der psychosomatischen Erkrankungen an ihrem physiologischen Ursprung kappen können.*

Schon das bloße Erleben einer angenehmen therapeutischen Trance kann den Grundzyklus unserer Ruhe und Aktivität normalisieren und ist darüber hinaus mit der Regulierung vieler ultradianer Rhythmen des vegetativen und endokrinen Systems verbunden, die unseren Stoffwechsel regulieren. Diesen Normalisierungsprozeß kann man als den Wesenskern des nichtspezifischen Ansatzes der therapeutischen Hypnose betrachten. In der praktischen klinischen Arbeit (Erickson und Rossi, 1979) besteht immer ein Gleichgewicht zwischen spezifischen und unspezifischen hypnotherapeutischen Methoden. Je mehr Kenntnisse wir uns über beide Arten aneignen, um so selbstbewußter und wirkungsvoller können wir weiterarbeiten.

Pause machen und die „allgemeine Alltagstrance": eine Fallstudie

Die folgende Fallstudie, die mir von Connie Crosby während ihres Praktikums am C.G.-Jung-Institut in Los Angeles mitgeteilt wurde, veranschaulicht diesen Punkt:

> Eine Frau in mittleren Jahren, deren Kummer im wesentlichen durch ein Gefühl von Minderwertigkeit verursacht wurde, das sich auf jeden Lebensbereich bezog, berichtete, daß sie wegen eines strengen Ammoniakgeruchs beim Urinieren zu ihrem Arzt gegangen sei.
>
> Er empfahl ihr, keine Strumpfhosen mehr zu tragen und ihr Genitale häufiger zu waschen. Die Patientin war außer sich, weil, so sagte sie, der Ammoniakgeruch von innen käme und nicht von außen. Wie könne der Arzt es wagen, an ihrer Reinlichkeit zu zweifeln!
>
> Sie sprach dann mit ihm über eine zweite Ursache des Kummers, die mit ihrem Beruf als Sekretärin zusammenhing. Sie beklagte sich, daß sie zu hart arbeiten müsse, ihre Arbeit jedoch nicht entsprechend gewürdigt würde. Sie sei sehr zuverlässig und würde *„nie"* ihren Schreibtisch verlassen. Sie bekundete mit offensichtlichem Stolz, daß sie morgens vor der Arbeit uriniere und dann erst wieder, wenn sie wieder zu Hause sei. Im gleichen Atemzug bezichtigte sie sich einer Neigung zum Tagträumen und warf sich vor, nicht in der Lage zu sein, sich auf ihre Arbeit zu konzentrieren. Infolgedessen sei ein großer Teil ihrer Arbeit unproduktiv.
>
> Ich erkannte den Zusammenhang zwischen beiden Problemen und fragte sie, wieviel Wasser sie tränke. Sie erwiderte: „Keins! Ich habe seit Jahren keinen Tropfen Wasser über die Lippen gebracht. Ich verabscheue Wasser. Außerdem würde ich ja dann meinen Schreibtisch verlassen müssen – wer würde dann ans Telefon gehen?"
>
> Ich machte ihr klar, daß Menschen mindestens alle 90 Minuten eine Pause machen müßten, wenn sie effektiv arbeiten wollten. Außerdem erklärte ich ihr, daß der strenge Ammoniakgeruch möglicherweise auf eine zu hohe Konzentration ihres Urins zurückzuführen sei. Um die Störung zu beseitigen, müsse sie mindestens anderthalb Liter Wasser pro Tag trinken. Aber da ich die Patientin

kannte, verpackte ich meinen Rat und machte ihr klar, daß sie auf diese Weise ihre berufliche Leistungsfähigkeit steigern würde: Um das Tagträumen auszuschalten und effektiver arbeiten zu können, *müsse* sie alle 90 Minuten ihren Schreibtisch ein paar Minuten lang verlassen. Sie würde dann bald merken, daß sie anschließend wieder mit voller Konzentration arbeiten könne. Eine Möglichkeit sicherzustellen, daß sie auch wirklich alle Pausen machen würde, bestand darin, ihr aufzutragen, eine Wasserkaraffe auf ihren Schreibtisch zu stellen und regelmäßig daraus zu trinken. Ihr Körper würde sie dann durch das dringende Bedürfnis zu urinieren daran erinnern, daß sie aufstehen und Pause machen sollte. *Um eine wirklich gewissenhafte Sekretärin zu werden, müsse sie mindestens einmal pro 90 Minuten urinieren*!

Nach einigen Einwänden erklärte sich die Patientin damit einverstanden, meinem Rat probeweise zu folgen. Wochen später berichtete sie, daß der Ammoniakgeruch völlig verschwunden sei und daß ihr eigenartigerweise ihre Arbeit inzwischen Freude mache. Außerdem habe sie einen Bonus bekommen und sei von ihrem Chef gelobt worden. Als Krönung des Ganzen hatte sich diese einsame Frau auf der Damentoilette ihres Betriebs mit einer anderen Frau angefreundet und ging seitdem mit ihr zusammen ins Kino.

In diesem Fall wurde weder eine offene Hypnose angewendet, noch wurde der Patientin erklärt, sie erlebe immer dann, wenn sie sich eine Pause gönne, etwas trinke, uriniere und alle 90 Minuten Tagträume habe, eine „gewöhnliche Alltagstrance“. Die bloße Umwandlung der Formulierung „Pause machen“ in „die berufliche Leistungsfähigkeit steigern“ leitete eine Veränderung ein, die umfassend genug war, um sie auf vielen Funktionsebenen – von der biochemischen bis zur sozialen – zu beeinflussen. Wir wollen uns jetzt einmal anschauen, wie die ultradianen Rhythmen auf spezifische Weise dazu benutzt werden können, Selbsthypnose und posthypnotische Suggestionen zu verstärken.

Selbsthypnose unter Verwendung zustandsgebundenen Lernens bei ultradianen Rhythmen

Ursprünglich habe ich die ultradiane Methode der Selbsthypnose auf dem eigenartigen Weg über den Versuch, die Wirksamkeit posthypnotischer Suggestionen maximal zu verstärken, entwickelt. Eine von Ericksons Grundauffassungen über die Hypnotherapie war, daß posthypnotische Suggestionen wirksamer seien, wenn man sie mit „unvermeidlichem Verhalten" assoziiert. Es ist unvermeidlich, daß der Patient bald „aufwacht", die Praxis verläßt, nach Hause geht, ißt, schläft, träumt, arbeitet usw. Erickson assoziierte posthypnotische Suggestionen mit diesen unvermeidlichen alltäglichen Verhaltensweisen, die vom endokrinen System vermittelt werden und von denen er annahm, daß sie für den betreffenden Patienten besonders bedeutsam seien (Erickson & Rossi, 1979). Was könnte unvermeidlicher sein als die Tatsache, daß jeder seine oder ihre unverwechselbaren Muster an leicht veränderten Zuständen über die natürlichen ultradianen Rhythmen ausdrückt, und das den ganzen Tag über? Ich habe eine paar Ansätze skizziert, die diese leicht veränderten Zustände ausnützen (die Erickson „gewöhnliche Alltagstrance" genannt hat), um die Wirksamkeit posthypnotischer Suggestionen und der Selbsthypnose zu verstärken. Alle diese Ansätze hängen davon ab, wie man die Suggestionen und das Training unter Berücksichtigung des zustandsgebundenen Lernens und Erinnerns während einer bestimmten Periode der natürlichen psychobiologischen ultradianen Rhythmen des Patienten gestaltet.

Eine der einfachsten Methoden besteht darin, daß man während eines klinischen Gesprächs feststellt, wann das Verhalten des Patienten auf eine ultradiane Ruhephase schließen läßt. Wie schon im fünften Kapitel beschrieben, macht der Patient dann einen ruhigen, nachdenklichen Eindruck, so als ob er einen Augenblick innerer Einkehr erlebt: Der Körper wird unbeweglich, Reflexe wie der Lidschluß oder der Schluckreflex können verlangsamt sein oder vorübergehend ganz verschwinden; die Augen haben einen abwesenden Blick und fallen einen Augenblick lang spontan zu; Puls und Atemfrequenz sind verlangsamt, usw. (Siehe Rossi, 1986a. Dort werden diese kleinen Hinweise unter dem Gesichtspunkt beschrieben, daß die ultradiane Ruhephase, die der Patient erlebt, einer Selbsthypnose ähnelt.)

Entscheidend für die „naturalistische Methode" Ericksons ist, daß man diesen Augenblick der Ruhe für die Induktion der Hypnose ausnützt,

KASTEN 13 *„Naturalistische" Selbsthypnose: die ultradiane Heilreaktion*

1. *Erkennen und Fördern der ultradianen Heilreaktion*

Wenn Sie müde und gereizt sind oder einfach das Gefühl haben, eine Pause machen zu wollen, dann betrachten Sie das als eine gute Gelegenheit, Ihre natürliche ultradiane Heilreaktion zu unterstützen.

2. *Zugang zu den inneren Ressourcen und ihre Nutzung*

Versuchen Sie zu ergründen, wo das angenehme Gefühl in Ihrem Körper ist. [Pause]
Spüren Sie, wie es sich ausbreitet und vertieft, während Sie Ihre Gedanken wandern lassen und sich wundern, wie Ihr Unbewußtes Ihre Lebenserfahrungen im Hinblick auf eine optimale Heilung therapeutisch nutzen und mit dem Problem ganz allein fertigwerden kann.

3. *Bestätigung des dauerhaften ultradianen Heilungsprozesses und der Problembewältigung*

Nach einer gewissen Zeit werden Sie feststellen, daß Sie wach und Ihrer selbst bewußt sind, aber noch vor einem Augenblick war das irgendwie nicht der Fall. Sie schauen auf die Uhr und stellen fest, daß zehn bis zwanzig Minuten vergangen sind, ohne daß Sie es bemerkt haben. Registrieren Sie die angenehmen, heilenden Veränderungen, die stattgefunden haben, und nehmen Sie sich vor, dies ein paarmal täglich zu wiederholen, falls Ihnen dies nötig erscheint.

indem man therapeutisch motivierende Aussagen macht wie zum Beispiel: „Wenn es in Ordnung ist für Sie, diese Frage [oder etwas anders] jetzt weiter zu verfolgen, so wie Sie das jetzt gerade tun, wird Ihr Unbewußtes Ihre Augen sich schließen lassen, während Sie auf eine angenehme Weise weitermachen können." Anschließend beschränkt sich der Therapeut dann darauf, den Patienten ruhig und voller Erwartung zu beobachten. Wenn sich die Augen nach ein paar Augenblicken nicht schließen, kann man eine andere therapeutische Alternative anbieten, zum Beispiel: „Sollte ein anderes Problem aber wichtiger sein, werden Sie feststellen, daß Sie ein wenig unruhig werden, bis es in Ihr Bewußtsein dringt."

Diese beiden Aussagen stellen zusammen eine „naturalistische" und therapeutische Doppelbindung dar: Ganz gleich, welche Alternative er wählt, er bewegt sich in jedem Fall in eine therapeutische Richtung. Wenn die Alternative gewählt wird, bei der sich die Augen schließen, kann man ziemlich sicher sein, daß die Bedingungen für ein zustandsgebundenes hypnotherapeutisches Lernen geschaffen sind. Posthypnotische Suggestionen können mit ähnlichen Perioden, wie sie im Alltag des Patienten auftreten, assoziiert werden, in denen „es Zeit ist, eine Pause zu machen und die Augen einen Augenblick lang zu schließen, damit Ihr Unbewußtes einmal darüber nachdenken kann, was Sie brauchen, um den therapeutischen Prozeß fortsetzen zu können".

Viele Menschen halten diese Ruheperioden ihrer ultradianen Rhythmen für die beste Zeit, um zu meditieren oder Selbsthypnose anzuwenden. Eine ultradiane Methode der Selbsthypnose nützt die natürlichen psychobiologischen Rhythmen aus, die tiefer in den zustandsgebundenen Matrizen der Persönlichkeit ruhen als die künstlich konditionierten Prozesse, die Kennzeichen aller anderen Methoden sind. Ich empfehle den Patienten, einfach die Augen zu schließen und es sich bequem zu machen, wenn sie sich danach fühlen. Ich halte es für sehr wichtig, in solchen natürlichen Ruheperioden jede Art von verbaler Autosuggestion zu vermeiden, die die Selbstheilungsbedürfnisse der Gesamtpersönlichkeit beeinträchtigen könnte. Ich gebe den Patienten den Rat, „das Unbewußte seine Arbeit auf seine Weise tun zu lassen".

Ich empfehle ihnen allerdings, sich zu wundern, wie ihr Unbewußtes das jeweilige Problem lösen will, mit dem sie sich gerade beschäftigen. Sichwundern (*wondering*) ist eines jener Wörter, zu denen *Bequemlichkeit*, *Entspannung* und *Schlaf gehören*, die eine besondere ideodynamische Signifikanz haben, die weit über die kognitive Bedeutung hinausgeht. Wenn wir uns auf Bequemlichkeit, Entspannung und Schlaf einstellen, begünstigen wir zustandsgebundene parasympathische Reaktionen und die mit ihnen verbundene erholsame und heilende Wirkung. Ich möchte sagen, daß das „Sichwundern" eine gewisse Art der Dissoziation der üblichen Ichkontrollen der Person begünstigt, die ihrerseits dann möglicherweise kreative und mythopoetische Aspekte der Verarbeitungspozesse der rechten Hirnhälfte fördert. Da die rechte Hirnhälfte engere assoziative Verbindungen mit dem limbisch-hypothalamischen System hat, kann der Begriff „Sichwundern" als nichtrationaler und nichtdirektiver Ansatz dienen, um eine heilende Beziehung mit den eigenen unbewußten Prozessen aufzunehmen. Wenn man sich in der bequemen Situation einer nen Ruheperiode geistesabwesend Gedanken über ein persönliches Problem macht, so ist das eine natürliche Art, sich einen Zugang zu der zustandsgebundenen Kodierung des Problems zu verschaffen, um es spontan neu zu ordnen und zu lösen. Da sich herausgestellt hat, daß viele psychosomatische Störungen durch den psychobiologischen Streß unterbrochener ultradianer Rhythmen schlimmer werden, können wir diese Form der „naturalistischen" Hypnose als eine allgemeine Methode betrachten, die jede andere orthodoxe Art der Behandlung ergänzen könnte. Ich habe bereits erwähnt, daß luzides Träumen (LaBerge, 1985), luzides Schlafwandeln und tiefe selbsttherapeutische Zustände von Identitätstransformationen bei Menschen, die diese naturalistische Form der ultradianen Selbsthypnose betreiben, nichts Ungewöhnliches sind. (Rossi, 1972/1985).

Zirkadiane Rhythmen, das endokrine System und affektive Störungen

Während der tägliche 24stündige Schlaf-Wach-Rhythmus seit Jahrzehnten intensiv untersucht wird, hat man erst kürzlich entdeckt, daß der zirkadiane Rhythmus des Menschen aus mindestens zwei oszillierenden Rhythmen besteht, die normalerweise in einer homöostatischen Beziehung zueinander stehen. Der eine Rhythmus steuert die tägliche Temperaturregulierung, die Hydrokortisonausschüttung und den REM-Schlaf. Der andere Rhythmus kontrolliert den Schlaf und die endokrinen Hormone, die während des Schlafs freigesetzt werden, zum Beispiel Wachstumshormone und Prolaktin. Lebensumstände, die diese Rhythmen stören, führen zu Funktionsstörungen, wie wir sie beim Jet-lag, beim Schichtarbeitersyndrom und bei streßbedingten Störungen des Schlafzyklus beobachten können.

Eine der Haupttheorien über die endogenen Depressionen besagt, daß sie in einem Zusammenhang mit abrupten Phasenverschiebungen zwischen diesen beiden zirkadianen Rhythmen stehen. Die folgenden vier klassischen Merkmale der endogenen Depression, deren Ursache in einer unterbrochenen Phasensequenz liegen könnte, sind (Wehr, 1982):

1. *Frühmorgendliches Aufwachen*, bei dem ein zirkadianer Rhythmus gegenüber dem anderen im Hinblick auf den Tag-Nacht-Rhythmus außerhalb der Phase liegt.
2. *Stimmungsschwankungen im Tagesverlauf*. Der Patient fühlt sich morgens

nach dem Aufwachen am schlechtesten und abends kurz vor dem Schlafengehen am besten.

3. *Der zyklische Charakter der manisch-depressiven Störung* und die mit ihr verbundenen zustandsabhängigen Merkmale des Lernens und Erinnerns.
4. *Die Abhängigkeit der manisch-depressiven Störungen von der Jahreszeit.* Die Depressionen treten vorwiegend im Frühling auf und die manischen Phasen gewöhnlich im Sommer.

Bei den einzelnen Patienten finden sich große Abweichungen von diesen Merkmalen, und es bedarf noch sorgfältiger Untersuchungen, um eine wirksame Behandlung durch eine Änderung des Schlafzyklus, durch künstliches Licht am Morgen und am Abend usw. festlegen zu können. Die Beziehung zwischen Licht und endogenen Depressionen läßt sich auf die Tatsache zurückführen, daß die Netzhaut eines jeden Auges über getrennte Kanäle direkt mit den Kernen des Hypothalamus, die über dem Chiasma opticum liegen, verbunden ist (Bloom, Lazerson & Hofstadter, 1985). Diese Kerne fungieren als Schrittmacher für das gesamte endokrine System.

Es gibt aber einen noch definitiveren gemeinsamen Nenner für die affektiven Störungen, die durch das limbisch-hypothalamisch-hypophysär-endokrine System vermittelt werden, und die Hypnose: Beide beinhalten zustandsabhängige Phänomene. Man hat festgestellt, daß die kognitiven Prozesse der manisch-depressiven Patienten im Hinblick auf das Lernen und Erinnern typische zustandsabhängige Phänomene aufweisen. Diese Patienten konnten sich an verbale Informationen, die sie während ihrer manischen Phase gelernt hatten, in der nächsten manischen Phase besser erinnern; umgekehrt konnten sie sich an Informationen, die sie während der depressiven Phase gelernt hatten, in der nächsten depressiven Phase besser erinnern (Weingartner, Miller & Murphy, 1977). Ähnliche Ergebnisse, die sich auf eine „Abhängigkeit von affektiven Zuständen" beziehen, wurden bei normalen freiwilligen Versuchspersonen und bei depressiven Patienten gefunden, bei denen man therapeutische Veränderung ihrer Stimmungen und ihrer Biorhythmen durch Schlafentzug bewirkt hatte (Weingartner & Murphy, 1977). Diese Ergebnisse haben Kliniker dazu veranlaßt, die klinischen Implikationen des zustandsabhängigen Lernens in der Psychotherapie zu erforschen (Reus, Weingartner & Post, 1979).

Jetzt können wir rückblickend erkennen, daß eine beliebte hypnotherapeutische Methode, die mit solchen affektiven Zustandsbedingungen zusammenhängt, die durch die Hormone des endokrinen Systems kodiert werden (Mc Gaugh, 1983; Izquierdo, 1984), das ist, was Watkins „Affektbrücke" genannt hat. Im Verlauf einer Exploration der Geschichte problematischer Gefühle und Ichzustände ließ Watkins (1978, 1980) seine Patienten „in der Zeit zurückgehen bis zu dem Punkt, an dem Sie dieses Gefühl zum letzten Mal erlebt haben". Wenn man sich über eine solche Affektbrücke eine Reihe von Erinnerungen ins Gedächtnis zurückrufen kann, gelangt man an den vergessenen traumatischen Ursprung einer Persönlichkeitsstörung, die dem Patienten vorher nicht zugänglich war. Die Affektbrücke hat die Funktion eines zustandsabhängigen Weges zum verschlüsselten Ursprung einer Störung, die dadurch zugänglich wird und therapeutisch neugeordnet werden kann.

Transformation im Bewußtsein der Frau: die Rolle der hormonellen Rhythmen

Wir haben gesehen, welche Rolle die Hormone des endokrinen Systems bei der Modulation des Erinnerns, des Lernens und des Bewußtseins selbst spielen. Da während des Monatszyklus der Frau, während der Schwangerschaft, Geburt und Stillzeit so viele hormonelle Veränderungen stattfinden, sollte man annehmen, daß sich einige zustandsabhängige Phänomene zeigen würden. Aber obwohl eine neuere Computeruntersuchung über die Beziehung zwischen Menstruation und Schwangerschaft einerseits und Gedächtnis, Lernen, Gefühle, Einstellungen und Verhaltensveränderungen andererseits Tausende von Hinweisen erbrachte, bezog sich keiner speziell auf zustandsabhängige Phänomene. Eine sorgfältige Überprüfung dieser Ergebnisse zeigt allerdings, daß viele zustandsabhängige Effekte von den Autoren nicht als solche erkannt worden sind. Im nächsten Abschnitt wollen wir einige hormonelle Rhythmen unter die Lupe nehmen, von denen wir wissen, daß sie subtile, aber dennoch bedeutsame Wirkungen auf die kreative Transformation des Bewußtseins der Frau haben.

Progesteron und Endorphin im Monatszyklus

Einer der ersten Berichte über derartige Wirkungen bezieht sich auf das Hormon Progesteron, bei dem man die Entdeckung machte, daß es zustandsabhängiges Verhalten begünstigt (Stewart, Krebs & Kaczender, 1971). Jeden Monat werden große Mengen an Progesteron freigesetzt, um die Blutversorgung der Gebärmutterwand zu erhöhen und sie auf die Einnistung des Eis im Falle einer Schwangerschaft vorzubereiten. Progesteron ist außerdem ein Botenmolekül, das normalerweise Rückmeldungen an die Hypophyse weiterleitet, um ihr zu signalisieren, daß sie die Freisetzung des Gelbkörperhormons stoppt, wenn der Ovulationsprozeß beendet ist. Da Progesteron nachweislich zustandsabhängige Wirkungen hervorruft, besteht zumindest die theoretische Möglichkeit, daß seine sich ständig verändernde Konzentration im Körper der Frau zu Modulationen des Erinnerns und Lernens, der Einstellungen und Gefühle und der Persönlichkeit führen kann.

Beta-Endorphin, eines der Neuropeptidhormone des endokrinen Systems, das am stärksten mit den endogenen zustandsabhängigen Wirkungen assoziiert ist (Izquierdo, 1984), ist in jüngster Zeit mit der Regulierung des Gelbkörperhormons bei Frauen mit normaler Periode (Blankenstein et al., 1981) in Verbindung gebracht worden. Die Forscher haben die Hypothese aufgestellt, daß Störungen im Zentralnervensystem, die im Zusammenhang mit Streß auftreten, eine Freisetzung von Beta-Endorphin auslösen, die mit Amenorrhö (Ausbleiben der Menstruation) und möglicherweise auch mit Störungen wie dem prämenstruellen Syndrom und Dysmenorrhö (schmerzhafter Menstruation) in Zusammenhang gebracht werden können.

In der Geschichte der Hypnotherapie nimmt die erfolgreiche Intervention bei Menstruationsstörungen einen besonderen Platz ein (Crasilneck & Hall, 1985). Leckie (1964) berichtet, daß von 25 Fällen von Dysmenorrhö 80 % der Patientinnen in der Regel mit einfachen, direkten Suggestionen von ihren Symptomen befreit wurden. Erickson (1960b/1980) wendete komplexere psychodynamische Methoden an, um viele Formen von Menstruationsstörungen zu beseitigen, die wichtigen psychischen Bedürfnissen der betroffenen Frauen gedient hatten. Er berichtete, daß die Menstruation in Abhängigkeit von seelischem Streß ausgelöst, überschlagen, unterbrochen oder verlängert werden konnte. Crasilneck & Hall (1985) glauben, daß abgesehen von den psychodynamischen Faktoren die Wirksamkeit der therapeutischen Hypnose bei der Behandlung verschiedener Menstruationsstörungen womöglich darin besteht, daß „die Patientin beruhigt wird und daß dadurch die hypothalamische Steuerung des Menstruationszyklus wieder normal funktionieren kann" (S. 361).

Oxytozin und Erinnerungen an die Wehen

Oxytozin ist ein Hormon, das während der Wehen in großen Mengen von der Gebärmutter ausgeschüttet wird. Es wird außerdem vom Hypophysenhinterlappen freigesetzt, um die Laktation und das mütterliche Verhalten zu beeinflussen. Es ist interessant, daß zwei der wichtigsten Hormone des Hypophysenhinterlappens offenbar einander entgegengesetzte Wirkungen auf das Gedächtnis haben: Vasopressin steigert, wie schon erwähnt, die Gedächtnisleistung und die Lernfähigkeit; Oxytozin hingegen hat die entgegengesetzte Wirkung und erzeugt Amnesie. Einige Forscher (Weingartner, 1986) machen diese Wirkung des Oxytozins für die Amnesie verantwortlich, die gewöhnlich die Erinnerung einer Frau an das Erlebnis des Gebärens trübt.

Viele Frauen fühlen sich durch diesen Gedächtnisverlust um eines der wichtigsten Erlebnisse ihres Lebens betrogen und haben Hypnotherapeuten aufgesucht, um mit ihrer Hilfe die Erinnerung an diesen Vorgang wieder ins Bewußtsein zurückzurufen. Eine solche hypnotherapeutische Sitzung wurde vom Autor (Erickson & Rossi, 1979, S. 282-313) Wort für Wort aufgezeichnet und veröffentlicht. Bemerkenswert an diesem Fall war, daß sich die Frau nach und nach nicht nur an alle Einzelheiten des Geburtsvorgangs erinnerte, sondern gleichzeitig auch spontan ihre persönliche Identität reorganisierte. Sie erinnerte sich an viele frühe traumatische Erlebnisse, die der Amnesie zum Opfer gefallen waren und die sich assoziativ mit dem Geburtsvorgang verbunden hatten. Mit den Erinnerungen erlebte sie gleichzeitig eine spontane Persönlichkeitsreifung. Das ist ein eindeutiges Beispiel für die psychobiologische Prämisse unseres Ansatzes, die wir im fünften Kapitel zur Diskussion gestellt haben: *Jeder Zugang ist ein Neuordnen*. Im vorliegenden Fall bedeutete die Neuordnung für diese Frau eine tiefgreifende Transformation ihres Bewußtseins von sich selbst als Gesamtperson.

Wochenbettdepression

Eine neuere kritische Analyse der wissenschaftlichen Literatur über die Wochenbettdepression (Hopkins, Marcus & Campbell, 1984) weist darauf hin, daß es drei deutlich voneinander unterschiedene Formen dieser Störung gibt:

1. *Wochenbettblues, Syndrom des dritten Tages*. Eine offensichtlich kurzzeitige depressive Verstimmung, die etwa 24 bis 48 Stunden anhält. Sie tritt bei 50 bis 80 % der Frauen auf, ist durch Weinen („Heultag") gekennzeichnet und kann von Schlafstörungen begleitet sein (was wiederum Veränderungen der zirkadianen Rhythmen zur Folge hat, die weiter oben diskutiert worden sind) sowie von Streß, Reizbarkeit und Zorn.
2. *Wochenbettdepression*. Ungefähr 20 % der Frauen erleben leichte bis mittlere depressive Episoden, die 6 bis 8 Wochen lang nach der Geburt dauern können. Bei manchen Frauen kann die Störung auch ein Jahr lang anhalten.
3. *Wochenbettpsychose*. Eine verhältnismäßig seltene Reaktion, die einmal bei tausend Geburten vorkommt.

Wegen der tiefgreifenden neuroendokrinen Veränderungen, die während der Geburt stattfinden, gehen viele Forscher davon aus, daß diese Störungen eine biologische Ursache haben. Die weite Verbreitung des sogenannten Wochenbettblues legt nahe, daß es sich dabei um eine „normale" psychobiologische Reaktion handelt. Die Beziehung zwischen Menstruationsstörungen und Wochenbettdepressionen weist allerdings darauf hin, daß Frauen, die Schwierigkeiten mit den verhältnismäßig geringen hormonellen Veränderungen des Menstruationszyklus haben oder die biologisch überempfindlich auf subtile endokrine Veränderungen reagieren, noch größere Schwierigkeiten haben, sich an die drastische Senkung der plazentalen Steroidausschüttung während des Gebärens anzupassen (Dalton, 1971). Die ungeheure Spielbreite der individuellen Reaktionen auf den Lebensstreß des gesamten Geburtsvorgangs weist darauf hin, wie wichtig die Einstellung, das Verständnis und die soziale Unterstützung in diesen depressiven Phasen ist.

Eine psychobiologische Hypothese

Einer der sonderbarsten Mythen unter einigen Analytikern der vergangenen Generation war der, daß eine Frau im Falle einer Schwangerschaft die Analyse besser abbrechen sollte. Damals glaubte man, daß Frauen während der Schwangerschaft künstlich „in die Gesundheit flüchten" würden und dadurch resistent gegen die harte Arbeit der Aufdeckung psychodynamischer Verdrängungen wären. Ich habe viele Jahre gebraucht, um diese abwertende Sicht der Situation zu überwinden. Frauen erleben während der Schwangerschaft tatsächlich tiefgreifende seelische Veränderungen, aber diese Veränderungen können auch zu einem wirklich wertvollen und nichtresistenten Prozeß der Persönlichkeitstransformation und Reifung führen.

Die psychobiologische Perspektive führt zu einer unerwarteten und höchst kontroversen Hypothese, die nur zu leicht mißverstanden und mißbraucht werden kann. Ich möchte sie trotzdem anführen: *Die umfassenden hormonellen Veränderungen, die Frauen während der kritischen Perioden ihrer psychobiologischen Transformation erleben (Pubertät, Menstruation, Schwangerschaft, Geburt, Stillen, Wechseljahre) verleihen ihren zustandsabhängigen Systemen des Erinnerns und Lernens, der Einstellungen und Gefühle eine gewisse Flexibilität, die sie während dieser Perioden offener und zugänglicher für Persönlichkeitsveränderungen und Transformationen werden läßt.* Wie immer können solche Veränderungen positiv oder negativ sein. Wenn eine solche Veränderung ohne Unterstützung abläuft und mißverstanden wird, kann sie zu Anpassungsstörungen, Depressionen und Krankheiten führen; wird die Veränderung dagegen als willkommene Gelegenheit zum Wachstum und zur Transformation der Persönlichkeit angesehen, kann sie zu einem besseren Bewußtsein führen und eine positive Entwicklung einleiten (Rossi, 1972/1985).

Es gibt unendlich viel interessante Literatur über die Rolle der traditionellen Bräuche, Rituale und Symbole, die den Frauen in den kritischen Perioden ihrer psychobiologischen Transformation als unterstützende Systeme dienen (Brown & Graeber, 1982; Harding, 1955; Markowitz, 1985). Es bleibt eine faszinierende Möglichkeit für zukünftige Forschungen zu untersuchen, wie diese psychobiologische Perspektive genutzt werden kann, um die Psychologie der Frau zu fördern. Darüber hinaus ist ihr Gegenstück in der Psychologie des Mannes womöglich noch subtiler.

Die Psychobiologie der Beziehungen

Das Interesse an der Rolle der psychobiologischen Rhythmen im Hinblick auf Partnerschaften nimmt zu. Einige Forscher haben darauf hingewiesen, daß eine Synchronisation biologischer Rhythmen die Beziehungen zwischen Männern und Frauen fördern könnte. So hat zum Beispiel Leonard (1981) Partnerübungen beschrieben, bei denen Paaren beigebracht wurde, wie man die Rhythmen synchronisiert. Untersuchungen über zirkadiane und ultradiane Rhythmen zeigen, daß Partner, die zusammen arbeiten, essen und schlafen, feststellen, daß ihre Rhythmen synchron ablaufen, so daß sie auch häufig zur gleichen Zeit Lust haben, miteinander zu schlafen. Wenn die Partner dagegen unter Streß stehen, und ihre Arbeits-, Eß- und Schlafrhythmen gegenläufig sind, kann ihre Partnerschaft sehr darunter leiden (Chiba, Chiba, Halberg & Cutkomp, 1977).

Die biologische Uhr und der Alterungsprozeß

Neuere theoretische Entwicklungen auf dem Gebiet der Erforschung des Alterungsprozesses haben besonderes Gewicht auf die Bedeutung der biologischen Uhr des Hypothalamus gelegt, deren Funktion darin besteht, die Aktivitäten des vegetativen Nervensystems, des endokrinen Systems und des Immunsystems zu modulieren. Da die hypothalamisch-hypophysär-endokrine Achse bei den meisten dieser Theorien die vorherrschende Rolle spielt, wollen wir den Alterungsprozeß in diesem Kapitel besprechen, das sich mit dem endokrinen System befaßt.

Walford (1983) hat einen großen Teil der experimentellen Daten über das Altern zu einer umfassenden Dreistufentheorie zusammengefaßt, die sehr eng mit den drei Ebenen verwandt ist, die wir in unserer Übersicht über die Kommunikation zwischen Körper und Seele in Abbildung 4 (S. 144) und 5 (S. 170) verwendet haben und auch auf Abbildung 6 (S. 202) und 7 (S. 242) verwenden werden. Es ist sicher hilfreich, unsere drei Ebenen der Kommunikation zwischen Körper und Seele noch einmal zusammenfassend darzustellen, bevor wir in die Diskussion der Theorie Walfords eintreten. Unsere drei Ebenen sehen folgendermaßen aus:

1. Das limbisch-hypothalamische System ist der grundlegende Seele-Körper-Umwandler.
2. Botenmoleküle (Neurotransmitter und Hormone) sind die Vehikel der Informationsübertragung zwischen allen wichtigen Systemen der Seele-Körper-Regulation (also zwischen dem vegetativen Nervensystem, dem endokrinen System, dem Immun- und dem Neuropeptidsystem) und ihren zentralen Integrations- und Steuerungszentren im limbisch-hypothalamischen System.
3. Das limbisch-hypothalamische System moduliert als letzte Instanz die biochemischen Prozesse auf der genetischen und molekularen Ebene einer jeden Körperzelle.

Walfords Theorie des Alterungsprozesses verwendet ein ähnliches Schema, wie sich im Folgenden zeigt (1983, S. 89-92):

> Eine Theorie besagt, daß die „Uhr“ des Alterns im Hypothalamus lauert, in einer erbsengroßen Hirnregion ein bißchen unterhalb des Punktes in der Mitte zwischen Ihren Ohren. Er steuert Hunger, Zorn, Schlaf, sexuelle Lust und bis zu einem gewissen Grad die Entwicklung und den Alterungsprozeß. Dr. Caleb Finch an der Universität von Südkalifornien hat eine signifikante Verringerung der chemischen Substanzen der Neurotransmitter im Hypothalamus älterer Tiere im Vergleich zu jüngeren Tieren entdeckt. Die Neurotransmitter, die an einer Nervenendigung freigesetzt werden und von den Rezeptoren der Oberfläche der benachbarten Zellen aufgenommen werden, gehören zu der Klasse chemischer Substanzen des Gehirns, die Impulse von einem Nerv zu anderen übertragen. Der Hypothalamus und seine Transmitter steuern die Hypophyse, die in der Nähe an der Hirnbasis sitzt. Auf Befehl des Hypothalamus setzt die Hypophyse eine Anzahl von wichtigen Hormonen frei, zum Beispiel Wachstumshormone, ACTH, Schilddrüsenhormone und andere. Hormonelle Variationen, die vom Hypothalamus programmiert und von der Hypophyse ausgeführt werden, lösen möglicherweise den Alterungsprozeß aus, so wie andere Veränderungen innerhalb der gleichen Achse die Pubertät auslösen...
>
> Das endokrine System wird im Alter nicht nur im Hinblick auf seinen primären Hormonspiegel verändert, sondern auch im Hinblick auf die Anzahl der Rezeptoren, die sich auf der Oberfläche der Zellmembranen und im Flüssigkeitsraum der Zelle befinden. Viele Hormone müssen erst mit den Zellrezeptoren reagieren, bevor ihre Botschaft das Programm der Zelle beeinflussen kann...
>
> Der Ablauf sieht so aus: Hormonrezeptor – zweiter Bote – Zellkern – Einschalten der entsprechenden Gene. Der Verlust vieler Arten von Rezeptoren aus den Zellen alter Tiere stört diesen Ablauf.

Achten Sie darauf, daß wir uns allmählich von der molekularen Ebene (wie zum Beispiel der DNA-Reparatur) auf die Ebene der Systeme begeben. Es kann sehr wohl sein, daß es zwei verschiedene Alterungsuhren gibt, eine im Hypothalamus des Gehirns, die für das Wachstum und die Entwicklung zuständig ist, und eine andere in jeder einzelen Zelle, wobei beide in etwa synchron laufen und eine Art todsicheres System darstellen. Ich möchte einige Experimente auf der Systemebene darstellen, an der entweder der endokrine oder der Immunmechanismus beteiligt ist und die zur Verjüngung vieler Altersmerkmale führen – nicht aber zu einer Verlängerung der maximalen Lebenszeit. Ein Zwei-Uhren-Modell kann möglicherweise die Ursache dieses auf den ersten Blick hartnäckigen Paradoxons erklären.

Auf der Systemebene wurden das neuroendokrine und das Immunsystem zunächst nicht unbedingt als Uhren, sondern als Schrittmacher des Alterns betrachtet. Die Ursache des Alterns liegt auf einer tieferen, molekularen Ebene, doch wie sich dieser molekulare Abbau als schlaffes Gewebe, faltige Haut, graue Haare und Nachlassen fast aller Körperfunktionen manifestiert, läuft über das hormonelle oder das Immunsystem, wahrscheinlich über beide.

Aus Walfords Theorie des Alterungsprozesses geht die vorherrschende Rolle aller wichtigen Hormone des endokrinen Systems eindeutig hervor. In seinen Ausführungen darüber, wie der Alterungsprozeß auf eine praktische Art verlangsamt werden kann, betont er die biologische Rolle der körperlichen Übungen und der Ernährung bei der Modulation der endokrinen „Schrittmacher" des Alterns. Walford geht nicht auf die psychologischen Implikationen der Tatsache ein, daß die biologische Uhr des Hypothalamus, die das endokrine System steuert, so leicht durch unsere Einstellungen, Gedanken und Gefühle modifiziert werden kann, wie wir es in diesem Kapitel gesehen haben. Obwohl er von den gleichen drei Hauptebenen der Informationsumsetzung ausgeht, die in Abbildung 4, 5 und 6 dargestellt sind, liegt Walfords Schwerpunkt mehr auf der biologischen als auf der *psycho*biologischen Ebene.

Wie wir in den vorangegangenen Kapiteln gesehen haben, ist die Streßforschung die entscheidende Methode, mit der die Wissenschaftler bisher die Wirkung psychologischer Faktoren auf das biologische System messen konnten. Die Untersuchungen auf dem Gebiet der Psychobiologie des Alterns gehen den gleichen Weg. Eine Verringerung des Streß wird zur Zeit als der praktikabelste Weg zu einer Lebensverlängerung angesehen (Groer, Shekleton & Kant, 1979). Da sich die biologische Uhr des Alterungsprozesses im Hypothalamus befindet, ist es nur natürlich, daß man die limbisch-hypothalamische Route als den psychobiologischen Weg zu einer Lebensverlängerung betrachtet.

Wie schon erwähnt, hat Benson (1983a, b) umfassende kulturelle und experimentelle Daten gesammelt, um seine Auffassung zu belegen, daß die „Entspannungsreaktion" beim Yoga, bei der Meditation, im Gebet und bei der Hypnose ihre heilende Wirkung daraus bezieht, daß sie die integrative hypothalamische Reaktion begünstigt, die den Streß verringert. Während Benson die Rolle des Hypothalamus bei der Steuerung des sympathischen Astes des vegetativen Nervensystems betont, weisen die Fakten, die in diesem Buch dargestellt sind, darauf hin, daß eine gut integrierte hypothalamische Reaktion gleichzeitig auch die Funktionen des endokrinen Systems, des Immunsystems und des Neuropeptidsystems optimiert. Weil alle diese Systeme der Kommunikation zwischen Körper und Seele von der biologischen Uhr des Hypothalamus moduliert werden, können wir die ultradiane Entspannungsreaktion, wie sie in Kasten 13 (S. 186) dargestellt ist, als das praktischste und wirksamste psychobiologische Mittel betrachten, über das wir zur Zeit verfügen, um einen Zugang zu psychosomatischen Heilungs- und Verjüngungsprozessen zu finden und diese Prozesse zu unterstützen.

Eine gut integrierte Reaktion des limbisch-hypothalamischen Systems auf der psychotherapeutischen Ebene bedeutet, daß wir uns die entsprechenden zustandsabhängigen Gedächtnis-, Lern- und Verhaltensprozesse zunutze machen, die durch die Hormone des endokrinen Systems kodiert sind und zur Förderung der Erholung und Heilung benötigt werden. Am einfachsten ist das zu erreichen, indem man irgendeine Variation der Grundformel des Zugangs benützt, die der gegebenen klinischen Situation am ehesten gerecht wird. Alle Zugangsformeln haben das Ziel, einen Heilungsprozeß der ideodynamischen Informationsumsetzung zu beschleunigen.

Wir können davon ausgehen, daß im limbisch-hypothalamischen System sowohl empirische Modalitäten für optimales Funktionieren kodiert sind als auch die problematischen Strukturen, über die wir gesprochen haben. Die optimalen Strukturen sind zweifellos mit glücklichen Erinnerungen an Gesundheit, Wohlbefinden, freudige Ereignisse, schöpferische Arbeit und effektive Problembewältigung verbunden. Sie sind das *Rohmaterial* oder *das Repertoire der inneren Ressourcen*, das unsere Zugangsformeln für die Heilung ausnützen wollen. Die entscheidende Aufgabe eines jeden einzelnen besteht darin zu lernen, wie man einen Zugang zu seinem individuellen inneren Repertoire psychobiologischer Ressourcen findet, die letzten Endes biochemische Prozesse im Inneren der Zelle beeinflussen können. In den nächsten beiden Kapiteln wollen wir die gegenwärtigen experimentellen und therapeutischen Arbeiten betrachten, die sich mit dem Immunsystem und mit dem Neuropeptidsystem befassen und die faszinierende Möglichkeiten einer psychischen Modulation von Zellreaktionen zur Förderung der Heilung demonstrieren.

9
Psychische Modulation des Immunsystems

Die neuesten Untersuchungen der faszinierenden und sehr komplexen Beziehung zwischen Seele und Körper befassen sich mit der Rolle, die das zentrale Nervensystem, frühe Lebenserfahrungen, Gefühle und Lernen bei der Modulation des Immunsystems spielen.

In der Geschichte der Medizin hat es immer wieder anekdotische Berichte über scheinbar anomale Wunder- und Glaubensheilungen gegeben (Ellenberger, 1970). Anthropologen haben Daten über Heilungsrituale und „Naturheilkunde", die als eine Mischung aus Kräuterkunde und Glaubensheilung erschien, zusammengetragen. Jetzt haben Psychologen wie LeShan (1977) und Achterberg (1985) empirische Beweise gesammelt, die auf die Rolle der Seele und des Glaubens bei diesen Heilerfolgen hinweisen. Bis vor kurzem gab es noch keinen systematischen Ansatz zur Beantwortung der hier aufgeworfenen Fragen. Die Forschungsarbeiten von Ader und die der „neuen Immunologen" haben jedoch eine beispiellose Brücke zwischen Seele und Körper geschlagen: Ihre experimentellen Arbeiten zeigen, wie eine Verhaltenskonditionierung die Immunreaktion hemmen oder verstärken kann (Ader, 1981, 1983, 1985; Ghanta, Hiramoto, Solvason & Spector, 1985; Solomon, 1985).

Das Immunsystem ist erst vor kurzer Zeit als drittes wichtiges Steuerungssystem des Körpers entdeckt worden, das gleichberechtigt neben dem vegetativen Nervensystem und dem endokrinen System existiert. In diesem Kapitel wollen wir zumindest die elementaren Tatsachen über das Immunsystem darstellen, damit wir einen Zugang zu den neuen Möglichkeiten der Entwicklung hypnotherapeutischer Methoden finden, die sein optimales Funktionieren fördern.

Anatomie und Funktion des Immunsystems

Die Anatomie und die Funktionen des Immunsystems sind so lange leicht zu verstehen, wie man im Allgemeinen bleibt, in den Einzelheiten sind

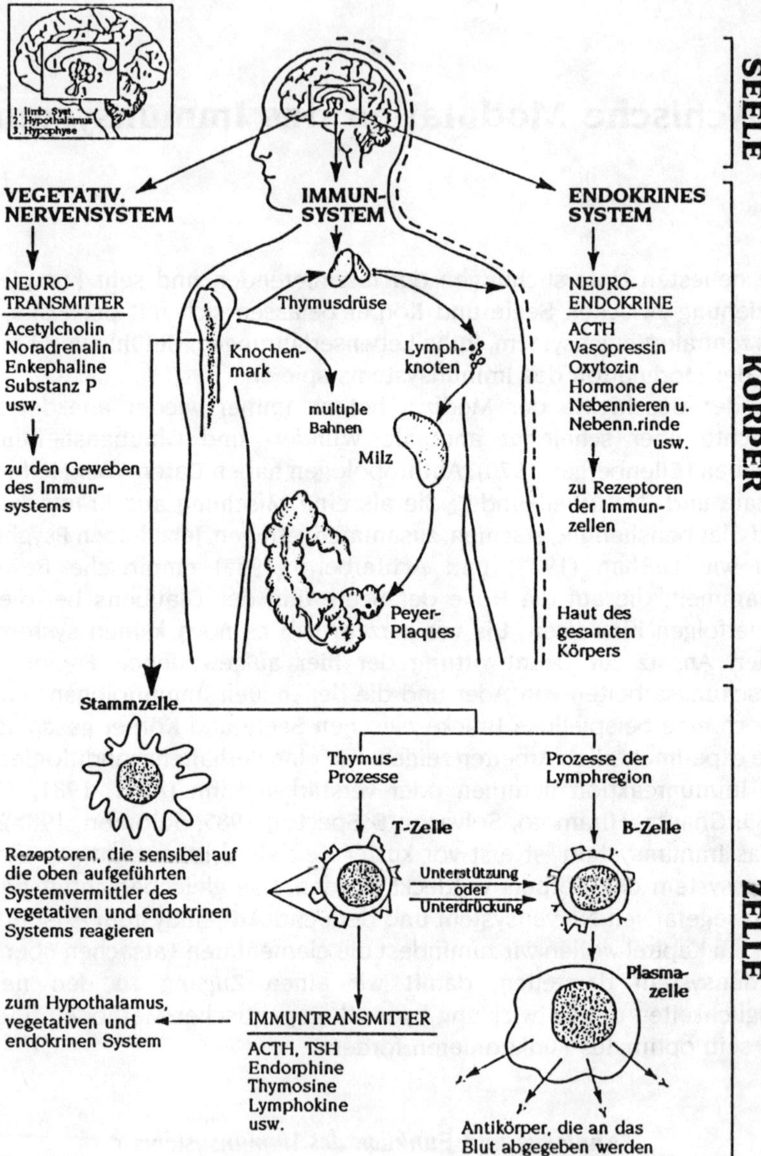

ABBILDUNG 6 Psychische Modulation des Immunsystems: Einige mit dem Immunsystem kommunizierende Neurotransmitter des vegetativen Nervensystems und Hormone des endokrinen Systems und die Immuntransmitter, die „antworten"

sie jedoch unglaublich komplex und immer noch ziemlich geheimnisvoll. Die meisten Lehrbücher beginnen damit, daß sie das Immunsystem über seine Funktion definieren, die darin besteht, alle eindringenden Organismen und Toxine, die dem Körper Schaden zufügen könnten, abzuwehren. Es gibt zwei Arten von Immunität: *angeborene* und *erworbene*.

Wir kommen mit der *angeborenen Immunität* auf die Welt; sie stellt eine allgemeine, *nichtspezifische Abwehr* gegen alle Eindringlinge dar. Zusammen mit den Säuresekreten und den Verdauungsenzymen des Magens stellt die Haut die erste Verteidigungslinie der angeborenen Immunität dar. Die zweite Linie liegt im Blut, wo die weißen Blutkörperchen und zahlreiche Moleküle (zum Beispiel Lysosomen, basische Polypeptide und bestimmte Proteine) viele Arten von pathogenen Eindringlingen abwehren und vernichten können. Die weißen Blutkörperchen sind eine Form der angeborenen Immunität, die als mobile Einsatzkommandos fremde Eindringlinge im Blut zerstören. Weiße Blutkörperchen werden auch *Lymphozyten* genannt, da sie sich im Lymphsystem des Körpers konzentrieren. Abbildung 6 zeigt, wo sich die wichtigsten Zentren des Immunsytems und einige ihrer Kommunikationsnetze befinden, die sie mit dem vegetativen Nervensystem und dem endokrinen System verbinden.

Ein erwachsener Mensch hat etwa 7000 weiße Blutkörperchen pro Kubikmillimeter Blut. Es gibt verschiedene Arten von weißen Blutkörperchen, die in der Regel in folgenden Prozentsätzen vorhanden sind: Neutrophile 62 %, Eosinophile 2,3 %, Basophile, 0,4 %, Monozyten 5,3 %, Lymphozyten 30 %. Bei der angeborenen Immunität sind es vor allem die Neutrophilen und die Monozyten, die eindringende Bakterien, Viren und andere Toxine zerstören. Die Neutrophilen sind ausgewachsene Zellen, die Bakterien und Viren im Blutkreislauf angreifen und zerstören. Die Monozyten sind unreife Zellen, die zunächst kaum in der Lage sind, pathogene Substanzen im Blut zu bekämpfen. Wenn sie jedoch in ein Gewebe in der Nähe einer Verletzung eindringen, können sie sich um das Fünffache vergrößern (bis auf 80 Mikron, so daß man sie tatsächlich mit bloßem Auge erkennen kann): Diese vergrößerten Zellen werden *Makrophagen* genannt und haben eine erheblich größere Kapazität im Hinblick auf die Bekämpfung pathogener Substanzen.

Als *erworbene* oder *akquirierte Immunität* bezeichnet man die Fähigkeit des Körpers, äußerst wirksame und *spezifische Abwehrkräfte* gegen besondere Arten tödlicher Bakterien, Viren und Toxine zu entwickeln. Eine erworbene Immunität kann sich erst nach dem ersten Eindringen einer fremden Substanz entwickeln. Jede Substanz (Bakterien, Toxine etc.) die in der Lage ist, das Immunsystem zur Aktivität anzuregen, wird *Antigen* genannt.

Die erworbene Immunität entwickelt sich in einem Prozeß, bei dem Antigene identifiziert und Abwehrmechanismen gegen sie entwickelt werden, die man in zwei große Klassen einteilen kann: in eine humorale und eine zelluläre Immunität. Beide Arten der Immunität entstehen im Knochenmark, das die *Stammzellen* produziert.

Die *humorale Immunität* besteht aus Stammzellen aus dem Knochenmark, die zu einem Typ von weißen Blutkörperchen heranreifen, die *B-Zellen-Lymphozyten* genannt werden. Sie verteilen sich über die Blutbahn im gesamten Lymphsystem des Körpers, wie es in Abbildung 6 dargestellt ist. Das Blut wird durch diese Lymphsysteme (Lymphknoten, Milz, Peyer-Plaques etc.) ständig gefiltert. Wenn Antigene im Blut vorhanden sind, regen sie die B-Lymphozyten an, sich zu Plasmazellen zu entwickeln, die *Antikörper* (große Globulinmoleküle, die *Immunglobulin* genannt werden) bilden können und die besondere Fähigkeit haben, das Antigen zu zerstören. Dieses Aufspürsystem stellt den wichtigsten Abwehrmechanismus gegen bakterielle Infektionen oder Virusinfektionen dar und ist an allergischen Reaktionen beteiligt. Es gibt fünf große Klassen von Antikörpern, die folgende Bezeichnungen tragen: IgA, IgD, IgE, IgG und IgM. Das *Ig* bedeutet Immunglobulin, während sich die anderen Buchstaben auf die Klassifizierung beziehen. Auf die Rolle, die die IgE-Antikörper bei allergischen Reaktionen spielen, werden wir später zurückkommen.

Zellimmunität entsteht, wenn die Stammzellen aus dem Knochenmark zur Thymusdrüse gelangen, die sie zu T-Lymphozyten (sensibilisierte weiße Blutzellen) reifen läßt, die die eindringenden Antigene direkt vernichten. Einige dieser T-Zellen-Lymphozyten erreichen dann über das Blut die Haut; dort produziert die Epidermis Hormone, die die T-Zellen-Reifung weiter unterstützen (Edelson & Fink, 1985). Die Haut der gesamten Körperoberfläche ist somit ein integrativer Bestandteil des Immunsystems. Es gibt viele verschiedene Arten von T-Zellen, die andere Komponenten humoraler oder zellulärer Immunität unterstützen oder unterdrücken können (Hokama & Nakamura, 1982; Waksman, 1985). Viele dieser Komponenten des Immunsystems unterliegen psychosozialen Einflüssen (Ader, 1983; Ghanta et al., 1985). Die erworbene Immunität hat mithin bei jedem Individuum eine spezifische Entwicklungsgeschichte; ihre Funktionen unterliegen deshalb in besonderem Maße dem Einfluß zustandsgebundener Informationen, die im frühen Lebensalter aufgenommen worden sind.

Beweise für die psychische Modulation des Immunsystems

Wenn man verstehen will, auf welche Weise die Seele das Immunsystem beeinflussen kann, muß man einen weiteren Aspekt der Funktionen der T- und B-Lymphozyten genauer betrachten: Sie haben auf der Oberfläche ihrer Zellen Rezeptoren, die ihre Immunfunktionen in Gang setzen, lenken und modifizieren können. Diese Rezeptoren sind die molekulare Grundlage für den Einfluß der Seele auf die Lymphozyten. Wie schon erwähnt, sind die Rezeptoren die Schlösser, die aufgeschlossen werden können, um jede einzelne Zelle zu aktivieren. Wir haben auch schon darüber gesprochen, daß die Botenmoleküle der Seele-Körper-Einheit die Schlüssel zu diesen Schlössern sind: also die *Neurotransmitter* des vegetativen Nervensystems, die *Hormone* des endokrinen Systems und die *Immuntransmitter* des Immunsystems. Form und Struktur dieser Boten- und Rezeptormoleküle, die zueinander passen müssen, um die Zellen aktivieren zu können, vermitteln uns einen tiefen Einblick in das Wesen und die Architektur des Lebens und der Seele.

Wie wir schon in den vorangegangenen Kapiteln gesehen haben, steuert die Seele sowohl das endokrine als auch das vegetative Nervensystem in drei Stufen. Abbildung 6 zeigt einen ähnlichen Weg für die psychische Modulation des Immunsystems; es gibt allerdings zusätzliche Komplikationen, da das vegetative Nervensystem, das endokrine System und das Immunsystem ihre Aktivitäten auch gegenseitig beeinflussen können. Heute geht die Hauptströmung im Denken der Immunologen in die Richtung, daß das Immunsystem über Immuntransmitter mit dem Hypothalamus, dem vegetativen Nervensystem und dem endokrinen System kommunizieren kann. Nicholas Hall und seine Kollegen (Hall, McGillis, Spangelo & Goldstein, 1985) haben diese Auffassung folgendermaßen umrissen (S. 806s):

> Immer mehr Daten stützen die Hypothese, daß es zwischen dem Zentralnervensystem (ZNS) und dem Immunsystem bidirektionale Schaltkreise gibt. Zu den löslichen Substanzen, die offenbar Informationen von der Immunabteilung zum ZNS übermitteln, zählen Thymosine, Lymphokine und bestimmte Proteine. Opioidpeptide, adrenokortikotrope Hormone (ACTH) und Thyreotropin (TSH) sind zusätzliche Produkte der Lymphozyten, die möglicherweise in immunmodulatorischen neuroendokrinen Schaltkreisen operieren. Wir schlagen vor, den Terminus „Immuntransmitter“ zur Beschreibung von Molekülen zu verwenden, die vornehmlich von

> Zellen produziert werden, die zum Immunsystem gehören, die aber spezifische Signale und Informationen an Neuronen und andere Arten von Zellen übermitteln... Bestimmte Thymosinpeptide können als Immuntransmitter dienen, indem sie die Hypothalamus-Hypophyse-Nebennieren-Achse und die Gonadenachse beeinflussen. Es gibt Beweise ... die die Hypothese stützen, daß das Nervensystem in der Lage ist, den Kurs der Immunität über das vegetative Nervensystem und die endokrinen Bahnen zu verändern.

Abbildung 6 führt auch einige der Neurotransmitter und neuroendokrinen Mechanismen auf, durch die andere Hirnstrukturen (zum Beispiel die sensorischen Ganglien und die Epiphyse) die Immunfunktionen beeinflussen können. Ader (1983) hat in einer Zusammenfassung sechs verschiedene Arten von experimentellen Daten aufgelistet, die eine seelische Beeinflussung des Immunsystems belegen. Ich habe diese Liste mit ein paar grundsätzlichen Hinweisen versehen und sie außerdem aktualisiert:

1. Neuroanatomische und neurochemische Beweise für die Innervation des Lymphgewebes (Knochenmark, Thymusdrüse, Milz, Mandeln, Peyer-Plaques, Lymphknoten etc.) durch das Zentralnervensystem (Bulloch, 1985). Das bedeutet, daß die Seele (über das Zentralnervensystem) direkten neuralen Zugang zu all diesen Organen des Immunsystems hat und sie beeinflussen kann.
2. Die Beobachtung, daß eine Hemmung oder Stimulierung des Hypothalamus Veränderungen der Immunreaktionen verursacht und umgekehrt eine Aktivierung der Immunreaktion im Körper zu meßbaren Veränderungen im Hypothalamus führt (Rozman, Cross, Brocks & Markesbery, 1985; Stein, Schleifer & Keller, 1981). Da der Hypothalamus von höheren Hirnzentren gesteuert wird (über Verbindungen mit dem limbischen Kortex), öffnen diese Kommunikationen zwischen dem Immunsystem und dem Hypothalamus den Weg für eine psychische Beeinflussung.
3. Die Beobachtung, daß Lymphozyten über Rezeptoren für die Hormone des endokrinen Systems und die Neurotransmitter des vegetativen Nervensystems verfügen (Cohn, 1985; Wybran, 1985). Das bedeutet, daß alle Effekte einer psychischen Modulation des vegetativen Nervensystems und des endokrinen Systems auch auf das Immunsystem übertragen werden können. Dieser Schluß wird auch durch den nächsten Punkt gestützt.

4. Beweise dafür, daß Veränderungen der Funktion von Hormonen und Neurotransmittern die immunologische Reaktivität modifizieren und daß umgekehrt die Auslösung einer Immunreaktion von Veränderungen des Hormon- und Neurotransmitterspiegels begleitet wird (Besedovsky, del Rey & Sorkin, 1985; Hall & Goldstein, 1985).
5. Daten, die die Wirkung von Verhaltensinterventionen dokumentieren; dazu zählen Konditionierungen verschiedener Parameter der Immunfunktion (Ader, 1985; Gorczynski, Macrae & Kennedy 1982).
6. Experimentelle und klinische Untersuchungen, in denen psychologische Faktoren wie Streß (Palmblad, 1985; Stein et al., 1985) und Depression (Stein et al., 1985) als beeinflussende Faktoren für den Ausbruch von Krankheitsprozessen entdeckt wurden.

Maclean und Reichlin (1981) entdeckten ebenfalls viele indirekte Möglichkeiten, wie die Seele die Immunreaktion über Verhaltensveränderungen beeinflussen kann. Dazu zählen eine Umstellung der Ernährung, zirkadiane Rhythmen, der Schlaf-Wach-Zyklus, die Körpertemperatur, die Blutmenge und lokale Gefäßreaktionen.

Die wichtigste Aufgabe eines Hypnotherapeuten besteht darin zu lernen, wie man einen Zugang zu all diesen leibseelischen Mechanismen finden kann, um sie in den Dienst der Therapie zu stellen. Wir sind davon noch weit entfernt! Aber die gut dokumentierten Untersuchungen, die von Ader (1983) und Locke et al. (1984) angeführt werden und sich auf den Einfluß beziehen, den psychosoziale Faktoren, Stimmungen und Überzeugungen auf Krankheit und Gesundheit haben, weisen eindeutig darauf hin, daß die Seele das Immunsystem ständig moduliert. Alle Erfolge, die die Hypnose zur Zeit im Hinblick auf die Modulation der Immunfunktion hat, gehen auf nichtspezifische Ansätze zurück. Diese Methoden funktionieren bis zu einem gewissen Grad (manchmal sogar in spektakulärer Weise), obwohl wir in der Regel gar nicht wissen, welche therapeutischen Mechanismen da aktiv werden. Um gut Auto fahren zu können, brauchen wir nicht zu wissen, wie der Motor funktioniert, sollte es aber zu einer Panne kommen, können wir den Wagen um so besser reparieren, je detaillierter unser Wissen über die Mechanismen der Maschine ist. Der gegenwärtige Erkenntnisstand der Hypnotherapie über die Seele-Körper-Mechanismen ähnelt in etwa dem eines Durchschnittsfahrers, der weiß, daß es irgendwo eine Maschine gibt, die irgend etwas tut, wenn wir den Schlüssel herumdrehen und auf das Gaspedal treten. Es gibt allerdings zur Zeit eine Reihe von innovativen Forschungsprogrammen, die den Einfluß der seelischen Modulation und der Hypnose auf bestimmte

Merkmale des Immunsystems untersuchen. In den folgenden Abschnitten wollen wir einige dieser Programme betrachten, um zu erfahren, was sie uns über die Entwicklung neuer hypnotherapeutischer Methoden zur Förderung der immunologischen Funktionen sagen können.

Psychische Modulation der angeborenen Immunität

Wir erfahren zur Zeit, auf welche Weise das Immunsystem durch psychologische Methoden, die gelernt und trainiert werden müssen, beeinflußt werden kann. Wir erinnern uns, daß die Neutrophilen fast zwei Drittel der weißen Blutkörperchen im angeborenen Immunsystem des Körpers ausmachen. Wenn es möglich wäre, ihre Funktion zu stärken, wäre das sicher ein bedeutsamer Schritt im Kampf gegen die Krankheit. In ihrer Dissertation hat Barbara Peavy (1982) die Wirkung eines Trainingsprogramms untersucht, das Entspannung durch Biofeedback fördern sollte (dabei wurden EMG-Muskelentspannungs- und Temperaturbiofeedback benutzt). Sie stellte fest, daß die Neutrophilen zwar zahlenmäßig gleich blieben, aber nach einem erfolgreichen Entspannungstraining bedeutend besser funktionierten.

Über eine noch faszinierendere Methode, die Aktivität der Neutrophilen zu fördern, wird von Schneider, Smith und Witcher (1984) berichtet. Sie kombinierten Glauben mit einem Bildvorstellungstraining, um die Beziehung zwischen der Phantasie und dem Immunsystem zu fördern. Studenten, die daran *glaubten*, daß sie ihr eigenes Immunsystem bewußt kontrollieren könnten, bekamen zunächst Informationen darüber, wie die weißen Blutkörperchen funktionierten, und konnten sich Mikroskopaufnahmen echter Neutrophilen anschauen, die dann später in ihr Bildvorstellungstraining übernommen wurden. Anschließend hörten sie sich ein Tonband an, auf dem Ratschläge für Entspannungsübungen und ein Bildvorstellungstraining gegeben wurden. Sie trainierten ihre Vorstellungskraft und zeichneten ihre Bildvorstellungen auf, die anschließend objektiv bewertet wurden. Nach sechs solcher Trainingssitzungen stellte sich heraus, daß die Versuchspersonen die Zahl der Neutrophilen in ihrem Kreislauf erheblich vergrößern oder verringern konnten.

Man könnte die Neutrophilen als die „wandernden Samurai-Krieger" des Blutkreislaufs bezeichnen. Wie schon erwähnt, sind sie ein wichtiger Bestandteil der Reaktion des Immunsystems auf Bakterien, Viren und andere schädliche Antigene, die versuchen, in den Körper einzudringen. Sie können fremde Antigene schon angreifen, während sie noch im Blut zirkulieren. Neutrophile haben ein weit ausgedehntes Betätigungsfeld, wodurch ihre Fähigkeit, Antigene zu erreichen und zu zerstören, gesteigert wird: Sie können durch den Blutkreislauf bis an den Ort der Verletzung wandern, ihre Form verändern und sich durch die Poren der Blutgefäße quetschen, um an die Stellen zu kommen, wo Gewebe beschädigt ist. Diese Bewegung (*Migration*) zu einer Verletzung hin wird *Diapedese* genannt. Neutrophile können auch an der Innenseite eines Blutgefäßes kleben, dieser Prozeß wird *Margination* genannt. Wenn Gewebe befallen oder geschädigt wird, reagieren sie, indem sie eine Entzündung hervorrufen, die die schädlichen Substanzen einschließt und daran hindert, sich weiter im Körper auszubreiten. Das entzündete Gebiet sondert außerdem chemische Substanzen aus dem Gewebe ab, die die Neutrophilen anziehen und dafür sorgen, daß sie sich an die Seiten der Zellwände der Kapillaren kleben (Margination) und sich dann durch die Zellwände hindurchquetschen (Diapedese), um zum Ursprung der Entzündung zu gelangen.

Bei der Analyse von vier experimentellen Untersuchungen kamen Schneider, Smith und Witcher (1983, 1984) zu dem Schluß, daß das Bildvorstellungstraining den Prozeß der Margination der Neutrophilen beeinflußt. Das heißt, die Übungen führten nicht zu einer Vermehrung oder Verringerung der Zahl der Neutrophilen im Körper, sondern veränderten ihre Bewegungen und die potentiellen Wirkungsstätten ihrer Aktivität im Immunsystem. Wie wir später bei unserer Diskussion über das Asthma sehen werden, könnten diese Ergebnisse weitreichende Folgen im Hinblick auf die Verwendung von Bildvorstellungen und Hypnose zur Dämpfung hyperaktiver Reaktionen des Immunsystems bei Allergien haben.

Psychische Modulation der erworbenen Immunität

Smith und McDaniel (1983) begannen ihre Untersuchungen der psychischen Modulation von Immunreaktionen, indem sie Blacks (1963) ursprüngliche Untersuchungen erfolgreich nachvollzogen. Die Ergebnisse zeigten, daß hypnotisierte Versuchspersonen die sogenannte Mantoux-Reaktion (ein sanfter Tuberkulose-Hauttest, der aus einer Antigen-Antikörper-Reaktion des erworbenen Immunsystems besteht) unterdrücken konnten. Im Gegensatz zu Black hypnotisierten Smith und Daniel ihre Versuchspersonen jedoch nicht, sondern benutzten Verhaltenskonditionierungsmodelle, um nachzuweisen, welche Rolle die Erwartung bei der Modulierung dieser bestimmten Immunreaktion spielt: Die Mantoux-Reaktion zeigte sich auf dem Arm, auf dem die Versuchsperson sie erwartete, nicht aber auf dem anderen Arm, auf dem sie nicht erwartet wurde. Das bewies, daß die Hypnose bei der Modulation des Immunsystems nicht der entscheidende Faktor ist; sie ist nur eine praktische Methode, die inneren Ressourcen der Seele zu bündeln, um eine physiologische Reaktion zu hemmen oder auszulösen.

Smith, McKenzie, Marmer & Steele (1985) versuchten dann zu ermitteln, ob die psychische Beeinflussung der Mantoux-Reaktion mit anderen Antigenen-Antikörper-Reaktionen (mit der Körperreaktion auf das *Varicella-Zoster*-Virus-Antigen) und mit einer anderen Form der psychischen Modulation (nicht Hypnose oder Konditionierung, sondern Meditation) zu wiederholen sei. Der Vorteil des Varicella-Zoster-Antigens bestand darin, daß man die Körperreaktion darauf auf zwei Arten objektiv messen konnte: 1. in vivo, indem man die Größe der Hauttestreaktion auf dem Arm der Versuchsperson maß (genau wie bei der Mantoux-Reaktion), und 2. in vitro durch Messung der Lymphozytenstimulation in einer Blutprobe der Versuchsperson. Smith und seine Kollegen (1985) beschrieben den eleganten Aufbau dieser experimentellen Einzelfallstudie, die fernöstliche Meditationsmethode ihrer Versuchsperson und die statistisch gültigen Ergebnisse folgendermaßen (S. 2110):

> Im Licht der obenerwähnten Ergebnisse stellten wir die Hypothese auf, daß eine besonders ausgewählte Versuchsperson ihre Immunreaktion mit Hilfe von Meditation oder Selbsthypnose beeinflussen könnte. Die Versuchsanordnung bestand aus einer einfachen Einzelfallstudie, bei der die Versuchsperson sich selbst kontrollierte. Man führte mit ihr neun Wochen lang wöchentlich einen Hauttest durch. Während der ersten drei Wochen (Phase 1) wurde ihr aufgetragen, normal zu reagieren. Während der zweiten drei Wochen (Phase 2) bekam sie die Instruktion, die Reaktion mit irgendwelchen psychologischen Praktiken oder Techniken ihrer eigenen Wahl zu verhindern. Schließlich wurde ihr in den letzten drei Wochen (Phase 3) aufgetragen, wieder normal zu reagieren. Wir gingen von der Hypothese aus, daß die Immunreaktion in der zweiten Phase im Vergleich zur ersten und dritten Phase verringert sein würde.
>
> Die Versuchsperson, eine 39jährige Frau, praktizierte seit neun Jahren östliche religiöse Übungen. In der Regel meditierte sie im Rahmen dieser religiösen Übungen ein- bis zweimal täglich etwa

> 30 Minuten lang. In den letzten drei Jahren praktizierte sie eine spezielle Tantra-Meditation, bei der sie „höhere Energien" visualisiert und versucht, sich in diese Energien hineinzuversetzen.
>
> Während der Phase 2 im ursprünglichen und im Wiederholungsexperiment reservierte sie fünf Minuten ihrer täglichen Meditationszeit dafür, sich auf die Untersuchung zu konzentrieren. Zu Beginn stellte sie ihre Teilnahme an der Untersuchung in den Dienst des universellen Guten anstelle der Selbstverwirklichung. Sie sagte ihrem Körper außerdem, er solle sich im Hinblick auf ihre Infektionsabwehr nicht gegen seine eigene Weisheit wenden. Zum Schluß stellte sie sich dann vor, wie die Rötung und Verhärtung immer kleiner wurde. Kurz nach jeder Injektion in Phase 2 strich sie mit der Hand über den Arm und schickte „heilende Energien" an die Injektionsstelle...
>
> Die Ergebnisse bestätigten die Hypothese, daß diese Versuchsperson ihre Immunreaktion durch psychische Mechanismen beeinflussen konnte. Sowohl eine klinische Messung (verzögerte Hypersensibilität) als auch eine In-vitro-Messung (Lymphozyten-Stimulation der Immunreaktion) waren davon betroffen. Mit anderen Worten schien die Versuchsperson willentlich in der Lage gewesen zu sein, nicht nur die Hauttestreaktion zu beeinflussen, sondern auch die Reaktion ihrer Lymphozyten, die im Labor untersucht wurden.

Smith et al. schlossen ihren Bericht mit der Feststellung, daß ihre Untersuchung beweist, daß eine „willentliche, direkte psychische Modulation des menschlichen Immunsystems" möglich ist. Ihre Betonung des absichtlichen und willkürlichen Aspekts der psychologischen Situation ist von großer Bedeutung. Ältere Untersuchungen über die psychische Beeinflussung des Immunsystems mit Hilfe von Hypnose, Placebos und Verhaltenskonditionierungen haben gezeigt, daß psychosomatische Heilungsprozesse durch äußere Einflüsse aktiviert werden können. Die Arbeiten, die Smith und seine Kollegen vorgelegt haben, lassen den Schluß zu, daß Menschen durch Training lernen können, ihre eigenen inneren psychosomatischen Heilungsprozesse zu unterstützen. Die Forscher schließen ihre Arbeit mit einer Bemerkung, die vorsichtigen Optimismus erkennen läßt (1985, S. 2111):

> Die Ergebnisse dieser Untersuchungen können sicherlich nicht auf alle Menschen verallgemeinert werden; es gibt jedoch womöglich

auch noch andere Menschen, die die Fähigkeit haben, ihr Immunsystem zu beeinflussen, oder die es lernen können. In jedem Fall sollten die Ergebnisse dieser Untersuchung zusammen mit den weiter oben zitierten Ergebnissen andere Forscher dazu anregen, weitere sorgfältig geplante Untersuchungen durchzuführen.

Wenn sich herausstellen sollte, daß Menschen tatsächlich ihr Immunsystem in signifikanter Weise beeinflussen können, dann wird das womöglich zu zwei wichtigen Konsequenzen führen. Die Mechanismen des Ausbruchs infektiöser oder neoplastischer Krankheiten, die mit verschiedenen psychischen Prozessen wie Hoffnungslosigkeit oder Depression in Verbindung gebracht werden, könnten dann womöglich besser verstanden werden. Vielleicht läßt sich die absichtliche Modulation auch therapeutisch verwenden, um die Immunreaktion in Abhängigkeit vom Krankheitsverlauf zu steigern oder zu verringern.

Wir wollen jetzt einmal untersuchen, auf welche Weise die willkürliche Modulation der Reaktion des Immunsystems die Heilung bei einer Vielzahl von Erkrankungen wie Krebs, Asthma, Allergien und rheumatischer Arthritis unterstützen könnte.

Psychische Modulation von Störungen des Immunsystems

Bowers und Kelly (1979) haben die drei wichtigsten Arten der Störungen des Immunsystems bei psychosomatischen Erkrankungen beschrieben. Es kann eine *zu geringe Aktivität, zu große Aktiviät* oder eine *fehlgeleitete Aktivität* bei seinen Abwehrleistungen im Dienste des Körpers zeigen. Diese drei Fehler des Immunsystems werden exemplarisch durch Krebs, Bronchialasthma und rheumatische Arthritis demonstriert. Auch wenn diese Klassifizierung eine unzulässige Vereinfachung der tatsächlichen Verhältnisse darstellt, ist sie doch ein nützliches Denkmodell für diese Probleme. Im folgenden will ich Bowers' und Kellys Darstellung der neuen Methoden therapeutischer Hypnose, die die Fähigkeiten des Patienten bei der Unterstützung der Heilung dieser drei Störungen des Immunsystems betonen, erweitern und auf den letzten Stand bringen.

Das zu schwach reagierende Immunsystem bei Krebs

In diesem Abschnitt wollen wir zeigen, wie einige der Grundelemente des Immunsystems bei der Auseinandersetzung mit dem Phänomen Krebs miteinander kommunizieren und in Interaktion stehen. Es ist wichtig zu verstehen, daβ der Körper im Leben eins Menschen ständig Krebszellen im Rahmen eines offenbar natürlichen Prozesses entwickelt, ohne daβ es zur Bildung klinisch erkennbarer Tumore kommt. Das wird durch die Tatsache belegt, daβ eine Form der Krebszellen (die Neuroblasten) schon bei Säuglingen bedeutend zahlreicher sind als bei den klinischen Krankheitsfällen. Auf der anderen Seite der Skala lieβen sich bei praktisch allen Männern über fünfzig bei Postmortem-Autopsien Prostatakrebszellen nachweisen, obwohl die meisten von ihnen keine klinischen Krebsfälle waren.

Da die meisten Menschen keinen Krebs entwickeln, obwohl in ihrem Körper ständig Krebszellen produziert werden, muβ der Organismus über ein natürliches immunologisches Überwachungssystem verfügen, das die einzelnen Krebszellen aufspürt und vernichtet, bevor sie sich zu klinisch erkennbaren Tumoren entwickeln können. Allgemein hat man festgestellt, daβ eine durch Streβ verursachte Freisetzung von Nebennierenrindenhormonen eine Unterdrückung dieses natürlichen immunologischen Überwachungssystems verursacht. Amkraut und Solomon (1975), Shavit et al. (1985) und Stein, Keller und Schleifer (1985) haben darauf hingewiesen, daβ schon eine geringfügige Schwächung dieses Systems ausreicht, um die Empfänglichkeit eines Menschen für pathogene Substanzen auβerordentlich zu erhöhen, vor allem für jene, die ständig im Körper vorhanden sind und ihn bedrohen, so wie es die spontan gebildeten Krebszellen tun.

Es gibt eine Vielzahl von Prozessen, die im Immunsystem ablaufen und Schutz vor solchen Tumorbildungen bieten. Dazu gehöen die schon erwähnten Makrophagen, die T- und B-Lymphozyten (Amkraut & Solomon, 1975; Solomon & Amkraut, 1981) sowie die K-Zellen (Killerzellen), NK-Zellen (natürliche Killerzellen) und die zytotoxischen Zellen (Einzelheiten siehe Hokama & Nakamura, 1982). Diese K-Zellen sind von ungewisser immunologischer Herkunft, sind aber, was ihre Aktivität anbetrifft, von Antikörpern abhängig und werden aus diesem Grund *antikörperabhängige zytotoxische Zellen* genannt. Die NK-Zellen sind ebenfalls von unbekanntem Ursprung, man weiβ aber, daβ ihre Aktivität im Kampf gegen die Krebszellen durch *Interferon* erhöht wird. Interferon ist ein Immunfaktor, der von den T-Zellen und Makrophagen freigesetzt wird.

Neuere Versuche an Menschen weisen darauf hin, daß die NK-Zellen eine wichtige Rolle bei einer Vielzahl von Virusinfektionen spielen, wozu Herpes und durch Viren verursachte Krebsarten zählen. Die Haupttheorie über die Entstehung von Tumoren besagt, daß es zu einer Tumorentwicklung kommt, wenn diese Komponenten des Immunüberwachungssystems entweder geschwächt oder wenig aktiv sind (Stein et al. 1985).

Wie wollen uns jetzt einmal einen Überblick über die Vielzahl der Methoden verschaffen, die zur Zeit von Forschern und Klinikern entwickelt werden, um den Krebs durch eine Stärkung dieser geschwächten Aspekte des Immunsystems zu bekämpfen. Wie schon beim vegetativen Nervensystem und bei den endokrinen Systemen müssen wir auch hier den Ursprung der möglichen psychischen Wirkungen auf das Immunsystem bis auf die Ebene der Gene und Moleküle zurückverfolgen.

Die Ebene der Gene und Moleküle der Immunsystemkommunikation beim Krebs. In diesem Abschnitt wollen wir einen Überblick über die gegenwärtigen Denkansätze geben, die sich mit der Entstehung der Krebserkrankungen und mit den natürlichen und erworbenen Abwehrmöglichkeiten befassen. Die Geschichte des Krebs ist eng mit der Entwicklung unserer Erkenntnisse über die Gene und die Botenmoleküle verbunden, die das normale Zellwachstum steuern. Wie wir in den vorangegangenen beiden Kapiteln gesehen haben, besitzen alle normalen Zellen Gene, die Botenmoleküle aus den psychisch-modulierenden zentralen Steuerungsprozessen im limbisch-hypothalamischen System über das vegetative Nervensystem und die endokrinen Systeme empfangen. Viele Forscher glauben nun, daß Krebs entsteht, wenn diese Gene, die das normale Wachstum steuern, geschädigt werden, so daß sie sich zu krebserzeugenden Onkogenen entwickeln. Diese onkogenen Gene beschleunigen die Bildung der Proteine, die die Zellen aufbauen, oder verändern ihre Struktur, so daß das Wachstum wild und unkontrolliert abläuft und es zur Bildung von nutzlosem Gewebe und Tumoren kommt, die schließlich den ganzen Körper durchdringen und ihn töten. Die normalen Gene, die in onkogene Gene verwandelt werden, befinden sich an Stellen der Chromosomen, die anfällig für Beschädigungen sind. Aus diesem Grund werden sie „protoonkogene Gene“ genannt. Sie werden durch Substanzen, die als „Karzinogene“ bekannt geworden sind, in onkogene Gene verwandelt.

Strahlung, zum Beispiel Röntgenstrahlen, Radioaktivität und übermäßige Sonnenbestrahlung, *Toxine* wie Rauch und körperfremde Chemikalien und eine Anzahl von *Viren* gehören zu den bekanntesten Karzinogenen. Solche Karzinogene dringen während der verletzlichen Phase der Zellteilung in den Zellkern ein und verwandeln die proto-onkogenen Gene in onkogene Gene, indem sie 1. eine genetische Mutation auslösen (eine Veränderung im Bauplan der Wachstumsproteine) oder 2. indem sie den normalen Ablauf unterbrechen, bei dem sich die Chromosomen neu arrangieren.

Natürliche und erworbene Abwehrmechanismen gegen Krebs. Es gibt eine Anzahl von allgemein bekannten Methoden, um das Wachstum und die Ausbreitung von Krebszellen, die sich gebildet haben, zu verhindern. In diesem Abschnitt werde ich drei dieser natürlichen Abwehrmechanismen des Körpers und einige Methoden, mit denen sie verstärkt werden können, behandeln.

Interferon ist ein Protein-Botenmolekül, das die Prozesse der angeborenen Immunität oder natürlichen Abwehr gegen Infektionen stärkt. Es wurde ursprünglich 1957 von Alick Isaacs und Jean Lindenmann vom „National Institute of Medical Research" in England entdeckt. Jedesmal wenn ein Virus eine Zelle angreift, produziert diese Zelle Interferon (Alpha- und Betainterferon sind zwei bekannte Arten), um den toxischen Aktivitäten des Virus entgegenzuwirken. Darüber hinaus können die Interferone vollentwickelte Krebszellen direkt angreifen und vernichten, indem sie 1. in deren Stoffwechsel eingreifen oder den T- und B-Zellen und Makrophagen die Anweisung geben, die Krebszellen zu zerstören (Marrack & Kappler, 1986). Frühe klinische Versuche mit Interferon waren enttäuschend, da es nur in kleinen Mengen verfügbar war. In letzter Zeit ist es jedoch der Forschung gelungen, Interferon im Labor in Massenproduktion herzustellen. Durch Injektion größerer Mengen von Interferon konnte bei der Bekämpfung verschiedener Krebsarten das Krebsabwehrpotential der T- und B-Zellen und Makrophagen erfolgreich gestärkt werden. In der täglichen Praxis wird es mit anderen Krebsbekämpfungsmitteln kombiniert, die im folgenden dargestellt werden.

Interleukine sind auch natürlich vorkommende Protein-Botenmoleküle, die die Immunsystemkommunikation und die Abwehr pathogener Substanzen im Körper unterstützen. Sie wirken wie Hormone oder Botenmoleküle zwischen den T- und B-Zellen und den Makrophagen, um deren Abwehrmechanismen gegen Toxine und sogar einen vollentwickelten Krebs zu unterstützen. Einem Forschungsteam unter der Leitung von Steven Rosenberg (Rosenberg et al., 1985) am „National Cancer Institute" der USA ist es vor kurzem gelungen, Interleukin 2 in Massenproduktion herzustellen und es dazu zu benutzen, die T-Zellen anzuregen, zytotoxische T-Zellen zu produzieren, die das Krebsgewebe direkt angreifen können. Bei Humanversuchen, die vor kurzem durchgeführt wurden, kam es zu einer drastischen Schrumpfung der Tumoren um 50 % und mehr (einschließlich völliger Krebsheilung).

Der Tumor-Nekrose-Faktor (TNF), eine weitere natürliche Form der angeborenen Immunität gegen pathogene Substanzen, wurde zuerst 1975 von Lloyd Old am „Sloane Kettering Cancer Center" in New York entdeckt. Man hat festgestellt, daß sich bei einer bakteriellen Infektion die Zahl der Makrophagen vergrößert und sie das Protein TNF absondern, das ebenfalls Krebszellen und Krebsgewebe direkt angreifen kann. Mit Hilfe einer im Labor durchgeführten genetischen Manipulation kann TNF jetzt geklont werden und in die Massenproduktion gehen. Wenn es in den Körper injiziert wird, greift es die Krebszellen an, die durch einen bisher unbekannten Mechanismus daraufhin schwarz werden und sterben; wenn es in Kombination mit Interferon und anderen Krebsmitteln verwendet wird, ist die Wirkung sogar noch stärker. Im Laborversuch verhinderte oder hemmte es das Wachstum von zwei Dritteln der Krebszellen, an denen es getestet wurde. TNF wird zur Zeit in verschiedenen größeren Kliniken an Menschen getestet.

Monoklone sind ein weiteres vielversprechendes Ergebnis der Genforschung, mit denen man eine große Zahl von Krebsarten auf verschiedene Weise vernichten kann. Monoklone werden hergestellt, indem man zunächst eine Probe von Krebszellen aus dem Körper entnimmt und sie einer Maus injiziert. Das Immunsystem der Maus produziert daraufhin B-Zellen, die Antikörper enthalten, die gegen diese spezifische Krebsart wirksam sind; das heißt, auf diese Weise wird eine erworbene Immunität erzeugt. Diese B-Zellen mit den Krebsantikörpern werden dann aus der Maus entfernt und im Reagenzglas mit einem anderen sich schnell teilenden Stamm von Krebszellen gekreuzt, um die sogenannten „Hybridome" zu erzeugen – eine Art kräftiger Hybridzellen, die jetzt die Monoklone mit den spezifischen Antikörpern gegen den Krebs des Patienten in Massenproduktion herstellen. Diese krebsbekämpfenden Antikörper werden dann „geerntet" und gereinigt. In der Regel wird ihre Wirksamkeit durch Hinzufügen anderer Krebsmittel noch weiter erhöht. Wenn diese Mixturen dem Patienten injiziert werden, wirken sie wie eine „intelligente Bombe", weil sie nur die Krebszellen des Körpers angreifen. Das hängt damit zusammen, daß ihr Antikörperanteil ein Schlüssel ist, der nur auf die Rezeptorenschlösser an den Zellwänden der Krebszellen paßt. Monoklone sind also tödliche Botenmoleküle, die ganz spezifisch für den Einsatz gegen Krebszellen konstruiert worden sind.

Das „National Cancer Institute" schätzt, daß im Jahr 2000 50 % der Krebsheilungen auf diese neu entwickelten Krebstherapien zurückzuführen sein werden. Die anderen 50 % werden auf das Konto von Krebsvorsorge-Programmen gehen. Für unsere Überlegungen ist besonders die Tatsache interessant, daß alle gegenwärtigen Krebstherapien in der einen oder anderen Weise durch Botenmoleküle ermöglicht werden, die das Immunsystem stärken. Unser Verständnis der psychologischen Methoden, die diese Prozesse auf der Ebene der Botenmoleküle unterstützen können, befindet sich noch im Embryonalstadium, aber wie wir sehen werden, häufen sich die Beweise, die eine Anwendung therapeutischer Hypnose auf diesem Gebiet nahelegen.

Psychobiologische Modelle zur Unterstützung der Krebstherapie. Eine wichtige Beweiskette für die Verbindung zwischen Körper und Seele bei der Krebsentstehung stellen die Untersuchungen über Streß durch Lebensveränderungen dar (*Life change stress studies*, Dohrenwend & Dohrenwend, 1974). Jede Art von Streß, die auf eine bedeutsame Veränderung des Lebens zurückzuführen ist (zum Beispiel auf den Tod eines Familienmitglieds, Wechsel des Arbeitsplatzes, Umzug der Familie) kann die Achse Kortex-Hypothalamus-Hypophyse-Nebennieren, die wir weiter oben beschrieben haben, dazu anregen, Kortikosteroide zu produzieren, die das Immunüberwachungssystem unterdrücken. Angst, Depression und eine geringe Ichstärke hängen mit einer gesenkten Aktivität des Immunsystems zusammen. Die gegenwärtige Forschung auf diesem Gebiet befaßt sich vor allem mit der *Fähigkeit zur Problembewältigung* als bedeutsamen Faktor, der darüber entscheidet, ob Streß eine schwächende Wirkung auf die Immunkompetenz hat. Locke et al. (1984) haben zum Beispiel herausgefunden, daß Angstsymptome und Depression als Reaktion auf eine Lebensveränderung auf eine schlecht ausgebildete Fähigkeit zur Problembewältigung schließen läßt und zu einer Reduzierung der Aktivität der natürlichen Killerzellen führt; eine gut entwickelte Fähigkeit zur Problembewältigung (wenig Symptome angesichts erheblicher Lebensveränderungen) ging mit einer höheren Aktivität der natürlichen Killerzellen einher.

Allmählich häufen sich auch die Nachweise, daß Hypnose Veränderungen im Immunüberwachungssystem bewirken kann. Hall (1982-1983) stellte fest, daß junge Versuchspersonen, die besonders gut zu hypnotisieren sind, ihre Zellimmunität in signifikanter Weise erhöhen können (sowohl die T- als auch die B-Lymphozytenaktivität). Frankel (1985) und seine Mitarbeiter untersuchten die Anwendung von hypnotischen Suggestionen, um die Zellimmunität nach Injektion von Antigenen entweder zu erhöhen oder zu unterdrücken.

Eine Übersicht über neuere Methoden der therapeutischen Hypnose, die sich zur Erhöhung der Immunkompetenz bei Krebspatienten als wirksam erwiesen haben, hat mindestens fünf grundsätzliche Anwendungsgebiete offenbart: Entspannung, Bildvorstellungen, Reorganisation, Meditation und Stärkung der Kraft zur Problembewältigung. Da Streß das Immunsystem durch die Produktion von Nebennierenrindenhormonen schwächt, kam der entscheidende Durchbruch, als man entdeckte, daß man mit hypnotherapeutischen Methoden, die sich auf einfache Entspannung konzentrierten, den Plasmaspiegel dieser Hormone senken konnte (Sachar, 1969).

Die beliebte Visualisations/Entspannungs-Methode, die die Simontons (Simonton, Simonton & Creighton, 1978) entwickelt haben, enthält einen interessanten *kognitiven Neuordnungsansatz* (*cognitive reframing*). Während die meisten Menschen, die Angst vor Krebs haben, ihn gewöhnlich als eine mächtige und zerstörerische Krankheit betrachten, korrigierten die Simontons diese irrige Ansicht: Die Krebszellen werden als „schwach" und „verwirrt" beschrieben, während die weißen Blutkörperchen des Immunsystems als „stark" und „mächtig" bezeichnet werden, wie Haie, die ihre Beute angreifen. Da ihr Krebsprogramm aber auch Gruppentherapien zur Lösung der tieferliegenden Probleme und Stärkung der Fähigkeit zur Problembewältigung einschließt, war es ihnen bisher nicht möglich, zu ermitteln, welcher Faktor ihrer Methode am wirksamsten ist. Hall (1982), der mit ihren Bildvorstellungen und ihrer Reorganisationsmethode arbeitet, konnte jedoch bestätigen, daß diese Methode jedenfalls die Zellimmunität erhöhen kann.

Ein offenbar entgegengesetzter hypnotherapeutischer Ansatz wurde von Ainslie Meares (1982-83) entwickelt. Er nennt ihn „seelische Ataraxie" (Gleichmut) und beschreibt ihn als eine Form der intensiven Meditation, die zu einer „inneren Stille" führt, die einen „zentralen Ursprung" hat. Im Gegensatz zu den Simontons und allen anderen, die versuchen, dem Patienten das Leben angenehmer zu machen, ihn zu entspannen oder seine Fähigkeiten zur Problembewältigung zu steigern, erfordert seine Methode keinen Einsatz an Willenskraft. Mears sagt, es sei „ein wesentliches Merkmal dieser Meditationsform, daß sie ohne Mühe, Anstrengung oder den Einsatz von Willenskraft" auskomme. Er behauptet, daß sein Ansatz zu einem nichtverbalen Verstehen des eigenen Ichs und des Universums führt, das in wirkungsvoller Weise zu einer Rückbildung verschiedener sehr ernster Krebsarten führen kann. Mears hat selbst tiefgreifende Erfahrungen mit dieser intensiven Meditationsform gehabt. Er glaubt, daß sich diese Tatsache den Patienten auf einer unbewußten

Ebene mitteilt und zu einer weiteren positiven Verstärkung der Möglichkeiten führt, die die Patienten von der „seelischen Ataraxie" erwarten.

Die meisten Therapeuten benutzen heutzutage eine Mischung aus all diesen genannten Methoden, sozusagen „quer durch den Garten" (Margolis, 1982-83; Newton, 1982-83). Die Arbeit von Finkelstein und Greenleaf (1982-83) ist hierfür typisch: Für eine auf drei Jahre geplante Krebsstudie haben sie ein Zehnminutenband bespielt, das Suggestionen enthält, die offenbar die gesamte Spielbreite hypnotherapeutischer Methoden umfaßt, die wir besprochen haben. Der Vorteil dieser breitangelegten, generalisierenden Methoden besteht darin, daß sie Ericksons Prinzip befolgen, das dem Unbewußten des Patienten Gelegenheit gibt, selbst zu bestimmen, welche Suggestion zur Förderung der therapeutischen Aktivitäten nötig (Erickson & Rossi, 1979). Der damit verbundene Mangel an Spezifizität hat allerdings zur Folge, daß wir nicht wissenschaftlich genau feststellen können, welche therapeutischen Mechanismen beteiligt sind.

Die meisten Therapeuten stimmen darin überein, daß verschiedene spezielle Bedingungen und Zustände der Seele oder eine bestimmte Nutzung ihrer Mechanismen die Funktionen des Immunsystems stärken kann. Aus der Perspektive, die in diesem Kapitel entwickelt wurde, kann man ableiten, daß die menschlichen Funktionen so komplex sind, daß es eine schier unendlich große Spielbreite zustandsgebundener leibseelischer Lern- und Gedächtnissysteme zu geben scheint, die man zu Heilungszwecken nutzen kann. Da die Lerngeschichte und die Lebenserfahrungen eines jeden Individuums einzigartig sind, ist praktisch jeder Fall eine neue therapeutische Studie, bei der die Wirksamkeit spezifischer und unspezifischer hypnotherapeutischer Ansätze überprüft werden kann.

Ein umfassendes *psychobiologisches Modell zur Unterstützung der Krebstherapie* ist in Kasten 14 dargestellt. Es handelt sich dabei um die Erweiterung eines ähnlichen psychophysiologischen Modells, wie es von Achterberg (1984) vorgelegt worden ist und von mir auf den letzten Stand gebracht wurde. Der allgemeinste und leichteste Zugang zur Seele-Körper-Heilung läuft über die natürliche ultradiane Heilungsreaktion, die, wenn sie erkannt worden ist, alle 90 Minuten genutzt werden kann (wie in den beiden vorangegangenen Kapiteln beschrieben). Die Menschen können lernen, ihre natürlichen ultradianen Heilungsreaktionen zu optimieren, indem sie sich einen Zugang zu den positiven zustandsabhängigen psychobiologischen Ressourcen verschaffen, die mit den Erfahrungen erfolgreicher Problembewältigung und dem Gefühl von Tüchtigkeit und Hoffnung assoziiert sind. Für manche reicht diese Methode aus. Andere

KASTEN 14 ***Ein psychobiologisches Modell zur Unterstützung der Krebstherapie***

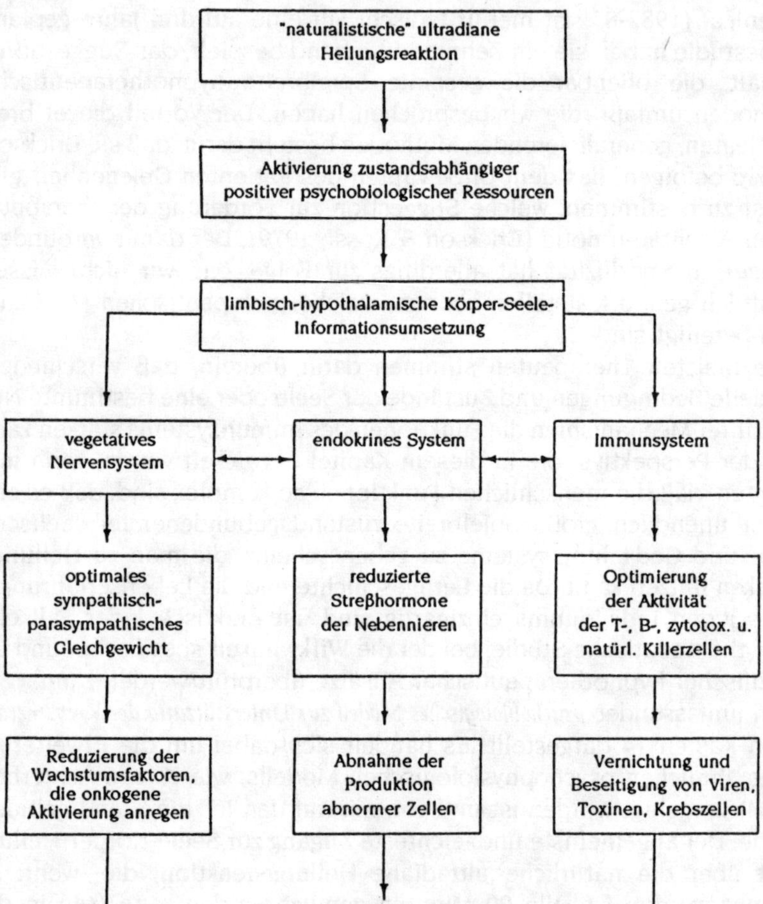

werden mehr Erfolg haben, wenn sie die ultradiane Heilungsreaktion dazu nutzen, ihre aktiveren Bemühungen zu optimieren, indem sie die Methode von Simonton und Achterberg anwenden und die „schwachen und hoffnungslosen" Krebszellen mit Hilfe ihrer Bildvorstellungen angreifen. Andere wiederum werden sich mit den tiefgreifenderen, psychodynamischen Prozessen einer aktiven Phantasie unter Anleitung psychoanalytischer Therapeuten beschäftigen (Hillman, 1983; Jung, 1929/1984; Mindell, 1982, 1985a, b; Woodman, 1984) oder mit den eher spirituell orientierten Methoden von Meares (1982-83). Die Technik dieser Formen der Seele-Körper-Heilung umfaßt im wesentlichen schöpferische und konstruktive Prozesse, die der einzelne auf seine Art erforschen muß, wenn er lernen will, seine psychobiologischen Potentiale zu maximieren.

Das hyperaktive Immunsystem bei Asthma und Allergien

Asthma wird heute als eine Störung betrachtet, die auf eine hyperaktive Immunreaktion zurückzuführen ist. Aus immunologischer Sicht (Hokama & Nakamura, 1982) ist Asthma gewöhnlich durch eine erhöhte Reizbarkeit der Bronchialschleimhäute in den Lungen durch Eosinophilen gekennzeichnet (die, wie wir gesehen haben, 2 bis 3 % der weißen Blutkörperchen ausmachen). Asthma kann in jedem Alter auftreten und ist an einer keuchenden Atmung und Atemnot zu erkennen, die von leichten Beschwerden bis zur lebensbedrohlichen Krise des Status asthmaticus reichen kann. Man kann Asthma grob in zwei Klassen einteilen: *extrinsisch* und *intrinsisch* (Hokama & Nakamura, 1982).

Extrinsisches Asthma (auch infektallergisch genannt) wird durch IgE vermittelt und kann mit allergischer Rhinitis (Entzündung der Nasenpassage) und Urticaria zusammenhängen (Nesselsucht, eine Erkrankung, die durch heftigen Juckreiz und leicht erhabene weiße Quaddeln auf der Haut gekennzeichnet ist, die selten länger als zwei Tage anhalten). Hauttests zeigen positive Reaktionen auf bestimmte Antigene, und der IgE-Spiegel ist in der Regel erhöht. Das ist die Form, in der Asthma gewöhnlich bei Säuglingen, in der frühen Kindheit und bei etwa der Hälfte der erwachsenen Bevölkerung auftritt. Es ist meist jahreszeitlich bedingt und wird oft von Pflanzenallergenen usw. ausgelöst.

Intrinsisches Asthma (auch *nichtallergisches* oder *idiopathisches* Asthma genannt) tritt vorwiegend bei Erwachsenen auf, in der Regel nach einer infektiösen Erkrankung der Atemwege (die offensichtlich das Immunsystem aktiviert). Es hat einen eher chronischen Charakter, die Obstruktionen der Bronchien treten unabhängig von jahreszeitlich bedingten Allergenen auf. Außerdem ist der IgE-Spiegel in der Regel normal. Trotz dieser immunologischen Unterschiede sind die klinischen Erscheinungsbilder des extrinsischen und intrinsischen Asthmas so ähnlich, daß man davon ausgeht, daß ihre psychophysiologischen Mechanismen der gleichen oder einer ähnlichen Route folgen. Man hat in Tierversuchen experimentell nachgewiesen, daß der Hypothalamus allergische Reaktionen stimulieren und mildern kann (Frick, 1976; Stein, Schiavi & Camerino, 1976). Der sympathische Ast des vegetativen Nervensystems stimuliert die allergische Reaktion, indem er Histamine aus dem Gewebe freisetzt, während der parasympathische (entspannende) Ast sie hemmt.

Zirkadiane und ultradiane Rhythmen beim Asthma. Die chronobiologischen Einflüsse der zirkadianen Rhythmen beim Auftreten von Asthmaanfällen sind untersucht worden (Reinberg, Gervais & Ghata, 1977). Man stellte fest, daß der Höhepunkt der Dyspnoe (Atemnot) zeitlich mit dem Höhepunkt der Hautreaktionen auf Histamine und Allergene in 24 Stunden zusammenfällt, so daß die meisten Anfälle zwischen Mitternacht und drei Uhr morgens auftreten. Diese täglichen Variationen der Empfindlichkeit und Krankheit sind auf zirkadiane Rhythmen zurückgeführt worden, die offensichtlich vom Hypothalamus ausgehen, der seine Anweisungen (zusammen mit den Reaktionen der Epiphyse auf den täglichen Hell-Dunkel-Zyklus) über das endokrine System weiterleitet. Man hat festgestellt, daß zirkadiane Rhythmen bei den Eosinophilen im Blut teilweise vom Tagesrhythmus bei der Freisetzung von ACTH aus der Hypophyse und ihrer Stimulation der Hormone aus der Nebennierenrinde abhängen. Das ist die gleiche Achse Hypothalamus-Hypophyse-Nebenniere, die Selye als die wesentliche Reaktion auf Streß bei den „Adaptationserkrankungen" beschrieben hat.

Es gibt eine Anzahl von leichtverständlichen psychosomatischen Routen, über die nichtspezifische hypnotherapeutischen Methoden (wie Bensons „Entspannungsreaktion") allergische Reaktionen bei einer Vielzahl von psychosomatischen Erkrankungen lindern können. In meiner eigenen klinischen Arbeit habe ich festgestellt, daß eine Form der Selbsthypnose, die weiter oben als ultradiane Entspannungsreaktion bezeichnet wurde, besonders wirksam ist, wenn man sie in Kombination mit einer Skalierung der Symptome anwendet, so daß der Patient nach und nach eine willkürliche Kontrolle über allergische und asthmatische Reaktionen bekommt. Eine erhöhte Sensibilität für die minimalen Auslöser, die den Beginn einer Asthmareaktion signalisieren, versetzen den Patienten in die

Lage, das Asthmasymptom in ein Signal zur Förderung der Selbstheilung umzuwandeln. Lankton (1987) entwickelt zur Zeit eine Methode, die sich an Erickson anlehnt und mit Symptomskalierung und Metaphern arbeitet.

Bei der Arbeit mit Asthmatikern und anderen Patienten, deren Symptome einen lebensbedrohlichen Charakter annehmen können (zum Beispiel der *Status asthmaticus*, bei dem der Patient buchstäblich keine Luft mehr kriegt), ist es immer ratsam, qualifiziertes medizinisches Personal in der Nähe zu haben. Wenn man bei solchen Fällen die Symptomskalierungsmethode anwendet, darf man nie vom Patienten verlangen, daβ er mehr als 25 % oder aber höchstens 30 % der schlimmsten vorausgegangenen Reaktion erlebt. Die Symptomskalierung sollte 50 % der heftigsten Reaktion nie überschreiten, die einen medizinischen Notfall auslösen könnte. Symptomreaktionen, die nach und nach in immer niedrigeren Bereichen angesiedelt sind, sind das eigentliche Ziel, da wir in der Regel versuchen, das Bewuβtsein des Patienten für die kleinsten Hinweise zu schärfen, die nötig sind, um aus dem Symptom ein Signal für die Heilung zu machen.

Untersuchungen über die Wirksamkeit der Hypnotherapie bei Asthma und seinen klinischen Erscheinungen sind von mehreren Forschern überprüft worden (Bowers & Kelly, 1979; DePiano & Salzberg, 1979; Wadden & Anderton, 1982). Die groβe Spielbreite der vielen verschiedenen Ansätze, die alle als „hypnotisch" bezeichnet werden, erschwert ihre Bewertung, da sie in der Regel aus einer Kombination von Methoden bestehen, die wir weiter oben als spezifisch und nichtspezifisch bezeichnet haben. Wahrscheinlich wird man die damit zusammenhängenden Fragen nur beantworten können, wenn man sie voneinander isoliert betrachtet und die Wirkungen der Hypnose auf spezifische bekannte und leicht meβbare allergische Reaktionen untersucht. Ikemi und Nakagawa (1962) haben auf dem Gebiet der allergischen Dermatitis und allergischer Reaktionen auf Lebensmittel bahnbrechende Arbeit geleistet, so wie auch Kaneko und Takahashi (1963) bei chronischer Nesselsucht. Der gröβte Teil der Untersuchungen auf dem Gebiet der hypnotischen Veränderungen erworbener immunologischer allergischer Reaktionen (wie zum Beispiel der Tuberkulintest von Black, 1969, und Mason, 1963) ist heute reif für eine Wiederholung im Licht des erweiterten Wissens, das wir inzwischen über die Verbindungen zwischen Körper und Seele, die daran beteiligt sind, gewonnen haben. Man muβ sich einfach fragen, ob zum Beispiel die Bewegung der Neurophilen, die durch die seelischen Bildvorstellungen, die weiter oben besprochen worden sind (Schneider et al., 1984), gefördert werden, nicht auf eine Weise angepaβt werden könnte, daß sie den Ort der eng mit ihnen verwandten Eosinophilen vom Bronchialtrakt wegverlegen können, um auf diese Weise die Reaktion des hyperaktiven Immunsystems bei Asthma und ihm verwandten allergischen Störungen zu verringern.

Das fehlgeleitete Immunsystem bei Autoimmunstörungen und rheumatoider Arthritis

Bei einer Autoimmunstörung wird infolge eines gefährlichen Irrtums bei der Identifizierung nicht nur der fremde Eindringling, sondern auch das eigene Gewebe angegriffen. Ein elementares Problem der Immunologie stellen die Mittel dar, mit denen der Körper zwischen Antigenen (oder Fremdsubstanzen) und natürlichen Substanzen unterscheidet: Das ist das Unterscheidungsvermögen zwischen Selbst und Nichtselbst, das bei der Autoimmunstörung zusammenbricht. Man glaubt heute, daß dieser „Lernprozeß" während der Entwicklung des Fötus stattfindet und auf den direkten Kontakt der körpereigenen Substanzen mit den Rezeptoren auf der Oberfläche der weißen Blutkörperchen zurückzuführen ist. Das Immunsystem lernt die „Selbst"-Erkennung, indem es die Antigen-Antikörper-Reaktion auf alle natürlichen Substanzen (Autoantigene) des Körpers ausschaltet.

Im Laufe des Lebens gibt es allerdings viele Möglichkeiten für einen Zusammenbruch der zentralen Mechanismen, die der Selbst-Erkennung zugrunde liegen. In der Regel spielt bei einem derartigen Zusammenbruch eine Unterbrechung der normalen Interaktionsbahnen zwischen den T- und B-Zellen und den Autoantigenen eine Rolle. Autoimmunstörungen treten gewöhnlich im Zusammenhang mit bösartigen Erkrankungen, Immunschwäche, Verletzungen und im Alter auf. Wir wollen in diesem Abschnitt einen Blick auf die neueren Forschungsergebnisse auf dem Gebiet der rheumatoiden Arthritis werfen. Diese Erkrankung soll uns als Beispiel dienen, wie sich neue hypnotherapeutische Methoden gegen Autoimmunstörungen entwickeln lassen könnten.

Die rheumatoide Arthritis (RA) ist eine systemische Allgemeinerkrankung, die sich in der Regel zunächst langsam entwickelt und von Symptomen wie Abgeschlagenheit, Muskelsteifheit und Parästhesien (Gefühle wie Brennen, Stechen, Taubheit) begleitet ist. Im weiteren Verlauf kommt es zu Schwellungen und Steifheit der großen Gelenke. Akute und chronische Gelenkschmerzen, die nicht nur bei der Bewegung, sondern schon im Ruhezustand auftreten, sind von einer zunehmenden Bewegungseinschränkung der Gelenke begleitet. Die Intensität der Störung wechselt periodisch und wird vorübergehend von Stadien völliger

Symptomfreiheit unterbrochen; gelegentlich kommt es auch zu „Spontanremissionen“ (Spontanheilungen).

Die Physiologie der Gelenkstörungen bei RA ist immer noch Gegenstand der Forschung, und es ist noch nicht völlig geklärt, welche Rolle die Autoimmunaspekte bei dieser Erkrankung spielen. Man geht jedoch davon aus, daß das unmittelbare Problem mit einem übermäßigen Zellwachstum in der Synovialmembran zusammenhängt, die normalerweise das Innere des Gelenks mit einer dünnen Schicht auskleidet und ein Schmiermittel absondert. Eine Hypothese über den Ablauf dieses Prozesses geht davon aus, daß der Epstein-Barr-Virus[1] das Synovialgewebe (bzw. den Knorpel oder das Gelenkgewebe selbst) verändert, so daß das Immunsystem irrtümlich einen Angriff startet, der dazu führt, daß sich das Synovialgewebe vermehrt (Silberner, 1985). Dieses überschüssige Gewebe breitet sich im Gelenk aus, verursacht Schwellungen, die letzten Endes den Knorpel zerstören und in fortgeschrittenem Stadium das Gelenk unbeweglich werden lassen. Man glaubt, daß bei diesem irrtümlichen Angriff (der auf eine falsche Identifizierung zurückzuführen ist) sowohl die zelluläre (T-Zellen-Lymphozyten) als auch die humorale (B-Zellen-Lymphozyten) Immunpathologie eine Rolle spielt. Die Aktivität der Makrophagen ist dann erheblich erhöht, da sie die Abfallprodukte beseitigen müssen. Hinzu kommt, daß überschüssige Enzyme für eine weitere Schädigung der Knorpelsubstanz sorgen. Vermutlich erhöhen negative Gefühle die Muskelspannung, was zu einer übermäßigen Aktivierung des sympathischen Zweigs des vegetativen Nervensystems führt, die ihrerseits zu einer Verschlimmerung dieser fortschreitenden Erkrankung führt (Achterberg & Lawlis, 1980; Weiner, 1977).

Man nimmt an, daß die Seele-Körper-Verbindung bei der RA über die uns inzwischen wohlbekannte *limbisch-hypothalamisch-hypophysäre* Bahn vermittelt wird. Achterberg und Lawlis (1980) haben die möglichen Mechanismen dieses Prozesses folgendermaßen zusammengefaßt:

1. Bei den RA-Patienten ist der Streß des Lebens, der gewöhnlich durch seelisch-kortikale Prozesse gefiltert wird, abgestumpft; der Mensch scheint häufig ohne jedes Gefühl zu sein, emotional flach oder farblos und „seelenlos“. Dieser Mangel an Gefühlen ist als *Alexithymia* bezeichnet worden – wörtlich übersetzt eine Störung, bei

[1] Der Epstein-Barr-Virus ist ein vielseitiger Herpesvirus, mit dem viele Menschen auf der Welt infiziert sind, der aber nicht immer Symptome hervorruft.

der jemand „ohne Worte für Gefühle" ist. Nemiah Freyberger und Sifneos (1976) haben die Hypothese aufgestellt, daß psychosomatische Patienten ein fehlerhaftes Muster assoziativer Verbindungen zwischen dem Kortex und dem limbischen System haben.

2. Die neurale Aktivität, die normalerweise mit Gefühlen in Verbindung gebracht wird, wird auf den höheren kortikalen Bahnen der Seele nicht erlebt, sondern statt dessen durch den Hypothalamus und seine direkten Verbindungen mit dem vegetativen Nervensystem, dem endokrinen System und dem Immunsystem kurzgeschlossen. RA (und möglicherweise ganz allgemein alle psychosomatischen Symptome) ist somit eine Form der Körpersprache, die den Mangel an verbaler (linke Hirnhälfte) und bildhaft-gefühlshafter (rechte Hirnhälfte) Sprache ausgleicht. Diese Störung ist auch als *pensée opératoire* oder Unfähigkeit zu phantasieren bezeichnet worden.
3. Die Verwendung der Körpersprache anstelle von Erkenntnis, Phantasie und Gefühl kann bei dem RA-Patienten von einer Erhöhung der Muskelspannung begleitet sein, die ihrerseits die Gelenkschmerzen verstärkt und die destruktiven Prozesse im Gelenkinneren durch eine Erhöhung der Temperaturen im Inneren der Gelenke (durch die die Enzymaktivität der Lysosomen angeregt wird) beschleunigt.
4. Möglicherweise gibt es einen Zyklus, der die Interaktion zwischen dem Immunsystem und dem Hypothalamus beschleunigt und der durch *positives* Biofeedback gekennzeichnet ist, das die RA verschlimmert, statt sie zu korrigieren (wie es bei einem normalen *negativen* Biofeedback der Fall wäre).

Das Konzept von der Alexithymie als strukturellem oder genetischem Defekt auf dem seelisch-kortikalen und limbisch-hypothalamischen Gebiet ist immer noch eine äußerst spekulative Theorie im Hinblick auf die Entstehung der RA im besonderen und der psychosomatischen Störungen im allgemeinen. Eine konventionellere psychodynamische Erklärung von Erickson und Rossi (1979) basiert auf der Ablehnung, Unterdrückung und/oder Verdrängung von Erfahrungen der rechten Hirnhälfte, so daß der linken Hirnhälfte die Informationen fehlen, die sie benötigt, um das Problem in Worten auszudrücken. Es sind zwar noch weitere Untersuchungen erforderlich, um die unterschiedlichen Verdienste dieser beiden Sichtweisen würdigen zu können, aber sie stimmen insofern überein, als daß *zustandsgebundene Informationen* bei den psychosomatischen Störungen eine entscheidende Rolle spielen. Der normale Zugang zu diesen Informationen und der Informationsfluß innerhalb des Seele-Körper-Systems sind entweder blockiert, kurzgeschlossen oder fehlgeleitet, so daß dem Körper nichts anders übrigbleibt, als Informationen zu verarbeiten, die besser auf symptomatische Weise auf der seelischen Ebene behandelt würden.

Erickson behandelte Patienten, die unter verschiedenen Arten von chronischen Schmerzen, Hoffnungslosigkeit, Apathie oder Abstumpfung der Affekte litten, indem er in der Regel zunächst untersuchte, wieweit sie in der Lage waren, die klassischen Mechanismen der hypnotischen Dissoziation, Ortsverschiebungen, Zeitverzerrungen und so weiter zu nutzen. Hinzu kam seine oft ungewöhnliche Methode der *emotionalen Provokation* (siehe Erickson, 1980, Band 4). Ein großer Teil der Kontroverse, die sich um Ericksons Arbeit entfacht hat, bezieht sich auf seine unkonventionelle Verwendung von Schock, Überraschung und Peinlichkeit (Rossi, 1973/1980), um etwas zu provozieren, was wir heute als einen erhöhten Erregungszustand des vegetativen Nervensystems erkennen. So wandte er zum Beispiel häufig gewagte Methoden an, um Patienten, die unter verschiedenen organischen Hirnstörungen litten, zu höheren Rehabilitationsanstrengungen zu motivieren (Erickson, 1963/1980, 1980a).

Wenn ich meine Beobachtungen seiner Arbeit mit einer Vielzahl von Patienten während der letzten acht Jahre seines Lebens Revue passieren lasse, wird mir jetzt klar, daß dieser Faktor der emotionalen Erregung und Provokation immer präsent war. Selbst wenn er sich gutmütig und freundlich gab, konnte ich häufig einen lausbubenhaften Glanz in seinen Augen erkennen, wenn er irgendein scheinbar harmloses Wort oder eine Phrase mit einer versteckten Bedeutung benutzte, mit der er in unerwarteter Weise die emotionale Dynamik des Patienten weckte. Aber in den meisten Fällen entgingen mir diese vielschichtigen Kommunikationsebenen, die das Muster der zustandsgebundenen Informationen im gesamten Seele-Körper-System des Patienten durchbrechen konnten, bis Erickson sie mir geduldig erklärte (Erickson & Rossi, 1979, 1981; Erickson, Rossi & Rossi, 1976). Es machte ihm offenbar immer sehr viel Spaß, die Patienten auf diesen multiplen Ebenen zur Mitarbeit heranzuziehen, und sogar wenn negative Gefühle ausgelöst worden waren, bestand eine positive therapeutische Beziehung. In jedem einzelnen Fall achtete Erickson darauf, einen Zugang zu den individuellen Lebenserfahrungen des Patienten zu gewinnen und sie zu nutzen, um ihm zu helfen, neue schöpferische Bezugssysteme und Identitäten für seine geweckten Gefühle und Persönlichkeitsstrukturen zu schaffen. In dieser Hinsicht verwendete er eine Integration der nichtspezifischen Ansätze (Weckung der Gefühle und die Alarmreaktion) und der spezifischen Ansätze (die individuellen Lebenserfahrungen des Patienten), um den hypnotherapeutischen Prozeß zu unterstützen. Die meisten dieser Ansätze sind nie wiederholt worden, da sie als Manifestationen von Ericksons exzentrischer Persönlichkeit und seiner Vorliebe für das Dramatische betrachtet wurden (Hilgard, 1984) und weniger als legitime therapeutische Methode. Wir haben jedoch weiter oben bei unseren Ausführungen über die psychische Modulation des endokrinen Systems und des vegetativen Nervensystems gesehen, daß die Verwendung dramatischer Aspekte bei der Erregung zustandsgebundener Erinnerungen und Gefühle eine vernünftige psychobiologische Grundlage hat. Die gestörten oder blockierten Erinnerungen, Gefühle oder Phantasieprozesse der Patienten, die unter rheumatoider Arthritis leiden, könnten in idealer Weise dazu genutzt werden, Ericksons bahnbrechende hypnotherapeutische Ansätze im Hinblick auf die Weckung und Nutzung des individuellen Seele-Körper-Repertoires eines jeden Patienten zu erforschen und zu erweitern.

Eine Fallstudie, die zeigt, wie zustandsgebundene Aspekte einer Gesamtpersönlichkeit in Form einer rheumatoiden Arthritis kodiert und durch einen Prozeß *aktiver Imagination* aufgelöst werden können, hat uns ein Analytiker der Jungschen Schule, Albert Kreinheder, geliefert. Er beschreibt seine persönliche Auseinandersetzung mit dieser Krankheit und seine Selbstheilung folgendermaßen (S. 60-61):

> Vor zwei Jahren schien mein Leben noch wunderschön zu sein. Ich hatte Anerkennung in meinem Beruf gefunden, meine Gesundheit war ausgezeichnet, und ich glaubte alles in allem, daß es mir recht gutgehe. An diesem scheinbaren Höhepunkt meines Lebens bekam ich rheumatoide Arthritis. Dadurch wurde ich zwangsläufig eine Art Antiheld. Ich litt unter heftigen Schmerzen an allen Gelenken, sogar die Kiefergelenke taten mir weh. Etwa zwei bis drei Stunden nach dem Aufstehen war ich trotz meiner sitzenden Tätigkeit so erschöpft, daß ich mich wieder ins Bett legen mußte. Meine Schultern und Ellbogen waren dann so steif, daß ich ohne fremde Hilfe keine Jacke anziehen konnte und nicht in der Lage war, mich im Bett aufzurichten.
>
> Ich habe alles versucht, ich bin zu Ärzten, Chiropraktikern, Ernährungsspezialisten, Masseuren und Kartenlegern gegangen, all dies schien nichts zu nutzen. Als ich nicht mehr weiter wußte, entschloß ich mich, mit dem Schmerz zu reden. Hier ist ein Beispiel für einen solchen Dialog:

Ich: Du hast mich fest im Griff, und du läßt nicht los. Wenn du unbedingt meine volle Aufmerksamkeit haben willst, bitte, du hast sie. Ganz gleich, was ich tue, ich muß mich immer auch um dich kümmern. Selbst jetzt, wo ich schreibe, spüre ich dich in meiner Hand und auch sonst überall im Körper. Du machst mir schreckliche Angst. Ich habe keine Kontrolle über dich, keine Macht, dich zu beeinflussen. Du brauchst nur noch ein bißchen weiterzugehen, dann bin ich völlig hilflos. Wirst du denn nie aufhören? Warum bist du hier?

Schmerz: Ich bin hier, um deine Aufmerksamkeit zu bekommen.Ich mache dir meine Präsenz bewußt. Ich demonstriere dir meine Macht. Ich bin mächtiger als du. Mein Wille ist stärker als deiner. Du kannst mich nicht beherrschen, aber ich kann dich leicht beherrschen.

Ich: Aber warum mußt du mich mit deiner Macht zerstören?

Schmerz: Das tue ich, weil ich es nicht länger mitmache, daß du mich nicht beachtest. Du sollst demütig vor mir auf die Knie fallen, denn ich bin DER, der wie kein anderer ist. Ich bin der Anfang aller Dinge, alles entspringt aus mir, ohne mich ist nichts. Ich möchte immer ganz eng mit deinen Gedanken verbunden sein. Deshalb halte ich dich fest im Griff meiner Macht und sorge dafür, daß du nur an mich denkst. Jetzt, wo ich in dir präsent bin, kannst du nicht mehr so leben wie vorher und die gleichen Dinge tun.

Diese Dialoge gaben meinem Gebrechen einen Sinn. Vorher war mein Schmerz nur ein Fluch, der eliminiert werden mußte. Jetzt erscheint er als „der-eine-der-wie-kein-anderer-ist". Und dieser eine wollte mit mir eine intime Beziehung haben. Jetzt wurde mir etwas klar, was vorher für mich nur Worte gewesen waren: Unsere Wunde ist die Stelle, an der unser Selbst einen Zugang zu uns findet. Das Elend, das uns zustößt, kann die Erwählung sein, der Aufruf zur Individuation.

Mir wurde bewußt, daß ich mein Leben ändern mußte. Es ist erstaunlich, wie völlig egozentrisch Menschen mit Zwanzig, Dreißig, ja sogar noch mit Vierzig sein können, ohne dadurch in ihrem Gedeihen behindert zu werden. Aber früher oder später zeigt sich die größere Persönlichkeit. „Die Zeit wird kommen", sagte mein Schmerz zu mir, „da werde ich allen jenen Dingen ein Ende bereiten, die dir mehr bedeuten als deine Liebe zu mir." Und dann sagte er noch: „Es ist so dringend nötig und so wichtig, daß du mich liebst und bei mir bleibst, daß dich alles, was dir wichtiger erscheinen könnte als ich, zum Krüppel machen und lähmen wird. Zuallererst mußt du mich lieben. Mich nicht zu beachten, bedeutet Tod, Krankheit und Zerstörung."

Wenn jemand krank oder neurotisch wird, heißt das nicht, daß er eine minderwertige Person mit einem fehlerhaften Charakter ist. In gewisser Weise ist es ein positives Zeichen für ein Wachstumspotential, so als wäre in ihm eine größere Persönlichkeit, die sich an die Oberfläche drängt. Als die Arthritis kam, nahm ich meine Analyse wieder auf. Ich nehme an, ich tat das, weil ich Arthritis hatte. Aber die Absicht meines Unbewußten war wahrscheinlich umgekehrt. Die Arthritis war gekommen, damit ich die Analyse wieder aufnahm. Wir sind nie völlig analysiert. Wenn sich die Lebensbedingungen verändern, gibt es neue psychische Inhalte, die integriert werden müssen. Wenn ein Fenster zur Welt der Archetypen erst einmal aufgestoßen worden ist, gibt es keine Möglichkeit mehr, es wieder zu schließen. Entweder wir gehen mit dem Drang zur Individuation, oder er wächst und wendet sich gegen uns.

Eine kürzliche Nachuntersuchung (persönliche Mitteilung) hat ergeben, daß Dr. Kreinheder immer noch symptomfrei ist. Diese profunde Sicht der möglichen tieferen Bedeutung einer Krankheit ist von Schamanen und Heilern aller Kulturen und Zeiten vertreten worden. Kreinheders Erfahrung mit der Arthritis beweist, daß die Krankheit eine Aufforderung sein kann, die gewohnten Aktivitäten zu beenden, um die tieferen Bedeutungen zu suchen, die in der eigenen Existenz angelegt sind. Das ist die Grundlage des ultradianen Heilungsprozesses, die ich „Umwandlung eines Symptoms in ein Signal" nenne.

Umwandlung eines Symptoms in ein Signal

Wenn man sich respektvoll suchend auf ein Symptom einstellt und nicht die typische Patienteneinstellung hat, die aus Vermeidung, Widerstand und Ablehnung besteht, dann hat man den ersten Schritt auf dem Weg zu den zustandsabhängigen Erinnerungen und Assoziationen getan, die möglicherweise Signale aus den Teilen der Persönlichkeit sind, die einer expressiven Entwicklung (Individuation) bedürfen. In der Regel stelle ich das Konzept der Umwandlung eines Symptoms in ein Signal, mit dem das Bedürfnis nach einer breiteren, kreativeren Entwicklung im Innenleben des Patienten sich meldet, folgendermaßen vor (Rossi, 1986b, S. 20):

Sie können eine natürliche Form der Selbsthypnose anwenden, indem Sie sich ganz einfach immer dann eine Pause gönnen, wenn Ihnen danach zumute ist. Schließen Sie die Augen, und stimmen Sie sich auf die Teile Ihres Körpers ein, an denen Sie das angenehmste Gefühl haben. Wenn Sie dieses Wohlbefinden lokalisiert haben, können Sie es ganz einfach genießen und ihm erlauben, sich zu vertiefen und ganz von selbst über den ganzen Körper auszubreiten. Wohlbefinden ist mehr als ein Wort oder ein Zustand der Trägheit. Wenn Sie sich wirklich im tiefsten Inneren wohl fühlen, ist das parasympathische System eingeschaltet – die natürliche Entspannungsreaktion. Das ist die beste Möglichkeit, die heilende Wirkung der Ruhephase der ultradianen Rhythmen Ihres Körpers maximal zu nutzen.

Während Sie Ihr inneres Wohlbefinden erforschen, können Sie *sich wundern*, wie Ihr schöpferisches Unbewußtes wohl mit dem Symptom, der Störung oder dem Problem umgeht, mit dem Sie sich beschäftigen möchten. Ihr Unbewußtes ist der innere Regelmechanismus all Ihrer biologischen und seelischen Prozesse. Wenn Sie Probleme haben, hängt das wahrscheinlich damit zusammen, daß irgendeine unglückselige Programmierung aus der Vergangenheit mit den natürlichen Steuerungsprozessen in Ihrem Unbewußten im Widerstreit liegt. Wenn Sie die normalen ultradianen Ruheperioden akzeptieren und genießen, so wie sie im Tagesverlauf auftreten, geben Sie der Selbstregulation Ihrer Leib-Seele-Einheit Gelegenheit zur Heilung und zur Lösung des Problems.

Ihre Einstellung zu dem Symptom und zu sich selbst ist bei dieser Form der therapeutischen Hypnose von großer Bedeutung. *Das Symptom oder die Störung ist in Wirklichkeit Ihr Freund! Ihr Symptom ist ein Signal dafür, daß in Ihrem Leben eine schöpferische Veränderung nötig ist.* In den Perioden des Wohlbefindens während der ultradianen Selbsthypnose werden Sie häufig auf eine beschauliche Weise zu Einsichten gelangen, die sich auf Ihr Leben beziehen, auf das, was Sie wirklich wollen und wie Sie es bekommen können. Die regelmäßige Anwendung ultradianer Selbsthypnose kann zu einer neuen Beschaulichkeit, Freude, größerer Bewußtheit und Reife führen.

KASTEN 15 *Umwandlung eines Symptoms in ein Signal*

1. *Skalierung zur Umwandlung von Symptomen in Signale*
   Wenn Sie Ihr Symptom auf einer Skala von 1 bis 100 einordnen, wobei 100 das Schlimmste ist, welche Zahl entspricht dann dem Grad, in dem Sie Ihr Symptom jetzt in diesem Augenblick erleben?
   Machen Sie sich klar, daβ die Intensität Ihres Symptoms in Wahrheit signalisiert, wie stark das Bedürfnis eines anderen, tieferen Teiles von Ihnen ist, in diesem Augenblick anerkannt und verstanden zu werden.

2. *Schaffung eines Zugangs zur Bedeutung des Symptoms und entsprechende Nachforschungen*
   Wenn Ihre Seele (Ihr schöpferisches Unbewuβtes etc.) im Innersten bereit ist, Ihnen zu helfen, einen Zugang zur tieferen Bedeutung Ihrer Symptome zu finden, werden Sie merken, daβ Sie ganz ruhig werden und sich wohl fühlen und daβ Ihnen die Augen allmächlich zufallen. [Pause]
   Sie können sich die ursprünglichen Ursachen des Symptoms noch einmal vor Augen führen [Pause],
   Sie können Ihr Symptom fragen, was es Ihnen sagen will [Pause],
   Sie können sich mit Ihrem Symptom darüber unterhalten, wie sich Ihr Leben verändern muβ.

3. *Bestätigung der Signifikanz und des Wertes der neuen Bedeutung*
   Wie werden Sie Ihr Symptom jetzt als wichtiges Signal nutzen? [Die Signifikanz der jeweiligen neuen Bedeutungen, die auftauchen, kann in der Regel von der Versuchsperson intuitiv erkannt werden. Neue Bedeutsamkeit ist unweigerlich von Affekten begleitet (Tränen, Begeisterung, Dankbarkeit). Eine neue Skalierung der Intensität des Symptoms wird in der Regel den Wert dieser Form der inneren Arbeit bestätigen.]

Das Immunsystem, die Information und das Bewußtsein

Stephen Black ist ein englischer Forscher und ein Pionier auf dem Gebiet der Anwendung der Hypnose zur psychischen Veränderung erworbener Immunreaktionen, die man bis zu diesem Zeitpunkt für rein biologische Prozesse gehalten hatte. Seine Arbeiten über die Verwendung der Hypnose zur Modulation der Immunreaktion menschlicher Versuchspersonen auf Tuberkelbazillen (die Mantoux-Reaktion)(Black, Humphrey & Niven, 1963) und allergische Hautreaktionen (Black, 1963; Black & Friedman, 1965) hat viele Forscher inspiriert, die in diesem Kapitel erwähnt werden (Smith, McKenzie, Marmer & Steele, 1985; Smith & McDaniel, 1983). Black ließ sich bei seinen Untersuchungen von dem brennenden philosophischen Interesse leiten, die begriffliche Einheit von Körper, Seele und Leben nachzuweisen. Seine Untersuchungen über Hypnose und erworbene Immunität stellten für ihn die empirischen Mittel zur Lösung des Seele-Körper-Problems dar – dieser Trennung von Seele und Körper in zwei separate begriffliche Sphären, die seit Descartes besteht. Da es in unserem Buch im wesentlichen um dieselbe Seele-Körper-Problematik geht, wollen wir einen Blick auf Blacks Ideen werfen und ihre Bedeutung für das gegenwärtige Denken untersuchen.

Black nutzte die in den sechziger Jahren neu entstehende *Informationstheorie* als begriffliche Grundlage für eine allgemeine Definition des biologischen Lebens und der Seele. Um die Bedeutung dieser Definition verstehen zu können, muß man einige Grundbegriffe der Informationstheorie kennen, die wir schon im zweiten Kapitel gestreift haben. Die Informationstheorie ist zwar ursprünglich als ein mathematisches Modell (Shannon & Weaver, 1949; Wiener, 1948) für die neu entstehenden Kommunikationstechnologien formuliert worden, man entdeckte jedoch sehr bald, daß sie auch bei allen Prozessen der Veränderung und Transformation zur Begriffsbildung sehr gut zu gebrauchen war. Im zweiten Kapitel haben wir zum Beispiel zusammenfassend die Ansicht dargestellt, daß alle biologischen und psychologischen Prozesse als verschiedene Formen von Informationsumwandlungen angesehen werden können. Eine Möglichkeit, das Seele-Körper-Problem zu lösen, ist, daß man davon ausgeht, daß Körper und Seele an ähnlichen Informationsumwandlungsprozessen teilnehmen. Wir haben die Arbeiten vieler Theoretiker und experimenteller Psychologen überprüft, die die Informationstheorie als begriffliche Grundlage benutzen, um zu verstehen, auf welche Weise die Hypnose die psychische Modulation der Physiologie des Körpers vermitteln kann (Bowers, 1977).

Auch wenn die Informationstheorie gewöhnlich die Sprache der Mathematik verwendet, dürfte es für unseren Zweck genügen, die Grundidee folgendermaßen darzustellen: *Je unwahrscheinlicher eine Idee oder ein Ereignis ist, um so höher ist sein Informationswert.* Allgemein ausgedrückt: Alles, was in unserem Leben Routine ist und allgemein zu erwarten ist, bringt uns keine neuen Informationen. Das Neue, Geheimnisvolle und Interessante jedoch trägt zu einer Vermehrung der Informationen bei. Deshalb hat alles *Neue* für den Menschen einen hohen Informationswert.

Im zweiten Kapitel wurde beschrieben, daß das aufsteigende retikuläre aktivierende System (ARAS) und der Locus coeruleus Teile des Hirnstamms sind, die das Bewußtsein aktivieren, wenn neue Reize angeboten werden. Das *Neue* kann aus der Außenwelt kommen oder im Verlauf schöpferischer Perioden des Denkens oder Träumens im Inneren entstehen. Sich häufig wiederholende Lebenssituationen, Alltagsroutine und in der Gewohnheit verankerte Denkstrukturen haben auf der anderen Seite die Tendenz, den Grad der Bewußtheit zu senken und die Seele einzuschläfern. Das führt uns zu der grundsätzlichen Einsicht, daß das Bewußtsein (und die Seele im allgemeinen) von Informationen lebt. *Die Seele ist die vollkommenste Konstruktion der Natur zur Aufnahme, Erzeugung und Umwandlung von Informationen.*

Bei diesem informationstheoretischen Konzept von der Seele hat das Wort „Konstruktion“ (*Design*) bedeutsame Implikationen. Konstruktion weist auf Form und Struktur hin. Informationen erscheinen uns in der Regel als Veränderungen der Konstruktion, der Form und Struktur. Die Bedeutung dieser strukturellen Sichtweise der Informationen, mit der die phänomenalen Aspekte der Seele und die materiellen Aspekte des Gehirns und des Körpers innerhalb desselben Bezugssystems vereinigt werden können, hat Karl Pribram (1986) treffend beschrieben:

> Maurice Merleau-Ponty, ein existentialistischer Philosoph, hat ein Buch mit dem Titel *Die Struktur des Verhaltens* (1963) geschrieben, das sowohl im Hinblick auf seine Ideen als auch auf seinen Inhalt bemerkenswerte Ähnlichkeiten mit unserem Buch *Plans and the Structure of Behavior* (Miller, Galanter & Pribram, 1960; siehe auch Pribram, 1965) aufweist und die Probleme sowohl aus einer behavioristischen als auch aus einer informationstheoretischen Sicht angeht. Ich will damit nicht behaupten, daß es zwischen einer behavioristischen und einer existentialistisch-phänomenologischen Psychologie keinen Unterschied gäbe. An anderer Stelle habe ich diesen Unterschied herausgearbeitet und auf den kurzen

Nenner gebracht, daß die Behavioristen Ursachenforschung betreiben, während die Phänomenologen auf der Suche nach vernünftigen (bedeutungsvollen) Informationsstrukturen sind (Pribram, 1979). Ich möchte an dieser Stelle betonen, daß beide Methoden zu Begriffen führen, die man nicht leicht als seelisch oder materiell klassifizieren kann. Behavioristen stützen sich bei ihrer Kausalitätssuche auf Triebe, Anreize, Verstärkungen und sonstige Energie-orientierte Konzepte, die alle bewußt an die Newtonsche Physik erinnern. Existentialisten fördern dagegen bei ihrer Suche Struktur zutage, und das gleiche gilt für die Anthropologen und Linguisten, wenn sie das Problem anderer komplexer Organisationen angehen. Und strukturale Konzepte sind verwandt mit denen der modernen Physik, wo Partikel aus Interaktionen und Beziehungen zwischen verschiedenen Prozessen entstehen.

Wenn man versteht, wie Computerprogramme aufgebaut sind, hilft das, einige der Probleme, die in Verbindung mit der „Identitäts"-Methode bei der Auseinandersetzung mit der Seele/Gehirn-Beziehung auftreten, aufzulösen: Da unsere Introspektionen keine erkennbare Verbindung zu den Funktionen des Nervengewebes haben, aus denen das Gehirn besteht, waren die Theoretiker nicht leicht zu verstehen, die behaupteten, mentale Prozesse und die Prozesse des Gehirns seien identisch. Im Rahmen der Computer-Programm-Analogie können wir heute sagen, daß das Gemeinsame bei den mentalen Operationen und der „Wetware", in der die Operation durchgeführt wird, eine gewisse Ordnung ist, die über die Transformationen hinweg konstant bleibt. Die Begriffe „Information" (in der Hirnphysiologie und in den kognitiven Wissenschaften) und „Struktur" (in der Linguistik und in der Musik) werden in der Regel benutzt, um derartige Identitäten über Transformationen hinweg zu kennzeichnen.

Konstanz der Ordnung über Transformationen hinweg ist nicht auf Computer oder Computerprogrammierung beschränkt. In der Musik erkennen wir eine Beethoven-Sonate oder eine Berlioz-Symphonie, ganz gleich, ob sie uns als Partitur auf Notenpapier oder als Konzert oder über unsere Hifi-Anlage dargeboten werden, ja sogar im Auto, wo die Wiedergabe schlecht und womöglich verzerrt oder durch andere Geräusche überdeckt ist. Die Information (innere Form), die Struktur (das Arrangement) ist in vielen Darbietungsformen erkennbar. Die materiellen Grundlagen, die die

> Realisation möglich machen, unterscheiden sich erheblich voneinander, aber diese Unterschiede sind nicht Teil der wesentlichen Eigenschaften der musikalischen Form. In diesem Sinne macht diese Identitätsauffassung der Körper/Seele-Beziehung trotz des Realismus in ihren äußeren Formen Anleihen bei Platons Universalien, das heißt bei den idealen Ordnungen, die bei ihrer Realisation fehlerhaft werden.
>
> Bei der Konstruktion von Computersprachen gewinnen wir Einsichten über die Art, in der Information und Struktur in einer Maschine realisiert werden. Sowohl das Wesen des Biologischen als auch das der Computerhierarchien besteht darin, daß höhere Organisationsebenen die Steuerung über die niedrigeren Ebenen haben und gleichzeitig ihrerseits von diesen niedrigeren Ebenen gesteuert werden. Derartige reziproke Kausalzusammenhänge sind überall in lebendigen Systemen anzutreffen: So steuert zum Beispiel der Kohlendioxydspiegel nicht nur den neuralen Atemmechanismus, sondern wird seinerseits auch von ihm gesteuert. Diese reziproke Kausalität wurde ursprünglich als das regulierende Prinzip erkannt, das für eine Konstanz des Umfeldes sorgt, und wird deshalb „Homöostase“ genannt. Untersuchungen, die in den letzten Jahrzehnten durchgeführt wurden, haben zu der Erkenntnis geführt, daß derartige *Feedback*-Mechanismen überall anzutreffen sind und sowohl sensorische als auch motorische sowie alle möglichen zentralen Prozesse betreffen. Wenn diese Feedback-Organisationen parallel geschaltet werden, werden aus ihnen „Feedforward“-Steuerungsmechanismen, die eine sehr ähnliche Funktion haben wie die Wörter (von Bit- oder Byte-Länge) in der Computersprache (Miller et al., 1960; Pribram, 1971).

Pribrams Verwendung des informationstheoretischen Konzepts versetzt ihn in die Lage, mentale und physiologische Beziehungen in einem einzigen Bezugssystem reziproker Kausalität oder Homöostase zu vereinigen, das für alle unsere Darstellungen der Kommunikation zwischen Körper und Seele charakteristisch ist (Abbildungen 1 bis 7). Mit diesem Hintergrundwissen können wir uns jetzt noch einmal der Informationstheorie, wie sie Black benutzt, zuwenden, um das Modell einer Seele-Körper-Kommunikation und -Heilung, wie es das Immunsystem darstellt, auf einen Begriff zu bringen. Im folgenden Zitat sieht Black Informationen als Strukturen an, die neu (oder unwahrscheinlich) sind, um so Leben und Seele zu definieren (1969):

> Da die aristotelische Form *aller* Materie bis zu einem gewissen Grad „Informationen enthält", und da „Information in der Form der Form" offensichtlich essentiell für die lebendige Materie ist, *sollte Leben entsprechend der Unwahrscheinlichkeit der Form der Materie – im Unterschied zu seiner energetischen Substanz – definiert werden.*
>
> Ich biete daher folgende Definition an: *Leben ist die Eigenschaft der Materie, die aus dem Informationsgehalt, der zum Wesen der Unwahrscheinlichkeit der Form gehört, entsteht.* (S. 46)
>
> Und ich stelle daher eine zweite Hypothese auf: *Die Seele ist ein Informationssystem, das sich aus der summierten Unwahrscheinlichkeit der Form ableitet, die zum Wesen der materiellen Substanz der lebendigen Dinge gehört.* (S. 56)
>
> Informationen können natürlich auf alle möglichen Weisen übermittelt werden – von den Modulationen einer drahtlosen Welle bis zu den schwarzweißen Mustern auf den Seiten dieses Buches. Und für die Biologen, die auf der molekularen Ebene arbeiten, ist das Konzept des gleichzeitigen Übermittelns und Empfangens von Informationen „in der Form der Form" gewiß nichts Neues.
>
> Aber die Tatsachen werden bei uns im allgemeinen nicht so betrachtet. Obwohl der Unterschied trivial erscheinen mag – und von manchen als „metaphysisch" abgetan wird –, ist er doch für meine Überlegungen wichtig. Denn ich hoffe, mit den klinischen und experimentellen Befunden aus der psychosomatischen Medizin nachweisen zu können, daß ein großer Teil der Informationen, die vom Körper in der Form der Form registriert werden, im Laufe des Lebens ihrerseits viel sowohl zur Krankheit als auch zur Gesundheit des Körpers beitragen können, ganz gleich, wie groß die Stabilität der genetischen Substanz sein mag. (S. 47)

Blacks Auffassung von der *Form* als in*form*ierendem Wesenskern des Lebens und der Seele klingt so lange sehr abstrakt, bis wir uns daran erinnern, daß das auf der molekularen Ebene zutrifft. Es sind nämlich in der Tat die Form und die Struktur der Botenmoleküle und ihrer Rezeptoren, die die Lebensprozesse in allen Zellen des Körpers aktivieren und modulieren. Blacks bahnbrechende Forschungsarbeiten waren ein Schritt in Richtung auf den Nachweis, daß das auch für die Kommunikation zwischen Körper und Seele über das Immunsystem zutrifft, wie es in Abbildung 6 dargestellt ist. Wir haben in den vorangegangenen Kapiteln darauf hingewiesen, daß wir wissen, daß das auch für das vegetative Nervensystem (Abbildung 4, S. 144) und das endokrine System (Abbildung 5, S. 170) zutrifft. Im nächsten Kapitel werden wir erfahren, daß das gleiche auch für das Neuropeptidsystem gilt.

Wahrscheinlich hängt es damit zusammen, daß Black sich so auf das im wesentlichen unbewußte Wesen der Informationsumsetzung zwischen Körper und Seele bei psychosomatischen Störungen konzentriert hat, daß er keine entsprechenden Definitionen des Bewußtseins angeboten hat. Ich glaube jedoch, daß die Definition des Bewußtseins als „ein Prozeß der selbstreflektierten Informationsumsetzung", die ich im zweiten Kapitel vorgeschlagen habe, vortrefflich zu Blacks Auffassung paßt. Einige der wichtigen Modalitäten oder Formen der Informationsumwandlung, die den Inhalt des Bewußtseins ausmachen, sind in Kasten 6 (S. 119) dargestellt. Diese mentalen Modalitäten (Gefühle, Bildvorstellungen, Erkenntnisvorgänge etc.) befinden sich zwar auf einer anderen Beschreibungsebene als Körper und Molekül, aber sie werden alle durch *unsere gegenwärtige Auffassung vom Leben, von der Biologie und der Seele* als im wesentlichen sich gegenseitig in*form*ierende Trans*form*ationen vereint.

Die praktische Anwendung dieser einheitlichen Konzeption von der Form bei psychobiologischen Phänomenen findet sich in vielen psychotherapeutischen Schulen, die aus der klassischen Tiefenpsychologie von Freud und Jung hervorgegangen sind. Man muß zum Beispiel sofort an die Gestalttherapie und alle ihre Spielarten denken. Jung selbst wies der Bedeutung der Form eine zentrale Rolle zu, als er sein Grundkonzept der Archetypen als „psychoider" oder psychobiologischer Strukturen entwickelte, die das Wesen der Ideen, Symbole und Prozesse der Trans*form*ation sind. Er beschreibt das im folgenden Zitat (Jung, 1960, S. 33, Rückübersetzung aus dem Englischen).

> Es gibt nicht eine einzige wichtige Idee oder Ansicht, die nicht historische Vorläufer hat. Letzten Endes stammen sie alle von den ursprünglichen archetypischen Formen ab, deren Konkretheit aus einer Zeit stammt, als das Bewußtsein nocht nicht *dachte*, sondern nur *wahrnahm*. „Gedanken" waren Gegenstände einer inneren Wahrnehmung, wurden überhaupt nicht gedacht, sondern als äußere Erscheinungen gespürt – sozusagen gesehen oder gehört. Der Gedanke war im wesentlichen eine Offenbarung, nicht erfunden, sondern uns aufgezwungen, oder er überzeugte uns durch seine Unmittelbarkeit und Aktualität. Ein Denken dieser Art geht dem primitiven Ich-Bewußtsein voraus, und letzteres ist eher sein Objekt als sein Subjekt. Aber auch wir selbst haben noch nicht den höchsten Gipfel des Bewußtseins erklommen, also haben auch

wir noch ein prä-existentes Denken, das uns so lange nicht bewußt wird, wie wir durch traditionelle Symbole unterstützt werden – oder um es in der Sprache der Träume auszudrücken, so lange der Vater oder der König nicht tot sind.

Es gibt hier viele wichtige Assoziationen. Ich glaube, daß Blacks Auffassung vom Leben und der Seele als „Informationsgehalt der Unwahrscheinlichkeit der Form" das grundlegende Axiom für eine *Informationstheorie der Bilder, Archetypen, Symbole und mythopoetischen Dimensionen des Bewußtseins der rechten Hirnhälfte im allgemeinen und der Seele-Körper-Heilung im besonderen ist*. Die große Bedeutung der Informationstheorie für unsere gegenwärtigen Vorstellungen von der Psychotherapie ist in der Regel nicht immer gleich erkennbar. Als ich die folgende Hypothese über die Bedeutung originaler Traumerlebnisse für die Identitätsentwicklung und das Bewußtsein zum erstenmal formulierte, habe ich zum Beispiel nicht geahnt, daß das tatsächlich ein phänomenologischer Ausdruck einer Informationstheorie der Seele war (Rossi, 1972/1985, S. 25):

> HYPOTHESE 1: *Das Einzigartige, Eigenartige, Seltsame oder in hohem Grade Exzentrische eines Traums ist das Wesen der Individualität. Es ist ein Ausdruck des ursprünglichen psychischen Erlebnisses und als solches das Rohmaterial, aus dem sich neue Gewahrseinsmuster entwickeln können.*

„Einzigartig, eigenartig, seltsam oder in hohem Grade exzentrisch" ist natürlich das subjektive Erleben dessen, was die Informationstheorie als hohen Informationswert oder unwahrscheinliches Ereignis bezeichnet. Schon im zweiten Kapitel haben wir erwähnt, daß wir jetzt die Tatsache, daß die Seele-Körper-Einheit den „neuartigen Reizen" die größte Aufmerksamkeit schenkt, besser verstehen können: Einfacher gesagt, sie haben einen höheren Informationswert. Wenn wir die Aufmerksamkeit der Patienten auf etwas lenken, das für sie neu oder neuartig ist, erhöhen wir die Wahrscheinlichkeit einer Förderung der therapeutischen Prozesse, bei denen wertvolle Informationsumwandlungen eine Rolle spielen, auf ein Maximum. Das kann zur Grundlage vieler therapeutisch stimulierender Ansätze der Seele-Körper-Heilung werden.

Wahrscheinlich ist das auch der Grund, warum Patienten, die in der konventionellen Medizin vergeblich Hilfe gesucht haben, sich intuitiv dem ungewöhnlichen und häufig recht exotisch wirkenden Methoden anderer Kulturen oder der „ganzheitlichen Medizin" zuwenden. Auf diese Weise kann das Mysteriöse oder *Numinose* (Jung, 1960) religiöser Praktiken oder seltsamer Kulte heilen: Sie helfen dem Patienten, gelernte Grenzen des vertrauten Denkens und seines Lebensstils zu überschreiten, durch die der adaptive Wert seiner Krankheit oder seines Problems kodiert ist. Die ungewöhnlichen Praktiken der Mysterienkulte und exotischen Wunderheiler durchbrechen den einengenden und abtötenden Effekt des Vertrauten, sie schaffen einen Zugang zu dem hohen Informationswert des Neuen im Leibseelischen des Patienten und aktivieren diesen Informationswert.

Dieser Abstecher auf das Nebengleis einer Informationstheorie der Psychobiologie und Seele-Körper-Heilung hat uns weit von den Forschungsarbeiten Blacks über die hypnotische Modulation des Immunsystems und dem Hauptthema der Seele-Körper-Heilung dieses Kapitels entfernt. Trotzdem ist diese Integration bisher getrennter Forschungen auf so unterschiedlichen Gebieten wie Philosophie, Religion, Kulturanthropologie, Psychologie, Biologie, Neurologie und Molekulargenetik genau das, was bei unserer Entwicklung einer Informationstheorie der Seele-Körper-Heilung am wertvollsten ist. Im nächsten und letzten Kapitel werden wir eine noch tiefgreifendere Integration all dieser Forschungsgebiete erleben, die sich mit der Schaffung von Bewußtsein und mit dem Heilungsprozeß befassen.

10
Psychische Modulation des Neuropeptidsystems

Die Vorhut der neurobiologischen Forschung entwickelt heute ein völlig neues Verständnis der Kommunikation zwischen Seele und Körper, indem sie das vegetative Nervensystem, das endokrine System und das Immunsystem begrifflich als *Neuropeptidsystem* zusammenfaßt. Pert und ihre Mitarbeiter in der „Brain Biochemistry Division" des amerikanischen „National Institute of Mental Health" sind zu dem Schluß gekommen, daß die Neuropeptide und ihre Rezeptoren die Funktion eines bis dahin unbekannten psychosomatischen Netzwerks haben. Sie haben ihre Auffassung folgendermaßen zusammengefaßt (Pert, Ruff, Weber & Herkenham, 1985, S. 820):

> Eine wichtige konzeptuelle Veränderung in der neurologischen Wissenschaft ist auf die Erkenntnis zurückzuführen, daß die Hirnfunktion abgesehen von den klassischen Neurotransmittern durch zahlreiche chemische Substanzen moduliert wird. Viele dieser Informationsträger sind Neuropeptide, die ursprünglich in einem anderen Zusammenhang als Hormone, „Darmpeptide" oder Wachstumsfaktoren untersucht worden sind. Es gibt mehr als 50 von ihnen, und die meisten, wenn nicht alle, bewirken Verhaltens- und Stimmungsveränderungen, obwohl bisher nur endogene Analoga psychoaktiver Drogen wie Morphium, Valium und Phenzyklidine in diesem Zusammenhang gewürdigt worden sind. Inzwischen ist uns klar, daß ihre spezifische Signalwirkung in den Rezeptoren liegt (wo es deutlich unterschiedene Klassen von Erkennungsmolekülen gibt) und nicht im engen Nebeneinander der klassischen Synapsen. Man hat für viele Neuropeptide genaue Verteilungsmuster im Gehirn festgestellt. Eine Anzahl von Hirnregionen, ein großer Teil innerhalb der gefühlsvermittelnden Hirnareale, sind mit vielen Arten dieser Neuropeptidrezeptoren ausgestattet, was auf eine Konvergenz der Informationen an diesen „Knotenpunkten" hinweist. Darüber hinaus befinden sich Neuro-

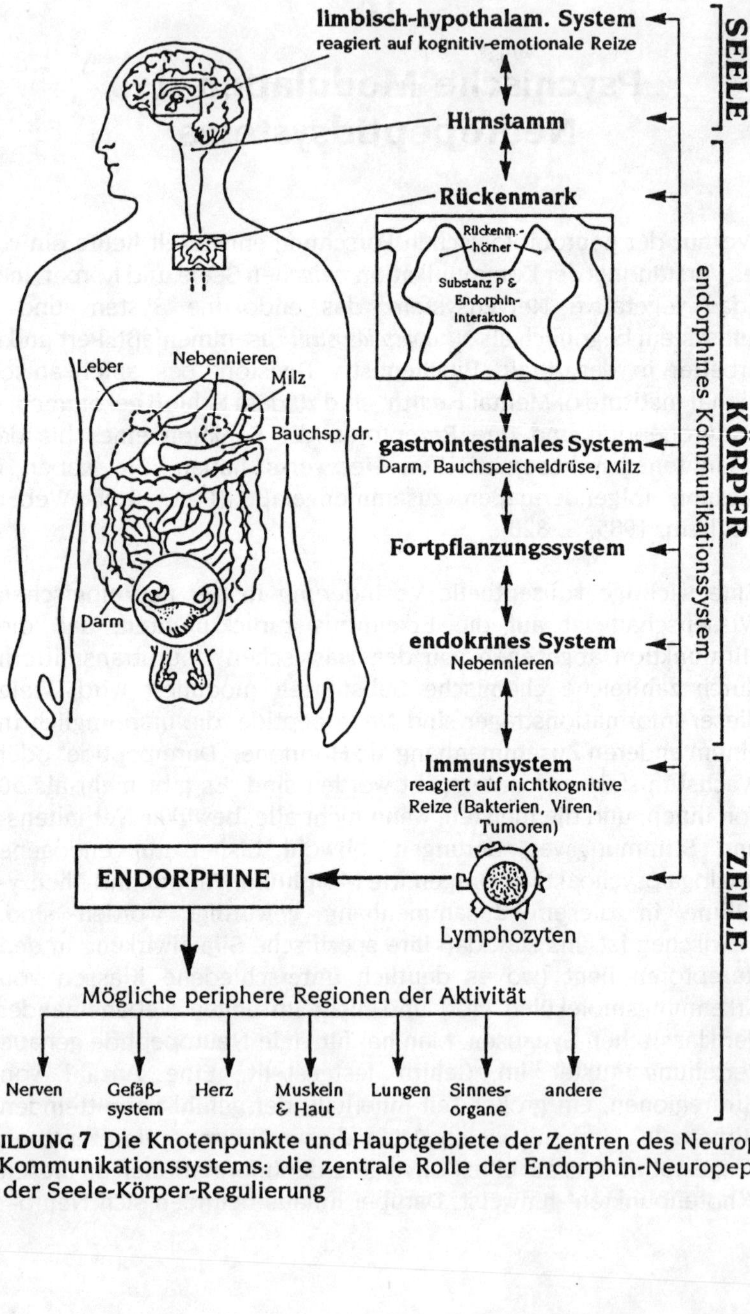

ABBILDUNG 7 Die Knotenpunkte und Hauptgebiete der Zentren des Neuropeptid-Kommunikationssystems: die zentrale Rolle der Endorphin-Neuropeptide bei der Seele-Körper-Regulierung

peptidrezeptoren auf den mobilen Zellen des Immunsystems; Monozyten können sich chemotaktisch auf zahlreiche Neuropeptide hinzubewegen. Dabei laufen Prozesse ab, die einer Analyse der Strukturaktivität zufolge von speziellen Rezeptoren vermittelt werden, die von denen, die sich im Gehirn befinden, nicht zu unterscheiden sind. *Neuropeptide und ihre Rezeptoren gehören also zusammen mit dem Gehirn, den Drüsen und dem Immunsystem zu einem Kommunikationsnetz zwischen Gehirn und Körper und stellen wahrscheinlich das biochemische Substrat der Gefühle dar.* (Kursiv nachträglich hinzugefügt.)

Pert benutzt den Begriff „Informationsträger", um die wesentliche Botenfunktion des Neuropeptidsystems zu bezeichnen. Dabei integriert sie Daten und Verhalten aus bis dahin getrennten Wissensbereichen der Psychologie, Neurologie, Anatomie, Biochemie und Molekularbiologie. Viele Forschungsergebnisse weisen darauf hin, daß sowohl das Zentralnervensystem und das vegetative Nervensystem als auch das endokrine und das Immunsystem Kanäle, Überträger oder Vehikel für die Botenmoleküle des Neuropeptidsystems sind (Besedovsky, del Rey & Sorkin, 1985; Blalock, Harbour-McMenamin & Smith, 1985; Bloom, 1985; Felton et al., 1985). In Abbildung 7 geben wir einen Überblick über das Neuropeptidsystem, wie es heute verstanden wird. Wie man sehen kann, ergänzt, überlagert und integriert das Neuropeptidsystem alle vorher diskutierten Kommunikationssysteme zwischen Seele und Körper (Abbildungen 1 bis 6). Zum besseren Verständnis werden wir sechs zentrale Regionen des Neuropeptidsystems umreißen, die zur Zeit im Mittelpunkt des Interesses der Forschung stehen.

1. *Der limbisch-hypothalamische Ort der Neuropeptidaktivität.* Unsere Auffassung von der entscheidenden Rolle des limbisch-hypothalamischen Systems als „Filter" bei der Kommunikation zwischen Körper und Seele, wie sie in Abbildung 1 (S. 46) dargestellt ist, wird durch das neuere Verständnis des Neuropeptidsystems auf folgende Weise bestätigt (Pert et al., 1985, S. 821):

> Eine grundlegende Eigenschaft, die allen Neuropeptidrezeptoren gemeinsam ist, deren Verteilung im Gehirn gründlich untersucht wurde, besteht in der profunden Bereicherung, die eine Anzahl dieser Hirnregionen durch sie erfährt. Viele dieser Regionen, die so reich an Neuropeptidrezeptoren sind, befinden sich innerhalb eines Konglomerats von miteinander in Verbindung stehenden Hirnstrukturen, die in der klassischen Anatomie als „limbisches

> System" bezeichnet wurden und von denen man annimmt, daß sie emotionales Verhalten vermitteln; bei nichtanästhesierten Epilepsie-Patienten, deren Gehirn vor einem chirurgischen Eingriff gereizt wird, können durch eine Stimulierung des Kortex in der Nähe der Amygdala, dem Kern des limbischen Systems, weitreichende emotionale Ausdrucksformen ausgelöst werden. Zunächst hatte man festgestellt, daß sowohl die Amygdala als auch der Hypothalamus und die anderen Strukturen, die mit dem limbischen System verbunden sind, bei Affen und Menschen in besonderer Weise mit Rezeptoren für Opiate ausgestattet sind. Später ließen Nachweise zahlreicher anderer Neuropeptidrezeptoren im Gehirn [einschließlich der Substanz P, Bombesin, Cholezystokinin, Neurotensin, Insulin und Tranferrin] den weiteren Schluß zu, daß die Amygdala und andere Strukturen, die mit dem limbischen System verbunden sind (zum Beispiel der Gyrus cinguli), Regionen sind, die reich an Rezeptoren sind, in denen aller Wahrscheinlichkeit nach Stimmungen biochemisch modifiziert werden.

Die Beweise für die zentrale Rolle, die das limbisch-hypothalamische System und die Opiatneuropeptide (Endorphine und Enkephaline) bei einer Vielzahl von seelischen Prozessen und Stimmungsschwankungen spielen, sind inzwischen erdrückend. Das Netz der Neuronen, die diese Strukturen der Kommunikation zwischen Seele und Körper vermitteln, dehnt sich außerhalb des limbischen Systems auf andere Hirnregionen aus (Bulbus olfactorius, Habenula, Nucleus interpedunculus) und reicht bis zur Formatio reticularis am unteren Hirnstamm, dem wir uns jetzt zuwenden wollen.

2. ***Der Hirnstamm und das Rückenmark als Ort der Neuropeptidaktivität.*** Die neuen Methoden der Neuropeptidforschung machen eine Ausdehnung der Grenzen des limbischen Systems erforderlich, damit die Modulation sensorischer Informationen mit einbezogen werden kann. Pert drückt das so aus (Pert et al., 1985, S. 821):

> Das Hinterhorn des Rückenmarks der Säugetiere, dort wo die Neuronen, die Informationen von den Drüsen, der Haut und anderen Organen der Peripherie übertragen, ihren ersten synaptischen Kontakt mit dem Zentralnervensystem haben, ist mit praktisch allen Neuropeptidrezeptoren ausgestattet. Obwohl man es früher nicht als Teil des limbischen Systems betrachtet hat, können die

> Neuropeptidrezeptoren hier wie auch an anderen sensorischen Zwischenstationen ankommende sensorische Informationen filtern und ihre Prioritäten so verteilen, daβ die Wahrnehmung des Gesamtorganismus ein Überleben gewährleisten kann.

Die psychische Modulation sensorisch-perzeptiver Prozesse ist ein klassisches Charakteristikum hypnotischer Phänomene (Orne, 1972). Die Lokalisation der Neuropeptidrezeptoren an den wichtigsten Zwischenstationen im Zentralnervensystem legt die Vermutung nahe, daβ sie eine wichtige Rolle bei den psychobiologischen Mechanismen der hypnotisch induzierten Illusionen und Halluzinationen sowie bei der auf die gleiche Weise hervorgerufenen Schmerzunempfindlichkeit und Narkose spielen.

Die graue Region des Hirnstamms um den Aquaeductus herum und das Hinterhorn des Rückenmarks (Cornu dorsale) sind wichtige Relaisstationen für die Schmerzübermittlung; beide verwenden in ausgeglichener Weise Endorphine und die „Substanz P" genannten Neuropeptide. Die Substanz P *fördert* die Schmerzübertragung; die Endorphine *blockieren* sie, indem sie die Freisetzung der Substanz P hemmen. Es hat zahlreiche Kontroversen im Hinblick auf die Rolle gegeben, die diese Neuropeptide bei der Vermittlung hypnotisch induzierter Schmerzfreiheit spielen. Einige der ersten Forscher auf diesem Gebiet (Barber & Meyer, 1977; Goldstein & Hilgard, 1975; Olness, Wain & Ng, 1980; Spruiell et al., 1983) waren nicht in der Lage nachzuweisen, daβ die Hypnose eine Wirkung auf ihre Messungen der Endorphin-Neuropeptide hatte, während andere (Domangue, Margolis, Liebermann & Kaji, 1985) weiterhin experimentelle Hinweise darauf finden. Die vielen subtilen und schwer meβ- und kontrollierbaren Variablen, die sowohl die Hypnose als auch die Aktivität der Neuropeptide beeinflussen, machen es doppelt schwer, solche experimentellen Studien zu bewerten.

Es ist wahrscheinlich bedeutsam, daβ eine experimentelle Studie, die eine durch Endorphine vermittelte hypnotische Anästhesie nachwies, mit einer Versuchsperson durchgeführt worden war, die sich in einer tiefen somnambulen Trance befand (Stephenson, 1978). Alle anderen experimentellen Untersuchungen auf diesem Gebiet verwendeten viele Versuchspersonen, die aber nicht klinisch beurteilt wurden, um festzustellen, ob sie eine somnambule Trance erreicht hatten. Viele experimentelle Forscher (Barber, 1972; Sarbin & Coe, 1972), die behaupten, mit Hypnose zu arbeiten, glauben nicht einmal daran, daβ dies ein veränderter Zustand ist. Erickson (1967/1980) und Weitzenhoffer (1982) haben unabhängig voneinander festgestellt, daβ dieser bedauerliche Mangel an

Verständnis der klassischen historischen Kriterien für den somnambulen Zustand zu vielen zweifelhaften und negativen Ergebnissen angeblich kontrollierter Untersuchungen über die Hypnose geführt hat.

Was aus diesen Untersuchungen klar hervorgeht, ist jedoch, daß es mindestens zwei, wahrscheinlich aber mehrere Mechanismen der Anästhesie gibt. Jüngste Forschungsergebnisse (Shavit et al., 1985) bestätigen in der Tat, daß es mindestens zwei Formen der Schmerzbetäubung gibt: Die eine wird durch Endorphine vermittelt, die andere nicht. Die Streßwirkungen, die zu einer Unterdrückung des Immunsystems führen, werden mit der durch Endorphine vermittelten Form der Schmerzbetäubung in Verbindung gebracht. Dieser Prozeß soll im nächsten Abschnitt behandelt werden.

3. u. 4. Die Integration des Immunsystems und des endokrinen Systems durch Neuropeptide. Das Immunsystem und das endokrine System, der dritte und vierte Ort, an dem die Neuropeptidaktion stattfindet, stehen in einer so engen Beziehung zueinander, daß wir sie gemeinsam besprechen wollen. Die meisten Hormone, Hypothalamuskontrollen und neuroendokrinen Botenmoleküle, die in diesem Abschnitt erwähnt werden, sind Neuropeptide. Blalock, Harbour-McMenamin und Smith (1985) haben diese Wechselbeziehung zwischen dem Immunsystem und dem endokrinen System folgendermaßen beschrieben (S. 858):

> Obwohl in zahlreichen Untersuchungen nachgewiesen worden ist, daß das neuroendokrine System Immunfunktionen kontrollieren kann, wird es erst jetzt offenbar, daß diese Kontrolle reziprok ist, das heißt, daß das Immunsystem seinerseits neuroendokrine Funktionen kontrollieren kann. In dieser Arbeit soll eine Übersicht über jüngere Untersuchungen gegeben werden, die offenbar eine molekulare Grundlage für diese bidirektionale Kommunikation anbieten. Diese Untersuchungen legen nahe, daß das Immunsystem und das neuroendokrine System einen völlig integrierten Kreislauf darstellen, da sie über dieselbe Gruppe von Hormonen verfügen, zum Beispiel ACTH, Thyrotrophin und Endorphine einschließlich der Rezeptoren. Mögliche Kontrollen dieses Kreislaufs durch den Hypothalamus und das Immunsystem werden besprochen.

In einer weiteren ähnlichen Veröffentlichung haben Smith, Harbour-McMenamin und Blalock (1985) die übergreifende Bedeutung dieser Interaktion des Immunsystems mit dem endokrinen System für die

Kommunikation zwischen Seele und Körper im gesunden wie auch im kranken Zustand beschrieben (S. 779):

> Zahlreiche indirekte und anekdotische Beispiele geben Hinweise auf eine Verbindung zwischen dem seelischen Zustand eines Individuums und seiner Empfänglichkeit für eine Krankheit oder seine Erholung von ihr. Obwohl bisher kein direkter Zusammenhang bewiesen werden konnte, ist es logisch, daß daran eine Interaktion zwischen dem Gehirn und dem Immunsystem beteiligt sein muß. Die Beweise häufen sich, daß Hormone, vor allem die Glukokortikoide [eine Gruppe von Hormonen, die von der Nebennierenrinde produziert werden], die im Streßzustand freigesetzt werden, die Funktionen des Immunsystem beeinflussen können. Neuere Beweise legen nahe, daß auch die neuroendokrinen Polypeptidhormone einen Einfluß auf das Immunsystem haben. Das wiederum ist ein ziemlich überzeugender Beweis dafür, daß es einen Mechanismus gibt, durch den das Zentralnervensystem womöglich den Krankheitsverlauf beeinflussen kann. Die Frage, wie Krankheiten ihrerseits seelische Zustände verändern und scheinbar unvermittelte physiologische und homöostatische Veränderungen beim Patienten hervorrufen können, steht erst am Anfang ihrer Beantwortung. Eine mögliche Erklärung für diese Eigenschaft einer Krankheit kann ein neueres Ergebnis unserer Laboruntersuchungen geben, daß nämlich stimulierte Leukozyten Moleküle produzieren, die offenbar mit denen der Hypophysenhormone identisch sind und Signale an das neuroendokrine System abgeben können... Das Immunsystem und das neuroendokrine System scheinen miteinander zu kommunizieren, indem sie Signalmoleküle (Hormone) und Rezeptoren benutzen, die zu beiden Systemen gehören.

Der untere Teil der Abbildung 7 (die zelluläre Ebene) stellt eine Modifikation des Modells von Smith, Harbour-McMenamin und Blalock (1985) dar. Ihre Arbeit (die dort und in Blalock, Harbour-McMenamin & Smith, 1985, veröffentlicht ist) weist darauf hin, daß das Immunsystem die Funktion eines sensorischen „Organs" haben kann, das Signale über nichtkognitive Reize wie Bakterien, Tumore, Viren und andere Toxine, die sich im Körper befinden, an das Zentralnervensystem weiterleitet. Wie wir in Abbildung 7 erkennen können, spielen die Endorphinneuropeptide eine zentrale Rolle bei der psychosomatischen Regulierung aller wichtigen Körpersysteme.

Wenn nachgewiesen werden könnte, daß ein hypnotisch induziertes Wohlbefinden die Aktivität eines dieser Systeme fördern kann, wäre das ein wichtiges Glied in der Beweiskette, die die therapeutische Verwendung der Hypnose zur Förderung der Seele-Körper-Kommunikation und -Heilung unterstützt.

5. *Das enterale Nervensystem: der gastrointestinale Ort der Neuropeptidaktivität.* Das enterale Nervensystem reguliert die Organe des Magendarmtrakts in einer halbunabhängigen Weise (Bulloch, 1985). Dieses System wird in seiner Komplexität mit dem Nervensystem des Rückenmarks verglichen (Gerson, Payette & Rothman, 1985) und ist als Modell benutzt worden, um die ontogenetische Entwicklung des Zentralnervensystems zu erforschen. Verschiedene hormonelle Neuropeptide des enteralen Gastroinstestinalsystems sind außerdem unabhängig voneinander im Zentralnervensystem aktiv: Die Endorphine, die Substanz P und das Somatostatin gehören zu den wichtigsten (siehe Tabelle 5, S. 199-201). So wird zum Beispiel das gleiche Somatostatinmolekül, das als Botenstoff in den Neuronen der Hirnrinde, des Hippocampus und Hypothalamus benutzt wird, auch als Botenhormon verwendet, wenn es in den Inselzellen der Bauchspeicheldrüse produziert wird, um die Insulin- und Glukagonausschüttung zu regulieren.

Die Anwendung der Hypnose zur Linderung von Magendarmstörungen hat eine lange Geschichte (Crasilneck & Hall, 1959; Gorton, 1957; Weiner, 1977). Zur Zeit besteht die Herausforderung darin, die Kommunikationsprozesse zwischen Seele und Körper zu analysieren, die an der therapeutischen Wirkung beteiligt sind. Eine neue Überprüfung der Neuropeptidaktivität im Magendarmtrakt während der Hypnose wäre ein guter Ansatz (Weiner, 1977).

Wenn wir uns in einem optimalen seelischen Zustand befinden, wird uns die automatisch ablaufende Aktivität unseres Magendarmtrakts kaum bewußt. Wenn wir dagegen aufgeregt sind, kann der gesamte gastrointestinale Trakt unser Unbehagen ausdrücken. Die Sensibilität dieses Systems für seelischen Streß ist eine der bekanntesten Manifestationen psychosomatischer Störungen (Alexander, 1950; Weiner, 1977). Die Art und Weise, wie die frühen Psychanalytiker, wie zum Beispiel C.G. Jung, diese Verbindung zwischen der Seele und dem Magen beschrieben haben, ist typisch (1976, S. 88 – „The Vision Seminars" sind bisher noch nicht in die deutsche Jung-Ausgabe aufgenommen worden. Anm. d. Übers.):

> Es gibt kaum den Fall einer Neurose, bei der die Eingeweide nicht in Mitleidenschaft gezogen sind. Zum Beispiel kann es nach einem bestimmten Traum zu einer Diarrhö oder zu Unterleibskrämpfen kommen ... Mir sind einige Fälle von Leuten bekannt, die nicht wußten, was sie tun sollten, Leute, die träge wurden, anstatt ihr Leben in einem etwas größeren Maßstab zu organisieren, die ihre Pflichten vernachlässigten und versuchten, wie Hühner zu leben, und diese Leute bekamen fürchterliche Unterleibskrämpfe.

An einer anderen Stelle schrieb Jung (1929/1984, S. 130-131 – „Dream Analysis"-Seminare 1928-1930):

> Instinktive Kräfte werden freigesetzt, teils psychologisch, teils physiologisch, und durch diese Freisetzung kann die gesamte Körperdisposition verändert werden. Menschen sind in einem solchen seelischen Zustand anfällig für Infektionen und seelische Störungen. Sie wissen, wie eng die Verbindung zwischen dem Magen und den seelischen Zuständen ist. Wenn jemand chronisch unter einem schlechten psychischen Zustand leidet, verdirbt er sich den Magen...

Wenn wir Jungs Terminologie von den „instinktiven Kräften" auf den neuesten Stand bringen und von „Kommunikationssystemen zwischen Seele und Körper" reden, können wir uns kaum eine bessere Beschreibung der weitreichenden Wirkung zustandsabhängiger entero-gastrointestinaler Störungen vorstellen. Man könnte jetzt Spekulationen darüber anstellen, ob nicht das Betrachten der Eingeweide von Opfertieren zur Wahrsagerei und Wunderheilung mit der offensichtlichen Assoziation vom Zustand der Seele und dem der Eingeweide zusammenhängt. Menschen aus vielen alten Kulturen hatten das Gefühl, daß ihr Denken seinen Ursprung in der Unterleibsgegend habe (Jung, 1950). Daß der moderne Mensch lernen kann, sein entero-gastrointestinales System als eine schöpferische Gefühlsfunktion zu nutzen, wird durch den interessanten Fall der „dritten Stimme der Seele-Körper-Einheit" demonstriert, der im folgenden dargestellt werden soll.

Ein Anwalt, Mitte Dreißig, war ein paar Jahre zuvor versehentlich in den Bauch geschossen worden. Die Kugel hatte die Bauchspeicheldrüse und einen Teil seines Dünndarms verletzt, so daß dieser operativ entfernt werden mußte. Sowohl die seelisch-traumatischen Aspekte des Vorfalls als auch die bleibende körperliche Empfindlichkeit der verletzten Körperpartie machten ihm Probleme. Viele Jahre lang litt er unter Angstzuständen, wiederkehrenden traumatischen Träumen, Magendarmstörungen und einem quälenden Mangel an Selbstbewußtsein – obwohl er sein Examen an einer der führenden Universitäten des Landes mit Auszeichnung gemacht hatte, als Berater eines bekannten Senators in Washington gearbeitet hatte und als die zukünftige Autorität auf seinem Spezialgebiet des internationalen Rechts angesehen wurde.

Obwohl er nichts von den periodischen ultradianen Rhythmen der gastrointestinalen Aktivität (siehe Rossi, 1986a) wußte, hatte er selbst die Erfahrung machen müssen, daß er es sich auch nach der Erholung von seiner Verletzung nicht mehr leisten konnte, Mahlzeiten zu überschlagen oder längere Zeit ohne Pause durchzuarbeiten. Obgleich er das wußte, war er in letzter Zeit infolge einer kritischen Veränderung in seinem Berufsleben in verschiedener Weise unter Streß geraten, wodurch ein heftiger Anfall von Divertikulitis ausgelöst wurde. Das veranlaßte ihn dazu, sich psychobiologisch beraten zu lassen.

Im Verlauf der Therapie gelang es ihm, die Selbsthypnose so gut zu erlernen, daß er die Schmerzen der Divertikulitis unter Kontrolle bekam. Es beruhigte ihn auch zu erfahren, daß die ultradianen Rhythmen der entero-gastrointestinalen Aktivität ganz in Ordnung waren, obwohl ihm klar wurde, daß seine alte Schußverletzung ihn besonders für diese Rhythmen sensibilisiert hatte. Er hatte diese Sensibilität immer als ein „Problem" angesehen, bis ich ihn einmal fragte, wie er sie denn im einzelnen erlebe. Er berichtete mir, daß seine „Därme" laute Geräusche von sich gäben, die von anderen Leute bei Konferenzen und Besprechungen mit Mandanten gehört werden könnten. Wir kamen sehr bald dazu, dieses Problem als „dritte Stimme" zu bezeichnen, die sich immer dann zu Wort meldete, wenn er unter besonderem Druck stand und in einer „sensiblen" beruflichen Situation war, in der er eine „Extraportion Weisheit" nötig hatte. Ich schlug ihm vor, das Symptom nicht zu unterdrücken, sondern noch sensibler zu werden, damit er hören könne, was diese Stimme ihm zuflüstern wollte, statt sie zu unterdrücken, bis sie so laut schreien müsse, daß jedermann im Raum sie hören könne! Auf diese Weise half ich ihm, sein Symptom in ein Signal zu verwandeln (wie es im letzten Kapitel besprochen wurde).

Zu dieser Zeit geriet er in eine medizinische Notsituation, die sein Internist als einen lebensbedrohlichen Anfall von Divertikulitis diagnostizierte. Dann hatte er folgenden Traum (siehe Rossi, 1972/1985 zum Thema heilender Träume):

> Ich träumte, meine Frau und ich gingen zum Arzt, weil ich einen Schnitt in meinem Magen hatte. *Ich war besorgt, weil ich deshalb meine Arbeit verlassen mußte.* Ich sah mir außerdem auf dem Weg zum Arzt andere Rehabilitationsprogramme in Philadelphia an. Ich traf eine Volontariatsschwester vor dem Krankenhaus, an dem ich arbeitete. Sie fragte mich mißtrauisch, *ob ich mich nach einer anderen Arbeit an diesen Krankenhäusern umsähe. Ich sagte nein – wir hätten die Krankenhäuser zwar besucht, aber keine Gespräche mit der Verwaltung über Arbeitsmöglichkeiten geführt.* Ich fühlte mich schuldig. Dann waren wir draußen vor einem anderen Krankenhaus, das wir besuchten. *Ich zog an einem geschwollenen Teil meines Magens, und ein riesiger eitriger Sack kam aus meinen Eingeweiden hervor.* Das Innere meiner Eingeweide fing an zu bluten. *Ich hatte ein gutes Gefühl, ich war froh, daß ich den infizierten Teil heraus hatte,* hatte aber Angst wegen der Blutung. Ich rief sofort meinen Internisten an.

Man könnte sehr leicht den Heilungsprozeß, der in diesem Traum angedeutet ist, übersehen, wenn man die Ereignisse oberflächlich als Darstellung eines Konflikts und als Wunscherfüllung interpretieren würde. Einen professionellen „Workaholic" würde es natürlich beunruhigen, wenn er seinen Arbeitsplatz verlassen muß, und die Versuchung wäre für ihn groß, sich im Krankenhaus eine neue Arbeit zu suchen. Statt dessen wendet sich sein Traum-Ich von der Möglichkeit ab, das Krankenhaus als eine Gelegenheit zur Arbeit anzusehen, und fördert seinen eigenen Heilungsprozeß, indem er einen infizierten, eitrigen Sack aus seinen Eingeweiden zieht. Das weist darauf hin, daß er jetzt seine exzessiven und mit Streß verbundenen Arbeitsaktivitäten in neue Bahnen lenkt und sie gemeinsam mit seinem Internisten im Interesse seiner inneren Heilung einsetzt. Dieser Traum war das Signal für einen bedeutsamen Wendepunkt: Er verwandelte sein Problem in eine schöpferische Funktion. Es gelang meinem Klienten nach und nach tatsächlich, seine Störung in einen neuen Sinnzusammenhang einzuordnen, je mehr er darauf hörte, was die dritte Stimme seiner Seele-Körper-Einheit ihm zu sagen hatte. Auch wenn die Stimmen in der Außenwelt ihn bedrohten, auch wenn seine eigene Stimme bei der Antwort zitterte, so sagte ihm doch die dritte Stimme in seinen Eingeweiden ohne Wenn und Aber, wann und wo er einen Schlußstrich ziehen mußte. Wenn seine bewußte Stimme unsicher wurde, gab ihm die dritte Stimme seiner Seele-Körper-Einheit folgenden Rat:

> Sei stark, du mußt an dich selbst denken, du darfst dich nicht von der Welt auffressen lassen! Laß es nicht zu, daß sie dir schon wieder deine Mittagspause mit einer Konferenz wegnehmen.
>
> Laß dir nicht auf die Füße treten, übernimm selbst die Verantwortung für dich, wenn es sonst niemand tut.
>
> Menschliche Unzulänglichkeiten zu akzeptieren heißt wirklich weise sein. Das Ego ist ein Verrückter, der schon viele hervorragende Leute ins Verderben gestürzt hat.
>
> Es spielt keine Rolle, was die anderen denken; mein eigenes Wohlbefinden läßt mich leben.

Aus der dritten Stimme, die es nicht länger zulassen konnte, daß er sich selbst körperlich und seelisch ausbeutete, wurde eine schöpferische Funktion, die ihn bei vielen „kitzligen" internationalen Situationen beriet, bei denen er mit der besonderen Sensibilität verhandeln mußte, die ihm nur seine Eingeweide verschaffen konnten. Nach vielen Jahren wurde ihm allmählich klar, daß dies im Grunde der Weg der Schamanen war: Er lernte, seine frühere Krankheit zu nutzen, um die verborgenen Krankheiten der Gesellschaft, in der er lebte, zu erspüren sowie auch die Heilmethoden, die sie heilen vermochten.

Dieser Fall macht den fundamentalen Unterschied anschaulich zwischen unserem psychobiologischen Ansatz, bei dem Symptome als schlechtangepaßte Informationsumwandlungen verstanden werden, aus denen wichtige Signale für eine schöpferische Persönlichkeitsentwicklung werden können, und der typischen Einstellung der behavioristischen Medizin und der klassischen Konditionierungstherapie, die Symptome als Störungen auffaßt, die eliminiert werden müssen (Gentry, 1984). Wie in Kasten 16 dargestellt, unterscheidet sich unser Ansatz durchaus von der klassischen psychoanalytischen Zielvorstellung, die Analyse dazu zu benutzen, die Probleme aufzulösen. Sowohl der behavioristische als auch der analytische Ansatz verzichten auf wertvolle Informationen, indem sie sich in Opposition zu dem Netzwerk der Störungen begeben. Unser psychobiologischer Ansatz benutzt die Daten, indem er sich einen Zugang zu den zustandsabhängigen Systemen des Erinnerns, Lernens und Verhaltens verschafft, in denen die Störungen kodiert sind, und verwandelt sie auf diese Weise in schöpferische Funktionen. *Viele Arten von chronischen Schmerzen und immer wieder auftretenden Symptomen und Störungen sind in Wirklichkeit Informationsumwandler, die die minimalen Streßsignale der Seele-Körper-Einheit verstärken.*

KASTEN 16 ***Umwandlung einer Störung in eine schöpferische Funktion***

1. *Die Problem-kodierte Ressource zugänglich machen und verstärken*

Erschließen Sie sich die Umstände, unter denen eine chronische Störung auftritt.

Verstärken Sie nach und nach Ihre Sensibilität gegenüber milderen Formen dieser Störung, bevor sie Ihnen das gewohnte Unbehagen bereitet.

Fragen Sie sich, wie Ihre neue Sensibilität eine Hilfe bei der Lösung Ihres Problems werden kann.

2. *Umwandlung einer Störung in eine schöpferische Funktion*

Nutzen Sie Ihre erhöhte Sensibilität als Radargerät, mit dem Sie die minimalen Hinweise in den Situationen aufspüren können, die Ihre „Störung" auslösen.

Sehen, hören und fühlen Sie den Sinn Ihrer seelisch-körperlichen Reaktionen, und nehmen Sie ihn auch intuitiv wahr. Registrieren Sie, was Sie über Ihre Störung träumen und phantasieren, ziehen Sie Konsequenzen daraus, und meditieren Sie darüber.

Machen Sie sich klar, welche persönlichen Veränderungen erforderlich sind, damit es Ihnen gelingt, sich auf klügere Weise an die Streßfaktoren des Lebens anzupassen.

3. *Bestätigung der neuen schöpferischen Funktion*

Überprüfen Sie Ihre alte, schmerzhafte und schlecht angepaßte Lebensweise, und vergleichen Sie sie mit Ihrem neuen Verständnis.

Sehen Sie Ihre früheren Lebensprobleme auf neue Weise, im Licht Ihrer neuen Beziehung zur Welt und zu Ihrer eigenen Identität, die Sie aktiv jeden Tag gestalten.

Der Prozeß der Neuordnung und neuen Kanalisierung der Streßsignale in angemessene Muster der persönlichen Entwicklung und Sinnerfüllung erinnert an die traditionellen Methoden vieler Formen der kulturellen und spirituellen Heilung, in deren Rahmen die Krankheit häufig als eine Heimsuchung Gottes interpretiert wird, der uns auf dem unsicheren Pfad durch die dunklen Schatten des Lebens führt. Viele dieser alten werden in ihren Perspektiven dogmatisch, statt weiter zu experimentieren und so innovativ zu sein wie das Leben selbst. Wir wollen hoffen, daß unsere psychobiologische Perspektive das Beste der alten und neuen Methoden der Seele-Körper-Heilung miteinander verbinden kann, indem sie in der Botschaft der Natur selbst eine ständige Inspiration und Leitlinie sieht.

6. *Das Sexualsystem und die Neuropeptidaktivität.* In einer kürzlich erschienenen Bewertung der Neuropeptide und ihrer Rezeptoren als psychosomatisches Netzwerk stellen Pert et al. (1985) fest, daß die männlichen Hoden „eine so ergiebige Quelle von Boten-RNA für die Opiatpeptide Pro-opiomelanokortin sind wie die Hypophyse". Pro-opiomelanokortin wird als das „Muttermolekül" angesehen, das ACTH und Endorphine produziert, die, wie wir gesehen haben, womöglich die am weitesten verbreiteten Boten des gesamten Neuropeptidsystems sind. Es gibt inzwischen eine immer umfangreicher werdende Forschungsliteratur zu dem Thema der Seele-Körper-Verbindungen zwischen dem limbisch-hypothalamischen System, den Traumprozessen und der sexuellen Aktivierung (Rossi, 1972/1985). Der Schwerpunkt dieser Literatur liegt auf dem ACTH-Endorphinmodell der Neuropeptidregulation. Die Beziehung zwischen Sex, Streß und Aggression, die von der psychoanalytischen Literatur in den Vordergrund gestellt wird, scheint ihre psychobiologische Grundlage tatsächlich im ACTH-Endorphinsystem zu haben. Stewart hat die jüngsten Gedanken zu diesem Thema folgendermaßen umrissen (1981, S. 774):

> Obwohl es beträchtliche Spekulationen über die Rolle dieses Hirn-ACTH-Endorphin-Systems gegeben hat, ist es erst jetzt möglich, eine vernünftige Hypothese anzubieten, wie denn diese Rolle aussehen könnte. Wir meinen, daß diese Neuronengruppe ein wichtiger Regulator für die Aktivität des Zentralnervensystems ist, vor allem wegen ihres Einflusses auf die Monoaminsysteme des Mittelhirns. Unter bestimmten Voraussetzungen scheint dieses System in der Lage zu sein, ein Abschalten oder Abkoppeln der höheren Hirnzentren zu veranlassen, so daß der Organismus unter der Kontrolle der evolutiv älteren Mittelhirnzentren operiert, die vornehmlich Instinktverhalten vermitteln. Dieses „Abschalten" scheint während akuter Streßsituationen und das „Abkoppeln" im paradoxen Schlaf (REM-Schlaf) zu geschehen.

Stewart fährt fort (1981, S. 778):

> Eine massive periphere Freisetzung von ACTH findet in akuten Streßsituationen statt, und man kann davon ausgehen, daß Ereignisse im Zentralnervensystem diese Situation widerspiegeln. Akuter Streß und vor allem Erstickungsanfälle, die als starker „humoraler" Streß angesehen werden, verursachen Erektionen und Orgasmen (den bekannten „Orgasmus der Agonie"). Einige Menschen können offenbar nur unter solchem Streß einen Orgasmus erleben, was bei manchen zu einem unbeabsichtigten Erstickungstod führt und in unserer Zeit womöglich auch zu einem Teil für die zwischenmenschlichen Gewalttätigkeiten verantwortlich gemacht werden kann. Durch Streß herbeigeführte Orgasmen werden in der Literatur beschrieben, zum Beispiel in Samuel Becketts *Warten auf Godot*, in John Hersheys *The War Lover* und in den Werken de Sades.
>
> Der tägliche Rhythmus der ACTH-Ausschüttung trägt ebenfalls dazu bei, diese Hypothese zu bestätigen. ACTH wird hauptsächlich in Schüben während der Phasen des paradoxen Schlafs (REM-Schlaf) freigesetzt. Der REM-Schlaf ist durch sexuelle Erregung gekennzeichnet ...

Da die therapeutische Hypnose dazu benutzt wird, einen Zugang zu dem gleichen Komplex aus Streß, Träumen, Aggression und sexuellen Funktionen zu finden und ihn zu modulieren (Araoz, 1982, 1985), kommt man nicht umhin, sich wieder zu fragen, ob nicht die Neuropeptide der gemeinsame Nenner sind.

Bei einem von Ericksons meistgepriesenen Fällen einer psychosexuellen Rehabilitation einer Patientin, die eine Rückenmarksverletzung hatte, ging es um diesen ganzen Komplex von Streß und Emotion. Man kann ihn als Beispiel dafür ansehen, was auf diesem Gebiet alles möglich ist. Dieser Fall wird in einer stark gekürzten Version bei Erickson und Rossi (1979) dargestellt (S. 428-439):

> Vor einigen Jahren kam eine Frau im Rollstuhl zu dem älteren der beiden Autoren und erklärte ihm, daß es ihr sehr schlechtginge – und zwar so, daß sie an Selbstmord dächte. Der Grund war, daß sie mit Anfang Zwanzig eine Unfallverletzung erlitten hatte, die zu einer Querschnittsmyelitis geführt hatte: Sie hatte von der Hüfte abwärts kein Gefühl mehr und litt unter Harn- und Stuhlinkontinenz. Der Zweck ihres Besuchs bei einem der Autoren war, daß

sie von ihm eine zuverlässige Lebensphilosophie erwartete, nach der sie weiterleben könnte; sie hatte das Gefühl, daß sie die Harn- und Stuhlinkontinenz und das Leben im Rollstuhl nicht mehr ertragen könne. Sie hatte Vorträge des Autors über Hypnose gehört und war zu dem Schluß gekommen, daß man vielleicht mit Hilfe der Hypnose bei ihr auf eine wunderbare Weise eine Veränderung ihrer persönlichen Lebenseinstellung bewirken könne. Sie erklärte weiter, daß sie als Kind außerordentlich am Kochen, Backen, Nähen und Spielen mit Puppen interessiert gewesen wäre und immer von einem Heim, einem Mann und Kindern geträumt habe, die sie haben wollte, wenn sie erwachsen wäre. Mit Zwanzig hatte sie sich verliebt und geplant, nach dem College zu heiraten. Sie hatte angefangen, eine Aussteuertruhe mit handgenähtem Leinen zu füllen und ihr eigenes Hochzeitskleid zu entwerfen. Alles, was sie sich je gewünscht hatte, waren ein Mann, ein Heim, Kinder und Enkelkinder. Die Liebe zu ihren Großmüttern war ein starker Faktor in ihrem Leben, und sie identifizierte sich emotional stark mit ihnen.

Der unglückselige Unfall, der zu der Querschnittsmyelitis führte, setzte allen Träumen und Erwartungen ein Ende. Nachdem sie etwa zehn Jahre lang große Schwierigkeiten und Komplikationen gehabt hatte, konnte sie einen Rollstuhl benutzen und ihr Universitätsstudium wieder aufnehmen. Trotz dieser Verbesserung ihrer Situation sah sie in der akademischen Welt für sich selbst keine Zukunft, wurde immer depressiver und entwickelte zunehmend Selbstmordgedanken. Schließlich war sie an einem Punkt angelangt, an dem sie das Gefühl hatte, daß sie jetzt eine Entscheidung treffen müsse. Deshalb bat sie den Autor darum, eine „sehr tiefe hypnotische Trance zu induzieren, um an meine Potentiale und Möglichkeiten heranzukommen".

Ihrem Wunsch wurde entsprochen, und sie fiel, wahrscheinlich wegen ihrer starken Motivation, in einen tiefen, somnambulen Trancezustand. Ihre Fähigkeit, die Phänomene einer Tiefenhypnose zu produzieren, wurde mit großer Sorgfalt geprüft. Depersonalisation, Dissoziation, Zeitverzerrungen und eine Hypermnesie (gesteigerte Erinnerungsfähigkeit) der glücklichen Vergangenheit wurden entweder vermieden, oder die Suggestionen wurden so vorsichtig formuliert, daß auch nicht der leiseste Anschein entstehen konnte, man versuche, ihre Ansichten und Einstellungen zu verändern...

Eine Suggestion mit therapeutischem Charakter, die uns dennoch einfiel, war ein altes Lied, das sie visuell und akustisch einschließlich Orchester und Sänger halluzinieren sollte. Das Lied handelte davon, daß der Zehenknochen mit dem Fußknochen verbunden ist, der Fußknochen mit dem Fersenknochen, der Fersenknochen mit dem Fußgelenkknochen und so weiter ... [Erickson weiter:]

„Ich habe festgestellt, daß Sie letzte Woche linksdaumig, linksäugig und linksohrig waren, und bin zu dem Schluß gekommen, daß Sie freien Zugang zu dem haben sollten, was Ihre bewußte Seele über Ihren Körper weiß, ohne zu wissen, daß sie es weiß, ein Wissen, das Ihrem Körper frei zugänglich ist, das aber weder Ihr Bewußtsein noch Ihr Unbewußtes nach außen hin wissen. *Sie sollten ruhig all dieses Wissen, über das Sie verfügen, gut nutzen, ganz gleich, ob körperliches oder seelisches Wissen, Sie sollten es sich zunutze machen*. Was ist das, was Ihr Körper ganz genau weiß, was Sie wissen, was Sie ganz genau wissen, sowohl bewußt als auch unbewußt? Nur dieses eine kleine Ding! Sie glauben, daß es nur in den Genitalien erektiles Gewebe gibt, *nur in den Genitalien*. Aber was weiß Ihr Körper? Nehmen Sie einmal ihren Zeigefinger und Daumen, und schnippen Sie damit Ihre weiche Brustwarze, sehen Sie, wie sie sich aus Protest aufrichtet. Sie weiß, daß sie erektiles Gewebe hat. Sie haben schon lange, ohne es zu wissen, über dieses Wissen verfügt. Und wo haben Sie sonst noch erektiles Gewebe? Im Norden sind Sie bei minus 30 Grad nach draußen gegangen und haben gespürt, wie Ihre Nase steif wurde. Natürlich! Sie hat erektiles Gewebe! Warum sollte sie sonst steif werden? Und sehen Sie sich einmal an, wie diese scharfe Puppe sich nach einem Kuß ihres geliebten Mannes sehnt, sehen Sie, wie ihre Oberlippe dick und warm wird? Erektiles Gewebe in der Oberlippe!...

Die äußeren Genitalien sind mit den inneren Genitalien verbunden, und die inneren Genitalien sind mit den Eierstöcken verbunden, und die Eierstöcke sind mit den Nebennieren verbunden, und die Nebennieren sind mit dem Chromatophilsystem verbunden, und das Chromatophilsystem ist mit den Brustdrüsen verbunden, und die Brustdrüsen sind mit den Nebenschilddrüsen verbunden, und die Schilddrüse ist mit der Hauptschlagader verbunden, und die Hauptschlagader ist mit der Hypophyse verbunden, und das Gesamtsystem all dieser endokrinen Drüsen ist mit den sexuellen Gefühlen verbunden, und alle Ihre sexuellen

Gefühle sind mit allen anderen Gefühlen verbunden, und wenn Sie das nicht glauben, lassen Sie einmal einen Mann, den Sie mögen, Ihre nackten Brüste anfassen, und spüren Sie dabei das heiße Gefühl in Ihrem Gesicht, das Sie in Verlegenheit bringt, erleben Sie Ihre sexuellen Gefühle. Dann wissen Sie, daß alles, was ich gesagt habe, stimmt, und wenn Sie es nicht glauben wollen, probieren Sie es aus, aber daß Sie jetzt so rot geworden sind, sagt mir, daß Sie wissen, daß es stimmt.

Schlafen Sie jetzt ganz tief weiter, denken Sie sorgfältig über jedes Wort nach, das ich gesagt habe, versuchen Sie, dagegen zu argumentieren. Versuchen Sie, so gut Sie können, etwas dagegen zu sagen, aber je mehr Sie sich bemühen, um so klarer wird Ihnen werden, daß ich recht habe.

Geben Sie jetzt Ihrem Gesicht einen Ausdruck freudiger Erwartung, umgeben Sie sich mit einer Atmosphäre glücklicher Zuversicht. Die Liebe steht sozusagen an der nächsten Ecke [eine entscheidende Aussage], ich weiß nicht, an welcher Ecke [eine Aussage, die die Frage offenläßt und deshalb weiter bedacht werden muß], *aber sie steht an der nächsten Ecke*! Vergessen Sie nie, für jede Rachel gibt es einen Reuben und für jeden Reuben eine Rachel, und jede Jean hat ihren Jo und jeder Jo hat seine Jean, *und an der nächsten Ecke wartet Ihr John Anderson, Ihr Jo*.

Einen Zweifel werden Sie haben, aber natürlich haben Sie damit unrecht! Ihr Körper weiß es, Ihr Bewußtsein weiß es, und Ihr Unbewußtes weiß es. Nur Sie, die Person, weiß es nicht.

Gibt es eine größere Ekstase als die des jungen Mädchens, das seinen ersten Kuß bekommt? Kann es einen besseren Orgasmus geben? Oder die ersten Kniffe der kleinen Lippen des Babys an Ihrer Brustwarze! Oder die Hand Ihres Geliebten, die sich auf Ihre Brust legt? Haben Sie jemals die kalten Schauer erlebt, die Ihnen den Rücken hinunterlaufen, wenn er Ihren Nacken küßt?

Männer können ihren Orgasmus nur an einer Stelle erleben – eine Frau an vielen.

Bleiben Sie in der Trance, beurteilen Sie diese Ideen kritisch, aber täuschen Sie sich nicht im Hinblick auf ihre Gültigkeit."

Die Nachuntersuchung nach zehn Jahren

Nach zwei Jahren war sie verheiratet. Ihr Mann war ein engagierter Wissenschaftler, dessen Fachgebiet die Biologie und Biochemie des menschlichen Darms ist. Sie sind inzwischen seit über zehn Jahren glücklich verheiratet und haben vier Kinder, die alle durch Kaiserschnitt zur Welt gekommen sind.

Zehn Jahre nach der Hochzeit hielt der Autor in dem Staat, in dem sie lebten, einen Vortrag. Sie erfuhr durch einen Zeitungsartikel davon und rief den Autor an, um ihn zum Mittagessen einzuladen. Bevor er sich mit ihr traf, wurden drei gleiche Fragebögen zusammengestellt. Auf einem wurden die Prognosen eingetragen, und er wurde anschließend versiegelt. Die beiden anderen Kopien wurden in verschiedene Umschläge gesteckt.

Der Sinn dieser drei gleichen Fragebögen war, einen objektiven Bericht von ihr über ihre sexuellen Erfahrungen mit Ericksons Prognosen zu vergleichen. Aus ihren Antworten war zu entnehmen, daß sie mit ihrem Mann drei bis viermal pro Woche einen Orgasmus hatte. Sie hatte gelernt, ihre genitale orgasmische Reaktion auf die Brüste, den Hals, die Lippen zu verlagern. Erickson zitierte die Beschreibung ihrer sexuellen Erfahrungen (Haley, 1985, Vol 1, S. 26):

> Ich habe wunderbare Orgasmen. Ich habe viele Orgasmen in meiner Brust, getrennte für jede Brustwarze. Ich bekomme ein warmes, rosarotes Gefühl, wenn das Blut in meine Schilddrüse steigt, meine Lippen schwellen beim Orgasmus ziemlich an, auch meine Ohrläppchen. Ich habe ein ganz eigenartiges Gefühl zwischen meinen Schulterblättern. Ich wiege mich unwillkürlich, unkontrollierbar hin und her. Ich werde sehr erregt.

Erickson erzählte diesen Fall gerne, um zu zeigen, welche psychoneurophysiologischen Veränderungen mit Hilfe der therapeutischen Hypnose möglich sind. Vieles spricht dafür, daß das Neuropeptidsystem die psychoneurophysiologische Basis für diese Art hypnotherapeutischer Reaktion ist. Diese Hypothese hat ihre Grundlage in dem Kommunikationssystem zwischen Seele und Körper, das in Abbildung 7 dargestellt ist und auf der Tabelle 5 skizziert wird. Beide deuten auch darauf hin, auf welche Weise die Neuropeptid-Botenmoleküle, die vom vegetativen Nervensystem, vom endokrinen System und vom Immunsystem gelenkt werden, die allesumfassende Botschaft von Ericksons scheinbar unsinnigem hypnotischen Reim vermitteln konnten, vom „Fußknochen, der mit dem Fersenknochen verbunden ist ... die äußeren Geschlechtsteile, die mit den ... Eierstöcken ... Nebennieren ... mit dem chromatophilen System ... mit den Brustdrüsen ... Nebenschilddrüsen ... mit der Schilddrüse ... Hauptschlagader ... Hypophyse ... die endokrinen

Drüsen, die mit allen sexuellen Gefühlen verbunden sind". Es wird der Genialität ganzer Teams von psychobiologischen Forschern und Hypnotherapeuten bedürfen, um die tatsächlichen Kommunikationssysteme zwischen der Seele und den Molekülen zu erforschen, die an einer derartigen Heilungsreaktion beteiligt sind.

Die große Ausbreitung des Neuropeptidsystems und seine offenbar schier unbegrenzte Fähigkeit, Informationen zwischen allen Kanälen der Seele-Körper-Kommunikation umzusetzen, kann einer Anzahl von neuen Methoden der therapeutischen Hypnose, die sich auf Ericksons oben beschriebene Arbeit gründen, als Ausgangspunkt dienen. Das trifft vor allem dann zu, wenn ein Lebensproblem, wie im oben geschilderten Fall, von Hoffnungslosigkeit und Depressionen begleitet ist. Ich habe bereits darauf hingeweisen, daß eine Depression das Signal für die Notwendigkeit eines Ausbrechens aus überlebten Anpassungsstrukturen sein kann, was zur Verwirklichung einer neuen Identität führen kann, die sich schon spontan auf einer unbewußten Ebene im Inneren der Person entwickelt hat (Rossi, 1972/1985). Ich nenne diesen Prozeß häufig die „Umwandlung eines Problems in eine schöpferische Funktion".

Das Neuropeptidsystem als Vermittler der therapeutischen Hypnose

Die Merkmale der Kommunikation zwischen Seele und Körper, die über das Neuropeptidsystem läuft, im Gegensatz vor allem zu der Kommunikation, die über das Zentralnervensystem und die peripheren Nervensysteme läuft, machen deutlich, daß die Neuropeptide möglicherweise ein bedeutsamer Faktor der neuropsychophysiologischen Grundlage unserer hypnotherapeutischen Theorie vom zustandsabhängigen Lernen und Erinnern sind. Da dies völlig neue Gedanken über die hypnotherapeutische Heilung sind, die vor der erst kürzlich gefundenen begrifflichen Definition des Neuropeptidsystem gar nicht möglich gewesen wären, möchte ich noch ein paar Spuren nachgehen, die weiterer experimenteller Erforschung bedürfen, um diese Auffassung zu stützen. Diese Spuren führen zu Faktoren wie *Verteilung, Zeitgefühl, archaische Eigenschaften, Beziehung zwischen Bewußtem und Unbewußtem und Flexibilität*, die das Neuropeptidsystem offenbar mit den Phänomenen der Hypnose teilt.

Die weite *Verteilung* der Neuropeptid-Botenmoleküle und ihrer Rezeptoren könnte für die speziellen Strukturen der Hypnoseerlebnisse verantwortlich sein, die eher der „Körpervorstellung der Seele" als den klassischen Bahnen des Zentralnervensystems folgen.

Da die Neuropeptide sowohl in praktisch allen Körperflüssigkeiten befördert werden (Blut, Lymphe, Zerebrospinalflüssigkeit usw.) als auch zwischen den Neuronen, beschränkt sich das Neuropeptidsystem nicht auf die allgemeinen Neuronenschaltkreise des Zentralnervensystems. Das Rätsel, vor dem Hypnotherapeuten seit Jahrhunderten gestanden haben, daß nämlich eine psychosomatisch oder hypnotisch induzierte Anästhesie nicht den klassischen Bahnen des Zentralnervensystems folgt und zum Beispiel spezifische Dermatome (Hautabschnitte) des Körpers innerviert, könnte jetzt erklärt werden: Möglicherweise vermittelt das Neuropeptidsystem die hypnotischen Reaktionen über die „Körpervorstellung der Seele" mit Hilfe des limbisch-hypothalamischen Systems. Tatsächlich haben womöglich viele psychosomatische Erscheinungen, die abschätzig als bloße „Einbildung" und aus diesem Grund als „nicht real" bezeichnet worden sind, jetzt eine erkennbare biologische Grundlage gefunden.

Wie aus Tabelle 5 ersichtlich, kann praktisch jede Zelle oder jeder Zellverband des Körpers Informationen über das Neuropeptidsystem empfangen, wenn er über die entsprechenden *Rezeptoren* verfügt. Die Spalten der Tabelle 5 entsprechen dem klassischen Dreistufenmodell der Informationstheorie: Sender – Kanal – Empfänger. Es wäre sehr wichtig, die Arbeitsweise dieser Rezeptoren zu untersuchen, die ein außerordentlich variables System darstellen, das seine Reaktionsmuster in Abhängigkeit von Lebenserfahrungen verändern kann, die als zustandsabhängige Formen des Erinnerns, Lernens, Fühlens, Wahrnehmens, der Stimmungen und der seelischen Aktivität kodiert sind (Bloom, Lazerson & Hofstadter, 1985; Cordes, 1985).

Die Beziehung zur *Zeit* ist ein weiterer Aspekt des Erlebens der Hypnose, der sich möglicherweise durch die verschiedenen *Modi operandi* des ZNS und des Neuropeptidsystems erklären läßt: Das ZNS reagiert sehr schnell, bei den meisten Arten des Verhaltens in Bruchteilen von Sekunden. Das Neuropeptidsystem dagegen benötigt für einige seiner Reaktionen mehrere Minuten oder sogar Stunden (Rosenblatt, 1983). Dasselbe trifft auf das volle Erleben der meisten hypnotischen Phänomene zu. Erickson (1952/1980) weist darauf hin, daß genügend Zeit (in der Regel 10 bis 20 Minuten, manchmal aber auch Stunden) zur Verfügung stehen muß, damit die „psychoneurophysiologischen" Veränderungen bewirkt werden können, die für eine echte hypnotische Reaktion charakteristisch sind. Demgegenüber kann sich eine Simulation hypnotischer Wirkungen mit Hilfe eines bewußten Rollenspiels in Sekunden abspielen.

Viele erfahrene Kliniker haben den regressiven, archaischen oder atavistischen Charakter der hypnotischen Reaktionen beschrieben (Gill &

Brenman, 1959; Meares, 1982-83; Shor, 1959). Bei ihrer Suche nach den Ursprüngen der Evolution des Neuropeptidsystems haben Roth und seine Mitarbeiter (Roth et al., 1985) Beweise vorgelegt, daβ es älter als das Zentralnervensystem, das vegetative Nervensystem und das endokrine System ist; es ist die Kommunikationsmethode von Einzellern, Pflanzen und niederen Tieren. Da die Natur dazu neigt, ihre Systeme zu erhalten (Bockman & Kirby, 1985), wird uns jetzt klar, daβ die Neuropeptide ein tieferes und universelleres System der Informationsumsetzung zwischen Seele und Körper sind als das ZNS.

So entspricht also die langsamere, aber universellere, flexiblere und unbewuβte Funktion der Neuropeptidaktivität im Dienste der Kommunikation zwischen Seele und Körper eher den Tatsachen des hypnotischen Erlebens als die schneller ablaufenden, hochspezialisierten und bewuβt erzeugten Prozesse des Zentralnervensystems und der peripheren Nervensysteme. In der Welt der Computer würde man sagen, die peripheren Nerven des ZNS sind „hard wired" (verdrahtet) in einer vorgeprägten Anordnung von Reiz und Reaktion, genau wie die Hardware eines Computers. Das Neuropeptidsystem dagegen entspricht der „Software" eines Computers, die die flexiblen, leicht zu verändernden Informationsstrukturen enthält. Die Rezeptoren und die in hohem Grade individuellen Reaktionen des Neuropeptidsystems lassen sich in funktionaler Abhängigkeit von Lebenserfahrung, Gedächtnis und Lernen leicht verändern.

Die Neuropeptide sind also eine bisher nicht erkannte Form der Informationsumsetzung zwischen Seele und Körper, die womöglich die Grundlage vieler hypnotherapeutischer und psychosozialer Reaktionen sowie des Placeboeffekts ist. Aus einer höheren Sicht ist das Neuropeptidsystem möglicherweise auch die Basis der volksmedizinischen, schamanistischen und spirituellen Formen der Heilung (die in vielen Aspekten der Heilung durch Hypnose ähneln), wie sie zur Zeit unter dem Schlagwort „ganzheitliche Medizin" Mode geworden sind.

TABELLE 5 *Informationsumsetzung bei der Kommunikation zwischen Körper und Seele. Einige der wichtigen Botenmoleküle des vegetativen Nervensystems, des endokrinen Systems, des Immunsystems und des Neuropeptidsystems sind in der Spalte „Kanal" aufgeführt.*

SENDER	KANAL	EMPFÄNGER	LITERATUR
AUTONOM	**über Neuronenkanäle**	**Rezeptoren**	**Literatur zur Hypnose**
limbisch-hypothalamisches Hirnstammsystem; Rückenmarksnerven	NEUROTRANSMITTER ***Aminosäuren*** Aspaparginsäure Glutaminsäure ***Monoamine*** Azetylcholin Katecholamine Dopamine Noradrenalin Serotonin ***Neuropeptide*** Endorphine Somatostatin Substanz P usw.	auf den Neuronen aller Zielorgane im vegetativen Nervensystem, im Magendarmtrakt, in den Lungen, Pupillen usw.	Barber, 1984; Black, 1969; Braun, 983a, b; Crasilneck & Hall, 1985; Dunbar, 1954; Erickson, 1943a, b, 1977; Hudgins, 1933; Lewis & Sarbin, 1943; Olness & Conroy, 1985; Sternbach, 1982
ENDOKRIN	**über den Blutkreislauf**	**Rezeptoren**	**Literatur zur Hypnose**
Hypothalamus	HORMONE Thyreotropin-freisetzendes Hormon (TRH) Gonadotropin-freisetzendes Hormon (GnRH) Somatostatin Kortikotropin-freisetzendes Hormon (CRH) Wachstumshormon-freisetzendes Hormon (GHRH)	Hypophyse	Crasilneck & Hall, 1985; Delhounge & Hansen, 1927; Dunbar, 1954; Erickson, 1943 a, b, c; Gorton, 1958; Kroger & Fezler, 1976; Wolberg, 1947

Fortsetzung nächste Seite

SENDER	KANAL	EMPFÄNGER	LITERATUR
ENDOKRIN	**über den Blutkreislauf**	**Rezeptoren**	**Literatur zur Psychobiologie**
Hypophysenvorderlappen	Adrenokortikotropes Hormon (ACTH) Beta-Endorphin Melanozyten stimulierendes Hormon Prolaktin Wachstumshormon (STH) luteinisierendes Hormon (LH)	Drüsen des endokrinen Systems: Nebennieren, Bauchspeicheldrüse, Hoden, Eierstöcke, Schilddrüse usw.	Besedovsky et al., 1985; Bulloch, 1985; Domangue et al., 1985; Pert et al., 1985; Rosenblatt, 1983; Stewart, 1981; Weiner, 1977
Hypophysenhinterlappen	Vasopressin Oxytozin Neurophysine		
entero-gastrointestinal	gastrointestinales Hormon (Vasoactive Intestinal Polypeptide, VIP) Cholezystokinin (CCK) Enkephalin Endorphine Substanz P Neurotensin Bombesin Sekretin Glukagon Insulin Gastrin		

Fortsetzung nächste Seite

SENDER	KANAL	EMPFÄNGER	LITERATUR
IMMUN	**über das Blut und über die Lymphbahnen**	**Rezeptoren**	**Literatur zur Hypnose**
Organe wie das Knochenmark, Lymphe, Thymusdrüse, Milz, Mandeln usw.; Lymphozyten, B- und T-Zellen, Makrophagen, natürliche Killerzellen, Neutrophile usw.	ACTH, TSH Endorphine Thymosine Lymphokine Interleukine Interferon	auf den Neuronen im Hypothalamus und anderen Hirnregionen; Leukozyten im Blut, Milz, Thymusdrüse, Lymphe, Haut, Magendarmtrakt; Blutgefäße; endokrine Drüsen	Achterberg, 1985; Black, 1968; Hall, 1982-83; Ikemi & Nakagawa, 1962; Mason, 1963; Schneider et al., 1983
NEUROPEPTIDE	**über Neuronen, Blut und Lymphbahnen**	**Rezeptoren**	**Literatur zur Hypnose und zum Placeboeffekt**
DNA → RNA → Peptide im limbisch-hypothalamischen System, im Magendarmtrakt und anderen Zentren	PEPTIDE ***Hypothalamushormone*** z.B. Somatostatin (Wachstum) ***Hypophysen-Peptide*** z.B. ACTH (Streß) Beta-Endorphin (Gefühle) Vasopressin (Gedächtnis) ***Eingeweide-Gehirn-Peptide*** z.B. Substanz P (Schmerz) ***andere*** z.B. Bradykinin (Schock) Angiotensin II (Blutdruck)	Zentren im limbisch-hypothalamischen System, im Hinterhorn des Rückenmarks, graue Substanz um den Aquaeductus herum, Hoden, Eierstöcke, Magendarmtrakt, Immunsystem und endokrines System	Achterberg, 1985; Barber & Meyer, 1977; Domanque et al., 1985; Goldstein & Hilgard, 1975; Hilgard, 1977; Hilgard & Hilgard, 1975; Olness, Wain & Ng, 1980; Rosenblatt, 1983; Spruiell et al., 1983

Zusammenfassung und Abschluß

Der Überblick über die Psychobiologie der Seele-Körper-Heilung, der in diesem Buch dargeboten wurde, hat zu einer Reihe von überraschenden Einsichten in die sich verändernden Strukturen unseres Verständnisses der Conditio humana geführt. Wir wollen einige dieser Einsichten zusammenfassen.

1. Die *Informationstheorie* ist in der Lage, psychologische, biologische und physikalische Phänomene in einem einzigen Bezugssystems zu vereinen, das der Seele-Körper-Heilung, der Persönlichkeitsentwicklung, der Evolution des menschlichen Bewußtseins und einem faszinierenden Panorama kultureller Praktiken Rechnung trägt.

2. Der Begriff *Informationsumsetzung* entpuppt sich als der Schlüssel zu unserer psychobiologischen Theorie der Kommunikation zwischen Seele und Körper und der Heilung. Die Grundgesetze der Biologie, Psychologie und Kulturanthropologie sind im wesentlichen Beschreibungen verschiedener Ebenen der Informationsumsetzung.

3. *Zustandsabhängiges Erinnern, Lernen und Verhalten* stellen die allgemeinste Klasse psychobiologischer Phänomene dar, auf die die Dynamik der Informationsumsetzung beim Menschen zurückgeführt werden kann. Sowohl die klassische Konditionierung Pawlows und Skinners als auch die Psychodynamik der Psychoanalyse können in ökonomischer Weise als spezielle Fälle zustandsabhängigen Erinnerns, Lernens und Verhaltens begriffen werden.

4. Zwischen Seele und Körper gibt es keine mysteriöse Kluft. Die zustandsabhängigen Prozesse des Erinnerns, Lernens und Verhaltens, die im *limbisch-hypothalamischen System und den eng mit ihm verwandten Systemen* kodiert sind, sind die wichtigsten Informationsumwandler, die die kartesianische Dichotomie zwischen Seele und Körper überbrücken.

5. Allgemeine *psychosomatische Symptome* und womöglich die meisten leibseelischen Störungen werden durch einen Prozeß des Lernens durch Erfahrung erworben – dazu gehört vor allem das zustandsabhängige Lernen von Reaktionsmustern des allgemeinen Adaptationssyndroms Selyes. Dauerhafte psychosomatische Störungen sind Manifestationen

dieser zustandsgebundenen Lernstrukturen, die in einem „Filter“ innerhalb des limbisch-hypothalamischen Systems kodiert sind, der die Kommunikation zwischen Seele und Körper moduliert.

6. Dieser Filter im limbisch-hypothalamischen System koordiniert alle wichtigen Bahnen der Seele-Körper-Regulation über das vegetative Nervensystem, das endokrine System, das Immunsystem und das Neuropeptidsystem. *Botenmoleküle* (Neurotransmitter, Hormone, Immuntransmitter usw.), die durch diese Kanäle fließen, sind die strukturellen In*form*ationsvermittler der Kommunikation und Trans*form*ation zwischen Seele und Körper.

7. Weitere Untersuchungen werden die genauen Bahnen ermitteln, auf denen diese Botenmoleküle die *Verbindung zwischen den Genen und der Seele* vermitteln, die die letzte Basis der meisten Prozesse der psychosomatischen Heilung durch therapeutische Hypnose, Placeboeffekt und die traditionellen Praktiken der mythopoetischen und ganzheitlichen Medizin ist.

8. Die neuen Methoden der Seele-Körper-Heilung und der therapeutischen Hypnose können als Prozesse verstanden werden, mit deren Hilfe ein *Zugang* zu den zustandsabhängigen Systemen des Erinnerns, Lernens und Verhaltens geschaffen wird, die Symptome und Störungen kodieren. Der Zugang ermöglicht die *Nutzung* und *Neuordnung* der genannten Systeme, um zu einer besser integrierten Ebene der Anpassung und Entwicklung zu gelangen.

9. Die *ultradiane Heilreaktion* stellt eine neuentwickelte Methode der Seele-Körper-Heilung dar, die leicht zu erlernen ist, wenn die Menschen erst einmal eine Sensibilität für ihren 90minütigen psychobiologischen Rhythmus entwickelt haben.

10. Die *neuen Konzepte der therapeutischen Hypnose* legen besonderen Wert auf die natürlichen psychobiologischen Prozesse der Informationsumsetzung und des zustandsabhängigen Erinnerns, Lernens und Verhaltens, damit ein Zugang zu den inneren Ressourcen des Patienten geschaffen werden kann und er diese zur Lösung seiner Probleme nutzen kann. Das steht in krassem Gegensatz zu den früheren Methoden der autoritären Suggestion, der beeinflussenden Kommunikation und der verdeckten Konditionierung und Programmierung durch die Hypnose.

Die Psychologie der Kommunikation zwischen Seele und Körper und der psychosomatischen Heilung stellt mithin ein neues Informationsmodell dar, das auf einer breiten Basis ruht und das in der Lage ist, den Bereich aller früheren Auffassungen über Krankheit und Therapie zu integrieren und zu erweitern. Vieles von diesen Materialien ist noch so neu, daß es nur in einer Weise skizziert werden konnte, die intuitiv und visionär anmuten mag; alles ist jedoch wissenschaftlich einwandfrei belegt. Die Kunst und Wissenschaft, Symptome in Signale und Störungen in schöpferische Funktionen umzuwandeln, steht erst am Anfang. Wir werden uns alle mit Hingabe bemühen müssen, um nach und nach das herauszuarbeiten, was von dieser Arbeit als Orientierung für zukünftige Forschungsarbeiten, Theorien und für die klinische Praxis von Wert ist.

Literatur

Achterberg, J. (1985): *Imagery and healing*. Shambala, Boston; dt. Ausg.: *Heilung durch Gedankenkraft. Grundlagen einer neuen Medizin. Heilung durch Imagination*. Scherz, München 1989.

Achterberg, J., & Lawlis, G. (1980): *Bridges of the mind/body*. Institute for Personality & Ability Testing, Champaign, Illinois.

dies. (1984): *Imagery and disease*. Institute for Personality & Ability Testing, Champaign, Illinois.

Ader, R. (Hg.) (1981): *Psychoneuroimmunology*. Academic Press, New York.

ders. (1983): „Behavioral conditioning and the immune system". In: L. Temoshok, C. Van Dyke & L. Zegans (Hg.): *Emotions in health and illness*. New York: Grune & Stratton.

ders. (1985): „Behaviorally conditioned modulation of immunity". In: R. Guillemin, M. Cohn & T. Melnechuk (Hg.): *Neural modulation of immunity*. Raven Press, New York, S.55-69.

Alexander, F. (1939/1984): „Psychological aspects of medicine"; ursprünglich erschienen in *Psychosomatic medicine*, 1(1). Nachdruck 1984 in *Advances* 1, (2), S. 53-60.

ders. (1950): *Psychosomatic medicine*. Norton, New York; dt. Ausg.: *Psychosomatische Medizin. Grundlagen und Anwendungsgebiete*, 4. Aufl. 1985, de Gruyter.

Alexander, F., & French, T. (1948): *Studies in psychosomatic medicine: An approach to the cause and treatment of vegetative disturbances*. Ronald Press, New York.

Amkraut, A., & Solomon, G. (1975): „From the symbolic stimulus to the pathophysiologic response: Immune mechanisms". *International Journal of Psychiatry in Medicine*, 5, S. 541-563.

Anokhin, P. (1949): „Problems in higher nervous activity", *Izd. Akad. Med. Nauk*, SSSR, Moskau.

ders. (1955): „New Data on the afferent apparatus of the conditioned reflex". *Vop. Psikhol.*, Nr. 6.

Araoz, D. (1982): *Hypnosis and sex therapy*. Brunner/Mazel, New York.

ders. (1985): *The new hypnosis*. Brunner/Mazel, New York; dt. Ausg.: *Neue Hypnose*, Junfermann, Paderborn.

Arya, U. (1979): *Meditation and the art of dying*. Himalayan International Institute, Honesdale, PA.

Bakan, P. (1969): „Hypnotizability, laterality of eye movements, and functional brain asymmetry". In: *Perceptual & Motor Skills*, 28, S. 927-932.

ders. (1980): „Imagery, raw and cooked: A hemispheric recipe". In: J. Shorr, G. Sobel, P. Robin und J. Connella (Hg.): *Imagery*. Plenum, New York, S. 35-53.

Bandura, A. (1985): „Catecholamine secretion as a function of perceived coping self-efficacy". *Journal of Counseling and Clinical Psychology*, 58 (3), S. 406-414.

Banks, W. (1985): „Hypnotic suggestion for the control of bleeding in the angiography suite". *Ericksonian Monographs*, 1, S. 76-88.

Barabasz, A., & McGeorge, C. (1978): „Biofeedback, mediated biofeedback and hypnosis in peripheral vasodilation training". *The American Journal of Clinical Hypnosis*, 21 (1), S. 28-37.

Barber, T.X. (1972): „Suggested (‚hypnotic') behavior: The trance paradigm versus an alternate paradigm". In: E. Fromm & R. Shor (Hg.): *Hypnosis: Research development and perspectives*. Aldine-Atherton, New York.

ders. (1978): „Hypnosis, suggestions, and psychosomatic phenomena: A new look from the standpoint of recent experimental studies". *American Journal of Clinical Hypnosis*, 21 (1), S. 13-27.

ders. (1984): „Changing unchangeable bodily processes by (hypnotic) suggestions: A new look at hypnosis, cognitions, imagining, and the mind-body problem. *Advances*, 1(2), S. 7-40.

Barber, T.X., & Meyer, D. (1977). „Evaluation of the efficacy and neuronal mechanism of a hypnotic analgesia procedure in experimental and clinical dental pain". *Pain*, 4, S. 41-48.

Barnett, E. (1984): „The role of prenatal trauma in the development of the negative birth experience". Referat anläßlich der Jahresversammlung der American Society of Clinical Hypnosis, San Francisco.

Beecher, H. (1959): *Measurement of subjective responses: Quantitative effect of drugs*. Oxford University Press, New York.

Bennett, H. (1985): „Behavioral anesthesia". *Advances*, 2(4), S. 11-21.

Benson, H. (1975): *The relaxation response*. Avon, New York.

ders. (1983a): „The relaxation response and norepinephrine: A new study illuminates mechanisms". *Integrative Psychiatry*, 1, S. 15-18.

ders. (1983b): „The relaxation response: Its subjective and objective historical precedents and physiology". *Trends in Neuroscience*, Juli, S. 281-284.

Bernheim, H. (1886/1957): *Suggestive therapeutives: A treatise on the nature and uses of hypnotism*. Associated Booksellers, Westport, Conn.; ursprüngl. erschienen bei Putnam.

Besedovsky, H., del Rey, A., & Sorkin, E. (1985): „Immunological-Neuroendocrine feedback circuits". In: R. Guillemin, M. Cohn & T. Melnechuk (Hg.): *Neural modulation of immunity*. Raven Press, New York, S. 165-177.

Black, S. (1963): „Inhibition of immediate-type hypersensitivity response by direct suggestion under hypnosis". *British Medical Journal*, April 6, S. 925-929.

ders. (1969): *Mind and body*. William Kimber, London.

Black, S., Edholm, R., Fox, R., & Kidd, D. (1963): „The effect of suggestions under hypnosis on the peripheral circulation in man". *Clinical Science*, 25, S. 223-230.

Black, S., & Friedman, M. (1965): „Adrenal function and the inhibition of allergic responses under hypnosis". *British Medical Journal*, 1, S. 562-567.

Black, S., Humphrey, J., & Niven, J. (1963): „Inhibition of Mantoux reaction by direct suggestion under hypnosis". *British Medical Journal*, Juni 22, S. 1649-1652.

Blalock, E., Harbour-McMenamin, D., & Smith, E. (1985): „Peptide hormones shaped by the neuroendocrine and immunologic systems". *The Journal of Immunology*, 135(2), S. 858s-861 s.

Blankstein, J., Reyes, F., Winter, J., & Faiman, C. (1981): „Endorphins and the regulation of the human menstrual cycle". *Clinical Endocrinology*, 14(3), S. 287-294.

Bloom, F. (1985): „Neuropeptides and other mediators in the central nervous system". *The Journal of Immunology*, 135(2), S. 743s-745s.

Bloom, F., Lazerson, A., & Hofstadter, L. (1985): *Brain, mind, and behavior*. W.H. Freeman, New York.

Blum, G. (1967): „Experimental observations on the contextual nature of hypnosis". *International Journal of Clinical & Experimental Hypnosis*, 15(4), S. 160-171.

ders. (1972). „Hypnotic programming techniques in psychological experiments". In: E. Fromm & R. Shor (Hg.): *Hypnosis: Research developments & perspectives*. Aldine-Atherton, Chicago, S. 359-385.

Bockman, D., & Kirby, M. (1985): „Neural crest interactions in the development of the immune system". *The Journal of Immunology*, 135(2), S. 766s-768s.

Bower, G. (1981): „Mood and memory". *American Psychologist*, 36(2), S. 129-148.

Bowers, K. (1977): „Hypnosis: An informational approach". *Annuals of the New York Academy of Sciences*, 296, S. 222-237.

Bowers, K., & Kelly, P. (1979): „Stress, disease, psychotherapy, and hypnosis". *Journal of Abnormal Psychology*, 88(5), S. 490-505.

Braid, J. (1855): *The physiology of fascination of the critics criticized*. Grant & Company, Manchester, England.

Brassfield, P. (1980): „A discriminative study of the dissociative states of a multiple personality". Doctoral dissertation, United States International University.

ders. (1983): „Unfolding patterns of the multiple personality through hypnosis". *The American Journal of Clinical Hypnosis*, 26(2), S. 146-152.

Braun, B. (1983a): „Neurophysiologic changes in multiple personality due to integration: A preliminary report". *The American Journal of Clinical Hypnosis*, 26(2), S. 84-92.

ders. (1983b): „Psychophysiological phenomena in multiple personality". *The American Journal of Clinical Hypnosis*, 26(2), S. 124-137.

Brown, F., & Graeber, R. (Hg.) (1982): *Rhythmic aspects of behavior*. Lawrence Erlbaum Associates, Hillsdale, New Jersey.

Bulloch, K. (1985): „Neuroanatomy of lymphoid tissue: A review". In: R. Guillemin, M. Cohn, & T. Melnechuk (Hg.): *Neural modulation of immunity*. Raven Press, New York, S. 111-141.
Cannon, W. (1932): *The wisdom of the body*. W.W. Norton & Co., New York.
ders. (1942): „Voodoo" death. *American Anthropologist*, 44(2), S. 169-181.
ders. (1953): *Bodily changes in pain, hunger, fear and rage* (2. Aufl.). Charles T. Branford Co., Boston.
ders. (1957): „Voodoo death". *Psychosomatic Medicine*, 19(3), S. 182-190.
ders. (1963): *The wisdom of the body* (2. Aufl.). W.W. Norton, New York.
Cheek, D. (1957): „Effectiveness of incentive in clinical hypnosis". *Obstetrics & Gynecology*, 9(6) S. 720-724.
ders. (1959): „Unconscious perception of meaningful sounds during surgical anesthesia as revealed under hypnosis". In: *The American Journal of Clinical Hypnosis*, 1, S. 101-113.
ders. (1960): „Removal of subconscious resistance to hypnosis using ideometer questioning techniques". *The American Journal of Clinical Hypnosis*, 3(2), S. 103-107.
ders. (1962a): „Ideometer questioning for investigation of subconscious pain and target organ vulnerability". *The American Journal of Clinical Hypnosis*, 5(1), S. 30-41.
ders. (1962b): „Importance of recognizing that surgical patients behave as though hypnotized". *The American Journal of Clinical Hypnosis*, 4, S. 227-238.
ders. (1965): „Some newer understandings of dreams in relation to threatened abortion and premature labor". *Pacific Medical & Surgical*, Nov.-Dez., S. 379-384.
ders. (1969): „Communication with the critically ill". *The American Journal of Clinical Hypnosis*, 12(2), S. 75-85.
ders. (1975): "Maladjustment patterns apparently related to imprinting at birth. *The American Journal of Clinical Hypnosis*, 18(2), S. 75-82.
ders. (1976): „Short-term hypnotherapy for fragility using exploration of early life attitudes. *The American Journal of Clinical Hypnosis*, 19(1), S. 20-27.
ders. (1978): „Were you originally left-handed?" *Swedish Journal of Hypnosis*, S. 17-25.
ders. (1981): „Awareness of meaningful sounds under general anesthesia: Considerations and a review of the literature, 1959-1979. *Theoretical and Clinical Aspects of Hypnosis*. Symposium Specialists, Miami, Florida.
Cheek, D., & LeCron, L. (1968): *Clinical Hypnotherapy*. Grune & Stratton, New York.
Chiba, Y., Chiba, K., Halberg, F., & Cutkomp, L. (1977): „Longitudinal evaluation of circadian rhythm characteristics and their circaseptan modulation in an apparently normal couple". In: J. McGovern, M. Smolensky & A. Reinberg (Hg.): *Chronobiology in allergy and immunology*. Thomas, Springfield, Illinois, S. 17-35.
Cohn, M. (1985): „What are the ‚must' elements of immune responsiveness? In: R. Guillemin, M. Cohn & T. Melnechuk (Hg.): *Neural modulation of immunity*. Raven Press, New York, S. 3-25.

Conn, L., & Mott, T. (1984): „Plethysmographic demonstration of rapid vasodilation by direct suggestion: A case of Raynaud's disease treated by hypnosis". *The American Journal of Clinical Hypnosis*, 26(3), S. 166-170.

Cordes, C. (1985): „Neuropeptides: Chemical cruise steers emotions". APA *Monitor*, 16(9), S. 18.

Cousins, N. (1979): *Anatomy of an illness as perceived by the patient*. Norton, New York; dt. Ausg.: *Der Arzt in uns selbst. Anatomie einer Krankheit aus der Sicht des Betroffenen*. Rowohlt, Hamburg 1981, TB 7828.

ders. (1983): *The healing heart*. Norton, New York.

Crasilneck, H. (1982): „A follow-up study in the use of hypnotherapy in the treatment of psychogenic impotency". *The American Journal of Clinical Hypnosis*, 25(1), S. 52-61.

Crasilneck, H., & Hall, J. (1959): „Physiological changes associated with hypnosis: A review of the literature since 1948. *International Journal of Clinical & Experimental Hypnosis*, 7(1), S. 9-50.

dies. (1985): *Clinical Hypnosis*. Grune & Stratton, New York.

Dalton, K. (1971): „Prospective study into puerperal depression" *British Journal of Psychiatry*, 118, S. 689-692.

Davis, J. (1984): *Endorphins*. Dial Press, New York.

Day, M. (1964): „An eye-movement phenomenon related to attention, thought and anxiety. *Perceptual & Motor Skills*, 19, S. 443-446.

Delbruck, M. (1970): „A physicist's renewed look at biology: Twenty years later". *Science*, 168, S. 1312-1314.

Delgado, J. (1969): *Physical control of the mind*. Harper & Row, New York.

Delgado, J., Roberts, W., & Miller, N. (1954): „Learning motivated by electrical stimulation of the brain. *American Journal of Physiology*, 179, S. 587.

Delhounge, F., & Hansen, K. (1927): „Die suggestive Beeinflußbarkeit der Magen- und Pankreassekretion in der Hypnose". *Dtsch. Arch. Klin. Med.*, 157, S. 20.

Dement, W. (1965): „An essay on dreams: The role of physiology in understanding their nature. In: *New directions in psychology* II. Holt, Rinehart & Winston, New York.

ders. (1972): *Some must watch while some must sleep*. Freeman, San Francisco.

Dement, W., & Kleitman, N. (1957): „Cyclic variations in EEG readings during sleep and their relation to eye movements, body motility, and dreaming". *Electroencephalography & Clinical Neurophysiology*, 9, S. 673-690.

DePiano, F., & Salzberg, H. (1979): „Clinical applications of hypnosis to three psychosomatic disorders". *Psychological Bulletin*, 86, S. 1223-1235.

Dohrenwend, B., & Dohrenwend, B. (Hg.) (1984): *Stressful life events: Their nature and effects*. Wiley, New York.

Domangue, B., Margolis, C., Lieberman, D., & Kaji, H. (1985): „Biochemical correlates of hypnoanalgesia in arthritic pain patients". *Journal of Clinical Psychiatry*, 46, S. 235-238.

Dunbar, F. (1954): *Emotions and bodily changes*. Columbia University Press, New York.

Dunlap, D., Henderson, T., & Inch, R. (1952): „Survey of 17301 prescriptions of Form Ec 10". *British Medical Journal*, 1, S. 292-295.

Edelson, R., & Fink, J. (1985): „The immunological function of skin". *Scientific American*, Juni, S. 46-53.

Ellenberger, H. (1970): *The discovery of the unconscious*. Basic Books, New York; dt. Ausg.: *Die Entdeckung des Unbewußten*. Diogenes 1985 / detebe 21343.

Engel, G. (1968): „A life setting conducive to illness: The giving-up-given-up complex." *Annals of Internal Medicine*, 69(2), S. 292-300.

ders. (1971): „Sudden and rapid death during psychological stress: Folklore or folkwisdom?" *Annals of Internal Medicine*, 74, S. 771-782.

Erickson, M. (1932/1980): „Possible detrimental effects of experimental hypnosis". In: E. Rossi (Hg.), *The collected papers of Milton H. Erickson on hypnosis*, I. *The nature of hypnosis and suggestion*. Irvington, New York, S. 493-497.

ders. (1937/1980): „Development of apparent unconsciousness during hypnotic reliving of a traumatic experience". In: E. Rossi (Hg.), *The collected papers of Milton H. Erickson on hypnosis*, III. *Hypnotic investigation of psychodynamic processes*. a.a.O., S. 45-52.

ders. (1939/1980): „Experimental demonstration of psychopathology of everyday life". In: E. Rossi (Hg.): *Collected Papers* III, a.a.O., S. 190-202.

ders. (1943a/1980): „Experimentally elicited salivary and related responses to hypnotic visual hallucinations confirmed by personality reactions". In: Rossi (Hg.), *Collected Papers* II. *Hypnotic alteration of sensory, perceptual and psychophysical process*, a.a.O., S. 175-178.

ders. (1943b/1980): „Hypnotic investigation of psychosomatic phenomena: A controlled experimental use of hypnotic regression in the therapy of an acquired food intolerance". In: Rossi (Hg.), *Collected Papers* II, a.a.O., S. 169-174.

ders. (1943c/1980): „Hypnotic investigation of psychosomatic phenomena: psychosomatic interrelationships studied by experimental hypnosis. In: Rossi (Hg.), *Collected Papers* II, a.a.O:, S. 145-156.

ders. (1943d/1980): „Investigation of psychosomatic phenomena: The development of aphasialike reactions from hypnotically induced amnesia". In: Rossi (Hg.), *Collected Papers* II, a.a.O., S. 157-168.

ders. (1948/1980): „Hypnotic psychotherapy". In: Rossi (Hg.), *Collected Papers* IV. *Innovative hypnotherapy*. a.a.O., S. 35-48.

ders. (1952/1980): „Deep hypnosis and its induction". In: Rossi (Hg.), *Collected Papers* I, a.a.O., S. 139-167.

ders. (1954/1980): „Pseudo-orientation in time as a hypnotherapeutic procedure". In: Rossi (Hg.), *Collected Papers* IV,, a.a.O., S. 397-423.

ders. (1960a/1980): „Breast development possibly influenced by hypnosis: Two instances and the psychotherapeutic results". In: Rossi (Hg.), *Collected Papers* II, a.a.O., S. 203-206.

ders. (1960b/1980): „Psychogenic alteration of menstrual functioning: Three instances". In: Rossi (Hg.), *Collected Papers* II, a.a.O., S. 207-212.

ders. (1961/1980): „Historical note on the hand levitation and other ideomotor techniques". Rossi (Hg.), *Collected Papers* I, a.a.O., S. 135-138.
ders. (1963/1980): „Hypnotically oriented psychotherapy in organic brain damage". Rossi (Hg.), *Collected Papers* IV, a.a.O., S. 283-311.
ders. (1964/1980): „The ‚surprise' and ‚my-friend-John' techniques of hypnosis: Minimal cues and natural field experimentation". Rossi (Hg.), *Collected Papers* I, a.a.O., S. 340-359.
ders. (1967/1980): „Further experimental investigation of hypnosis: Hypnotic and nonhypnotic realities". Rossi (Hg.), *Collected Papers* I, a.a.O., S. 18-82.
ders. (1977/1980): „Control of physiological functions by hypnosis". Rossi (Hg.) *Collected Papers* II, a.a.O., S. 179-191.
ders. (1980a): „Provocation as a means of motivating recovery from a cerebrovascular accident. Rossi (Hg.), *Collected Papers* IV, a.a.O., S. 321-327.
ders. (1980b): *The collected works of Milton H. Erickson on hypnosis*, 4 *Bände*. Her ausgegeben von Ernest L. Rossi. Irvington, New York.
ders. (1980c): „The hypnotic alteration of blood flow: An experiment comparing waking and hypnotic responsiveness". In: Rossi (Hg.), *Collected Papers* II, a.a.O., S. 192-195.
ders. (1985): „Memory and hallucination, Part I: The utilization approach to hypnotic suggestion". Herausgegeben und kommentiert von Ernest L. Rossi. *Ericksonian Monographs*, 1, S. 1-21.
Erickson, M., & Rossi, E. (1974/1980): „Varieties of hypnotic amnesia", In: Rossi (Hg.), *Collected Papers* III, a.a.O., S. 71-90.
dies. (1976/1980): „Two-level communication and the microdynamics of trance and suggestion", Rossi (Hg.), *Collected Papers* I, a.a.O., S. 430-451.
dies. (1979): *Hypnotherapy: An exploratory casebook*, Irvington, New York; dt. Ausg.: *Hypnotherapie, Aufbau, Beispiele, Forschungen*, Pfeiffer, München 1981.
dies. (1980): „The indirect forms of suggestion". In: Rossi (Hg.), *Collected Papers* I, a.a.O., S. 452-477.
dies. (1981): *Experiencing hypnosis: Therapeutic approaches to altered states*. Irvington, New York.
Erickson, M., Rossi, E., & Rossi, S. (1976): *Hypnotic realities*. Irvington, New York; dt. Ausg.: *Hypnose. Induktion, psychotherapeutische Anwendung, Beispiele*. Pfeiffer, München 1978.
Evans, F. (1977): „The placebo control of pain: A paradigm for investigating non-specific effects in psychotherapy. In: J. Brady, J. Mendels, W. Reiger & M. Orne (Hg.): *Psychiatry: Areas of promise and advancement*. Spectrum, New York, S. 215-228.
ders. (1981): „The placebo response in pain control". *Psychopharmacology Bulletin*, 17, S. 72-76.
ders. (1985): „Expectancy, therapeutic instructions, and the placebo response". In: L. White, B. Tursky & G. Schwartz (Hg.): *Placebo: Theory, research and mechanism*. Guilford Press, New York, S. 215-228.

Felton, D., Felton, S., Carlson, S., Olschowka, J., & Livnat, S. (1985): „Noradrenergic and peptidergic innervation of lymphoid tissue". *The Journal of Immunology*, 135(2), S. 755s-765s.

Finkelstein, S., & Greenleaf, H. (1982-83): „Cancer prevention: A three-year pilot study". *The American Journal of Clinical Hypnosis*, 25(2-3), S. 177-187.

Fischer, R. (1971a): „Arousal-statebound recall of experience". *Diseases of the Nervous System*, 32, S. 373-382.

ders. (1971b): „The ‚flashback': Arousal-statebound recall of experience". *Journal of Psychedelic Drugs*, 3, S. 31-39.

ders. (1971c): „A cartography of ecstatic and meditative states". *Science*, 174, S. 897-904.

Frankel, F. (1985): Persönliche Mitteilung (auch wiedergegeben von P. Bagne in *Omni*, April 1985, S. 122.)

Freud, S. (1956) *Collected Papers*. Herausgegeben von Ernest Jones. Basic, New York; dt. Ausg. *Gesammelte Werke*, Fischer, Frankfurt am Main.

Frick, D. (1976): „Immediate hypersensitivity". In: H. Fudenberg (Hg.): *Basic and clinical immunology*. Lange Medical Publications, Los Altos, Kalifornien, S. 204-224.

Friedman, S. (1972): „On the presence of a variant form of instinctual regression: Oral drive cycles in obesity-bulimia". *Psychoanalytic Quarterly*, 41, S. 364-383.

ders. (1978): „A psychophysiological model for the chemotherapy of psychosomatic illness". *The Journal of Nervous & Mental Diseases*, 166, S. 110-116.

Friedman, S., Kantor, I., Sobel, S., & Miller, R. (1978): „On the treatment of neurodermatitis with a monoamine oxidase inhibition". *The Journal of Nervous & Mental Diseases*, 166, S. 117-125.

Fromm, E., & Shor, R. (Hg.) (1979): *Hypnosis: Research development and perspectives* (2. Aufl.). Aldine-Atherton, Chicago.

Gage, D. (1983): „Mood state-dependent memory and the lateralization of emotion". Doktoraldissertation, Catholic University of America.

Ganong, W. (1985): *Review of medical physiology* (12. Aufl.). Lange Medical Publications, Los Altos, Kalifornien.

Gazzaniga, M. (1967): „The split brain in man". *Scientific American*, 217, S. 24-29.

ders. (1985): *The social brain: Discovering the networks of the mind*. Basic Books, New York; dt. Ausg.: *Das erkennende Gehirn*. Junfermann, Paderborn 1988.

Gendlin, E. (1978): *Focusing*. Everest House, Noew York.

Gentry, W. (Hg.) (1984): *Handbook of behavioral medicine*. Guilford Press, New York.

Gershon, M., Payette, R., & Rothman, T. (1985): „Microenvironmental factors in phenotypic expression by enteric neurons: Parallels to lymphocytes". In: R. Guillemin, M. Cohn & T. Melnechuk (Hg.): *Neural modulation of immunity*. Raven Press, New York, S. 221-252.

Ghanta, V., Hiramoto, R., Solvason, H., & Spector, N. (1985): „Neural and environmental influences on neoplasia and conditioning of NK activity". *Journal of Immunology*, 135(2), S. 848s-852s.

Gill, M., & Brenman, M. (1959): *Hypnosis and related states*. International Universities Press, New York.

Gilligan, S., & Bower, G. (1984): „Cognitive consequences of emotional arousal". In: C. Izard, J. Kagan & R. Zajonc (Hg.): *Emotions, cognitions, and behavior*. Cambridge Press, New York.

Gold, P. (1984): „Memory modulation: Neurobiological contexts". In: G. Lynch, J. McGaugh & N. Weinberger (Hg.): *Neurobiology of learning and memory*. Guilford Press, New York, S. 374-382.

Goldstein, A., & Hilgard, E. (1975): „Lack of influence of the morphine antagonist naloxone on hypnotic analgesia". *Proceedings of the National Academy of Science*, U.S.A., 72, S. 2041-2043.

Goldstein, L., Stoltzfus, N., & Gardocki, J. (1972): „Changes in interhemispheric amplitude relationships in EEG during sleep. *Physiology & Behavior*, 8, S. 811-815.

Gorczynski, R., Macrae, S., & Kennedy, M. (1982): „Conditioned immune response associated with allogenic skin grafts in mice". *Journal of Immunology*, 129, S. 704-709.

Gordon, H., Frooman, B., & Lavie, P. (1982): „Shift in cognitive asymmetries between wakings from REM and NREM sleep". *Neuropsychologica*, 20, S. 99-103.

Gorton, B. (1957): „The physiology of hypnosis, I". *Journal of the American Society of Psychosomatic Dentistry*, 4(3), S. 86-103.

ders. (1958): „The physiology of hypnosis: Vasomotor activity in hypnosis". *Journal of the American Society of Psychosomatic Dentistry*, 5(1), S. 20-28.

Graham, K., & Pernicano, K. (1976): *Laterality, hypnosis and the autokinetic effect*. Referat anläßlich einer Versammlung der American Psychological Association, Washington, D.C.

Greenberg, R. (1973): „Anti-expectation techniques in psychotherapy: The power of negative thinking. *Psychotherapy: Theory, Research and Practice*, 10, S. 145-148.

Groer, M., Shekleton, M., & Kant, K. (1979): *Basic pathophysiology*. C.V. Mosby Company, St. Louis.

Gruen, W. (1972): „A successful application of systematic self-relaxation and self-suggestions about postoperative reactions in a case of cardiac surgery". *International Journal of Clinical and Experimental Hypnosis*, 20, S. 141-151.

Guillemin, R. (1978): „Peptides in the brain: The new endocrinology of the neuron". *Science*, 202, S. 390-402.

Gur, R., & Gur, R. (1974): „Handedness, sex, eyedness, and moderating variables in relation to hypnotic susceptibility and functional brain symmetry. *Journal of Abnormal Psychology*, 83, S. 635-643.

Guyon, A. (1981): *Textbook of medical physiology*. Saunders, New York.

Hahn, R. (1985): „A sociocultural model of illness and health. In: L. White & B. Tursky (Hg.): *Placebo: Theory, research and mechanisms*. Guilford Press, New York, S. 167-195.

Haley, J. (1963): *Strategies of psychotherapy*. Grune & Stratton, New York; dt. Ausg.: *Gemeinsamer Nenner Interaktion. Strategien der Psychotherapie*. Pfeiffer, München, 2. Aufl. 1982.

ders. (1985): *Conversations with Milton H. Erickson*. (3 Bde.). Triangle Press, New York.

Hall, H. (1982-83): „Hypnosis and the immune system: A review with implications for cancer and the psychology of healing". *The American Journal of Clinical Hypnosis*, 25(2-3), S. 92-103.

Hall, N., & Goldstein, A. (1985): „Neurotransmitters and host defense". In: R. Guillemin, M. Cohn & T. Melnechuk (Hg.): *Neural modulation of immunity*. Raven Press, New York, S. 143-156.

Hall, N., Mc.Gillis, J., Spangelo, B., & Goldstein, A. (1985): „Evidence that thymosins and other biologic response modifiers can function as neuroactive immunotransmitters". *The Journal of Immunology*, 135(2), S. 806s-811s.

Harding, E. (1955): *Woman's mysteries ancient and modern*. Pantheon, New York.

Harris, G. (1948): „Neural control of the pituitary gland". *Physiological Review*, 28, S. 139-179.

Hawkins, R., & Kandel, E. (1984): „Steps toward a cell-biological alphabet for elementary forms of learning". In: G. Lynch, J. Mc.Gaugh & N. Weinberger (Hg.): *Neurobiology of learning and memory*. Guilford Press, New York, S. 385-404.

Hebb, D. (1949): *The organization of behavior. A neuropsychological theory*. Wiley, New York.

ders. (1963): „The semi-autonomous process, its nature and nurture". *American Psychologist*, 18, S. 16-27.

Henry, J. (1982): „Circulating opioids: Possible physiological roles in central nervous function". *Neuroscience & Biobehavioral Reviews*, 6, S. 229-245.

Hilgard, E. (1977): *Divided consciousness: Multiple controls in human thought and action*. Wiley, New York.

ders. (1984): Buchkritik über *The collected papers of Milton H. Erickson on hypnosis. The International Journal of Clinical & Experimental Hypnosis*, 32(2), S. 257-265.

Hilgard, E., & Hilgard, J. (1975): *Hypnosis in the relief of pain*. Kaufman, Los Altos, Kalifornien.

Hilgard, E., & Marquis, D. (1961): *Conditioning and learning*. Appleton-Century-Crofts, New York.

Hillman, J. (1983): *Healing fiction*. Hill Press, Barrytown, New York.

Hokama, Y., & Nakamura, R. (1982): *Immunology and immunopathology*. Little, Brown & Co., Boston.

Holroyd, K., & Lazarus, R. (1982): „Stress, coping and somatic adaption. In: L. Goldberger & S. Breznitz (Hg.): *Handbook of stress*. Free Press, New York, S. 21-35.

Hopkins, J., Marcus, M., & Campbell, S. (1984): „Postpartum depression: A critical review". *Psychological Bulletin*, 95,(3), S. 498-515.

Hudgins, C. (1933): "Conditioning and voluntary control of pupillary light reflex". *Journal of General Psychology*, 8, S. 3.

Hull, C. (1933): *Hypnosis and suggestibility: An experimental approach*. Appleton-Century, New York.

Ikemi, Y., & Nakagawa, S. (1962): „A psychosomatic study of contagious dermatitis". *Kyushu Journal of Medical Science*, 13, S. 335-350.

Ingham, S. (1938): „Some neurologic aspects of psychiatry. *Journal of the American Medical Association*, 111, S. 665.

Izquierdo, I. (1984): „Endogenous state-dependency: Memory depends on the relation between the neurohumoral and hormonal states present after training at the time of testing". In: G. Lynch, J. McGaugh & N. Weinberg (Hg.): *Neurobiology of learning and memory*. Guilford Press, New York, S. 65-77.

Jacobson, A., Hackett, T., Surman, O., & Silverberg, E. (1973): „Raynaud's phenomenon: Treatment with hypnotic and operant technique". *Journal of the American Medical Association*, 225, S. 739-740.

Janet, P. (1889): L'*Automatisme psychologique*. Felix Alcan, Paris.

ders. (1907): *The major symptoms of hysteria*. Macmillan, New York.

Johnson, R., & Barber, T. (1978): „Hypnosis, suggestion, and warts: An experimental investigation implicating the importance of ‚believed-in efficacy'" *The American Journal of Clinical Hypnosis*, 20, S. 165-174.

Jouvet, M. (1973): „Telencephalic and rhonbencephalic sleep in the cat". In: W. Webb (Hg.): *Sleep: An active process*. Scott Foresman & Co., Glenview, Ill., S. 12-32.

ders. (1975): „The function of dreaming: A neurophysiologist's point of view". In: M. Gazzaniga & C. Blakemore (Hg.): *The handbook of psychobiology*. Academic Press, New York.

Jung, C.G. (1910): *Jb. Psychoanal. Psychopath. Forschung* II(1), S. 363.

ders. (1929/1984): *Dream Analysis*. Hg. von William McGuire. Bollinger Series XCIX. Princeton University Press, New Jersey.

ders. (1950): *The symbolic life*. Vol. XVIII. *The collected works of Carl. G. Jung*. Translated by R.F.C. Hull. Bollinger Series XX. Princeton University Press, New Jersey; dt. Ausg.: GW 18, *Das symbolische Leben. Verschiedene Schriften*.Walter, Olten 1981.

ders. (1960/1969): *The structure and dynamics of the psyche*, Vol. VIII. *The collected works of Carl. G. Jung*. a.a.O.; dt. Ausg.: *Die Dynamik des Unbewußten*. GW Bd. 8, (1967/1976) a.a.O.

ders. (1976): *The vision seminars*. Buch 1, Teil 7. Spring Publications, Zürich, Schweiz;

Kandel, E., & Schwartz, G. (1985): *Principles of neural science*. (2. Aufl.), Elsevier Press, New York.

Kaneko, Z., & Takahashi, N. (1963): „Psychometric studies on chronic urticaria. *Folia Psychiatrica et Neurologica Japonica*, 17, S. 16-24.

Kimble, D. (1965): *Learning, remembering and forgetting*. Bd. I., *The anatomy of learning*. Science & Behavior Books, Palo Alto, CA.

Kissilef, H., Pi-Sunyer, F. *et al.* (1981): „C-terminal octapeptide of cholecystokinin decreases food intake in man". *The American Journal of Clinical Nutrition*, 34, S. 154-160.

Klein, R., & Armitage, R. (1979): „Rhythms in human performance: One-and-a-half-hour oscillations in cognitive style." *Science*, 204, S. 1326-1328.

Kleitman, N. (1963): *Sleep and wakefulness.* (2. Aufl.). University of Chicago Press, Chicago.

Klopfer, B. (1957): „Psychological variables in human cancer". *Journal of Projective Techniques*, 21, S. 331-340

Kreinheder, A. (1979): „The call to individuation". *Psychological Perspectives*, 10(1), S. 58-65.

Kripke, D. (1982): „Ultradian rhythms in behavior and physiology". In: F. Brown & R. Graeber (Hg.): *Rhythmic aspects of Behavior.* Erlbaum & Associates, Hillsdale, New Jersey. S. 313-344.

Kroger, W., & Fezler, W. (1976): *Hypnosis and behavior modification: Imagery conditioning.* Lippencott, Philadelphia, Pa.

LaBerge, S. (1985): *Lucid dreaming.* Tarcher, Los Angeles; dt. Ausg. *Hellwach im Traum.* Junfermann, Paderborn 1987.

Lachman, S., & Goode, W. (1976): *Hemispheric dominance and variables related to hypnotic susceptibility.* Referat anläßlich einer Versammlung der American Psychological Association.

Lankton, S. (1987): „The scramble technique". *Ericksonian Monographs*, 2, im Druck.

Lankton, S., & Lankton, C. (1983): *The answer within: A clinical framework of Ericksonian hypnotherapy.* Brunner/Mazel, New York.

Lazarus, R., & Folkman, S. (1984): „Coping and adaption. In: W. Gentry (Hg.): *Handbook of behavioral medicine.* Guilford Press, New York, S. 282-325.

Leckie, F. (1964): „Hypnotherapy in gynecological disorders". *International Journal of Clinical & Experimental Hypnosis*, 12, S. 121-146.

LeCron, L. (1954): „A hypnotic technique for uncovering unconscious material". *Journal of Clinical & Experimental Hypnosis*, 2, S. 76-79.

Leonard, G. (1981): *The silent pulse.* Bantam Books, New York.

LeShan, L. (1977): *You can fight for your life.* Evans & Co., New York.

Lewis, J., & Sarbin, T. (1943): „Studies in psychosomatics". *Psychosomatic Medicine*, 5, S. 125.

Lewis, T. (1927): *The blood vessels of the human skin and their responses*". Shaw & Sons, London.

Lex, B. (1974): "Voodoo death: New thoughts for an old explanation". *American Anthropologist*, 76, S. 818-823.

Lienhart, J. (1983): „Multiple personality and state-dependent learning. Doktoraldissertation, U.S. International University, San Diego, Cal.

Locke, S., Kraus, L., Leserman, J., Hurst, M., Heisel, S., Williams, R. (1984): „Life change stress, psychiatric symptoms, and natural killer-cell activity. *Psychosomatic Medicine*, 46, S. 441-453.

Ludwig, A. (1983): „The psychobiological functions of dissociation". *The American Journal of Clinical Hypnosis*, 26(2), S. 93-99.

Ludwig, A., Brandsma, J., Wilbur, C., Benfeldt, F., & Jameson, D. (1972): „The objective study of a multiple personality". *Archives of General Psychiatry*, 26, S. 298-310.

Luria, A. (1966). *Higher cortical functions in man*. Übersetzt von H. Teuber & K. Pribram. Basic Books, New York.

Lynch, G., McGaugh, J., & Weinberger, N. (Hg.) (1984): *Neurobiology of learning and memory*. Guilford Press, New York.

Maclean, D., & Reichlin, S. (1981): „Neuroendocrinology and the immune process". In: R. Ader (Hg.): *Psychoneuroimmunology*. Academic Press, New York, S. 475-519.

Margolis, C. (1982-83): „Hypnotic imagery with cancer patients". *The American Journal of Clinical Hypnosis*, 25(2-3), S. 128-134.

Margules, D. (1979): „Beta-endorphin and endoloxone: Hormones of the autonomic nervous system for conservation or expenditure of bodily resources and energy for anticipation of famine or feast". *Neuroscience & Biobehavioral Review*, 3, S. 155-162.

Marini, J., Sheard, M., Bridges, C., & Wagner, E. (1976): „An evaluation of the double-blind design in a study comparing lithium carbonate with placebo". *Acta Psychiatrica Scandinavica*, 53, S. 343-354.

Markowitz, A. (1985): *Change of Life: Dreams and the menopause*. Inner City Books, Toronto, Canada.

Marrack, P., & Kappler, J. (1986): „The T cell and its receptor". *Scientific American*, Feb., 254(2), S. 36-45.

Maslow, A. (1962): *Toward a psychology of being*. Van Nostrand, New York; dt. Ausg.: *Psychologie des Seins*. Fischer TB 42195, 1978.

Mason, A. (1952): „A case of congenital ichthyosiform erythrodermia of Brocq treated by hypnosis". *British Medical Journal*, 2, S. 422-423.

ders. (1955): „Ichthyosis and hypnosis". *British Medical Journal*, 2, S. 57.

ders. (1963): „Hypnosis and allergy". *British Medical Journal*, 13, S. 1675-1676.

Mazziotta, J., Phelbs, M., Carson, R., & Kuhl, D. (1982): „Tomographic mapping of human cerebral metabolism: Auditory stimulation". *Neurology*, 32, S. 921-937.

McGaugh, J. (1983): „Preserving the presence of the past: Hormonal influences on memory storage". *American Psychologist*, 38(2), S. 161-173.

McGlashan, T., Evans, F., & Orne, M. (1969): „The nature of hypnotic analgesia and placebo response to experimental pain". *Psychosomatic Medicine*, 31, S. 227-246.

Meares, A. (1982-83): „A form of intensive meditation associated with the regression of cancer". *The American Journal of Clinical Hypnosis*, 25(2-3), S. 114-121.

Melnechuk, T. (1985): „Neuroimmunology: Crossroads between behavior and disease. Reports on selected conferences and workshops. *Advances*, 2(3), Sommer, S. 54-58.

Merleau-Ponty, M. (1963): *The structure of behavior*. Ins Englische übersetzt von A. Fisher. Beacon Press, Boston; dt. Ausg.: *Die Struktur des Verhaltens*. De Gruyter 1976.

Meyers, R., & Sperry, R. (1953): „Interocular transfer of a visual form discrimination habit in cats after section of the optic chiasm and corpus callosum". *Anatomical Record*, 115, S. 351-352.

Miller, G., Galanter, E., & Pribram, K. (1960): *Plans and the structure of behavior*. Henry Holt, New York.

Mills, J., & Crowley, R. (1986): *Therapeutic metaphors for children and the child within*. Brunner/Mazel, New York.

Mindell, A. (1982): *Dreambody*. Sigo Press, Los Angeles; dt. Ausg.: *The Dreambody. Körpersymptome als Sprache der Seele*. Bonz, Fellbach 1986.

ders. (1985a): *River's way: The process science of the dreambody.*, Routledge & Kegan Paul, Boston.

ders. (1985b): *Working with the dreaming body*. Routledge & Kegan Paul, Boston; dt. Ausg. *Der Leib und die Träume. Prozeßorientierte Psychologie in der Praxis*. Junfermann, Paderborn 1987.

Mishkin, M. (1982): „A memory system in the monkey. *Phil. Trans. R. Soc. Lond.*, B298, S. 85-95.

Mishkin, M., Malamut, B., & Bachevalier, J. (1984): „Memories and habits: Two neural systems". In: G. Lynch, J. McGaugh & N. Weinberger (Hg.): *Neurobiology of learning and memory*. Guilford Press, New York, S. 65-77.

Mishkin, M., & Petri, H. (1984): „Memories and habits: Some implications for the analysis of learning and retention". In: S. Squire & N. Butters (Hg.): *Neuropsychology of memory*. Guilford Press, New York, S. 287-296.

Moore, L:, & Kaplan, J. (1983): „Hypnotically accelerated burn wound healing". *The American Journal of Clinical Hypnosis*, 26(1), S. 16-19.

Morris, J., & Beck, A. (1974): „The efficacy of antidepressant drugs: A review of research (1958 to 1972). *Archives of General Psychiatry*, 30, S. 667-674.

Moruzzi, I., & Magoun, H. (1949): „Brain stem reticular formation". *Electroencephalography & Clinical Neurophysiology*, 1, S. 455-473.

Murry, E., & Mishkin, M. (1985): „Amygdalectomy impairs crossmodal association in monkeys". *Science*, 228, S. 604-606.

Nauta, W. (1964): „Some efferent connections of the prefrontal cortex in the monkey". In: J. Warren & K. Akert (Hg.): *The frontal granular cortex and behavior*. McGraw-Hill, New York.

ders. (1972): „Neural associations of the frontal cortex". *Acta Neurobiologiae Experimentalis*, 32, S. 125-140.

Nauta, W., & Domesick, V. (1980): „Neural associations of the limbic system". In: A. Beckman (Hg.): *Neural substrates of behavior*". Spectrum, New York.

Nauta, W., & Feirtag, M. (1979): „The organization of the brain". *Scientific American*, 41, S. 78-105.

Nemiah, J., Freyberger, H., & Sifneos, P. (1976): „Alexithymia: A view of the psychosomatic process. In: D. Hill (Hg.): *Modern trends in psychosomatic medicine*, *Bd.* III. Butterworth, London, S. 430-439.

Newton, B. (1982-83): „Introduction: Hypnosis and cancer". *The American Journal of Clinical Hypnosis*, 25(2-3), S. 89-91.

Nugent, W., Carden, N., & Montgomery, D. (1984): „Utilizing the creative unconscious in the treatment of hypodermic phobias and sleep disturbance. *The American Journal of Clinical Hypnosis*, 26(3), S. 201-205.

Olds, J. (1977): *Drives and reinforcements: Behavioral studies of hypnothalamic functions*. Raven, New York.

Olds, J., & Milner, P. (1954): „Positive reinforcement produced by electrical stimulation of septal area and other regions of rat brain". *Journal of Comparative & Physiological Psychology*, 47, S. 419-427.

Olness, K., & Conroy, M. (1985): „A pilot study of voluntary control of transcutaneous PO_2 by children. *International Journal of Clinical & Experimental Hypnosis*, 33(1), S. 1-5.

Olness, K., Wain, H., & Ng. L. (1980): „Pilot study of blood endorphin levels in children using self-hypnosis to control pain". *Developmental & Behavioral Pediatrics*, 1(4), S. 187-188.

Orne, M. (1962): „The social psychology of the psychological experiment: With particular reference to demand characteristics and their implications". *American Psychologist*, 17, S. 776-783.

ders. (1972): „On the stimulating subject as a quasi-control group in hypnosis research: What, why and how?". In: E. Fromm & R. Shor (Hg.): *Hypnosis: Research development and perspectives*. Aldine-Atherton, Chicago, S. 399-443.

ders. (1974): „Pain suppression by hypnosis and related phenomena". In: J. Bonica (Hg.): *Pain*. Raven Press, New York.

Ornstein, R. (1973): *The psychology of consciousness*. Viking, New York; dt. Ausg.: *Die Psychologie des Bewußtseins*, Kiepenheuer & Witsch, Köln 1974.

Ornstein, R., & Thompson, R. (1974): *The amazing brain*. Houghton Mifflin, Boston; dt. Ausg.: *Unser Gehirn: Das lebendige Labyrinth*. Rowohlt, Reinbek 1986.

Orr, W., Hoffman, H:, & Hegge, F. (1974): „Ultradian rhythms in extended performance. *Aerospace Medicine*, 45, S. 995-1000.

Overton, D. (1968): „Dissociated learning in drug states (state-dependent learning). In: D. Effron, J. Cole, J. Levine & R. Wittenborn (Hg.): *Psychopharmacology: A review of progress*, 1957-1967. Public Health Service Publications, 1836. U.S. Government Printing Office, Washington, D.C., S. 918-930.

ders. (1972): „State-dependent learning produced by alcohol and its relevance to alcoholism". In: B. Kissen & H. Begleiter (Hg.): *The biology of alcoholism*. *Bd.* II. *Physiology and behavior*. Plenum, New York, S. 193-217.

Overton, D. (1973): „State-dependent learning produced by addicting drugs. In: S. Fisher & A. Freedman (Hg.): *Opiate addiction: Origins and treatment*. Winston, Washington D.C.: S. 61-75.

ders. (1978): „Major theories of state-dependent learning. In: B. Ho, D. Richards & D. Chute (Hg.): *Drug discrimination and state-dependent learning*. Academic Press, New York, S. 283-318.

Palmblad, J. (1985): „Stress and human immunologic competence". In: R. Guil-
l e -
min, M. Cohn & T. Melnechuk (Hg.): *Neural modulation of immunity*. Raven Press, New York, S. 45-53.

Papez, J. (1937): „A proposed mechanism of emotion". *Archives of Neurology & Physiology*, 38, S. 725-744.

Peavey, B. (1982): „Biofeedback assisted relaxation: Effects on phagocytic immune function". Doktoraldissertation, North Texas State University, Denton, Texas.

Pert, C. (1986): „Emotions in body, not just in brain". *Brain/Mind Bulletin*, 11(4), S. 1.

Pert, C., Ruff, M., Weber, R., & Herkenham, M. (1985): „Neuropeptides and their receptors: A psychosomatic network". *The Journal of Immunology*, 135(2), S. 820s-826s.

Peters, C. (1978): *Tell me who I am before I die*. Rawson, New York.

Phelps, M., & Mazziotta, J. (1985): „Positron emission tomography: Human brain function and biochemistry". *Science*, 228, S. 799-809.

Poirel, C. (1982): „Circadian rhythms in behavior and experimental psychotherapy". In: F. Brown & R. Graeber (Hg.): *Rhythmic aspects of behavior*. Erlbaum & Associates, New Jersey, S. 363-398.

Pribram, K. (1965): „Proposal for a structural pragmatism: Some neuropsychological considerations of problems in philosophy". In: B. Wolman & E. Nagle (Hg.): *Scientific psychology: Principles and approaches*. Basic Books, New York, S. 426-459.

ders. (1971): *Languages of the brain: Experimental paradoxes and principles in neuropsychology*. (3. Aufl.), Brandon House, New York.

ders. (1976): „Problems concerning the structure of consciousness". In: G. Globus, G. Maxwell & I. Savodnik (Hg.): *Consciousness and the brain: A scientific and philosophical inquiry*. Plenum, New York, S. 798-809.

ders. (1979): „Behaviorism, phenomenology and holism in psychology: A scientific analysis". *Journal of Social & Biological Structure*, 2, S. 65-72.

ders. (1980): „Cognition and performance: The relation to neural mechanisms of consequence, confidence, and competence". In: A. Routtenberg (Hg.): *Biology of reinforcement: Facets of brain stimulation reward*. Academic Press, New York, S. 11-36.

ders. (1986): „The cognitive revolution and mind/brain issues". *American Psychologist*, in Vorbereitung.

Pribram, K., Lassonde, M., & Ptito, M. (1981): „Classification of receptive field properties in cat visual cortex". *Experimental Brain Research*, 43, S. 119-130.

Putnam, F. (1982): „Traces of Eve's Faces". *Psychology Today*, Oktober, S. 88.

Rank, O. (1924/1952): *Das Trauma der Geburt*. Veröffentlichung der deutschen Originalausgabe 1924; engl. Ausg.: *The trauma of birth*. R. Brunner, New York, 1952.

Reinberg, A., Gervais, P., & Ghata, J. (1977): „Chronobiologic aspects of asthma". In: J. McGovern, M. Smolensky & A. Reinberg (Hg.): *Chronobiology in allergy and immunology*. Thomas, Springfield, Ill., S. 36-63.

Reus, V., Weingartner, H., & Post, R. (1979): „Clinical implications of state-dependent learning". *American Journal of Psychiatry*, 136(7), S. 927-931.

Rigter, H., & Crabbe, J. (1979): „Modulation of memory by pituitary hormones". *Vitamins and Hormones*, 37. Academic Press, New York.

Rosenberg, S., *et al*. (1985): „Observations on the systemic administration of autologous lymphokine-activated killer cells and recombinant interleukin-2 to patients with metastic cancer". *New England Journal of Medicine*, 23(3B), S. 1485-1492.

Rosenblatt, M. (1983): „Neuropeptides: Future implications for medicine". *Medical Times*, November, S. 31-37.

Rosenzweig, M., & Bennett, E. (1984): „Basic processes and modulatory influences in the stages of memory formation". In: G. Lynch, J. McGaugh & N. Weinberger (Hg.): *Neurobiology of learning and memory*. Guilford Press, New York, S. 263-288.

Rossi, E. (1972/1985): *Dreams and the growth of personality: Expanding awareness in psychotherapy*. (überarb. Neuaufl.). Brunner/Mazel, New York.

ders. (1973/1980): „Psychological shocks and creative moments in psychotherapy". In: E. Rossi (Hg.): *The collected papers of Milton H. Erickson on hypnosis*, IV. *Innovative hypnotherapy*. Irvington, New York, S. 447-463.

ders. (1977): „The cerebral hemispheres in analytical psychology". *Journal of Analytical Psychology*, 22, S. 32-51.

ders. (1981): „Hypnotist describes natural rhythms of trance readiness". *Brain/Mind Bulletin*, März, S. 1.

ders. (1982): „Hypnosis and ultradian cy,cles: A new state(s) theory of hypnosis? *The American Journal of Clinical Hypnosis*, 25, S. 21-32.

ders. (1985): „Unity and diversity in Ericksonian approaches: Now and in the future." In: J. Zeig (Hg.): *Ericksonian psychotherapy*, Bd. I. *Structures*. Brunner/Mazel, New York, S. 15-30.

ders. (1986a): „Altered states of consciousness in everyday life: The ultradian rhythms". In: B. Wolman & M. Ullman (Hg.): *Handbook of altered states of consciousness*. Van Nostrand, New York, S. 97-132.

ders. (1986b): „Hypnosis and ultradian rhythms". In: B. Zilbergeld, G. Edelstien & D. Araoz (Hg.): *Hypnosis questions and answers*. W.W. Norton, New York, S. 17-21.

ders. (1987): „Mind/body connections and the new language of human facilita tion". In: J. Zeig (Hg.): *The evolution of psychotherapy*. Brunner/Mazel, New York (im Druck).

Rossi, E., & Ryan, M. (Hg.) (1986): *Mind-body communication in hypnosis*, Bd. III. *The seminars, lectures, and workshops of Milton H. Erickson*. Irvington, New York, zur Zeit in Vorbereitung.

Roszman, T., Cross, R., Brooks, W., & Markesbery, W. (1985): „Neuroimmodulation: Effects of neural lesions on cellular immunity". In: R. Guillemin, M. Cohn, & T. Melnechuk (Hg.), *Neural modulation of immunity.*, Raven Press, New York, S. 95-109.

Roth, J., LeRoith, D., Collier, E., Weaver, N., Watkinson, A., Cleland, C., & Glick, S. (1985): „Evolutionary origins of neuropeptides, hormones, and receptors: Possible applications to immunology". *The Journal of Immunology*, 135(2), S. 816s-819s.

Sachar, E. (1969): „Psychological homeostasis and endocrine function". In: A. Mandell & M. Mandell (Hg.): *Psychological strategies in man*. Academic Press, New York.

Sagan, C. (1977): *The dragons of Eden: Speculations on the evolution of human intelligence*. Random House, New York; dt. Ausg.: *Die Drachen von Eden*. Droemer/Knaur, München 1978.

Salk, J. (1969): „Immunological paradoxes: Theoretical considerations in the rejection or retention of grafts, tumors, and normal tissue". *Annals of New York Academy of Science*, 164(2), S. 365-380.

Saltz, E. (1973): „Higher mental processes as the bases for the laws of conditioning". In: F. McGuigan & D. Lumsden (Hg.): *Contemporary approaches to conditioning and learning*. Wiley, New York.

Sarbin, T., & Coe, W. (1972): *Hypnosis: A social psychological analysis of influence communication*. Holt, Rinehart & Winston, New York.

Scharrer, E., & Scharrer, B. (1940): „Secretory cells within the hypothalamus" *Research Publications of the Association of Nervous & Mental Diseases*. Hafner, New York.

Schneck, J. (1948): „Psychogenic cardiovascular reaction interpreted and successfully treated with hypnosis". *Psychoanalytical Review*, 35, S. 14-19.

Schneider, J., Smith, W., & Witcher, S. (1983): „The relationship of mental imagery to white blood cell (neutrophil) function: Experimental studies of normal subjects. Unveröffentlichte Hektographie. Michigan State University, College of Medicine. East Lansing, Michigan.

Schneider, J., Smith, W., & Witcher, S. (1984): „The relationship of mental imagery to white blood cell (neutrophil) function in normal subjects. Referat anläßlich der 36. Jahresversammlung der Internationalen Gesellschaft für klinische und experimentelle Hypnose in San Antonio, Texas, am 25. Oktober.

Schreiber, F. (1973): *Sybil*. Regnery, Chicago; dt. Ausg.: *Sybil*. Fischer, Frankfurt am Main 1977, TB (Reihe Geist und Psyche) 42178.

Seltzer, L. (1985): *Paradoxical strategies in psychotherapy*. Wiley & Sons, New York.

Selye, H. (1936): „A syndrome produced by diverse noxious agents". Zitiert in *The stress of life*. (1976). McGraw-Hill, New York.
ders. (1974): *Stress without distress*. Signet, New York; dt. Ausg.: *Streß. Bewältigung und Lebensgewinn*. Piper, München 1988.
ders. (1976): *The stress of life*. McGraw-Hill, New York; dt. Ausg.: *Stress – mein Leben. Erinnerungen eines Forschers*. Fischer, Frankfurt 1984, Fischer TB 5622.
ders. (1982): „History and present status of the stress concept". In: L. Goldberger & S. Breznitz (Hg.): *Handbook of stress*. MacMillan, New York, S. 7-20.
Shands, H. (1969): „Integration, discipline, and the concept of shape". *Annals of New York Academy of Science*, 164(2), S. 578-587.
Shannahoff-Khalsa, D. (1983): Persönliche Mitteilung.
Shannon, C., & Weaver, W. (1949): *The mathematical theory of communication*. University of Illinois Press, Urbana.
Shapiro, A. (1971): „Placebo effects in medicine, psychotherapy and psychoanalysis. In: A. Bergin & S. Garfield (Hg.): *Handbook of psychotherapy and behavior change*. Wiley, New York.
Shavit, Y., Terman, G., Martin, F., Lewis, J., Liebeskind, J., & Gale, R. (1985): „Stress, opioid peptides, the immune system, and cancer. *The Journal of Immunology*, 135(2), S. 834s-837s.
Sheehan, P., & Perry, C. (1976): *Methodologies of hypnosis*. Lawrence Erlbaum Publishers, Hillsdale, New Jersey.
Shor, R. (1959): „Hypnosis and the concept of the generalized reality-orientation." *American Journal of Psychotherapy*, 13, S. 582-602.
Shorr, J., Sobel, G., Robin, P., & Connella, J. (1980): *Imagery: Its many dimensions and applications*. Plenum Press, New York.
Siegman, A., & Feldstein, S. (Hg.) (1985): *Multichannel integrations of nonverbal behavior*. Lawrence Erlbaum Publishers, Hillsdale, New Jersey.
Silberman, E., Putnam, F., Weingartner, H., Braun, B., & Post, R. (1985): „Dissociative states in multiple personality disorders: A quantitative study". *Psychiatry Research*, 15, S. 253-260.
Silberner, J. (1985): „A new look at arthritis origins". *Science News*, 127(23), S. 358-359.
Simonton, O., Simonton, S., & Creighton, J. (1978): *Getting well again*. Tarcher, Los Angeles; dt. Ausg.: *Wieder gesund werden*. Rowohlt, Reinbek 1982.
Sizemore, C. (1977): *I'm Eve*. Harcourt Brace Jovanovich, New York.
Smith, E., Harbour-McMenamin, D., & Blalock, J. (1985): „Lymphocyte production of endorphins and endorphin-mediated immunoregulatory activity". *The Journal of Immunology*, 135(2), S. 779s-782s.
Smith, G., & McDaniel, S. (1983): „Psychologically mediated effect on the delayed hypersensitivity reaction to tuberculin in humans". *Psychosomatic Medicine*, 46, S. 65-73.

Smith, G., McKenzie, J., Marmer, D., & Steele, R. (1985): „Psychologic modulation of the human immune response to varicella zoster". *Archives of Internal Medicine*, 145, S. 2110-2112.

Snyder, S. (1980): „Brain peptides as neurotransmitters". *Science*, 209, S. 976-983.

Solomon, G. (1985): „The emerging field of psychoneuroimmunology with a special note on AIDS". *Advances*, 2 (Winter), S. 6-19.

Solomon, G., & Amkraut, A. (1981): „Psychoneuroendocrinological effects on the immune response". *Annual Review of Microbiology*, 35, S. 155-184.

Sperry, R. (1984): „The great cerebral commissure". *Scientific American*, 210, S. 42-52.

Spiegel, H., & Spiegel, D. (1978): *Trance and treatment*. Basic Books, New York.

Spruiell, G., Steck, C., Lippencott, C., & King, D. (1983): „Failure of naloxone to modify the depth of hypnotic trance". *Experientia*, 39(7-12), S. 763-764.

Stein, M. (1985): „Bereavement, depression, stress, and immunity". In: R. Guillemin, M. Cohn & T. Melnechuk (Hg.): *Neural modulation of immunity*. Raven Press, New York, S. 29-53.

Stein, M., Keller, S., & Schleifer, S. (1985): „Stress and immunomodulation: The role of depression and neuroendocrine function". *The Journal of Immunology*, 135(2), S. 827s-833s.

Stein, M., Schiavi, R., & Camerino, M. (1976): „Influence of brain and behavior on the immune system". *Science*, 191, S. 435-440.

Stein, M., Schleifer, S., & Keller, S. (1981): „Hypothalamic influences on immune responses". In: A. Ader (Hg.): *Psychoneuroimmunology*. Academic Press, New York, S. 429-447.

Stephenson, J. (1978): „Reversal of hypnosis-induced analgesia by naloxone". *Lancet*, (28097), S. 991-992.

Sternbach, R. (1982): „On strategies of identifying neurochemical correlates of hypnotic analgesia". *International Journal of Clinical & Experimental Hypnosis*, 30(3), S. 251-256.

Stewart, J. (1981): „Brain ACTH-endorphin neurones as regulators of central nervous system activity". In: K. Brunfeldt (Hg.): *Peptides*, 1980. Scriptor, Kopenhagen, Dänemark, S. 774-779.

Stewart, J., Krebs, W., & Kaczender, E. (1971): „State-dependent learning produced with steroids". *Nature*, 216, S. 1233-1234.

Teitlebaum, H. (1954): „Spontaneous rhythmic ocular movements: Their possible relationship to mental activity". *Neurology*, 4, S. 350-354.

Thigpen, C., & Cleckley, H. (1957): *The three faces of Eve*, Kingsport Press, Kingsport, Tenn.

Thompson, R., *et al.* (1984): „Neuronal substrates of learning and memory: A ‚multiple-trace' view". In: G. Lynch, J. McGaugh & N. Weinberger (Hg.): *Neurobiology of learning and memory*. Guilford Press, New York, S. 137-164.

Tinterow, M. (1970): *Foundations of hypnosis*. C.C. Thomas, Springfield, Ill.

Ullman, M. (1959): „On the psyche and warts: I. Suggestion and warts: A review and comment". *Psychosomatic Medicine*, 21, S. 473-488.

Vaihinger, H. (1911): *Die Philosophie des Als-Ob.*; engl. Ausg.: *Philosophy of the as-if.* Routledge, London 1924.

Wadden, T., & Anderton, C. (1982): „The clinical use of hypnosis". *Psychological Bulletin*, 91(2), S. 215-243.

Wain, H., Amen, D., & Oetgen, W. (1984): „Hypnotic intervention in cardiac arrhythmias". *The American Journal of Clinical Hypnosis*, 27(1), S. 70-75.

Waksman, B. (1985): „Neuroimmunomodulation of homeostasis and host defense". *Journal of Immunology*, 135(2), S. 862s.

Walford, R. (1983): *Maximum lifespan*. Avon Publishers, New York.

Watkins, J. (1978): *The therapeutic self.* Human Sciences Press, New York.

ders. (1980): „The silent abreaction". *International Journal of Clinical & Experimental Hypnosis*, 28, S. 101-113.

Watzlawick, P. (Hg.) (1984): *The invented reality*. W.W. Norton, New York; dt. Ausg.: *Wie wirklich ist die Wirklichkeit?* Piper, München.

Weeks, G., & L'Abate, L. (1982): *Paradoxical psychotherapy: Theory and practice with individuals, couples, and families.* Brunner/Mazel, New York.

Wehr, T. (1982): „Circadian rhythm disturbances in depression and mania". In: F. Brown & R. Graeber (Hg.): *Rhythmic aspects of behavior*. Lawrence Erlbaum Publishers, Hillsdale, New Jersey.

Weinberger, N., Gold, P., & Sternberg, D. (1984): „Epinephrine enables Pavlovian fear conditioning under anesthesia". *Science*, 223, Februar 10, S. 605-607.

Weiner, H. (1972): „Presidential address: Some comments on the transduction of experience by the brain: Implications for our understanding of the relationship of mind to body". *Psychosomatic Medicine*, 34(4), S. 355-380.

ders. (1977): *Psychobiology and human disease*. Elsevier, New York.

Weingartner, H. (1986): „Memory: The roots of failure. *Psychology Today*, Januar, S. 6-7.

Weingartner, H., Miller, H., & Murphy, D. (1977): „Mood state-dependent retrieval of verbal associations". *Journal of Abnormal Psychology*, 86, S. 276-284.

Weingartner, H., & Murphy, D. (1977): „Brain states and memory". *Psychopharmacological Bulletin*, 13, S. 66-67.

Weitzenhoffer, A. (1971): „Ocular changes associated with passive hypnotic behavior". *The American Journal of Clinical Hypnosis*, 14, S. 102-121.

ders. (1982): „In search of hypnosis". *International Journal of Clinical & Experimental Hypnosis*, 30(2), S. 210-211.

Werntz, D. (1981): „Cerebral hemispheric activity and autonomic nervous function". Doktoraldissertation, University of California, San Diego.

Werntz, D., Bickford, R., Bloom, F., & Shannahoff-Khalsa, D. (1981): „Selective cortical activation by alternating autonomic function". Referat anläßlich der Versammlung der EEG-Society am 12. Februar in Reno, Nevada.

White, L., Tursky, B., & Schwartz, G. (1985): *Placebo: Clinical implications and new insights*. Guilford Press, New York.

Wickramasekera, I. (Hg.) (1976): *Biofeedback, behavior therapy and hypnosis*. Nelson-Hall, Chicago.

ders. (1985): „A conditioned response model of the placebo effect: Predictions from the model". In: L. White, B. Tursky & G. Schwartz (Hg.): *Placebo: Theory, research, and mechanisms*. Guilford Press, New York, S. 255-287.

Wiener, N. (1948): *Cybernetics, or control and communication in the animal and the machine*. Wiley, New York.

Williams, J. (1974): „Stimulation of breast growth by hypnosis". *Journal of Sex Research*, 10, S. 316-326.

Wolberg, L. (1947): „Hypnotic experiments in psychosomatic medicine". *Psychosomatic Medicine*, 9, S. 337-342.

Woodman, M. (1984): „Psyche/soma awareness". *Quadrant*, 17(2), S. 25-37.

Wurtman, R., & Anton-Tay, F. (1969): „The mammalian pinel as a neuroendocrine transducer". *Recent Progress in Hormone Research*, 25, S. 493-513.

Wybran, J. (1985): „Enkephalins, endorphins, substance P, and the immune system". In: R. Guillemin, M. Cohn & T. Melnechuk (Hg.): *Neural modulation of immunity*. Raven Press, New York, S. 157-161.

Yanovski, A. (1962): „The feasibility of alteration of cardiovascular manifestations in hypnosis". *The American Journal of Clinical Hypnosis*, 5, S. 8-16.

Zeig, J. (1980a): „Symptom prescription and Ericksonian principles of hypnosis and psychotherapy". *The American Journal of Clinical Hypnosis*, 23(1), S. 16-22.

ders. (1980b): „Symptom prescription techniques: Clinical applications using elements of communication". *The American Journal of Clinical Hypnosis*, 23(1), S. 23-33.

ders. (Hg.) (1985): *Ericksonian psychotherapy. Bd. I. Structures*. Brunner/Mazel, New York.

Zornetzer, S. (1978): „Neurotransmitter modulation and memory: A new neuro pharmacological phrenology?" In: M. Lipton, A. di Mascio & K. Killam (Hg.): *Psychopharmacology: A generation of progress*. Raven Press, New York.

Personenregister

Sachregister

Bodo Baginski & Shalila Sharamon **REIKI — Universale Lebensenergie**
Reiki wird als jene Kraft definiert, die die Grundlage allen Lebens bildet. Diese universale Lebensenergie kann durch entsprechende Einstimmungen in jedem Menschen geweckt und aktiviert werden, so daß sie als heilende, ordnende und harmonisierende Kraft durch seine Hände fließt. Reiki bewirkt eine Heil-Werdung im ursprünglichen Sinn, denn es führt den Menschen zu einer Harmonie mit sich selbst und den grundlegenden Kräften des Universums zurück. Die Autoren Bodo J. Baginski und Shalila Sharamon beschreiben in diesem Buch ihre Erfahrungen mit der Reiki-Heilkunst bei Menschen, Tieren und Pflanzen. Sie schreiben über den Ursprung und die Geschichte des Reiki, seine Wirkungsweise, wie man Reiki erlernt, erläutern die verschiedenen Anwendungsmöglichkeiten und geben viele nützliche und hilfreiche Tips für die Praxis des Reiki. Darüber hinaus enthält das vorliegende Buch ein Verzeichnis über die Hintergrundbedeutung von über 200 Krankheitssymptomen aus geistiger Sichtweise. **240 Seiten**

Ron Kurtz **Körperzentrierte Psychotherapie – Die Hakomi-Methode**
Körper und Bewegungen eines Menschen drücken zentrale Anschauungen, Bedürfnisse, Gefühle und Besonderheiten seines Daseins aus. Psychologische Informationen formen den Körper. In Anerkennung dieser Verbindung beginnt die Methode mit der Arbeit am Körper. Besonderes Kennzeichen der Hakomi-Methode ist die genaue Anwendung der buddhistischen Prinzipien von *Innerer Achtsamkeit* — die Aufmerksamkeit wird auf das gelenkt, was jetzt genau vor sich geht — und *Gewaltlosigkeit* — wir unterstützen Abwehr und spontanes Verhalten, lassen entwickeln, anstatt zu konfrontieren und zu bekämpfen. **320 Seiten, ill., geb.**

Gerda und Mona Lisa Boyesen **Biodynamik des Lebens**
Die Gerda-Boyesen-Methode – Grundlage der biodynamischen Psychologie. Jeder Körper reagiert in einer Streßsituation mit Anspannung, aus der der gesunde Körper wieder zu seinem Gleichgewicht zurückfindet. Oft geschieht dies jedoch nicht: Hervorgerufene Gefühle oder Ängste werden nicht ausreichend abgebaut oder verarbeitet, und wir verharren in einem unausgeglichenen Zustand. Die Selbstregulation unseres Organismus findet nicht statt, das Ungleichgewicht manifestiert sich in den Muskeln und unseren inneren Organen; besonders dem Verdauungstrakt. Dieser ist das Hauptregulans für die Freilassung nervöser Energien und besitzt damit die Fähigkeit, Neurosen »zu verdauen« und das vitale Energiegleichgewicht im Organismus zu regeln.
Mit dieser Erkenntnis entwickelte Gerda Boyesen in ihrer klinischen Arbeit die Methode der biodynamischen Psychologie, in der sie die Freudsche Psychoanalyse und die dynamische Physiotherapie mit der Vegetotherapie und Orgontherapie W. Reichs zu einer Synthese vereinte und damit die biologische Basis der Psychodynamik legte. **200 Seiten**

Dr. Malcolm Brown **Die Heilende Berührung**
Die Methode des direkten Körperkontaktes in der körperorientierten Psychotherapie. Dieses Buch führt zu theoretischer Klarheit und zum praktischen Verständnis einer Yin / Yang-Körpertherapiemethode, eingebettet in eine grundlegende, humanistische, tiefgehende Art der Behandlung. Beeinflußt durch C. G. Jung, A. Maslow, E. Neumann, C. Rogers und D. H. Lawrence entwickelte Brown seine Methode der Lösung der chronischen Muskelspannung und der Reaktivierung der natürlichen geistig / spirituellen Polaritäten der verkörperten Seele und transzendierten Psyche.
340 Seiten, 30 Abb., geb.

Don Johnson **Rolfing und die menschliche Flexibilität**
Der Körper ist flexibel, ein fließendes Energiefeld, das vom Moment der Empfängnis bis zum Tod in einem Prozeß der ständigen Veränderung ist. **Inhalt u. a.:** Beschreibung von Rolfing-Sitzungen, Rolfing und die anatomischen Grundlagen; soziales Verhalten und die Auswirkungen auf den Körper . . . **164 Seiten, ill.**

Robert St. John **Metamorphose – Die pränatale Therapie**
Die Methode basiert auf einer überlieferten chinesischen Behandlungsweise der Füße. R. St. John entdeckte in bestimmten Bereichen der Füße Verbindungen zur vorgeburtlichen Phase, in der Energiemuster unser Sein geprägt haben. Durch eine sachgemäße Behandlung des Reflexbereiches der Wirbelsäule an Füßen, Händen und Kopf werden auf natürliche Weise Sperren und Grenzen des Bewußtseins aufgehoben und die ursprünglichen Kräfte der Psyche wieder freigesetzt. **160 Seiten, ill.**

Reinhard Flatischler **Die Vergessene Macht des Rhythmus**
Reinhard Flatischler hat aus schamanistischen Traditionen ein System entwickelt, das mit Sprachrhythmen, Klatschen, elementaren Tanzformen und Gesang jeden die Erfahrung der Rhythmuselemente in seinem eigenen Zeitmaß machen läßt. Diese grundlegenden Erfahrungen sind auf alle Musikinstrumente übertragbar. Sie sind in der Rhythmik jedes Kulturkreises zu finden und haben psychische Wirkungen, die für alle Menschen gleich sind. Davon ausgehend werden wir die Rhythmuswelten Afrikas, Indiens, Koreas, Brasiliens und Kubas aus ihren Elementen kennenlernen, und selbst den Stellenwert finden, den die Rhythmen dieser Kulturkreise für unser tägliches Leben in Europa haben.
228 Seiten, Fotos u. Grafiken, Farbbildteil, geb.; Kassettenkurs (3 Kassetten) separat erhältlich

Burkhard Schroeder **AtemEkstase · Rebirthing**
lehrt Dich das Annehmen allen Seins · Einlassen auf bewußtes Atmen in seiner ursprünglichen Form · Loslassen · Auftauchen ins Leben · Reiten auf den Wellen Deiner Ekstase · Verschmelzen mit dem SEIN · Dich und diese Schöpfung zu lieben.
Rebirthing ist eine wirkungsvolle Methode zur körperlichen, emotionalen und geistigen Reinigung und ein effektiver Weg persönlichen Wachstums. Ein gewaltloser Weg, der Dich lehrt, Deiner Energie zu vertrauen, mit ihr zu fließen, loslassen, zu tun durch Nicht-Tun. Dein Atem wird Dir helfen herauszufinden, wer Du bist, Dich anzunehmen und Dein Herz zu öffnen für Schönheit und Ruhe, Lebendigkeit und Lebensfreude. **128 Seiten; angeleitete AtemEkstase-Kassette separat erhältlich**

A. Wallace, B. Henkin Anleitung zum geistigen Heilen
Die Autoren beschreiben — auf dem Erfahrungsgrund der Humanistischen Psychologie —, wie sie zum Heilen angeleitet worden sind, ihre Erfolge und die Grenzen dieser Kunst, andere zu heilen. Darüber hinaus zeigen sie eine umfassende Reihe einfacher Übungen für den Anfänger auf und fortgeschrittene Techniken für den, der sich schon mit geistigem Heilen beschäftigt. In der praktischen Anleitung zeigen sie die Beziehung des Heilens zum Vertrauen, zu Weltanschauungen, Träumen und kosmischer Bewußtheit auf. **228 Seiten**

David V. Tansley RADIONIK – Energetische Diagnose & Behandlung
Radionik ist ein System der Diagnose & Behandlung, das die menschliche Fähigkeit der übersinnlichen Wahrnehmung direkt mit einbezieht, um somit die tiefliegende Bedeutung der Krankheit in einem lebenden Organismus zu erkennen. Diese Kunst des Heilens entwickelte sich aus einem Bereich der medizinischen Forschung von Prof. Dr. A. Abrams, der aufzeigte, daß Leben — und somit auch Krankheit — schwingende Energie ist, die energetisch behandelt werden kann. Die moderne Physik bestätigt dieses Modell seit langem. Radionik kann in jeder Therapieform praktiziert werden. Überwiegend wird sie in Verbindung mit Homöopathie, Schüssler-Salzen und der Bach-Blütentherapie angewandt. Radionik ist ein sanfter Ansatz zur Heilung, frei von den unliebsamen Nebeneffekten der herkömmlichen medikamentösen Therapie. David Tansley, die führende Autorität auf dem Gebiet der Radionik, beantwortet in diesem Buch u. a.: Wie arbeitet Radionik? Wie kann ein Therapeut die Diagnose stellen und die Behandlung ausführen, ohne den Patienten zu sehen? Was umfaßt eine Radionik-Diagnose? Welche Krankheiten können mit dieser Methode behandelt werden? **100 Seiten**

Bob Toben Raum-Zeit und erweitertes Bewußtsein
Toben diskutiert in eingehend grafischer Darstellung mit den Physikern J. Sarfatti, C. Suares und F. Wolf in einer verständlichen Wissenschaftssprache die Abhängigkeit unserer Vorstellung vom Universum durch unsere Sinne. **Themen u. a.:** Psychokinese, Lichtbiegen, Materialisation, Astral-Reise, Wissen aus dem Universum, Reinkarnation, Aura, Telepathie, Telekinese, Levitation, Geistheilung. **180 Seiten, ill.**

Richard S. Heckler Aikido und der Krieger des neuen Bewußtseins
Meister Uyeshiba, Begründer des Aikido, lehrte eine Kampfart, die die innere Kraft des Menschen stärkt, ohne Rivalität und Streit. Durch die im Aikido entwickelten Methoden zeigt er eine Alternative zu unserer derzeitigen Form des erdrückenden Militarismus, bzw. eines aufopfernden Pazifismus auf. Das Elementarste an Meister Uyeshibas Aikido aber ist der spirituelle Pfad, der die Menschen lehrt, ihr Ki, ihre Energie mit dem Ki des Universums zu verbinden, um in einer Welt der Harmonie, Zentriertheit und des Mitgefühls zu leben. **176 Seiten, ill.**

Roger Hicks und Ngakpa Chögyam Weiter Ozean – DALAI LAMA
Diese autorisierte Biographie ist die erste Aufzeichnung des Lebens Seiner Heiligkeit seit seiner Autobiographie »Mein Leben und mein Volk« (1962). Es ist auch die erste Darstellung der Leben der vorhergehenden dreizehn Dalai Lamas, die einem breiteren Publikum zugänglich ist. **240 Seiten, 31 z. T. bisher nicht veröffentlichte Fotos**

Hazrat Inayat Khan Das Erwachen des menschlichen Geistes
Die Botschaft des Autors beginnt und endet mit der Aussage, daß es nicht ausreicht, im Geistigen zu leben; was wir heute benötigen, ist ein *menschlicher* Geist. Es ist die Erweckung des Geistes im Menschen auf der Suche nach der Wahrheit. Diese Unterweisungen Hazrat I. Khans beschreiben die Folge der inneren Entwicklungsphasen, die der einzelne auf der Suche nach der geistigen Wirklichkeit durchläuft. **224 Seiten, zahlreiche Fotos**

Pir Vilayat Khan Der Ruf des Derwisch
Pir Vilayat Khan ist Leiter des Sufi-Ordens im Westen, der von seinem Vater Hazrat Inayat Khan gegründet wurde. Er ist bestrebt, den Weg und die Essenz der Sufi-Tradition besonders dem westlichen Menschen erlebbar zu machen. **224 Seiten**

Benjamin Hoff Tao Te Puh – Das Buch vom Tao und von Puh, dem Bären
Was für ein Puh? *Was* für ein Tao? Das Tao Te Puh! . . . in dem uns enthüllt wird, daß einer der größten taoistischen Meister nicht etwa ein Chinese ist, auch kein altehrwürdiger Philosoph . . . sondern wirklich und wahrhaftig kein anderer als der absichtslos in sich ruhende, einfältige kleine Bär. **160 Seiten, ill.**

Affirmationen – »Ich mag mich selbst«
Eine Affirmation ist ein positiver, schöpferischer Gedanke, um deine negativen Glaubenssysteme und Denkmuster zu verändern. Affirmation heißt das Leben bejahen und deinem Denken eine Idee über das Ziel zu geben. **28 Seiten, Büttenpapier**

Erik Sidenbladh Wasserbabys – Geburt und Entwicklung in unserem Urelement
Der sanfteste Übergang vom Mutterleib in die Außenwelt ist die Geburt unter Wasser. Frühes Training im Wasser bewirkt bei den Kindern eine bessere und schnellere Koordination der Bewegungen und Körperfunktionen. Die zahlreichen, außergewöhnlichen Aufnahmen verstärken Tjarkovskijs Erfahrungen, daß das menschliche Potential besser entwickelt werden kann, wenn wir lernen, Wasser ohne Angst zu akzeptieren. **156 Seiten, durchgehend vierfarbig ill., geb.**

Astro-Tafel – Der Weg zur Astrologie
»ALL-EIN-SEIN heißt eins sein mit dem All. Die Schwingungen des Alls wahrnehmen und sich auf diese Schwingungen einzustimmen heißt sein Leben, oder einfach sich selbst, mit dem All in Einklang bringen. Ist die Person (lat. persona, von per-sonare = durch-tönen, zum Erklingen bringen) im Einklang mit dem Kosmos, so resoniert der Kosmos in ihr, der Kosmos findet seinen Wiederhall in der Person. Wird man sich dessen bewußt, hat man kosmisches Bewußtsein erreicht.« Wohl die umfassendste farbige Informationskarte zum Thema Astrologie und Harmonik. Außer der allgemeinen Beschreibung der Wirkweise der einzelnen Tierkreiszeichen, Planeten, Aspekt- und Himmelspunkte wird

auch die Methodik der Verknüpfung dieser astrologischen Elemente zur Deutung erklärt und ausgeführt. Auch die Zuordnung der Töne zu den Planeten sowie der musikalischen Intervalle zu allen Aspekten, wie auch deren farbliche Zuordnungen, können der Karte entnommen werden.

13-Farb-Druck (DIN A2) auf besonderem Qualitätspapier, mit Begleitheft

Reinhard Flatischler **TA KE TI NA – Der Weg zum Rhythmus**

Rhythmus ist die Kraft hinter allen Dingen. Sie vereint die unterschiedlichsten Gebiete des Lebens. Rhythmus schenkt uns Vertrauen ins Leben und in uns selbst. TA KE TI NA ist der Weg, auf dem alle Aspekte von Rhythmus als Einheit erfahren werden können. Es ist eine Synthese aus dem rhythmischen Wissen vieler Kulturkreise und zeigt in konsequenter Systematik, wie Rhythmus für jedermann erlernbar ist. Die mit TA KE TI NA gemachten Rhythmuserfahrungen sind auf alle Musikinstrumente übertragbar, und der Musiker kann in diesem Buch eine neue Quelle zum Komponieren kreativer Rhythmen finden. Ein Einstieg in die körperliche und geistige Erfahrung von Rhythmus geben.

160 Seiten, ill.; Kassette oder CD separat erhältlich

Lee Sannella **Kundalini-Erfahrung & die neuen Wissenschaften**

In einem verdunkelten Raum sitzt ein Mann allein. Sein Körper wird von Muskelkrämpfen geschüttelt. Unbeschreibliche Empfindungen und stechende Schmerzen schießen von seinen Füßen ausgehend durch Beine und Rücken bis zum Hals. Er hat das Gefühl, sein Schädel würde zerspringen. Im Inneren seines Kopfes hört er tosende Geräusche und hohes Pfeifen. Seine Hände brennen. Er glaubt, sein Körper müsse innerlich zerreißen. Dann plötzlich lacht er und wird von Glücksgefühlen überwältigt.

Ein psychotischer Anfall? Nein, dies ist eine psycho-physische Transformation, ein Prozeß der »Wiedergeburt«, der ebenso natürlich ist wie eine physische Geburt. Pathologisch erscheint dieser Vorgang nur, weil die Symptome nicht zum Ergebnis in Beziehung gesetzt werden: zur psychischen Transformation eines Menschen. Wenn dieser Prozeß ungestört zum Abschluß gelangt, kann ein tiefes psychologisches Gleichgewicht erreicht werden, ein Zustand innerer Stärke und emotionaler Reife.

Sannellas Buch ist unentbehrlich auf dem Weg des tieferen Verstehens von mystischen Erfahrungen und Momenten des erweiterten Bewußtseins. **160 Seiten**

Stuart Perrin **LEAH – Die Geschichte einer meditativen Heilung**

»Als ich Leah das letzte Mal sah, war sie voller Leben, strahlend und bezaubernd schön. Ich war überzeugt, daß sie zu einem besonderen und äußerst ungewöhnlichen Menschen heranwachsen würde. Der Gedanke, daß sie von Krebs befallen war, lag jenseits meiner möglichen Phantasien.

Die Ärzte gaben ihr noch drei Wochen zu leben. – Drei Wochen können eine Ewigkeit sein, wenn man den Moment lebt. In dieser Zeit mußte ich eine neue Logik entdecken, eine, die den Tod entwaffnete und das Unmögliche möglich machte.«

Die dramatische Erzählung eines Heilungsprozesses. LEAH basiert auf einer erlebten Geschichte – die Bemühung eines spirituellen Lehrers, ein junges Mädchen in ihrem Kampf gegen ihren Krebs zu unterstützen. **120 Seiten**

Ken Dychtwald **KörperBewußtsein**

Basierend auf den Arbeiten von W. Reich, I. Rolf, M. Feldenkrais, F. Perls, W. Schutz, A. Lowen, St. Keleman, R. Kurtz u. a. und verschiedenen Yoga-Richtungen, verbindet Dychtwald deren Erkenntnisse mit einer Vielfalt von östlichen und westlichen Einstellungen zur Entwicklung des KörperBewußtseins. Es ist das zur Zeit umfassendste und leichtverständlichste System zur Bewußtwerdung und Diagnose des KörperBewußtseins. KörperBewußtsein von K. Dychtwald ist ein hervorragender Einstieg in das, was wir »Körperlesen« nennen. D. h., durch die Wahrnehmung, wie sich jemand »trägt« oder mit seinem Körper umgeht, erfahren wir mehr über diese Person, als wir sehen. KörperBewußtsein hilft, sich und andere besser »wahr« zu nehmen, indem es aufzeigt, wie der menschliche Körper eine lesbare Karte seiner persönlichen Geschichte ist. Darüber hinaus gibt Dychtwald einen Einblick in verschiedene Körpertherapie-Methoden. Ein lebendiges, gut zu lesendes und sehr menschliches Buch. **320 Seiten, 46 Abb.,**

Georg Schäfer und Nan Cuz **Im Reiche des Mescal – Ein kosmisches Märchen**

Wandere mit Schwarzhaar und dem Schamanen durch Metaphern deiner inneren Welten zum Licht der Erkenntnis . . . Schwarzhaar war ein Träumer, und die Mutter hatte ihre Sorgen mit ihm, denn statt Netze zu flicken oder Brennholz aus dem großen Wald zu holen, lag er am Strand und schaute stundenlang in den Himmel. »Was wird denn hinter den Sternen sein?«, so dachte er, »und wo beginnt das Reich der Götter und wo endet es?« Über solche Gedanken geriet er ins Grübeln und vergaß alles, was ihm die Mutter aufgetragen hatte . . .

40 Seiten, Großformat, vierfarbig, gebunden

Cousto **Die Kosmische Oktave**

Der Weg zum universellen Einklang. In diesem Buch sind alle Schritte erläutert und formalisiert, um aus astronomischen Beobachtungsdaten die Rhythmen und die Stimmtöne der Erde, des Mondes und der Planeten herzuleiten. Ebenso sind die Berechnungsmethoden zur Feststellung des Sonnentones oder auch der Klänge einer Horoskopvertonung dargelegt. **240 S., 50 Grafiken, zahlreiche Tabellen, 32 S. wissenschaftl. Anhang, 15 Farbtafeln, geb. und Paperback**

Ulrich Sollmann (Hrsg.) **Bioenergetische Analyse**

Autoren und Themen: *A. Lowen:* Der Wille zu leben und der Wunsch zu sterben; *R. Robins:* Der rhythmische Zyklus und Widerstand; *E. Muller:* Auswirkungen des Berührens; *H. Petzold:* Der Schrei in der Therapie; *L. Rablen:* Das gespaltene Ich. Krebs und Probleme der Selbstabgrenzung; *A. Kloppstech:* Frauenarbeit mit krebskranken Frauen; *P. Boyesen:* Psychodynamische Analyse; *U. Sollmann:* Prozeßanalytische Körperarbeit in der Gruppe; *E. Svasta:* Jan Velzeboer und die Bioenergetische Analyse; *R. Steiner:* Die energetische Verbindung von Körper und Geist; *R. C. Ware:* C. G. Jung und der Körper — vernachlässigte Möglichkeiten der Therapie? etc. **252 Seiten**